本书得到宜宾学院法管学部学科建设基金、四川省高校人文社会科学重点研究基地——社区矫正研究中心重点项目“社区矫正管理研究（SQJZ2021-01）”资助

社区矫正监督管理问题研究

肖乾利　连春亮◎著

SHEQU JIAOZHENG JIANDU GUANLI
WENTI YANJIU

法律出版社
LAW PRESS · CHINA
北京

图书在版编目(CIP)数据

社区矫正监督管理问题研究 / 肖乾利, 连春亮著
. -- 北京 : 法律出版社, 2023
ISBN 978 - 7 - 5197 - 8258 - 0

Ⅰ. ①社… Ⅱ. ①肖… ②连… Ⅲ. ①社区 - 监督改造 - 研究 - 中国 Ⅳ. ①D926.7

中国国家版本馆 CIP 数据核字(2023)第 163655 号

社区矫正监督管理问题研究
SHEQU JIAOZHENG JIANDU GUANLI WENTI YANJIU

肖乾利 连春亮 著

责任编辑 许 睿
装帧设计 鲍龙卉

出版发行 法律出版社
编辑统筹 司法实务出版分社
责任校对 朱铁佳
责任印制 胡晓雅
经 销 新华书店

开本 710 毫米×1000 毫米 1/16
印张 22.5 字数 392 千
版本 2023 年 9 月第 1 版
印次 2023 年 9 月第 1 次印刷
印刷 唐山玺诚印务有限公司

地址:北京市丰台区莲花池西里 7 号(100073)
网址:www.lawpress.com.cn
投稿邮箱:info@lawpress.com.cn
举报盗版邮箱:jbwq@lawpress.com.cn

销售电话:010 - 83938349
客服电话:010 - 83938350
咨询电话:010 - 63939796

书号:ISBN 978 - 7 - 5197 - 8258 - 0
定价:98.00 元

凡购买本社图书,如有印装错误,我社负责退换。电话:010 - 83938349

自　　序

纵观刑罚体系的嬗变，对罪犯的处遇大致经历了惩罚报复、监禁刑罚、监禁刑罚与社区刑罚共存三大历史阶段。在惩罚报复阶段，以生命刑、肉体刑等剥夺生命或遭受极度肉体痛苦的方式使罪犯遭到“报应”，并通过公开的酷刑[①]威慑民众，以维护当权者的权力和国家的安定。在监禁刑罚阶段，自由刑被视为替代肉体刑和死刑的完美选择。[②] 监狱作为刑罚执行的载体不仅承担着惩罚罪犯的功能，还承担着改造和矫治[③]罪犯的功能。然而，随着监禁刑的广泛使用，监狱的弊端逐渐暴露，人们认识到犯罪的原因不仅在于罪犯内在的恶和心理疾患，还有社会原因，如失业、贫困等。由此，社区刑罚逐渐兴起，形成了监禁刑罚和社区刑罚共存的新的刑罚体系，对罪犯的处遇也进入新的阶段。在新阶段，刑罚的目的不仅局限于对罪犯的惩罚和矫正，更在于科学、有效地帮助其回归社会，惩罚和矫正都是帮助罪犯回归社会，预防其再次犯罪。

我国《社区矫正法》可能是世界上第一部由国家立法机关制定的法律[④]，这不仅是我国刑事执行立法的创新，而且对于推动我国社区矫正工作的规范化、专业化、法治化也具有里程碑意义。近年来，我国每年新接收社区矫正对象的数量都

---

① 福柯在《规训与惩罚》一书里，将酷刑解释为一种公共景观，认为酷刑是一种精心安排并实施的惩罚策略，具有特殊的、广泛的社会功能。参见福柯：《规训与惩罚》，刘北成、杨远婴译，生活·读书·新知三联书店 2007 年版，第 7～11 页。

② 参见翟中东：《社区性刑罚的崛起与社区矫正的新模式——国际的视角》，中国政法大学出版社 2013 年版，第 4 页。

③ 随着 17 世纪、18 世纪的启蒙运动的兴起及 19 世纪初科学的崛起，弗洛伊德等人的心理学思想、方法和技术进入犯罪矫正领域，心理矫治成为犯罪矫正的主要方式之一，通过矫正罪犯的犯罪心理来防止其重新犯罪。

④ 参见吴宗宪：《社区矫正史上的重要里程碑》，载《犯罪研究》2020 年第 3 期。

超过50万人。[①] 社区矫正成本远远低于监狱执行成本，仅为监狱执行成本的10%。[②] 社区矫正期间的重新犯罪率一直控制在0.2%左右的较低水平。

立法的完成，只是社区矫正法治化的开端，仅做到了“有法可依”。而正如英国法学家梅因所言：“法律一经制定就已滞后。”加之“法律的生命不在于逻辑，而在于经验”，逻辑侧重于推理演绎，而经验则是侧重于实践。《社区矫正法》的实施效果，需要接受实践的考验。在立法理念贯彻、机制运转、机构队伍建设、社会力量参与、法律监督等方面是否达到立法目的、获得民众认可、实现特殊预防，需要进行实施效果评估。为此，我们通过调研与思考，认为自2020年7月1日《社区矫正法》施行以来，我国社区矫正工作在以下几个方面取得了显著成效。

第一，立法理念广受推崇，人权保障思想得以贯彻。

《社区矫正法》将“恢复性司法”理念融入其中，不仅将“修复社会关系”写入该法第42条，采用“社区矫正对象”这一称谓，而且拒绝遵循矫正部门所倡导的“制服效应”，在淡化“监督管理”的基础上注重“教育帮扶”；禁止全员适用电子定位装置；删除每月“强制劳动和强制学习”的“两个8小时”规定；允许社区矫正对象跨区域执行社区矫正和在经常居住地执行社区矫正。特别是疫情期间，社区矫正机构乃至检察机关针对涉企社区矫正对象，纾困解难、畅通外出请假渠道，优化营商环境。前述相关举措，折射出立法者坚持对轻缓罪犯去标签化，彰显了对社区矫正对象的人文关怀和对其复归社会的期待。“社区矫正是以惩罚性为基础、以恢复性为核心、注重罪犯重返社会的刑事执行制度”[③]，已被理论界与实务界广泛认同。

第二，社区矫正机构陆续设置、地方规范性文件陆续出台。

《社区矫正法》确立的社区矫正工作由社区矫正委员会“统筹协调”，司法行政机关“主管”，社区矫正机构“具体实施”，司法所受“委托”参与的管理体制，正

---

① 参见《司法部：全国累计接受社区矫正对象已达478万》，载中国新闻网，http://www.chinanews.com/gn/2019/12-28/9045849.shtml。

② 参见王茜：《社区矫正法草案首次提请最高立法机关审议完善刑罚执行制度》，载中国人大网，http://www.npc.gov.cn/npc/c36803/201907/4b27683d9a824d16a87f5e94349c00aa.shtml。

③ 王顺安：《从刑罚执行到刑事执行——谈对社区矫正性质的认识》，载《河南司法警官职业学院学报》2020年第2期。

在全国如火如荼地创建。社区矫正委员会[①]、社区矫正机构陆续在全国建立。浙江省实现了省市县三级社区矫正委员会全覆盖,集执法、管理、教育功能于一体的县级社区矫正中心全覆盖。[②] 海南、吉林、安徽、山西等省已经实现了省市县乡四级社区矫正委员会、省市县三级社区矫正机构的全覆盖。[③] 社区矫正工作体制已经基本建立。

截至目前,多数省(自治区、直辖市)颁行了社区矫正实施细则。上海、河南、福建、湖北、安徽、四川、贵州等省市制定了社区矫正实施细则,使社区矫正工作有了各自的地方标准,增强了日常监管、帮扶教育工作的可操作性,明晰了各部门的执法权限与法律责任。部分省(自治区、直辖市)实施细则的规定还具有开创性,如福建省关于"履行生态修复协议"的规定,[④]四川省关于社区矫正工作人员"尽职免责"的规定。[⑤]

第三,社会力量参与取得突破。

"罪犯是我们这个社会的产物。许多今天的罪犯就是昨天的受害者。我们不能只是驱除他们的邪恶而不检讨我们自己。为了充分理解人类行为,我们必须学会像理解最好的人一样去理解最坏的人。"[⑥]为此,《社区矫正法》确立的社区矫正工作的目标是通过发动社会力量"有针对性地消除社区矫正对象可能重新犯罪的因素,帮助其成为守法公民"。

《社区矫正法》确立的因"人"施教、因"需"帮扶的原则,队伍建设专业化、社

---

① 社区矫正委员会的协调作用在实践中不断发挥。如对涉精神障碍类社区矫正对象的监督管理,横跨卫健、民政、社区矫正等多个部门,单纯依靠社区矫正机构的力量难以有效管理。为此,一些地方通过社区矫正委员会统筹协调民政、残联、财政等部门,在治疗、评残、落实低保等方面协同实施帮扶,取得了较好效果。

② 参见彭磊、葛白、张增富:《浙江省贯彻落实〈社区矫正法〉的实践与探索》,载《中国司法》2022年第4期。

③ 参见李光明:《安徽召开社区矫正工作会议　市县全部单独设立矫正机构》,载 http://www.chinapeace.gov.cn/chinapeace/c28512/2014-08/14/content_12013372.shtml。

④ 《福建省贯彻〈中华人民共和国社区矫正法〉实施细则》明确:"涉及生态修复案件被宣告缓刑的社区矫正对象应当履行生态修复协议,参与生态环境保护活动。人民法院、人民检察院因社区矫正对象未有效履行生态修复协议而发出生态修复令的,县级社区矫正机构应当对该社区矫正对象进行教育,依法依规予以处罚或者提出撤销缓刑建议。"

⑤ 《四川省社区矫正实施细则(试行)》第196条规定:"对社区矫正工作人员追究法律责任,应当根据其行为的危害程度、造成的后果,以及责任大小予以确定,实事求是,过罚相当。社区矫正工作人员依法履职的,不能仅因社区矫正对象再犯罪而追究其法律责任。"

⑥ [加]西莉亚·布朗奇菲尔德:《刑罚的故事》,郭建安译,法律出版社2006年版,第189页。

会支持多元化、项目委托市场化的帮教机制，以及社区矫正经费应当列入本级政府预算等规定，激活了社会力量参与社区矫正工作的热情。

各地依据《中华人民共和国社区矫正法实施办法》、司法部等六部委联合颁行的《关于组织社会力量参与社区矫正工作的意见》以及各省市社区矫正实施细则进行了大胆探索。不少省份，如浙江省、安徽省，已经实现了政府购买社区矫正服务的全覆盖。政府购买服务意味着社会力量以组织化的方式参与到社区矫正中。有偿但不盈利的政府购买服务属性，以最低的成本实现了社区对罪犯的矫正。[①] 实践证明，"助人自助"理念引领的社会力量，以平等主体身份帮助社区矫正对象，通常会更尊重和体谅社区矫正对象，更容易获得社区矫正对象的认同，往往可以收到良好的矫正效果。

第四，检察监督及时跟进。

"一切有权力的人都容易滥用权力，这是万古不易的一条经验。"[②]检察机关作为法律的监督者，需要对社区矫正及时跟进。例如，山东省检察机关 2021 年 1 至 4 月对监外执行（社区矫正）违法提出的监督意见同比上升 127.3%。[③]

《社区矫正法》施行后，各地在社区矫正的检察监督上开展了一系列创新。诸如在乡镇司法所或者区县社区矫正机构设立派驻检察室。[④] 通过地方人大立法确立检察建议强制反馈制度。[⑤] 创新检察建议宣告、送达形式，在公开宣告、公开送达时邀请人大代表等第三方人员全程参与，并将检察建议落实情况向有关第三方通报。[⑥] 为督促破坏生态环境资源类犯罪的社区矫正对象"补植复绿"，将生态修复纳入社区矫正考核范畴，促进生态修复与社区矫正有效衔接。[⑦] 四川、河北、浙

---

① 参见李蓉、祝千惠：《社区矫正中政府购买服务的风险及防范》，载《湖南科技大学学报（社会科学版）》2021 年第 1 期。

② ［法］孟德斯鸠：《论法的精神》，张雁生译，商务印书馆 1994 年版，第 156 页。

③ 参见《省检察院案管办负责人就 2021 年 1 至 4 月全省检察机关主要办案数据答记者问》，载微信公众号"山东省人民检察院"2021 年 5 月 26 日，https://mp.weixin.qq.com/s/dhK36VkegMeXkOdow6er6Q?。

④ 参见郭树合、邵倩、柳英华：《山东乳山检察院派驻检察室开展社区矫正监督活动》，载 http://www.jcrb.com/procuratorate/jckx/201607/t20160705_1631491.html。

⑤ 参见桑先军：《社区矫正检察工作相关立法思考》，载《江苏警官学院学报》2017 年第 5 期。

⑥ 参见林施兆：《人大监督视角下加强检察建议刚性的路径探析》，载《中国检察官》2020 年第 9 期。

⑦ 参见廖许杰、朱国和：《福建大田县检察院促进生态修复与社区矫正有效衔接》，载正义网，http://www.jcrb.com/procuratorate/jcpd/201804/t20180416_1859210.html。

江等地检察机关通过制发检察建议，堵住社区矫正对象养老金发放漏洞，核实并追回多发的养老金，避免了社保基金的流失。[①] 此外，部分检察机关还对有重大立功情节的社区矫正对象，通过制发检察建议的方式督促社区矫正机构向人民法院提出减刑建议，有效维护了社区矫正对象的合法权益。

总体而言，《社区矫正法》施行两年多以来，基本实现了社区矫正的法治化、规范化。但由于理论储备的不足，社区矫正的概念与性质至今在理论界无法达成共识，以及《社区矫正法》在创建基本框架的同时，相关条款的规定留有余地，导致《社区矫正法》在施行中存在不少盲点和空白，整体运作水平还不高。具体表现为以下几点。

第一，职权配置较为简陋，给社区矫正制度的运行带来了一定困扰。

相较于《监狱法》，《社区矫正法》还是一个粗线条的法律。特别是《社区矫正法》只规定了社区矫正的目的、适用对象、执行内容、执行方式、经费保障等，缺乏对社区矫正法律属性和地位的清晰界定，影响了社区矫正机构的属性定位以及社区矫正机构工作人员的组成，[②]并导致职权界限不清晰、职责分配不合理，影响了社区矫正工作的顺利开展。

《社区矫正法》的一些规定较为模糊。如《社区矫正法》第 9 条中规定“县级以上地方人民政府根据需要设置社区矫正机构”。这里的“根据需要”如何理解？法无明确规定，导致不少地方政府认为“根据需要”就是无须设立。又如，《社区矫正法》第 36 条关于组织教育学习表述中的“根据需要”，该法对何为“根据需要”、教育频次等均没有作出阐释，各地的社区矫正实施细则为加强对社区矫正对象的人身管控，在此只好实施“精细化设置”，不仅出现了“百花齐放”的局面，而且过细、过严的任务设置、不断的层层加码，给基层社区矫正工作人员带来了极大的压力与风险。再如，《社区矫正法》第 6 条规定：“各级人民政府应当将社区矫正经费列入本级政府预算。居民委员会、村民委员会和其他社会组织依法协助社区矫正机构开展工作所需的经费应当按照规定列入社区矫正机构本级政府预算。”但该法没有明确经费保障标准，致使各级社区矫正委员会在加强社区矫正经费保障方面难有作为。

---

① 参见《服刑人员还能领养老金？检察院向社保部门发出检察建议要求追回》，载上游新闻，https://www.cqcb.com/shuangcheng/2020-10-22/3159900_pc.html。

② 参见刘奕君：《刑事执行权配置：理论根基与改革路径》，载《华南师范大学学报（社会科学版）》2022 年第 3 期。

《社区矫正法》的个别内容存在立法冲突。如《社区矫正法》规定有权委托调查评估的是决定机关,但决定机关并不包括人民检察院。而依据 2019 版《人民检察院刑事诉讼规则》第 277 条[①]以及《关于规范量刑程序若干问题的意见》第 3 条[②],人民检察院也可以委托社区矫正机构进行调查评估。前述规定是否有违反《社区矫正法》之嫌?实践中,往往存在案件还处于侦查阶段、审查起诉阶段时人民检察院就开始委托社区矫正机构进行调查评估的情况。特别是犯罪嫌疑人认罪认罚案件,人民检察院拟提出缓刑或者管制的量刑建议,常常委托社区矫正机构进行审前调查评估。面对强势部门的委托,话语权较弱的社区矫正机构是否接受?社区矫正机构在实践中往往左右为难。

此外,《社区矫正法》有关社区矫正的具体实施还存在一些空白地带。诸如,暂予监外执行罪犯因暂予监外执行情形消失被法院裁定收监后,因身体原因看守所出具不予收押决定。在此"应收监而未收监"期间发生的重新犯罪,责任如何界定,没有明确的规定。

第二,脱管、漏管、虚管现象不断凸显。

统计数据显示,2020 年 5 月至 2022 年 6 月 13 日,湖南省检察机关借助社会管理大数据共核查出漏管社区矫正对象 429 人,其中 49 人涉嫌重新犯罪;脱管社区矫正对象 205 人,其中 73 人涉嫌重新犯罪;利用虚假妊娠医学鉴定骗取暂予监外执行 16 人;未请假外出 468 人次;监督重新交付社区矫正 115 人;收监执行 31 人;立案侦查涉嫌职务犯罪的司法工作人员 5 人。[③]

从全国来看,2016 年 1 月至 2020 年 6 月,全国检察机关督促纠正脱管社区矫正对象 19,560 人、漏管社区矫正对象 8671 人。[④] 2020 年 12 月 22 日晚,最高人民检察院第五检察厅厅长侯亚辉在网络访谈中表示,2020 年 1 月至 11 月,全国检察

---

① 《人民检察院刑事诉讼规则》第 277 条规定:"犯罪嫌疑人认罪认罚,人民检察院拟提出适用缓刑或者判处管制的量刑建议,可以委托犯罪嫌疑人居住地的社区矫正机构进行调查评估,也可以自行调查评估。"

② 《关于规范量刑程序若干问题的意见》第 3 条第 1 款规定:"对于可能判处管制、缓刑的案件,侦查机关、人民检察院、人民法院可以委托社区矫正机构或者有关社会组织进行调查评估,提出意见,供判处管制、缓刑时参考。"

③ 参见操余芳:《大数据赋能社区矫正巡回检察》,载《检察日报》2022 年 7 月 5 日,第 5 版。

④ 参见操余芳:《她是抗疫英雄,也是社区矫正对象》,载《检察日报》2020 年 9 月 1 日,第 5 版。

机关督促纠正脱管社区矫正对象6010人、漏管社区矫正对象4379人。① 根据上述数据,2016年至2019年平均每年社区矫正对象脱漏管人数为几千人,而到2020年跃升至1万多人。前述数据足以说明社区矫正对象脱漏管、重新犯罪情况之严重。

第三,社区矫正机构、队伍建设滞后。

自社区矫正试点以来,基层社区矫正执法人员一直期盼借力《社区矫正法》实施,将社区矫正机构与队伍充实起来,解决"小马拉大车"的问题。但由于法律规定较为模糊,设置标准缺失,各地社区矫正机构要么没有设立,要么设立得"五花八门",人员编制基本未变,大多是加挂牌子而已。特别是区(县)级社区矫正机构,多数仍然是内设机构,没有解决独立法人问题、编制问题、行政级别问题。《社区矫正法》的本意是让乡镇以上党委政府在社区矫正工作中发挥统揽全局的作用。但社区矫正委员会如何运行,《社区矫正法》未作明确规定,导致不少地方的社区矫正委员会仅仅是一个空设的委员会而已。

"徒法不足以自行",法律要靠人去实施。司法所虽然是受"委托"参与社区矫正,但目前却仍是社区矫正工作的主力军。依据《社区矫正法实施办法》,所有对社区矫正对象的奖惩权均"上提"到区(县)社区矫正机构,司法所连"训诫权"也没有,导致司法所关于社区矫正工作的现状是"权力上收、工作照常、地位下降、责任不明"。

第四,监督管理、教育帮扶呈现双弱化的倾向。

《社区矫正法》实施以来,北京、上海、深圳等发达城市建立了较为成熟的社区矫正机制,其他地区的社区矫正工作存在不同程度的组织保障不完善、监管措施不到位、教育帮扶弱化等问题。

监督管理弱化的显著表现之一是执法标准不统一。《社区矫正法》第23条规定:"社区矫正对象在社区矫正期间应当遵守法律、行政法规,履行判决、裁定、暂予监外执行决定等法律文书确定的义务,遵守国务院司法行政部门关于报告、会客、外出、迁居、保外就医等监督管理规定,服从社区矫正机构的管理。"目前,关于报到、教育、公益活动等的具体规定并未出台,基层社区矫正机构在分类管理、考评中难于把握尺度。同时,各级、各地对执行地认定标准等事项存在分歧和争议,缺乏一个统一的解释。《社区矫正法》规定了因社区矫正对象迁居等原因需要变

① 参见王跃:《最高检:强化社区矫正监督　降低"又犯罪"比例》,载正义网,https://www.spp.gov.cn/zdgz/202102/t20210209_508962.shtml。

更执行地的，社区矫正机构应当按照有关规定作出变更决定。但是，各省市之间执行地变更条件存在差异，没有规范统一的执行地变更标准，客观上造成了执行地变更的困难。

在实践中教育帮扶存在形式化、机械化的问题，具体表现为：教育学习缺乏系统性规划、教育学习内容浮浅、教育学习方式机械、心理矫正千篇一律。社区矫正对象最为急需的职业技能教育与培训严重缺乏。教育帮扶在社区矫正工作中处于“说起来重要、做起来次要、忙起来不要”的虚化状态。①

第五，部门衔接有空当，司法行政仍“独唱”。

《社区矫正法》明确规定，“相关部门之间依法进行信息共享”。但在实践中，尤其是社区矫正对象在矫正期间被拘留、采取行政强制措施以及采取刑事强制措施时，有关机关很少及时主动通知社区矫正机构。社区矫正工作仍然存在司法行政系统一家“独唱”或者“自娱自乐”的情况，以下两点社区矫正机构反映强烈：

一是“否定性调查评估意见”不被采纳缺乏救济手段。在审前调查评估中，社区矫正机构作出“不同意纳入”的评估意见，委托机关不予采纳应如何处理。《社区矫正法》未作规定，《社区矫正法实施办法》第 14 条仅规定“应当在相关法律文书中说明”。而有的省市在相关实施细则中仅规定委托机关对调查评估意见的采信情况，应当及时函告受委托的社区矫正机构、有关社会组织及委托机关所在地的同级人民检察院。此处，仅仅是“函告”了事，无须说明理由。此类做法既浪费司法行政系统本身就极其短缺的资源，又违背刑事诉讼职能部门分工负责、互相配合、互相制约的基本原则。

二是社区矫正决定机关不认真履行执行地确定职责。根据《社区矫正法》的规定，社区矫正执行地的确定由社区矫正决定机关负责。但实践中，有的人民法院没有核实实际居住地就以户籍地作为实际居住地而下发执行通知。社区矫正对象一到户籍地社区矫正机构报到，就提出变更执行地申请。若变更执行地不成功，社区矫正对象接受矫正的积极性和配合度将会受到极大影响，也会给司法所的社区矫正工作带来消极影响。此外，民政、财政、人社、团委、关工委等部门还未参与到社区矫正工作中来。

第六，社会力量参与缓慢，形式化倾向凸显。

《社区矫正法》设专章对社会力量参与教育帮扶作了规定。但社会力量参与、

---

① 参见马灵喜：《社区矫正教育研究》，载《中国司法》2015 年第 6 期。

政府购买服务在实践中推进缓慢。该情况的产生主要存在两个原因:一是社会资源缺乏整合。虽然从自治组织到社会组织、公益组织,从退休“老政法”到社会工作者、大学生志愿者,各种社会力量均参与其中。但参与主体各自为政,未能互通联动,造成了资源的低效与浪费。二是经费不足、承接能力有限。政府购买服务的实质是将社区矫正中的“服务”内容予以剥离,以市场化方式交由社会承担。目前,对于居(村)委员会协助开展社区矫正工作所需经费,《社区矫正法》有明确规定,纳入本级财政预算。但其他社会组织依法协助开展社区矫正工作所需经费,无法纳入政府预算,导致开展相关工作难度较大。加之不少地区,特别是西部地区,至今还缺乏承接社区矫正服务的社会组织,导致政府购买服务推进缓慢。

第七,检察监督缺乏刚性。

《社区矫正法》施行前就有过能否将检察机关定位为既是社区矫正的参与者又是法律监督者的争论。《社区矫正法》施行后,各地检察机关在监督过程中也出现了一些偏差:要么无从下手,放弃监督;要么矫枉过正,过度关注对社区矫正对象重新犯罪的责任追究。[①] 从监督对象看,检察机关侧重于对社区矫正机构进行每半年一次的“例行性监督”以及派驻监督、巡视监督,而对公安机关、人民法院是否认真贯彻《社区矫正法》缺失制度性的监督规定。

而最为紧要的是,检察监督的效力缺乏刚性。实践中,不仅存在被监督单位“以回复文书纠正代替实际纠正”的现象,而且“藐视或者无视纠违通知和检察建议的情况时有发生,而检察机关却只能无可奈何”[②]。这种缺乏强制力、没有惩罚性的“乞丐式监督”[③],极大地损害了检察监督的权威性和严肃性。《人民检察院刑事诉讼规则》虽然就检察监督的具体业务部门、提出纠正的情形等进行了规定,但对如何发现违法情形、如何提出纠正意见等规定不明确。因此实践中,各地对社区矫正的检察监督模式不一,有的实行派驻检察,有的设立检察官办公室,更多的是不定期巡视检察,对同样的违法行为,有的是发纠违通知,有的是提检察建议,还有的仅仅是口头提出纠正。个别地方的检察机关片面追求纠正违法数量,竟凭空捏造违法情形向社区矫正机构提出纠违通知。“为配合考核而纠正”而非“因违法而纠正”的应对心态严重削弱了检察机关纠正违法的监督效果。

---

① 参见张荆:《〈社区矫正法〉的立法意义与执法难点》,载《犯罪研究》2020年第4期。

② 参见蒋伟亮、张先昌主编:《国家权力结构中的检察监督》,中国检察出版社2007年版,第241页。

③ 参见张建伟:《从权力行使型到权力抑制型——刑事程序构造的重新设定》,载《政法论坛》2004年第3期。

社区矫正工作之所以能够顺利实施，是因为国家建立了“党委政府领导、司法行政主管、社区矫正机构具体执行、公检法等部门协作、社会力量补充”的社区矫正管理模式。但是，社区矫正制度的适用自2021年全国开始进行政法队伍教育整顿活动以来，出现了一定的乱象。诸如利用小型无人机对社区矫正对象的行踪实施监控。① 一些地方对实施袭警、妨害公务行为的人员，甚至是对上访户和对政府有意见的人员适用社区矫正。在一些地方，减刑、假释、暂予监外执行这些本来有利于罪犯改造的制度安排，变为了某些人寻租的工具，吴彪“纸面服刑”案②即是典型。在使用手机定位开展信息化核查的基础上，实施实时定位、全员定位，将手机变为“手环”。

《社区矫正法》凸显了社区矫正惩罚性和恢复性的双重价值。但理论界近年来论述社区矫正“教育帮扶”方面的成果颇丰，而专门论述“监督管理”的学术专著几乎没有。为此，笔者特将自己梳理的《社区矫正法》施行以来所取得的成效与存在问题作为本书之序。

本书的顺利完成，得益于宜宾学院法学与公共管理学部学科建设资金的支持，得益于四川省高校人文社科重点研究基地——宜宾学院社区矫正研究中心的立项支持，得益于山东省淄博市临淄区司法局金岭司法所副所长孙毅先生所给予的案例与资料支持。王高兴、尤美、陈卓康、王玉玲等同学的文字校对以及法律出版社许睿编辑的鼎力相助，在此一并致谢。

本书的撰写是我本人与河南司法警官职业学院的连春亮教授首次合作。由于我们收集的资料有限，加之能力不足，在观点见解、理论阐释、体例安排等诸多方面均有不尽如人意之处，真诚希望能得到理论界同仁与实务部门领导的批评与斧正！

肖乾利
于宜宾学院社区矫正研究中心
2023年2月12日

---

① 参见谌莎莉：《赣州市社区矫正监管制度实证考察》，载《老区建设》2018年第2期。

② 轰动全国的吴彪“纸面服刑”事件中，吴彪自新疆转回浙江某监狱服刑后，通过张某多次请托医生张某某为其出具虚假医学司法鉴定；吴彪还通过张某多次请托负责其社区矫正监管工作的姜某，姜某因此未对其提出收监执行的建议。罪犯吴彪在不符合暂予监外执行条件的情况下，通过贿赂等非法手段自2011年5月25日至2021年7月11日被暂予监外执行。

法律法规缩略语对照

缩略语	全　　称
《立法法》	《中华人民共和国立法法》(根据 2023 年 3 月 13 日第十四届全国人民代表大会第一次会议修正)
《东京规则》	《联合国非拘禁措施最低限度标准规则》(联合国大会 1990 年 12 月 14 日第 45/110 号决议通过)
2003 年《试点通知》	《关于开展社区矫正试点工作的通知》(最高人民法院、最高人民检察院、公安部、司法部 2003 年 7 月 10 日联合发布,已失效)
《禁止令规定》	《关于对判处管制、宣告缓刑的犯罪分子适用禁止令有关问题的规定(试行)》(最高人民法院、最高人民检察院、公安部、司法部 2011 年 4 月 28 日发布)
2012 年《实施办法》	《社区矫正实施办法》(最高人民法院、最高人民检察院、公安部、司法部 2012 年 1 月 10 日联合印发,已失效)
《社会力量参与意见》	《关于组织社会力量参与社区矫正工作的意见》(司法部、中央综治办、教育部、民政部、财政部、人力资源和社会保障部 2014 年 9 月 26 日联合印发)
《衔接配合意见》	《关于进一步加强社区矫正工作衔接配合管理的意见》(最高人民法院、最高人民检察院、公安部、司法部 2016 年 8 月 30 日联合印发)
《社区矫正法》	《中华人民共和国社区矫正法》(第十三届全国人民代表大会常务委员会第十五次会议 2019 年 12 月 28 日通过)
2020 年《实施办法》	《中华人民共和国社区矫正法实施办法》(最高人民法院、最高人民检察院、公安部、司法部 2020 年 6 月 18 日印发)
《刑法修正案(八)》	《中华人民共和国刑法修正案(八)》(第十一届全国人民代表大会常务委员会第十九次会议 2011 年 2 月 25 日通过)
《刑事诉讼法》	《中华人民共和国刑事诉讼法》(第十三届全国人民代表大会常务委员会第六次会议 2018 年 10 月 26 日第三次修正)

续表

缩略语	全　　称
《未成年人保护法》	《中华人民共和国未成年人保护法》(第十三届全国人民代表大会常务委员会第二十二次会议 2020 年 10 月 17 日第二次修订)
《预防未成年人犯罪法》	《中华人民共和国预防未成年人犯罪法》(第十三届全国人民代表大会常务委员会第二十四次会议 2020 年 12 月 26 日修订)
《治安管理处罚法》	《中华人民共和国治安管理处罚法》(第十一届全国人民代表大会常务委员会第二十九次会议 2012 年 10 月 26 日修正)
《最高检刑诉规则》	《人民检察院刑事诉讼规则》(最高人民检察院 2019 年 12 月 30 日公布)

目　　录

第一章　社区矫正监督管理概述 …… 1

一、社区矫正的概念与缘起 …… 1

二、轻罪时代与社区矫正 …… 7

三、社区矫正的监督管理 …… 10

四、社区矫正监督管理的基本原则 …… 17

五、社区矫正监督管理的依据 …… 33

六、社区矫正监督管理的历史沿革 …… 37

第二章　国外社区矫正监督管理经验及其借鉴 …… 43

一、欧美国家社区矫正的历史嬗变 …… 43

二、美国的社区矫正监督管理 …… 49

三、英国的社区矫正监督管理 …… 53

四、日本的社区矫正监督管理 …… 57

五、俄罗斯的社区矫正监督管理 …… 60

六、国外社区矫正监督管理经验对我国的启示与借鉴 …… 63

第三章　社区矫正监督管理机构及其管理队伍 …… 68

一、关于社区矫正监督管理的权属性质之争 …… 68

二、我国社区矫正机构的设立及其存在的问题 …… 74

三、我国社区矫正相关主体及其职责 …… 78

四、我国社区矫正监督管理队伍建设 …… 86

五、警务化抑或社区矫正官路径的讨论 …… 90

第四章　社区矫正监督管理对象 …… 102
一、社区矫正监督管理对象的特点 …… 102
二、社区矫正对象的法律地位及其特点 …… 103
三、社区矫正对象的权利 …… 105
四、社区矫正对象的义务 …… 113
五、社区矫正对象的权利保障及其完善 …… 113

第五章　社区矫正监督管理模式 …… 131
一、社区矫正监督管理模式产生的理论基础 …… 132
二、国外社区矫正监督管理模式述评 …… 133
三、我国社区矫正监督管理模式 …… 139
四、我国社区矫正监督管理模式的发展方向 …… 156

第六章　裁决前调查评估制度 …… 158
一、裁决前调查评估制度概述 …… 158
二、调查评估立法的新变化 …… 164
三、调查评估实践中存在的问题 …… 165
四、调查评估制度实践处境尴尬的原因分析 …… 168
五、完善裁决前调查评估制度的对策建议 …… 169

第七章　社区矫正监督管理基本制度 …… 178
一、交付接收制度 …… 178
二、日常监督管理制度 …… 183
三、分类监督管理制度 …… 189
四、禁止令的适用与执行制度 …… 199
五、信息化管理制度 …… 202
六、档案管理制度 …… 208
七、矫正结束管理制度 …… 211

第八章　社区矫正风险管理与控制 …… 217
一、社区矫正风险的认知 …… 218

二、社区矫正风险管控的变化 …… 220
三、社区矫正风险管控的基本思路和目标 …… 222
四、风险管控理论及其模式 …… 224
五、社区矫正风险管控体系的构建 …… 230

第九章　社区矫正的考核奖惩管理 …… 241
一、社区矫正对象的考核奖惩 …… 241
二、社区矫正行政执法管理 …… 244
三、刑务管理 …… 247
四、社区矫正考核奖惩制度的完善 …… 262

第十章　未成年社区矫正对象的监督管理 …… 271
一、未成年犯罪人处遇的国际原则 …… 272
二、未成年人社区矫正监督管理的价值理念选择 …… 275
三、未成年社区矫正对象监督管理的原则 …… 277
四、未成年社区矫正对象的监督管理 …… 280
五、未成年人社区矫正制度建构的思考 …… 283
六、落实犯罪记录封存制度 …… 295

第十一章　社区矫正监督管理相关争议问题的探讨与完善 …… 298
一、“白马非马”论:监狱监管和社区矫正监管的异质分析 …… 299
二、监督管理的价值取向冲突 …… 305
三、社区矫正监督管理工作价值目标的现代化表达 …… 309
四、《社区矫正法》施行后的机构建设问题 …… 312
五、关于“队建制”的探索与思考 …… 314
六、社区矫正工作者职业倦怠及其应对策略 …… 317
七、社区矫正管理主体机制的二元建构 …… 328
八、社区矫正工作人员尽职免责制度的构建 …… 337

结　语 …… 342

第一章　社区矫正监督管理概述

社区矫正监督管理是社区矫正工作的主要任务之一,存在和体现于社区矫正工作的全过程,其质量和水平决定着社区矫正的质量和效能。社区矫正是非监禁刑事执行活动,因此,社区矫正监督管理必须遵循一定的原则,严格依法进行。同时,社区矫正监督管理是与教育帮扶相辅相成、相互渗透融为一体的,不仅需要法律法规规范外在行为,也需要科学理论的支撑。

一、社区矫正的概念与缘起

作为近年来刑事执行法学领域高频用词的"社区矫正"概念,是从英语文献"community correction"一词翻译而来的。英文"community",即"社区",是一个社会学范畴,是指互相保持联系的人们参加人类活动的区域。它的构成有两个核心要素:场域、具有"共同体"特征的社会联系。"共同体"是指人们因某种共同因素而构成的集合或者整体。它可以因为血缘、地缘、业缘和其他各种社会经济潜在或显在的关系而构成,如"退伍军人共同体"等。通常情况下,社区可以被视为"地域性的共同体"①。英文"correction"是个多义词,既有"订正、校正"的含义,又有"惩罚、惩戒"等含义。② 依据英译汉的惯例,翻译时通常在英文单词的众多含义中选择其中一个最贴近的词来表述,因此,在我国通常将"correction"翻译成"矫正"。而"矫正"在中文语境下,是一个医学专门术语,意指通过手术或药物治疗,使身体部位的形状或技能方面发生畸变的患者得到康复,以重新过上和正常人一样生活的过程。

关于"community correction"一词,在不同地区由于语境、文化背景等的差异,一些国家或地区没有使用"社区矫正"这一概念,而称之为"社区惩罚",如英国、

---

① 参见刘江:《重识社区:从"共同体"到"场域"的转向》,载《社会工作》2016 年第 2 期。

② 参见郭世英主编:《现代英汉词典》,外语教学与研究出版社 2009 年版,第 964 页。

法国。还有的国家或地区,将“correction”的所有含义囊括在一起而称为“社区惩教”。“社区惩教”概念既囊括了“矫正”的内涵,又包含了“惩戒”的内容。如我国香港特别行政区政府对“correction”一词的官方翻译是“惩教”而不是“矫正”,将管理罪犯的部门称为“惩教署”;我国澳门特别行政区也使用“惩教”一词,其政府部门下设惩教局,负责罪犯的刑事执行。

社区矫正起源于对监狱制度负面效应的反思,萌芽于英美的假释与缓刑制度。18 世纪中后期,监狱改造罪犯的弊端凸显:一方面监狱人满为患、费用高昂、罪犯之间容易交叉感染。① 另一方面罪犯刑满释放后难以融入社会,重新犯罪现象突出。② 刑事实证学派的大师们通过大量实证研究发现,封闭的监禁矫正极易使罪犯形成“监狱人格”,产生监狱依赖、行为固化等缺陷,提出了慎用监禁刑、尽可能采用非监禁刑措施作为替代的刑罚思想,缓刑、假释等社区矫正制度应运而生。③ 20 世纪 50 年代兴起的罪犯再社会化思潮,以安塞尔为代表的新社会防卫学派提出的对罪犯实行人道和再社会化改造的思想,使社区矫正思想由孕育走向成熟,并逐渐由学说渗透到立法,再转化为各国的行刑实践。

社区矫正的具体种类在不同国家不尽相同,但缓刑、假释均是大多数国家的主要种类。从先后顺序上看,社区矫正起源于假释,兴盛于缓刑,成熟于社区服务刑。

西方学者一般认为,缓刑起源于美国。通常认为,缓刑起源于美国波士顿修鞋匠约翰·奥古斯塔斯的“善行保证”活动。作为修鞋匠的约翰·奥古斯塔斯,同时也是波士顿禁酒协会会员。该协会成员承诺禁酒并对酗酒者给予善待而非惩罚。因此,奥古斯塔斯和其他会员常对酗酒者予以帮助。当时一些酗酒者常因在公共场合酗酒而被逮捕并被关进看守所。出于宗教信仰,他毅然决定帮助这些人,为他们向法院提供担保,以换取暂缓判决。1841 年 8 月的一天,一个年轻人被带进法院,奥古斯塔斯凭经验知道,这是一个在公共场所酗酒闹事者。按照当时

---

① 监狱人满为患的问题至今仍未解决。截至 2019 年,全球监狱共关押了 1100 多万人,有 110 个联合国会员国出现监狱拥挤的现象,其中 50 多个会员国监狱关押人数超过关押容量的 150%。参见周勇:《联合国在监禁问题上的立场与观点》,载《犯罪与改造研究》2022 年第 5 期。

② 大量的西方犯罪学理论和实证研究都认同,监禁的威慑效果没有获得系统性的证据支持,并且大多数研究都表明监狱经历对罪犯的再犯罪有犯因性影响,更加严厉的制裁并不会抑制将来的犯罪。参见周璇:《从大规模监禁到大规模监督:美国社区矫正的当下困境》,载《犯罪与改造研究》2022 年第 9 期。

③ 参见王爱立、姜爱东主编:《中华人民共和国社区矫正法释义》,中国民主法制出版社 2020 年版,第 22 页。

的法律,“酗酒闹事”是一种轻微的罪行,只要交一小笔保释金,便可判一年“监外改造”。若不交保释金,那只能在盗窃犯、抢劫犯、强奸犯、诈骗犯集中的监狱里被关押一年,从监狱出来多半会变成一个对社会充满怨恨的职业罪犯。因此,奥古斯塔斯对眼前这个充满悔意、惶恐的青年,产生了恻隐之情。在法庭对这个酗酒者作出判决前,奥古斯塔斯主动与酗酒者进行了一次短暂的对话。奥古斯塔斯通过对话发现,此人并未对生活绝望,也有悔改之心。他向奥古斯塔斯保证,只要不被关进监狱,他绝不再酗酒。奥古斯塔斯看到了希望并决定帮助这位酗酒者。奥古斯塔斯请求法官允许他保释这名酗酒者并保证其将在 3 个星期后按时返回法庭并接受判决。在奥古斯塔斯的帮助下,这位被保释的酗酒者 3 个星期内滴酒未沾,一直勤劳工作,照料亲人,空余时间还去教堂做义工。当他 3 个星期后按时返回法庭时,与之前完全判若两人,甚至连法庭警察都不相信他是 3 个星期前的那个人。见此改变,法官也很高兴,决定不将此人判以监禁,而仅象征性地罚此人一分钱外加法庭开支,共 3. 76 美元。奥古斯塔斯的志愿行为及监管此人的成功赢得了法官对志愿者的信任及对保释的支持。修鞋老人的爱心和法官的举动,便开创了美国法律史上“惩罚与教育”相结合的新阶段。他认为“法律的目的不是残忍地惩罚或报复,而是改造并预防犯罪”。在随后的 17 年里奥古斯塔斯保释了 1152 名男性和 794 名女性嫌疑犯,改变了近 2000 人的命运,也影响了美国司法的进程。虽然奥古斯塔斯的保释行为算不上正式的缓刑制度,但他的做法为美国的缓刑制度提供了借鉴。后来,马萨诸塞州专门成立了一个机构——缓刑司,后被美国各州纷纷仿效。奥古斯塔斯被载入了美国法律史册,并被誉为“现代缓刑之父”。1869 年美国马萨诸塞州通过了一项立法,开始对未成年人适用缓刑。奥古斯塔斯的尝试推动了马萨诸塞州在 1878 年成为世界上第一个通过缓刑法令的地区。1925 年美国国会通过《联邦缓刑法》,授权联邦法院适用缓刑。到 1930 年,美国已有 36 个州通过了缓刑法令。① 到 1956 年,美国的所有犯人均可以享受缓刑制度。

西方学者一般认为假释起源于欧洲。在美国和英国,人们通常把亚历山大 · 麦克诺其和克罗夫顿看作假释制度的创始人。为了解决监狱内重新犯罪及社会上的其他严重犯罪问题,英国政府采用了流放政策。1839 年亚历山大 · 麦克诺其受英国政府指派就任流放犯人的澳大利亚诺福克岛监狱的监狱长。为稳定监狱

① 参见王爱立、姜爱东主编:《中华人民共和国社区矫正法释义》,中国民主法制出版社 2020 年版,第 22 页。

秩序,他提出实施“计分制”,主张给犯人的行为和劳动表现计奖励分。随着奖励分的增长,该犯人的自由度和其他相应的奖励也相应增加。当犯人的奖励分达到一定标准时,该犯人就可以拿到释放证,重获自由。他承诺:当一个犯人累计得到100分时就有希望得到自由,可以在岛上结婚、生活并掌控自己的行为。1844年麦克诺其被解职后,克罗夫顿继续秉持麦克诺其的改革实践和理念,并在爱尔兰监狱系统创立了认同犯人改造并助其回归自由社会的“四阶段制”①。如果犯人遵纪守法,就可以被发放“离监证”,作为一种允许犯人离开监狱到所在县工作的条件性赦免。尽管这类犯人不允许离开其所在的县并且在遇到盘查时必须出示“离监证”,但他们在其剩余的服刑期内不受矫正监控。克罗夫顿的爱尔兰监狱改革促使了假释制度的产生。麦克诺其的改革已经具备了现代假释制度的基本轮廓,为此,他被不少学者誉为“假释之父”。假释制度的第一部正式立法是美国1869年参考爱尔兰制定的《假释法》,到19世纪末20世纪初,西方国家相继建立了假释制度。

而在欧洲大陆,人们则把马尔桑吉看作“假释之父”。马尔桑吉是19世纪法国刑罚改革家,其改革中假释制度分为两个阶段:第一阶段是准假释阶段,犯人白天在外面工作,晚上住在监狱,其目的在于让犯人为重新适应社会生活做好准备;第二阶段是附条件释放,罪犯处于假释官的监督之下,并由假释官给予指导、帮助和约束。

关于社区矫正的定义,由于各国社区矫正性质、定位、适用范围乃至管理模式的差异,目前没有统一界定,表述多样,即使在同一国家,诸如美国,各州对于社区矫正也有着不同的界定。美国《国家咨询委员会刑事司法准则与目标》将社区矫正定义为社区中的所有犯罪矫正措施。美国学者福克斯则认为,社区矫正是指发生在社区,运用社区资源并具有补充、协助和支持传统犯罪矫正功能的各项措

---

① 第一阶段是独居监禁。犯人被单独禁闭并从事单调乏味的劳动。6个月后进入第二阶段,即杂居劳动。犯人被要求以组为单位进行劳动,每位犯人都要对组内其他犯人的行为负责,组内任何一位成员的错误行为都会导致所有成员返回到第一阶段。第三阶段是过渡性监狱。犯人被允许到监狱外参加非监管的日间工作。犯人能否进入下一阶段,取决于他是否达到某一分数。罪犯能够证明自己确实已经改好了,就可以得到“释放票”而被假释。第四阶段是监督考察。假释后罪犯需要每个月向警察提交一份行为表现报告,警察会帮助假释犯寻找工作并监督他们的日常工作。如果假释的罪犯违反相关要求,假释机构就可以撤销假释,对剩余刑期收监执行。

施。[①] 美国矫正协会社区矫正委员会1996年将社区矫正定义为：社区矫正是为保护公共安全而对罪犯和被告进行惩罚和服务，并使他们在社区继续生活的刑事司法制度，主要通过选择合适的参与者，相信罪犯是可以信任的，修复犯罪给受害者和社区带来的损害，监督和治疗罪犯等措施来实现，使罪犯和社区之间保持一种积极的联系。该观点主张社区矫正不仅应针对已定罪的罪犯，而且应针对起诉阶段的被告人；不仅应关注犯罪人的矫正，而且应关注受害者和社区由于犯罪所受损害的修复。[②]

西方国家一般将社区矫正定义为：一种不使罪犯与社会隔离、与家庭脱离，并利用社区资源教育矫正罪犯的刑事司法制度，是所有在社区环境中监督与帮助罪犯措施的总称。这些国家包括美国、加拿大、澳大利亚、新西兰等。基于研究的需要，我国有学者将西方国家的社区矫正概念划分为最狭义、狭义、广义、最广义四种类型。

最狭义的社区矫正，是指社区刑罚（community penalties）的执行与矫正活动。我国学者普遍认为，英国社区矫正属于社区刑罚，但又认为此种刑罚是由多个单独的社区矫正令组成的，属于多元化的刑种，而非单一的刑种。狭义的社区矫正，即"非监禁"的行刑与矫正活动。它不仅包括具有社区刑罚性质的非监禁刑，如英国的社区服务，也包括监禁刑的变更执行方式，如假释、暂予监外执行，还包括缓刑等附条件不执行监禁刑的刑罚缓执行制度。广义的社区矫正，是指刑事立法、司法和行政各个环节中，对罪犯采取的各种非监禁措施的执行与矫正活动。其目的是缓解监禁刑的弊端与经济压力。从矫正对象看，包括了诉讼各阶段以各种名义分流出的罪犯、被法院判处刑罚的罪犯、被法院暂缓判决的罪犯、被暂缓起诉的罪犯、执行监禁刑过程中的罪犯等；从矫正开始的时间看，审判前和审判后都有相应的社区矫正措施适用。[③] 最广义的社区矫正，是指在社区开展的所有刑事制裁与措施的执行与矫正活动。如美国明尼苏达州1973年通过的《社区矫正法》将矫正范围扩及刑满释放人员。日本的保护观察和更生保护制度也属于最广义的社

---

① 参见林茂荣、杨士隆：《犯罪矫正原理与实务》，台北，五南图书出版股份有限公司1994年版，第224页。

② 参见但未丽：《社区矫正概念的反思与重构》，载《武汉理工大学学报（社会科学版）》2008年第1期。

③ 参见王爱立、姜爱东主编：《中华人民共和国社区矫正法释义》，中国民主法制出版社2020年版，第30页。

区矫正，不仅对成年犯罪人适用暂缓判决、暂缓执行以及酌定假释、法定假释及其保护观察，而且对刑满释放人员予以更生保护，甚至对未成年人“虞犯”[①]和“非行”也给予保护观察或保护处分。[②]

综上所述，“社区矫正”这个舶来品，是翻译外国文献形成的概念，在西方国家是对社区罪犯的各种监督与帮助活动的总称，是与监禁矫正相对应的开放型矫正形式。[③] 非监禁性、适度惩罚性、回归性、社会性是其基本构成要素，是刑罚轻缓化、人道化、司法文明化的重要标志。[④]

目前我国的社区矫正制度属于狭义的社区矫正，但最广义的社区矫正是中国未来社区矫正制度的发展方向。社区矫正注重罪犯的改造、回归而不是对罪犯的报复。其目的是将人格扭曲、无法正常进行社会生活的犯罪人再社会化。1954年，美国监狱协会更名为“矫正协会”，标志着西方国家在行刑理念和实践上发生了重大变化。处于社区矫正监督之下的罪犯数量远远超过监狱和其他监禁机构中羁押的罪犯数量。21 世纪初加拿大社区服刑人员占服刑人员总数的 79.76%、澳大利亚为77.48%、新西兰为76.15%、法国为72.63%、美国为70.25%。[⑤] 在英国，根据 2007 年 9 月的统计，法庭判决的犯罪人总数为 46,698 人，其中判处各类社区刑罚的为 35,112 人，被判处社区刑罚的犯罪人占被判刑犯罪人总数的75.19%。[⑥]在挪威，截至 2021 年 1 月 1 日，挪威全国所有监狱合计仅监禁了 2523名服刑人员以及 862 名未决羁押人员，同一时期，却有高达 7351 名服刑人员接受社区矫正。[⑦] 根据托比昂（Torbjorn）等学者的实证研究，挪威矫正对象解除矫正

---

① 虞犯是指尚未实施犯罪行为，但平时常有不良行为，犯罪可能性较大的未成年人。如，经常与有犯罪习性的人交往者、经常出入不良场所者、参加不良组织者、无正当理由经常携带凶器者、个性有严重缺陷者、不服从保护人之正当监督者。之所以要关注虞犯，是基于防止其演变成犯罪人的考虑。

② 参见王顺安：《论中国特色的社区矫正概念与性质》，载《宜宾学院学报》2021 年第 1 期。

③ 参见程应需：《社区矫正的概念及其性质新论》，载《郑州大学学报（哲学社会科学版）》2006 年第 4 期。

④ 参见肖乾利、熊启然：《社区矫正基本问题研究》，法律出版社 2022 年版，第 6 页。

⑤ 参见李恩慈：《论社区矫正的几个问题》，载《中国法学》2004 年第 4 期。

⑥ 参见吴宗宪：《社区矫正比较研究》（上），中国人民大学出版社 2011 年版，第 31 ~ 32 页。

⑦ See Statistics Norway（SSB），*Offences reported to the police*，updated 2020 – 06 – 24，available at https://www.ssb.no/en/sosiale – forhold – og – kriminalitet/statistikker/lovbrudda/aar，last visited on 2021 – 05 – 06.

后的再犯罪率仅为7.3‰,[①]远低于挪威刑满释放人员的再犯率。自20世纪80年代以来,社区矫正已改变了许多国家以自由刑为中心的刑罚体系结构,在预防重新违法犯罪方面发挥着非常重要的作用,[②]并成为世界各国刑罚体制改革的方向。

二、轻罪时代与社区矫正

从世界各国行刑的发展走向来看,"整体趋轻、轻轻重重"成为刑事政策的发展趋势。[③] 对轻微犯罪实施犯罪非刑罚化、刑罚非监禁化、刑罚轻缓化处置,是20世纪80年代以来世界各国刑罚发展的主要方向。

在西方国家,轻罪一般是指被判处不超过一年的监禁、缓刑及非监禁刑的犯罪,非监禁刑是轻罪主要的责任承担方式。当前,美国以及英国还就恐怖主义犯罪的预备犯、帮助犯等进行积极的犯罪化,各国刑法也都体现出功能主义的发展趋势,密切回应社会防卫的安全性要求,[④]但都采取的是"严而不厉"的刑事政策。在美国,轻罪的数量占到所有犯罪数量的3/4,每年大概有1300多万个轻罪案件。[⑤] 轻罪涵盖了种类繁多且数量庞大的行为,其中,危险驾驶行为、轻微的骚扰行为、未达到规定数额要求的盗窃行为和持有大麻四种行为最为常见。随着美国社会向后现代社会转型、"破窗理论"[⑥]的应用、"零容忍"刑事政策的出台以及拦截盘查(Stop and Frisk)的广泛推行,轻罪案件数量急剧攀升。对于轻罪的处置,除了程序的简化,行刑社会化也缓解了美国大规模监禁所造成的监狱资源的紧张。

我国在2013年年底废除劳动教养制度后,针对社会发展中不断出现的重大安全威胁与高科技犯罪挑战,在以行为本身为核心的积极主义刑法观的牵引下,刑事立法进行了积极回应。在多个刑法修正案中新增若干罪名对从抽象危险到

---

① See Torbjørn Skardhamar & Kjetil Telle. *Post-release Employment and Recidivism in Norway*, Journal of Quantitative Criminology, 2012, 28(4): 629 - 649.

② 参见郭健:《社区矫正法的几个基础性问题探析》,载《犯罪与改造研究》2022年第5期。

③ 参见张东平:《监禁行刑与社区矫正的互动衔接研究》,中国法制出版社2017年版,第31页。

④ 参见冀莹:《美国轻罪治理体系的现状、困境及反思》,载《政治与法律》2022年第1期。

⑤ 参见冀莹:《美国轻罪治理体系的现状、困境及反思》,载《政治与法律》2022年第1期。

⑥ "破窗理论"由美国政治学家詹姆士·威尔逊(James Q. Wilson)和犯罪学家乔治·凯琳(George L. kelling)提出。他们认为,如果有人打坏了一个建筑物的窗户,而这扇窗户又得不到及时的维修,别人就可能受到某些暗示和纵容去打烂更多的窗户。久而久之,这些窗户就造成一种无序的感觉。在这种公众麻木不仁的情况下,犯罪就会滋生。

具体危险的社会风险的各个阶段进行了规制。例如,《刑法修正案(十一)》增设了妨害安全驾驶的规定,只要着手实行了抢控驾驶操纵装置的行为即构成犯罪,从而在交通工具倾覆、毁坏的风险刚刚产生之际就实施刑法规制。刑法积极介入社会治理、刑事立法积极化趋势已然成为现实。在司法领域,对一些需要通过刑罚手段进行管控和制裁的行为,在《刑法》尚无明确规定时,通过对现有《刑法》条文的扩大解释,将其纳入犯罪圈。如《刑法修正案(十一)》提出"套路贷""软暴力"等概念,将敲诈勒索、寻衅滋事等罪名的适用范围不断扩大。积极主义刑法观从预防性思维出发,在风险社会下,为做到对风险的预防,适度犯罪化、合理配置危险犯、发挥刑法的积极预防功能是必要的,也是符合社会变迁的基本规律的。

我国的犯罪治理需要,也决定着刑法的发展方向。近年来基于刑事犯罪结构的明显变化,我国轻罪治理体系已经逐步形成。当下我国的犯罪结构已发生重大变化,主要体现在两个方面:一是犯罪总体数量不断攀升。据 2021 年发布的《中国统计年鉴》统计,自 2010 年以来,我国每年的犯罪人数都超过 100 万人,且平均每两年就环比增长 20%,仅 2020 年就有 152 万人被判处有罪。① 随着社会风险的不断增大,刑法越来越多地被作为一种治理社会风险的手段而使用,多种社会失范行为被纳入刑法的规制范围,②积极主义刑法观也因此被尊崇。二是轻罪数量的占比不断增加。从《刑法修正案(八)》醉驾入刑,到《刑法修正案(十一)》增设高空抛物罪、妨害安全驾驶罪等罪名,《刑法》中增设的新罪名大多是最高法定刑为 3 年以下有期徒刑的轻罪以及最高法定刑为 1 年以下有期徒刑的微罪。这里的轻罪,不仅包括前述的立法中的轻罪,也包括司法中的轻罪。近年来,在司法实务中,多数案件中被告人被司法机关判处 3 年以下有期徒刑乃至适用非监禁刑。据统计,自 2013 年开始,宣告刑为 3 年以下有期徒刑的轻罪案件占比超过 80%、重罪比例均在 20% 以内,迄今已经维持了十年(2017 年是例外)。《2020 年全国法院司法统计公报》显示,2018 年我国判处 3 年以下有期徒刑的轻罪案件占全部犯罪案件的 86%,2020 年为 83%。③ 被判处非监禁刑(含免于刑事处罚)的被告

---

① 参见国家统计局编:《中国统计年鉴》(2021),中国统计出版社 2021 年版,第 176 页。

② 例如,醉驾、高空抛物原本都属于社会生活中的失范行为。随着此类行为表现出发生频率高、危险性增大等特征,为取得积极的社会治理效果,国家通过立法的形式将此类行为纳入了刑法的规制范围。

③ 参见刘强:《推进社区矫正委员会制度建设和立法完善》,载《中国司法》2022 年第 6 期。

人的比例从 20% 增至 30%。[①] 根据最高人民检察院发布的数据,仅 2019 年,全国因危险驾驶罪被起诉的案件就超过 32 万件,占全部刑事案件的 17.7%,在所有的犯罪中居于首位,“醉驾”已经取代盗窃罪成为“罪王”。[②] 与之相反,重罪被告人的数量却一直处于下降趋势。在实体法努力构建轻罪治理体系的同时,刑事程序法也同时发力。当前检察机关力推的少捕慎诉慎押政策和认罪认罚从宽制度,显然是以治理轻罪为主的刑事政策,实施的效果是不起诉案件增多,特别是相对不起诉案件数量上升明显。不少地方检察机关均在探索轻微醉酒型危险驾驶案适用“认罪认罚 + 社会公益服务 + 相对不起诉”机制。如,有的地方,对醉驾时血液酒精含量达 80 ~ 200mg/100ml 且认罪认罚,并通过社会公益服务检验“认罚”的犯罪嫌疑人,实施相对不起诉。无疑,我国已经进入了轻罪时代。

轻罪时代呼唤轻罪治理。轻罪时代的犯罪治理,理念上需要突出轻、快、宽,[③] 需要彻底摒弃严打重刑思维,刑事政策从宽严相济转向以宽为主,刑罚应整体趋轻,更多关注刑事制裁多元化,更加注重常态治理和依法治理,刑事诉讼程序也应更加轻缓与灵活,同时营造更为宽容的社会环境。为此,最高人民法院、最高人民检察院近年来探索、试点了一系列轻罪治理举措,如建立认罪认罚从宽制度,使本已较轻的犯罪,通过犯罪人认罪认罚得以进一步减轻或者免除其刑事责任;通过对涉企犯罪适用第三方机制监督之下的刑事合规,达到对企业及其实际控制人、董事、经理、高级管理人员的不起诉或者减轻其刑事责任;通过修改取保候审的标准,降低审前羁押率,确保判决可以大量适用缓刑。前述措施在一定程度上适应了轻罪治理的需要。特别是借助于缓刑考验期实现刑罚轻缓化的举措,将会使更多的罪犯被判处非监禁刑而进入社区矫正领域。非监禁刑包括缓刑、管制、假释、暂予监外执行、单处附加刑等种类。《中国法律年鉴》和最高人民检察院微信公众号发布的数据显示:从 2015 年起我国轻刑率稳定在 80% 左右;2010 年至 2019 年十年间,我国非监禁刑适用率一直保持在 30% 左右。[④] 随着轻罪立法的增多,作

---

① 参见张军:《最高人民检察院关于人民检察院适用认罪认罚从宽制度情况的报告》,载中国人大网,http://www.npc.gov.cn/npc/c30834/202010/ca9ab36773f24f64917f75933b49296b.shtml。

② 参见吴雨豪、刘庄:《民意如何影响量刑? ——以醉酒型危险驾驶罪为切入》,载《中国法律评论》2023 年第 1 期。

③ 参见卢建平:《为什么说我国已经进入轻罪时代》,载《中国应用法学》2022 年第 3 期。

④ 参见代桂霞、冯君:《轻罪治理的实证分析和司法路径选择》,载《西南政法大学学报》2021 年第 5 期。

为一种非监禁的刑事执行方式，社区矫正定然会在未来的刑事执行过程中扮演更为重要的角色。

三、社区矫正的监督管理

《社区矫正法》第 3 条规定，社区矫正工作需要将“坚持监督管理与教育帮扶相结合”作为指导方针。监督管理强调社区矫正的刑事执行属性，要求矫正对象遵守报告、会客、外出等方面的监督管理规定，服从社区矫正机构的管理；而教育帮扶旨在利用多种形式，对矫正对象进行法治、道德等方面的教育，激发其内在道德素质和悔罪意识，消除可能重新犯罪的因素。从立法原意来看，两项工作是并列的，并无主次之分，而且从彼此的作用来看，两者也是辩证统一的整体，缺一不可。在中国语境下，尽管教育帮扶是社区矫正的核心与灵魂，但监督管理是社区矫正工作的基础、前提，为此，有学者将监督管理认为是社区矫正的主体工作。[①] 还可以从“监督管理”一词在规范性文件中高频次出现来说明社区矫正监督管理的重要性。根据统计，《社区矫正法》中“监督管理”一词出现了 14 次，2020 年《实施办法》中出现了 26 次。此外，若惩戒措施空泛，使社区矫正对象不忌于社区矫正机构，对社区矫正机构的要求置之不理，行为散漫，无所约束。在这种状态下，极易导致社区矫正对象走上重新犯罪的道路而使教育矫正失败。

社区矫正制度产生于对监禁刑执行弊端的反思，它最大的优势是重视发挥社会力量、重回归，为社区矫正对象顺利融入社会创造宽松环境，为此，社区矫正不能办成“第二监狱”。社区矫正中的监督管理不能等同于监狱监管。监狱“监管”是指在封闭的监狱，由监狱人民警察对服刑罪犯实施剥夺自由并强制其遵守相关的规定。而社区矫正监督管理则是在开放的社区，社区矫正机构等相关主体通过利用社会力量，对被限制人身自由的社区矫正对象实施的督促与管理。当社区矫正对象的行为与心理认知符合相关规定时，社区矫正机构等相关主体不得干预其工作与生活。只有社区矫正对象的行为和心理认知违背相关规定，才谈得上管理与惩戒。我国《刑法》第 39 条、第 75 条、第 84 条分别对管制犯、缓刑犯、假释犯在社区矫正期间应遵守的刑事义务作了明确具体的规定。

---

① 燕永辉：《在理论和实践之间：社区矫正规范化研究的力作——读吴宗宪教授〈中国社区矫正规范化研究〉有感》，载《犯罪与改造研究》2022 年第 9 期。

(一)监督管理的类型和内容

最早关注社区矫正监督管理问题的当属克罗卡斯(Klockars)。他在20世纪70年代初对100多名矫正干警和7000名矫正对象展开调查,并将社区矫正监督管理归纳为以下三种类型:一是监督型,强调对社区罪犯的合规性管理。该类型还可以根据管理的强硬和严格程度进一步细分为两个小类:法律执行型——强调通过强硬手段宣示权威,要求矫正对象服从管理;消磨时间型——倾向于机械遵守规则,达到工作最低要求,使矫正对象不出问题、不添麻烦即可。二是矫正服务型,强调对矫正对象开展心理治疗和个案辅导影响其行为,并帮助其解决生活困难。三是综合型,致力于融合监督控制和矫正恢复两大功能。克罗卡斯认为,综合管理模式既致力于建立良好关系又强调服从规则,能达到更好的矫正效果。他的观点同20世纪90年代初加拿大循证矫正学派提出的"回应性原则"①是一致的,即有效的回应需要矫正工作人员一方面具备建立良好关系的技巧,另一方面具备高质量的结构化技巧,而结构化技巧内在地包含了有效地表达不同意这一内容。综合型监督管理模式的效果为越来越多的循证研究所证实。综合型监督管理已然成为中外学界的共识。②

在现代汉语中,监督是指"察看并督促"。作为职能的监督,其目的就是提示督促、防止差错、治理和维护秩序。管理的基本解释包括:(1)负责某项工作使之顺利进行;(2)保管和料理;(3)照管并约束(人或事物)。一般意义上,管理是指在特定的环境条件下,以人为中心通过计划、组织、指挥、协调、控制及创新等手段,对组织所拥有的人力、物力、财力、信息等资源进行有效的决策、计划、组织、领导、控制,以期高效地达到既定目标的过程。任何一种管理活动都由四个基本要素构成:管理主体,回答由谁管的问题;管理客体,回答管什么的问题;组织目的,回答为何而管的问题;组织环境或条件,回答在什么情况下管的问题。因此,简单

---

① 加拿大犯罪矫正专家们经过对若干矫正案例的研判,认为循证矫正有三个核心原则,即风险(Risk)、需求(Needs)和回应性(Responsivity),又被称为"RNR"原则。"RNR"原则的基本内容是,首先测定罪犯个体再犯风险高低从而确定矫正强度,进而寻找可能会促使其再犯的原因,然后结合罪犯个体的能力和学习方式来设计和实施矫正方案。此处的"回应性原则",是指在对罪犯实施矫正时,要对罪犯个性特征进行研究,做到矫正工作有针对性。

② 参见熊贵彬:《社区矫正三大管理模式及社会工作介入效果分析——基于循证矫正视角》,载《浙江工商大学学报》2020年第2期。

地说,管理是社会组织中,管理者为了实现预期目标,以人为中心进行的协调活动。

社区矫正监督管理,实际上是社区矫正的监督与管理。如何理解“监督”? 有学者认为,社区矫正的“监督”,是指对社区矫正对象的行为和状态进行的监视。但笔者认为,这一解释的内容显得片面。“监督”一词除“监视”外,还应有“督促”的内容。如若社区矫正机构通过“监视”发现,社区矫正对象的行为符合相关规定、保持了正常(就业或就学)状态,那么,不得干预其正常的工作与生活。如若发现社区矫正对象的行为或状态存在异常情形,应该首先是督促其履行。诸如,发现社区矫正对象没有履行或迟延履行裁判文书确定的法定义务。此时,社区矫正机构应当督促其尽快履行。经督促仍未履行,才谈得上采用“管理”或控制措施,抑或说采用必要的干预与惩戒,乃至替代为监禁刑。换言之,这里的“监视”“督促”“管理”三者应该是一个递进式的选择关系。所谓的“选择关系”,是指针对社区矫正对象的行为与状态,“监视”“督促”“管理”具有选择性。如若社区矫正对象的行为与状态合法合规,仅需“监视”即可。只有经过“监视”“督促”,社区矫正对象依然未能守法合规,才谈得上“管理”中所赋予的惩戒措施。

社区矫正,监督管理涉及的内容较为广泛。有学者将社区矫正监督管理的内容归纳为六个层面:一是专项的监督管理(包括“报告”监管、“会客”监管、“外出、迁居”监管、“禁止令”监管等);二是日常监管;三是分类监管;四是奖惩与变更执行;五是风险管理;六是档案管理。①

《社区矫正法》第4章第23~34条专门用12个条文对“监督管理”相关内容进行了规定。从《社区矫正法》对监督管理相关内容的规定看,对社区矫正对象的监督管理,主要是监督社区矫正对象遵守法律、行政法规,履行判决、裁定、暂予监外执行决定等法律文书确定的义务,履行司法行政部门关于报告、会客、外出、迁居、保外就医等方面的监督管理规定,落实针对社区矫正对象的矫正方案,了解掌握社区矫正对象的活动情况和行为表现。② 对社区矫正对象监督管理的内容可以细分为以下几个方面。

1. 对社区矫正对象履行刑事义务的监督管理。对缓刑、假释、管制类的社区

---

① 参见戴艳玲:《社区矫正监督管理的主要问题及其改进》,载《犯罪与改造研究》2016年第6期。

② 参见王爱立、姜爱东主编:《中华人民共和国社区矫正法释义》,中国民主法制出版社2020年版,第25页。

矫正对象,《刑法》第39条、第75条、第84条对外出请假、定期报告、会客、行踪、执行禁止令、参加教育学习、参加公益活动乃至政治权利限制,均进行了明确规定。需要通过严格有效的监督管理确保前述刑事义务的切实履行。

2. 对社区矫正对象履行社区矫正义务的监督管理。社区矫正机构监督管理法律对所有社区矫正对象规定的义务或对个案社区矫正对象特别规定的义务。如定期呈交思想报告的义务、按规定到司法所办理相关事项的义务等。这些义务和刑事义务的不同之处是,这些义务是社区矫正机构规定的而刑事义务主要来自刑事法律的规定。

3. 对社区矫正对象参与教育矫正活动的监督管理。对这部分内容进行监督管理的主要目的是保障教育矫正工作的秩序和效率。教育矫正工作包括社区矫正主体组织的法治教育、劳动教育、思想教育、文化教育、心理教育等。教育矫正是一项重要而艰难的社区矫正工作,这项工作常常会受到社区矫正对象的抵制。顺利开展教育矫正工作需要有力的监督管理工作做保障。

4. 对社区矫正对象参与帮扶工作的监督管理。一般来说,社区矫正对象都会积极主动地参与帮扶工作,但是,仍需要对社区矫正对象参与帮扶工作进行监督管理。特别是持续时间比较长的帮扶工作可能由于社区矫正对象缺乏毅力半途而废,如就业技能培训。还有一些帮扶工作需要对帮扶的过程进行监督管理,以保障帮扶目的的实现。如对于解决社区矫正对象某种特殊困难的临时救助费用或者紧急救助费用,应监督其正当、有效地使用。

社区矫正对象只有服从监督管理,切实遵守法律、行政法规,履行判决、裁定、暂予监外执行决定等法律文书确定的义务,履行司法行政部门关于报告、会客、外出、迁居、保外就医等方面的监督管理规定,才能顺利地度过社区矫正考验期,最终得以解除矫正,回归社会。

(二)社区矫正监督管理的构成要素

1. 社区矫正监督管理主体。从实践看,社区矫正监督管理的主体包括机关主体和人员主体两个层次。从根本上讲,社区矫正的监督管理是依照国家的法律法规实施的行政执法和行政管理行为,行使监督管理权的只能是法律法规授权的机关。按照目前的法律规定,机关主体首先是司法行政机关和社区矫正机构;其次是人民法院、人民检察院、公安机关、监狱管理机关和其他相关部门,它们在社区矫正工作中依法承担辅助监督管理职责。人员主体是指参与社区矫正工作的所有工作人员。社区矫正的人员主体包括社区矫正机构中从事该项工作的国家工作人员,他们是直接从事社区矫正监督管理工作的人员,是社区矫正工作中的中坚力量。社区矫正的人员主体还包括参与社区矫正工作的社会工作者、志愿者和其他社区矫正协助力量,他们是社区矫正工作的重要参与者。

我国《社区矫正法》从立法的角度对社区矫正机构、人员和职责进行了明确的规定。从社区矫正监督管理的角度看,这些条款同时也是关于社区矫正监督管理主体的规范。例如,关于社区矫正机构,《社区矫正法》第 8 条规定:"国务院司法行政部门主管全国的社区矫正工作。县级以上地方人民政府司法行政部门主管本行政区域内的社区矫正工作。人民法院、人民检察院、公安机关和其他有关部门依照各自职责,依法做好社区矫正工作。人民检察院依法对社区矫正工作实行法律监督。地方人民政府根据需要设立社区矫正委员会,负责统筹协调和指导本行政区域内的社区矫正工作。"该条表明社区矫正是一个多主体参与的综合性工作,人民法院、人民检察院、公安机关和其他有关部门是参与主体,都要按照各自职责完成好社区矫正工作。《社区矫正法》第 9 条规定:"县级以上地方人民政府根据需要设置社区矫正机构,负责社区矫正工作的具体实施。社区矫正机构的设置和撤销,由县级以上地方人民政府司法行政部门提出意见,按照规定的权限和程序审批。司法所根据社区矫正机构的委托,承担社区矫正相关工作。"前述规定实际上是对 2012 年《刑事诉讼法》修正案关于"对被判处管制、宣告缓刑、假释或者暂予监外执行的罪犯,依法实行社区矫正,由社区矫正机构负责执行"规定的具体明确,是作为后位法的《社区矫正法》对前位法《刑事诉讼法》的具体贯彻。

关于社区矫正工作人员,《社区矫正法》不仅对社区矫正工作人员、社会工作者、社会力量参与人员均进行了明确规定,还对其工作要求、权利保障和队伍建设进行了规范。例如,《社区矫正法》第 10 条规定,社区矫正机构应当配备具有法律等专业知识的专门国家工作人员,履行监督管理、教育帮扶等执法职责。

2. 社区矫正监督管理客体。社区矫正监督管理的客体是社区矫正工作的全部事务和其他相关活动。《社区矫正法》对社区矫正工作中的全部事务和其他相关活动均进行了明确规定,包括调查评估、矫正决定与接收、监督管理、教育帮扶、矫正解除和终止,以及未成年人社区矫正等。这些规定对研究社区矫正监督管理客体提供了基本依据。

3. 社区矫正监督管理对象。社区矫正监督管理的对象是指在社区中接受监督与帮助的罪犯。《社区矫正法》第 2 条第 1 款规定:"对被判处管制、宣告缓刑、假释和暂予监外执行的罪犯，依法实行社区矫正。”这为社区矫正监督管理对象的确定提供了明确的法律依据。

（三）社区矫正监督管理的性质

在实践中，人们总是想把事物的性质限定在某一个“非此即彼”的绝对范围内，但是事与愿违，很多事物具有复合和多元的特点。社区矫正监督管理的性质也具有这样的特点。

1. 社区矫正监督管理是依托社区进行的监督管理活动。社区是一个社会学概念，社会性、组织性和互动性是社区的重要特征。社区指人口同质性较强、具有相同或者相似价值取向的社会关系和社会利益共同体。特定地域的一群人，要适应特殊的环境，在劳动和相互交往中产生了文化，产生了各种组织，产生了相似或相近的习惯和生活方式。社区中的人际关系也是一种守望相助、疾病相扶、有共同信仰和共同风俗习惯的人际关系。自从德国社会学家滕尼斯于 1887 年最早提出社区的概念以来，人们越来越重视社区在人们生活中的重要作用。社区既是一个人的物质家园，也是其精神家园。

每一个社区矫正对象都生活在特定的社区，也将在这个社区中完成矫正目标。因而，要充分利用社区中的有利因素促进社区矫正对象自我改善和发展，同时要避免社区中的不利因素对社区矫正对象的负面影响。实际上社区矫正对象的感情是寄托于所在社区的，对社区有较强的归属感，社区矫正对象在社区中接受教育帮扶更有利于其顺利回归社会。因此，培育社会力量参与社区矫正工作才是社区矫正的应有之义，才能够真正实现社区矫正的目的。

2. 社区矫正监督管理具有社会管理的特点。人们一般将社会管理分为两大类型，即公共管理和企业管理（私人管理）。从产生意义上讲公共管理是公共组织的一种职能，包括以广义的政府为主导的公共组织和以公共利益为指向的非政府组织为实现公共利益，为社会提供公共产品和服务的活动。社区矫正监督管理具有公共管理的性质，属于公共管理，这主要表现在以下两个方面。

一方面，从监督管理的目的看，社区矫正监督管理具有明显的公益性，其目的是为社会提供公共产品和服务，而不是营利。社区矫正监督管理的目的是使社会秩序保持良好的状态，不至于因社区矫正对象的存在而使社会陷入不安和失序的局面。同时，社区矫正监督管理也有利于社区矫正对象及其家人的福祉，而这种福祉的取得看似属于个体性的扶助，实则依然是社会公益的体现。

另一方面，从监督管理的依据看，社区矫正监督管理的依据主要是国家的法律法规，包括《刑法》《刑事诉讼法》《监狱法》《社区矫正法》等。例如，《刑法》第38～41条关于管制的规定、第54～58条关于剥夺政治权利的规定、第72～77条关于缓刑的规定、第78～80条关于减刑的规定、第81～86条关于假释的规定，都是社区矫正工作者从事社区矫正监督管理工作的具体法定依据。其中第39条第1款规定："被判处管制的犯罪分子，在执行期间，应当遵守下列规定：(一)遵守法律、行政法规，服从监督；(二)未经执行机关批准，不得行使言论、出版、集会、结社、游行、示威自由的权利；(三)按照执行机关规定报告自己的活动情况；(四)遵守执行机关关于会客的规定；(五)离开所居住的市、县或者迁居，应当报经执行机关批准。"同时，《刑事诉讼法》中也有大量社区矫正监督管理工作的依据。

从《社区矫正法》的立法精神看，其充分体现了党的十九届四中全会提出的系统治理、依法治理、综合治理、源头治理的精神，也是对社区矫正工作实践经验的总结，解决了实践当中出现的一些突出的管理问题，巩固了改革成果，促进了社区矫正监督管理工作的规范发展。

3. 社区矫正监督管理属于刑事执行管理活动的一部分。社区矫正是与监禁矫正相对的刑事执行方式，因而社区矫正监督管理属于非监禁刑事执行管理活动。社区矫正监督管理与狱政管理相比，两者既有相似之处，又有明显差异。其相似点主要表现在：一是从性质上讲，二者都属于刑事执行活动。二是监督管理对象相近。无论是狱政管理还是社区矫正监督管理，它们的对象都是经过刑事司法程序，依法被判决、裁定或者决定承担刑事司法后果的人。三是监督管理目标相同。两者的目标都是提高教育矫正质量，矫正罪犯的犯罪心理和行为恶习，使之回归社会，成为守法公民，最终减少和预防犯罪。

社区矫正监督管理与狱政管理之间的差异又是巨大的，主要表现在以下几个方面：第一，从管理对象看，社区矫正监督管理的对象主要是被判处管制、宣告缓刑、裁定假释、决定暂予监外执行的罪犯，这些罪犯有的是所犯的罪行相对较轻，社会危害性相对较小，有的是在监狱服刑过程中表现良好被假释，有的是由于疾病等生理因素不适宜在监狱继续服刑；而狱政管理的对象是依法被判处有期徒刑、无期徒刑或者死刑缓期执行的罪犯，他们所犯的罪行较重，社会危害性较大。第二，从管理场所看，社区矫正监督管理在社区矫正对象生活的社区中实施，场所是开放的社区，只是最低限度地限制社区矫正对象的人身自由或剥夺其政治权利，并不阻断社区矫正对象与社会之间的联系；狱政管理在监狱内进行，场所封闭，以短期或长期剥夺罪犯的人身自由为形式。第三，从管理主体看，社区矫正监督管理的主体既包括基层司法行政机关工作人员、社区矫正机构工作人员，还包括社会工作者和志愿者，社区矫正对象的家庭成员或监护人、保证人等；狱政管理的主体主要是监狱人民警察。第四，从管理内容及模式看，社区矫正监督管理扎根于社区，依托并充分利用社会资源，通过监督和服务社区矫正对象在社区的工作和生活，帮助社区矫正对象解决实际困难，保证社区矫正对象能有效进行自我改造。狱政管理则试图通过监禁使罪犯与社区相隔离，以保证其不再危害社会，同时施以狱内管理、三课教育、生产劳动等手段来改造罪犯。第五，从管理形式看，狱政管理是事前强制干预，是以国家强制力为后盾的强制管理，以全面干预为原则，以不干预为例外。社区矫正监督管理是事后干预，主要是监督社区矫正对象的行为，以不干预为原则，以干预为例外，以沟通协商、善意提醒为工作形式，以社区矫正对象的自我管理为主。

四、社区矫正监督管理的基本原则

社区矫正监督管理的基本原则，是指社区矫正监督管理活动中应当遵循的基本准则，是依据社区矫正监督管理的法律规范，贯穿社区矫正监督管理的全过程，指导和制约社区矫正监督管理活动的基本准则。

从《社区矫正法》第3条和第4条的立法内涵、立法精神看，社区矫正监督管理需要坚持四条专项性原则：一是坚持尊重和保障人权原则；二是坚持监督管理与教育帮扶相结合原则；三是坚持专门机关与社会力量相结合原则；四是坚持分类管理与个别化矫正原则。在这四条专项性原则中，尊重和保障人权是总要求，也是现代法治的基本精神，是社区矫正监督管理工作的前提和保证；监督管理与教育帮扶相结合是社区矫正监督管理工作的基本内容，也是社区矫正工作的价值取向；专门机关与社会力量相结合是社区矫正监督管理工作的本质特征和基本模式，体现了社区矫正监督管理工作的政府主导性与多元开放性特征；分类管理是对社区矫正对象在管理措施上的宏观设计，个别化矫正是社区矫正监督管理工作在具体方法上的要求。这四条专项性原则是社区矫正监督管理工作的基本规范。除此之外，在社区矫正监督管理工作中，必须坚持下述原则。

（一）依法管理原则

依法治国是我国的基本治国方略，是实现国家长治久安的根本保障。社区矫正监督管理必须以法律规定为依据，严格依照法律规定办事，这样才能保证社区矫正监督管理活动目标的实现。

“法治最基本的前提是有法之治”①，要坚持规则之治、良法善治。党的十八大以来，我国的法治理念有了许多新的提法：从“依法治国”到“全面依法治国”，从建设“法治国家”到建设“法治中国”，从建设“法律体系”到建设“法治体系”，从“有法可依”到“良法善治”。再到党的二十大提出“国家各方面工作法治化”。这里的“各方面工作法治化”，当然涵盖了社区矫正的法治化、规范化。国家各方面工作法治化，就是要把国家各方面工作纳入法治轨道，坚持以法治的理念、法治的思维、法治的程序、法治的方式、法治的机制开展工作，坚持依法执政、依法立法、依法行政、依规依法监察、依法公正司法，坚持法定职责必须为、法无授权不可为，在国家工作的各个方面各个环节都增强合宪性合法性、减少违法性违规性。②

在社区矫正法治建设上，《刑法》《刑事诉讼法》《监狱法》等法律的修订，确立了社区矫正的法律地位。最高人民法院、最高人民检察院、公安部、司法部多次以联合下发文件的形式，为社区矫正监督管理工作出台规范性的指导意见，尤其是2012年《实施办法》(已失效)，承担了社区矫正监督管理工作“法律规范”的重任。与此同时，司法部和全国各省、自治区、直辖市均制定了相关规定，使社区矫正监督管理逐步走向了规范化。也正是基于扎实的社会实践和社区矫正在法治国家建设中所发挥的独到作用，党的十八届四中全会通过的《关于全面推进依法治国若干重大问题的决定》中，明确提出要“制定社区矫正法”，以专门的法律对社区矫正工作进行规范。之后，我国加快了社区矫正规范化建设，在两年多的时间里，最高人民法院、最高人民检察院、公安部、司法部联合下发了三个具有规范性质的指导文件：2014年8月27日颁布的《关于全面推进社区矫正工作的意见》，提出全面推进社区矫正工作，并对社区矫正工作提出了明确要求；2016年7月26日公布、自2017年1月1日起施行的《关于对因犯罪在大陆受审的台湾居民依法适用缓刑实行社区矫正有关问题的意见》，对因犯罪在大陆受审的台湾居民依法适用缓刑实行社区矫正的执行问题进行了规范；2016年8月颁布的《衔接配合意见》，进一步加强了社区矫正工作的衔接配合，确保社区矫正依法适用、规范运行。2016

① 周介昆、陈柏安：《监狱法的法律地位及价值评估》，载法律图馆网2020年1月22日，http://www.law-lib.com/LW/1w_view.asp? no=5121&page=2。

② 参见张文显：《全面推进国家各方面工作法治化》，载《法制与社会发展》2022年第6期。

年12月1日，国务院法制办公室发布了《中华人民共和国社区矫正法（征求意见稿）》，向社会各界公开征求对社区矫正立法的具体意见，这标志着社区矫正的立法工作已经进入了实质性阶段。2019年12月28日《社区矫正法》正式颁布，并于2020年7月1日开始实施，成为我国第一部规范社区矫正工作的法律。这昭示着我国社区矫正工作已完成了从“试点”到“试行”再到“实行”和“全面推进”的初级阶段的使命，开启了全面法治化的道路。

依法管理是运用国家赋予的法定权力实施社区矫正的监督管理，具有制约性、权威性和规范性。首先，制约性是其首要属性。依法管理表明社区矫正监督管理工作并非以个人意志为转移，个人可以随心所欲地实施监督管理活动，而是在监督管理活动的各个领域与环节中，监督管理的权力要时刻受到“法”的制约。制约社区矫正监督管理权力的“法”不仅包括宪法、法律，还包括相关行政法规、部门规章及司法解释、部门规范性文件等。也就是说，社区矫正监督管理不仅要受《宪法》《刑法》《刑事诉讼法》《监狱法》《社区矫正法》《人民警察法》《公务员法》《劳动法》《国家赔偿法》等相关法律的制约，还要受到国务院的行政法规，司法部相关规章，最高人民法院、最高人民检察院、公安部、国家安全部、司法部的解释、批复和通知的制约。其次，权威性是依法管理原则的又一属性，体现在社区矫正监督管理的法律法规为国家权力机关和行政机关所确立，具有最高的权威性，必须在整个社区矫正监督管理活动中居于主导地位，不得以政策、道德、习俗等调整手段和其他社会规范冲击、代替法律，任何组织和个人都必须严格遵守法律。在社区矫正监督管理过程中，任何组织或个人都不能对社区矫正监督管理方面的法律法规的执行进行阻挠和抵抗。最后，规范性是依法管理原则的第三个属性。法律能够为社区矫正监督管理活动提供正当的支持，作为社区矫正监督管理活动的规范，法律有引导具体的社区矫正监督管理活动的作用，即规范性作用。社区矫正机构是国家的刑事执行机关，社区矫正监督管理是一项代表国家、政府实施的严肃管理活动，需要法律提供管理依据，做到有法可依，有章可循。运用法律方法规定社区矫正监督管理的各项制度，可以形成规范、有效、统一的管理体系。

社区矫正依法管理能够保障社区矫正的安全与稳定，使社区矫正对象履行法定的义务，保障社区矫正对象权利的行使，维护社区矫正对象的合法权益。依法进行社区矫正监督管理，有利于社区矫正对象增强法律意识与法治观念，懂得遵纪守法的重要性，树立明确的改造目标。

依法管理原则的基本内容包括:管理主体、管理内容、管理程序和方式的合法性,禁止管理中的违法行为。

第一,管理主体合法。只有法律授权和许可的组织和个人才有权从事社区矫正监督管理活动。《社区矫正法》第二章"机构、人员和职责"专章规定了社区矫正工作各主体的设置(第8条、第9条)、人员类别(第10~13条)、工作要求(第14条)、权利保障及队伍建设(第15条、第16条)。只有这些法定主体,才能依法进行社区矫正监督管理工作。

第二,管理内容合法。我国《刑法》、《刑事诉讼法》、《监狱法》、《社区矫正法》以及2020年《实施办法》都对社区矫正监督管理的具体内容进行了严格规范。内容合法的基本要求有:一是尊重和保护社区矫正对象合法权益。既不能随意减损社区矫正对象的权益,也不能无故增加社区矫正对象的义务,对于社区矫正对象未被剥夺或限制的权利要进行充分的保护。例如,凡是未被剥夺政治权利的社区矫正对象所具有的选举权和被选举权都应得到保障。在法律规定方面,《社区矫正法》第4条第2款规定:"社区矫正工作应当依法进行,尊重和保障人权。社区矫正对象依法享有的人身权利、财产权利和其他权利不受侵犯,在就业、就学和享受社会保障等方面不受歧视。"又如,实践中,社区矫正对象解除矫正后还要实施3年安置帮教的做法,目前,缺乏宪法、法律依据,其正当性值得研究。有的缓刑犯社区矫正对象,其缓刑考验期、矫正期只有几个月,而解除矫正后还要经历长达3年的安置帮教,有过度干预社区矫正对象工作与生活之嫌疑。二是管理行为要合法。管理者在监督管理过程中要言行文明,切忌粗暴无礼,严禁打骂体罚社区矫正对象。行为合法还表现在管理者要保持廉洁公正,不得以权谋私。《社区矫正法》第15条明确规定,社区矫正机构工作人员和其他参与社区矫正工作的人员依法开展社区矫正工作。就是要求管理主体的监督管理行为要符合法律的规定。三是设定的监督管理措施合法。监督管理措施要有上位法的明确支撑;上位法不明确的,要符合上位法的立法精神;在相关上位法不明的情况下,措施应有合理性,具有制定措施的必要性。诸如,《社区矫正法》没有要求每月固定具体的查访次数,没有要求集中教育和公益活动的次数,并且取消了以前的每月走访、每月"双八"活动等不具可操作性的规定。相反《社区矫正法》的要求是分类管理、个别化矫正,强调的是有针对性的矫正措施、有弹性的管理措施,不是机械的管理措施。为此,实践中存在的"一刀切"管理、没有灵活性的管理且得不到及时修改和完善的地方规范性文件的规定,有与合法性相悖之嫌疑。四是要规制权力边界。

社区矫正的参与者，都有自己的权力边界，其社区矫正行为必须受到法律的规制。应当说，随着《社区矫正法》以及2020年《实施办法》的施行，对社区矫正权力的规制已经相当明确。但是，随着一些省、自治区、直辖市社区矫正实施细则的出台，我们可以从中发现，一些地方的实施细则无视《社区矫正法》和2020年《实施办法》的明文规定，利用公权力自我扩权。比如，在调查评估的委托方面，《社区矫正法》和2020年《实施办法》明确规定了调查评估的委托主体和委托事项，并不包括：人民检察院对认罪认罚的犯罪嫌疑人，拟提出适用缓刑或者判处管制的量刑建议的，可以委托其居住地县级社区矫正机构或者相关社会组织开展调查评估。但是，在一些省级人民法院、人民检察院、公安厅、司法厅联合发布的实施细则中，却赋予了人民检察院对认罪认罚的犯罪嫌疑人拟提出适用缓刑或者判处管制的量刑建议的情况下的委托调查评估权。又如，延伸用警、借调用警等用警制度，在《社区矫正法》颁布前，作为先行先试的"创新"行为，勉强可以维持。但在《社区矫正法》施行后，法律明确规定了公安机关、法院和监狱管理机关的协作用警机制，原先的用警制度由于法律依据的缺失而失去了存在的依据。但是，一些地方依然采用地方规定的形式，强行推行毫无法律依据的用警制度，这就直接决定了它的非法治化特性。

第三，管理程序和方式合法。社区矫正监督管理是一项具有刑事执行法律属性的社会管理活动，因此也应需要遵循法定的程序，不能随心所欲。在执行地认定、调查评估、文书送达、报到移送、接收宣告、考核奖惩、减刑、撤缓撤假、收监执行、追逃、执行地变更、电子监管、脱管处理、禁止令执行、教育帮扶、解矫、矫正终止、死亡处理等众多环节中，都要按程序办事，绝不能任意简化或增设程序，以维护法律的权威性。诸如，2020年《实施办法》明确规定了社区矫正对象前来报到时，执行地县级社区矫正机构未收到法律文书或者法律文书不齐全，应当先记录在案，为其办理登记接收手续，并通知社区矫正决定机关在5日内送达或者补齐法律文书。但未明确法律文书不齐的情况下，登记接收能否作为纳入社区矫正监督管理的重要工作节点。实践中出现的社区矫正机构在接收交付工作中，先管人后补文书的情况，从法理上说，在无法律文书或关键性法律文书材料不齐的情况下就启动社区矫正监督管理工作，管理秩序的合法性值得商榷。从法律规定看，社区矫正机构的登记接收工作因未做到"人到文书到"的要求，实质上不属于纳入社区矫正的实际节点。如在实践中，由于诉讼程序的冲突，人民法院在一审宣告缓刑后，告知缓刑人员先到执行地社区矫正机构报到，但判决的上诉期和抗诉期未过,判决尚未生效。而社区矫正对象已前来报到,社区矫正机构只能先登记先管理,后向决定机关索要法律文书,有时前来报到的社区矫正对象因其同案人员上诉或被检察机关抗诉导致法律文书迟迟未生效。在这种情况下,如果社区矫正机构先行管理,虽然有利于社区矫正的风险管控,但监督管理程序的合法性存疑。

第四,不得滥用权力、实施违法行为。《社区矫正法》赋予了司法行政机关和社区矫正机构主管权和主导权,但在具体实施中,有些社区矫正机构不敢担当,害怕担责,面对应由自己承担的社会责任时,利用《社区矫正法》赋予的权力规避责任。比如,在委托调查评估工作中,不论被评估的社区矫正对象实际情况如何,总想方设法找出理由,作出不适合社区矫正的结论。一旦该社区矫正对象在社区矫正中出了问题,以此作为避责的依据。还有些社区矫正机构,在社区矫正对象因工作或生活需要变更社区矫正执行地时,想方设法以种种理由推诿,拒绝接收。在社区矫正监督管理活动中,无论是社区矫正对象的违法行为,还是管理者自身的违法行为,都将严重影响社区矫正目标的实现,造成不良的社会影响。当发现社区矫正对象有违法行为时,要及时按规定进行处理,而不能姑息迁就,视而不见。英国学者奥古斯丁(Augustine of Hippo)曾指出:"惩罚是对正义的伸张。"因此,只有对违法行为大胆地指出并纠正,对违法者依法惩处,才能保障社区矫正监督管理始终沿着法治的轨道发展。

《社区矫正法》第59条规定:"社区矫正对象在社区矫正期间有违反监督管理规定行为的,由公安机关依照《中华人民共和国治安管理处罚法》的规定给予处罚;具有撤销缓刑、假释或者暂予监外执行收监情形的,应当依法作出处理。"第60条规定:"社区矫正对象殴打、威胁、侮辱、骚扰、报复社区矫正机构工作人员和其他依法参与社区矫正工作的人员及其近亲属,构成犯罪的,依法追究刑事责任;尚不构成犯罪的,由公安机关依法给予治安管理处罚。"第62条规定:"人民检察院发现社区矫正工作违反法律规定的,应当依法提出纠正意见、检察建议。有关单位应当将采纳纠正意见、检察建议的情况书面回复人民检察院,没有采纳的应当说明理由。"这些都是对社区矫正监督管理活动违法行为的禁止性规定。

在实践中,一些地方在组织社区矫正对象集中学习、参加公益劳动等活动时,要求社区矫正对象穿特定颜色马甲,以和其他人员区别,这种做法不仅毫无法律依据,而且具有一定侮辱性,同社区矫正修复社会关系、帮助矫正对象回归社会的理念完全背道而驰。除此之外,一些地方的社区矫正机构在监督管理中增加的诸如队列训练、强制规定教育时间和方式、“突击点验”等“自选动作”,实际上都存在缺失法律依据。

(二)科学管理原则

科学管理原则是指在社区矫正监督管理的过程中,在严格遵守法律法规的同时,还要遵循社会治理规律,用科学的理论和科学的手段进行管理。

社会治理是一门科学。科学管理是对法律法规、管理策略、管理知识、管理艺术、管理技术手段等系统性规范和知识的综合运用。科学管理是提高管理效率的基础。没有科学的态度和科学的方法,社区矫正监督管理很可能会陷入事倍功半,甚至事与愿违的境地。任何管理活动都必须符合客观规律,不能与社会发展的进程相脱离。管理活动要与时俱进,与社会发展的趋势协调一致。社区矫正监督管理工作要以新时代中国特色社会主义理论为指导,弘扬社会主义核心价值观,以先进的管理理念、创新的思维方式,把理论与实践紧密地结合在一起。

弗雷德里克·温斯洛·泰勒(Frederick Winslow Taylor)是美国古典管理学家,他首先提出了科学管理的概念,是科学管理原则的创始人,被管理学界誉为科学管理之父,他强调科学管理的根本目的是谋求最高效率。

1. 科学管理的基本属性

科学管理具有客观性、系统性、发展性等属性。首先,科学的首要基础就在于它是客观的,这是一种广为人知的属性。客观性是指社区矫正监督管理必须建立在对事物客观规律充分了解的基础上。在具体的管理活动中,只有充分了解社区矫正对象的发展和变化规律,才能制定出恰到好处的管理措施。客观性要求社区矫正工作者在管理过程中应最大限度地排除个人主观经验的判断,坚持运用实证调查研究的方法,用事实、数据说话,科学认识社区矫正对象。其次,系统性是科学管理的又一重要属性,是指将社区矫正作为开放性系统来进行管理,要求社区矫正工作者从监督管理整体的系统性出发,从整体上把握社区矫正系统运行的规律,并根据社区矫正监督管理活动的效果和社会环境的变化,及时调整和控制管理系统的运行,最终实现社区矫正监督管理目标。最后,发展性是指人类对客观事物的认识总是不断深入,管理科学的形成与发展也存在一个过程。管理的理论、方法、手段、技术总是随着社会的发展、科学水平的提高不断丰富与完善,这是科学管理的发展性特征。它要求在社区矫正监督管理中相关工作者要有动态的眼光,不拘泥于约定俗成,不拘泥于定式,不拘泥于以往,社区矫正监督管理必须适应时代发展的变化。

2. 科学管理原则的基本内容

任何一项管理活动都是在管理理念指引下的具体实践活动。社区矫正监督管理理念是指依照什么样的管理思想、价值观念、行为准则等指导社区矫正监督管理活动，是社区矫正开展各种监督管理活动的前提和基础，是社区矫正监督管理工作应遵循的基本指导思想。首先，要与社会刑罚文明进程相一致，即社区矫正的各项监督管理活动必须能够围绕并服务于当前社会刑罚文明的主流思想。在人类历史上，行刑理念随着人类文明的发展进程不断变迁，从最初以惩罚性质的残酷肉刑为主，发展到当前以人为本注重社区矫正对象合法权益的保障，强调社区矫正对象矫正教育的行刑理念。在这一行刑理念下，社区矫正监督管理应向更加理性、人道的管理方向转化。社区矫正监督管理目标的实现需要高效的组织管理作为保障，因此科学的社区矫正监督管理还需要具备现代组织管理的理念。当前的中国式社区矫正现代化建设不仅仅是引进一些现代化的技术与设备，而且要将现代管理理念融入社区矫正监督管理活动中，从而使其成为社区矫正监督管理必须遵循的理念。

人是社区矫正监督管理的核心要素，科学的社区矫正监督管理要始终贯穿以人为本的管理理念。以人为本的管理理念是对人在管理中主体作用与地位的肯定。“即使是在惩罚最卑劣的凶手时，他身上至少有一样东西应该受到尊重的，即他的‘人性’。”①强调人在管理中的主体作用与地位，是一种价值取向，强调尊重人、解放人、依靠人和为了人，是一种思维方式，在社区矫正监督管理过程中分析和解决一切问题时，都既要坚持法律的尺度，也要坚持人的尺度。因此，要将马斯洛的需求层次等人本主义理论充分运用到社区矫正监督管理中，重视人的需要。

社区矫正监督管理理念作为社区矫正监督管理深层次思考的结晶。回答社区矫正监督管理的全部活动所涉及的三个基本问题：社区矫正监督管理为什么？社区矫正监督管理做什么？社区矫正监督管理怎么做？科学的社区矫正监督管理理念为社区矫正的一切监督管理活动提供了指导，是整个社区矫正监督管理活动的舵手，能帮助社区矫正保持正确的航向，确保社区矫正始终能够开展合理、高效的监督管理活动，从而实现社区矫正监督管理目标。

---

① ［法］米歇尔·福柯：《规训与惩罚》，刘北成、杨远婴译，三联书店2007年版，第82页。

3. 贯彻科学管理原则的要求

第一,在社区矫正监督管理中,必须贯彻法律至上的观念。在监督管理事务中,合法性是一种合乎逻辑的监督管理法则,也是监督管理中"唯一的最佳方式"。以合法性摆脱传统的监督管理偏见和主观判断,是科学管理原则的首要要求。

第二,坚持科学理论指导,树立科学管理思维。科学管理不是盲目的实践,而是在一定的科学理论指导之下有目的的实践活动,是在科学的管理的系统指导之下进行的科学管理活动。随着科学技术的发展,现代管理科学也有了长足的发展,各种学科的知识都充分融入了现代管理科学中,形成了丰富的现代管理理论,为社区矫正监督管理理论的充实与进步提供了丰厚的理论基础。在社区矫正监督管理过程中,社区矫正工作者要积极引进和吸收运筹论、系统论、控制论、信息论、科学决策理论等现代科学理论知识,不断理解,逐步运用,使社区矫正监督管理建立在科学的理论基础之上。社区矫正监督管理还要广泛吸收监狱学、法学、犯罪学、心理学、教育学、社会学、统计学等相关学科中有利于理论知识,提高社区矫正监督管理的效能。对社区矫正的科学管理还要求社区矫正工作者树立科学管理的思维方式。科学管理思维方式是选择科学管理路径的重要保证。管理思维方式决定着管理路径的科学与否,管理路径是思维方式的集中体现,两者密不可分。因此,树立科学的思维方式,有利于形成科学的管理路径。

第三,充分利用大数据,提升管理的科技含量。现代科学的发展为社区矫正监督管理提供了丰富的技术手段,当前云计算、物联网的兴起,意味着管理已经进入了大数据时代。科学的社区矫正监督管理需要充分利用大数据技术,同时加强应急协作和数据共享,才能提升社区矫正监督管理成效。当然,在大数据或者科学技术应用于社区矫正领域时,也要敢于正视存在的一些客观情况。例如根据《社区矫正法》第 23 条的规定,执行地县级社区矫正机构、受委托的司法所应当根据社区矫正对象的个人生活、工作及所处社区的实际情况,有针对性地采取通信联络、信息化核查,实地查访等措施,了解掌握社区矫正对象的活动情况和行为表现。在实务中这也是社区矫正工作人员有效的监督手段,通过在社区矫正对象手机中安装在矫通来实时监督社区矫正对象动向,比如每日签到,不定期线上抽查,但有时存在有些手机智能系统不兼容、软件无法得到授权、定位偏差或误报,甚至社区矫正对象使用老年机或无手机等情况,客观上造成社区矫正对象信息化核查不能做到有效全覆盖。不应当只要出现社区矫正对象脱漏管,就实施相应的处罚,应当基于客观现实,首先查明事实真相这才符合科学管理原则。

(三)社会参与原则

1.社会参与原则的含义。社区矫正有别于监禁矫正的最大特点是矫正的社会参与。社会参与原则是指在社区矫正监督管理中,要广泛培育和充分发挥社会力量,包括社会工作者、社会志愿者、居民委员会、村民委员会、社区矫正对象监护人和家庭成员,社区矫正对象所在单位和就读学校,以及企事业单位、社会组织等参与社区矫正监督管理工作。

社区矫正针对监狱行刑改造目的与手段相背离的弊端,在开放的社区环境中,把罪犯当正常人看待,充分尊重与信任其改过自新的愿望,启发其内心向善、自我矫正、自我革命的潜能,充分发挥社区矫正对象家庭、学校、单位和社区等社会帮教力量的作用,购买专业的教育帮扶资源,采取更加人性化的监督管理和教育帮扶方法,有利于罪犯再社会化。

我国社区矫正从试点阶段开始,一直高度重视社会参与。2003 年《试点通知》(已失效)指出,社区矫正工作应当“积极利用各种社会资源、整合社会各方面力量”。2004 年《司法行政机关社区矫正工作暂行办法》(已失效)规定,司法行政机关开展社区矫正工作,应遵循“社会力量广泛参与的原则”,充分发挥社会各方面的作用,提高社区矫正对象的教育改造质量。2009 年最高人民法院、最高人民检察院、公安部、司法部《关于在全国试行社区矫正工作的意见》(已失效),在“全面试行社区矫正工作的基本原则”中指出,要“坚持专群结合,充分调动社会资源和有关方面的积极性”。2014 年 8 月颁布的《关于全面推进社区矫正工作的意见》提出,社区矫正必须坚持统筹协调,充分发挥各部门的职能作用,广泛动员企事业单位、社会团体、志愿者等社会力量,发挥社会帮扶的综合优势,努力形成社会合力,提高帮扶效果,为社区矫正对象顺利回归社会创造条件。2014 年司法部等六部门联合出台《社会力量参与意见》,首次明确了鼓励引导社会力量参与社区矫正工作的主要途径,即鼓励引导社会组织参与社区矫正工作,发挥基层群众性自治组织的作用,鼓励企事业单位参与社区矫正工作,切实加强社区矫正志愿者队伍建设以及进一步加强矫正小组建设。

当前,社区矫正对象有90%以上是缓刑犯,[①]这部分人一般属于初犯、偶犯、过失犯,犯罪情节较轻,也有悔罪表现。所以,在适度监管和矫正的前提下,充分发挥社会力量参与教育帮扶,有利于社区矫正对象顺利回归社会。

《社区矫正法》对社会力量参与社区矫正进行了详细规定:一是国家鼓励和支持企业事业单位、社会组织、志愿者等社会力量参与社区矫正。二是依法协助做好社区矫正工作的居委会、村委会,可以利用社区资源,通过多种形式来进行必要的教育帮扶。三是社区矫正机构可以通过公开择优购买服务、项目委托的方式来委托一些社会组织提供心理辅导、社会关系改善等专业化的教育帮扶,以不断提高矫治质量。四是对共青团、妇联、未成年人保护组织和其他社会有关组织共同做好社区矫正工作进行了规定。

2. 社会参与原则的基本内容。社会参与原则的两项重点是依法培育社会力量和相关部门协调统一。

第一,依法培育社会力量,共同承担社会治理责任。从现行法律的有关规定看,社区组织和社会公众都有支持社区矫正的义务和责任。民政部《关于在全国推进城市社区建设的意见》指出:"建立社会治安综合治理网络,有条件的地方,要根据社区规模的调整,按照'一区(社区)一警'的模式调整民警责任区,设立社区警务室,健全社会治安防范体系,实行群防群治;组织开展经常性、群众性的法制教育和法律咨询、民事调解工作,加强对刑满释放、解除劳教人员的安置帮教工作和流动人口的管理,消除各种社会不稳定因素。"

《社区矫正法》第3条专门对社区矫正的工作原则进行了规定,其中明确提出社区矫正工作坚持专门机关与社会力量相结合。第11条规定:"社区矫正机构根据需要,组织具有法律、教育、心理、社会工作等专业知识或者实践经验的社会工作者开展社区矫正相关工作。"第12条规定:"居民委员会、村民委员会依法协助社区矫正机构做好社区矫正工作。社区矫正对象的监护人、家庭成员,所在单位或者就读学校应当协助社区矫正机构做好社区矫正工作。"第13条规定:"国家鼓励、支持企业事业单位、社会组织、志愿者等社会力量依法参与社区矫正工作。"

不仅如此,《社区矫正法》还对社会力量参与社区矫正工作的经费保障进行了规定。该法第6条规定:"各级人民政府应当将社区矫正经费列入本级政府预算。

---

① 参见《社区矫正对象九成为缓刑犯,社区矫正法引导社会力量参与工作》,载搜狐网2019年12月28日,https://www.sohu.com/a/363405020_260616。

居民委员会、村民委员会和其他社会组织依法协助社区矫正机构开展工作所需的经费应当按照规定列入社区矫正机构本级政府预算。”

社区矫正监督管理只有依法培育社会力量，使社区公众真正担负起社会治理的责任，热心于社区公共事业，以宽容的心态接纳和帮助社区矫正对象，才能使社区矫正工作真正成为促进社会和谐发展的润滑剂。

第二，相关部门协调统一。社区矫正是一项综合性强、涉及面广的管理工作。除了司法行政机关、人民法院、人民检察院、公安机关、监狱管理机关等要各司其职、相互配合、协调统一外，其他部门也要支持和配合。例如，民政部门要将社区矫正工作纳入社区建设和社区管理之中，指导基层组织参与矫正工作，将符合低保条件的社区矫正对象纳入低保范围。人力资源和社会保障部门要积极为生活困难或有就业需要的社区矫正对象提供职业培训和就业机会。财政部门要将社区矫正工作经费纳入财政预算。工会、团委、妇联要发挥职能优势，协助社区矫正工作机构对社区矫正对象进行政治、法治、文化、技术辅导，为社区矫正对象提供学习、生活、工作上的帮助。

3. 社会参与原则的具体情形和要求。依照社会参与的形态，可将社会参与分为法定参与、自愿参与、可持续参与、协议参与等。

第一，法定参与。是指依照法律的规定，社会力量参与社区矫正工作是其法定职责和义务。如《社区矫正法》第 12 条规定：“居民委员会、村民委员会依法协助社区矫正机构做好社区矫正工作。社区矫正对象的监护人、家庭成员，所在单位或者就读学校应当协助社区矫正机构做好社区矫正工作。”据此，对于居民委员会、村民委员会而言，参与社区矫正工作是其法定职责。而社区矫正对象的监护人、家庭成员、所在单位或者就读学校应当协助社区矫正机构做好社区矫正工作，则是应当履行的法律义务。

第二，自愿参与。在社区矫正监督管理工作中，对有些参与主体，国家和法律法规只能鼓励和支持，激励和保持其参与的热情和积极性，而不能对其有丝毫的强制。《社区矫正法》第 13 条规定：“国家鼓励、支持企业事业单位、社会组织、志愿者等社会力量依法参与社区矫正工作。”实务中，不能为了应付检查而下达硬性指标，更不能为了凑足志愿者的数量而弄虚作假。只有通过细致的宣传工作，促使社会组织及公众在思想上认识到社区矫正的重要性与必要性，才能激发起广大公众参与社区矫正工作的热情。

第三，可持续参与。在一些地方的社区矫正监督管理实务中，“运动式参与”

较为常见。这一参与方式的弊端在于会使社区矫正的法定性和严肃性受到人为的破坏,反而不利于社区矫正监督管理工作的可持续开展。对于那些热心于社区矫正工作的参与者,要加强监督管理,积极引导,使其持续参与。亦应培育可持续参与的社会力量,使其参与能力不断提高。

第四,协议参与。政府通过向专业社会组织或社会服务机构购买服务或者购买政府项目的形式,与专业社会组织或社会服务机构签订服务协议,为社区矫正监督管理工作提供相应服务。专业社会组织或社会服务机构参与社区矫正监督管理的形式就是协议参与。

(四)分类管理原则

分类管理是基于社区矫正对象的个别化差异而实施不同的管理措施,防止"一刀切"。特别是在社区矫正机构、矫正队伍尚未完善,人手严重不足的情况下,只能寄希望于分类管理。分类管理有利于提高罪犯矫正的针对性。具体而言,分类管理包括分类监督管理与分类教育帮扶,基于篇幅,本书所阐释的分类管理,仅指分类监督管理。而罪刑均衡、刑罚个别化以及教育差异化原理为对社区矫正对象实施分类管理提供了理论依据。

1. 法律依据

我国《刑法》第 5 条规定的罪刑均衡原则,是指"刑罚的轻重,应当与犯罪分子所犯罪行和承担的刑事责任相适应"。也即犯罪人所受刑罚的轻重程度要与罪行相适应,犯多大的罪就定多重的刑。罪行的轻重不仅仅根据所构成罪名的客观要件而定,还应考虑犯罪人的犯罪动机、目的等主观因素。由于每个人都是不一样的个体,两个构成同样罪名的人的主观因素不可能一模一样,其主观恶性也就不可能相同。量刑时需要考虑犯罪人的人身危险性,为此,刑罚个别化的理论便产生了。

刑罚个别化理论的渊源来自弗兰茨·冯·李斯特(Franz von Liszt)"应受惩罚的不是行为,而是行为人"口号。但是这种将刑罚个别化单一归结于"人的个别化"的思想随着新古典学派和社会防卫运动的兴起逐渐受到质疑,现代意义上的刑罚个别化的内涵早已扩展至同时关注犯罪行为以及犯罪主体,而非单一的对犯罪主体的关注。[①] 从其内涵来看,刑罚个别化建立在以下两个基点之上,"一是刑

---

① 参见贾国发:《试论刑罚个别化与法官自由裁量权之规范》,载《当代法学》2012 年第 4 期。

罚个别化通过运用刑罚的方式，在公正的基础上，实现犯罪人个别预防；二是刑罚个别化是建立在犯罪人的人身危险性这一客观根据之上”[①]。该理论认为刑罚不是对犯罪行为的报应，而是出于社会防卫的目的，为防止其再犯而对犯罪人所适用的教育、改造措施。因而，刑罚因人而异，刑罚的轻重取决于犯罪人的人身危险性的大小。刑罚个别化包括制刑个别化、量刑个别化、行刑个别化。刑罚个别化，更多地表现为行刑矫正的个别化。刑罚的大部分执行是矫正执行，所以行刑矫正的个别化更加重要。因为在法的视野里，“平等并不反对区别对待”，而“更多的是为区别对待提供标准和界限，以很好地确保平等”[②]。

“刑罚个别化理论”在《社区矫正法》中的具体体现主要在于该法第 3 条规定的“采取分类管理、个别化矫正，有针对性地消除社区矫正对象可能重新犯罪的因素，帮助其成为守法公民”。以及该法第 24 条规定的“社区矫正机构应当根据裁判内容和社区矫正对象的性别、年龄、心理特点、健康状况、犯罪原因、犯罪类型、犯罪情节、悔罪表现等情况，制定有针对性的矫正方案，实现分类管理、个别化矫正”。

2. 分类管理原则的含义

社区矫正分类管理，是指按照一定的标准将社区矫正对象分成不同的类别，对不同类别的社区矫正对象采取不同的监督管理措施的工作制度。分类管理关注的重点是罪犯的人身危险性和再犯可能性，体现的是管理措施、管理力度的差异。例如，通过对不同的社区矫正对象分别使用强化管理、中度管理、基本管理等不同级别的管理方法，且根据矫正对象在矫正期间内的变化情况及时调整矫正方案，对于表现良好及有进步者，通过降低管理监督级别，缩短矫正期等实施奖励；对于严重违反规定者，给予警告、治安管理处罚、收监执行等处罚措施促使罪犯积极改善自己，争取在管理级别上不断晋级，最终回归社会。

在《社区矫正法》施行前，国内不少地方就开展了社区矫正分类管理的实践探索。如北京市根据社区矫正对象的人身危险性程度将其分为 A、B、C 三类，并配以低、中、高三种不同程度的管理措施。福建省根据社区矫正对象的性别、年龄、犯罪类型、悔罪表现等情况将缓刑、假释、管制的社区矫正对象列为一类对象，将暂予监外执行的社区矫正对象列为二类对象，将未成年社区矫正对象列为三类对

① 参见贾冰一：《探寻刑罚个别化的正当根据》，载《江苏警官学院学报》2009 年第 1 期。

② 卓泽渊：《法理学》，法律出版社 2000 年版，第 250 页。

象,将港澳台籍、外国籍、无国籍和专案执行的社区矫正对象列为四类对象。其中,三、四类对象由县级社区矫正机构直接监督管理。不同类别的社区矫正对象对应实施普通、严格、宽松三种等级的具有针对性的监管措施。

《社区矫正法》在“总则”的第3条规定,“采取分类管理、个别化矫正,有针对性地消除社区矫正对象可能重新犯罪的因素”。在第四章《监督管理》第24条规定,“制定有针对性的矫正方案,实现分类管理、个别化矫正”。从以上两个条文我们可以发现,分类管理是实现个别化矫正的一种手段,只有先进行分类管理,才能实现个别化矫正的目的。2020年《实施办法》第21条、第22条对分类管理有两部分内容的规定。第21条第1款规定,社区矫正机构应当根据社区矫正对象被判处管制、宣告缓刑、假释和暂予监外执行的不同裁判内容和犯罪类型、矫正阶段、再犯罪风险等情况,进行综合评估,划分不同类别,实施分类管理。第2款规定,社区矫正机构应当把社区矫正对象的考核结果和奖惩情况作为分类管理的依据。第22条第3款规定,矫正方案应当根据分类管理的要求、实施效果以及社区矫正对象的表现等情况相应调整。从2020年《实施办法》对分类管理的规定看,不仅明确了分类管理的划分标准,而且将考核结果和奖惩情况作为分类管理的依据。

3. 贯彻分类管理原则的要求

在实务中,不同地区对社区矫正对象的分类标准也有一定的区别,主要表现形式有以下几种。

第一,按照社区矫正对象的犯罪类别、个性特点等进行分类,将社区矫正对象分为交通肇事犯罪、侵犯财产犯罪、侵犯人身权利犯罪、破坏生态环境犯罪、职务犯罪、未成年人犯罪等类别,分类进行监督管理工作。

第二,社区矫正机构根据矫正对象的家庭背景、心理特点、案件情况、认罪悔罪态度、入矫教育阶段的表现以及矫正教育条件等个性化特征,考虑改造表现、社区环境、人身危险性、再犯罪可能性、再社会化程度等多项因素,进行风险测评。根据评估结果,设定不同的管理类别,采取不同的监督管理和矫正教育措施。

第三,按照社区矫正对象所处的不同矫正阶段进行分类管理,最为常用的是“三段分类教育法”:入矫之后初始分类、中期分类和后期分类。

入矫之后初始分类。主要根据社区矫正对象在这一阶段的心理状态、行为特征和内在需求,使其在认罪服法的基础上接受社区矫正机构的监督管理。

中期分类。根据社区矫正对象在这一阶段的心理状态、行为特征和内在需求,监督管理目标是矫正其犯罪心理和行为恶习,培养其健康心理,增强其法律意识,提高其道德、文化水平和生存能力。

后期分类。根据社区矫正对象在这一阶段的心理状态、行为特征,监督管理目标是增强其自律意识、巩固教育工作成果。

(五)比例原则

在现代法治国家,比例原则是具有宪法位阶的旨在约束国家公权力以保障公民权利不受其过度干预的法治国原则之一。它被视为公法领域的"帝王条款"。任何涉及国家公权力行使的公法领域,尤其是行政法、刑法领域,均应当遵循比例原则。将比例原则引入刑法,将会有效弥补刑法谦抑原则对刑事立法处罚范围限制的软弱和无力状态。比例原则的核心在于要求国家对于公民基本权利的干预不得超过公益目的所需的必要限度。通常认为,比例原则具体包含适当性原则、必要性原则、相当性原则三项子原则,三者分别旨在处理手段与目的、手段与手段、结果与目的之间的关系,以确保国家对公民基本权利的干预在公益目的与必要手段之间保持一定的相称性。

比例原则应用于社区矫正领域,具体是指社区矫正相关主体在对社区矫正对象进行监督管理的过程中对社区矫正对象的工作与生活不得过度干预。坚守比例原则,必须做到:(1)监督管理措施的适用,只能基于社区矫正对象融入社会、回归社会,预防其重新犯罪的目的;(2)适用的监督管理措施的种类,应与社区矫正对象的社会危险性相适应。故对所有社区矫正对象均适用电子定位装置的做法应予以否定,对所有社区矫正对象均适用手机定位的做法也应予以否定。在我国,多数社区矫正对象是轻刑犯、过失犯或所犯之罪为职务犯罪,本身没有多大的社会危险性,不应盲目模仿监狱实施人身管控,而应构建与轻罪时代相适应的社会治理举措。诸如,需要依据比例原则构建与轻罪时代相适应的前科消灭制度。长期以来,我们对如何做好犯罪记录工作十分重视,却没有建构相应的前科消灭制度。正如前所述,我国每年处理的刑事案件当中,有 80% 以上的罪犯均被判处 3 年以下有期徒刑,每年新增轻罪罪犯约 100 万人。这些人的前科如果没有适当的消灭而伴随他们,刑满后个人的生活,子女的求学就业,都会受重大影响,一辈子生活在被歧视的阴影中。在轻罪时代,如果要减少社会的对立面,建构更加和谐的社会生活,实现国家治理体系和治理能力的现代化,需要在今后的刑事立法中考虑建立前科消灭制度,对于被判处 3 年以下有期徒刑的罪犯、过失犯罪的罪犯、不满18周岁的罪犯，以及特别轻微的罪犯（如危险驾驶罪等），其犯罪前科经过一段时间后予以消除，使其能够尽快回归社会。唯有如此，才能够体现国家法律对于曾经“犯错”的国民的宽宥，同时确保犯有轻罪的人所受的所有处罚与其过错相协调，才符合比例原则。实践中，需要严格遵循比例原则，正确适用监督管理措施。诸如交通肇事类的缓刑犯社区矫正对象在矫正期间无证驾驶如何处理的问题。有的地方的做法是撤销缓刑、收监执行。① 有的地方仅给予行政处罚。② 笔者认为，因交通肇事罪或危险驾驶罪被判处缓刑、在机动车驾驶证被吊销期间，社区矫正对象为了增加收入，驾驶三轮机动车运输销售农产品并将该收入作为主要生活来源，且行车环境多为蔬菜大棚、农田中的乡间小路的情况下，无证驾驶行为违反了《道路交通安全法》，应予以处罚，但他们的主观目的是增加收入，驾驶环境也较为封闭，未造成严重后果，尚不属于“情节严重”的情形，若基于比例原则考量，给予行政处罚是妥当的，撤销缓刑收监执行则不符合比例原则的相当性。

五、社区矫正监督管理的依据

社区矫正监督管理的依据包括宪法法律、部门规章、地方规范性文件三个层次。《宪法》《刑法》《刑事诉讼法》《社区矫正法》《监狱法》等层面的规定，目前已经形成了一个体系；部门规章主要是2020年《实施办法》。笔者在此仅重点谈谈社区矫正的地方规范性文件。

在《社区矫正法》、2020年《实施办法》施行以来，已有20余个省（自治区、直辖市）出台了各自的省级社区矫正规范性文件。从现有的相关省级规范性文件的名称来看，多数冠以“实施细则”的名称，但在具体称谓上略有不同，例如安徽省、天津市等地的称谓为“社区矫正工作实施细则”；山西省、广东省等地的称谓为“社区矫正实施细则”；福建省、上海市比较特殊，两地制定的文件全称分别为《福建省贯彻〈中华人民共和国社区矫正法〉实施细则》、上海市《关于贯彻落实〈中华人民共和国社区矫正法实施办法〉的实施细则》。这里就可以从称谓的不同看出各地从法治层面上对社区矫正的理解存在明显差异。

当然不管具体的文件名称为何，从其内容来看各地对调查评估、交付接收、监

---

① 参见夏震宇：《天津：21名危险驾驶罪社区矫正对象无证驾驶被撤销缓刑、收监执行》，载央广网，http://news.cnr.cn/native/city/20210326/t20210326_525446958.shtml。

② 参见匡雪、温邱娜、沈学芬：《需不需要撤销缓刑 山东莘县：大数据+检察听证让公平正义可见可感》，载腾讯新闻，https://new.qq.com/rain/a/20220913A05FUA00.html。

督管理、教育帮扶、奖惩考核等执法各环节均进行了比较详细的规定。这里仅以《天津市社区矫正工作实施细则》为例,该细则第25条规定:“根据社区矫正对象日常考核和分类分级不同,区级社区矫正机构或司法所可以采取以下矫正措施:重点监管社区矫正对象:每半月到司法所报告情况不少于1次,上交书面情况报告;每半月接受个别教育或者集中教育不少于1次;每月参与公益活动不少于1次;经批准离开本市时间一般单次不得超过7天(外出就学除外);接受信息化核查,按照要求报告自己活动情况等信息,每天不少于2次;根据执行地区级社区矫正机构或司法所安排接受心理矫正或行为教育矫正活动。一般监管社区矫正对象:每月到司法所报告情况不少于1次,上交书面情况报告;每月接受个别教育或者集中教育不少于1次;每月参与公益活动不少于1次;接受信息化核查,按照要求报告自己活动情况等信息,每天不少于1次;根据执行地区级社区矫正机构或司法所安排接受心理矫正或行为教育矫正活动。”

又如《湖南省社区矫正实施细则》第36条规定:“执行地县级社区矫正机构、受委托的司法所应当督促保证人认真履行保证义务,发现保证人不履行保证义务的,应当给予批评教育并责令改正;情节严重的,执行地县级社区矫正机构可以取消其保证人资格。”

可见,以上各地制定的细则均在不同程度上进一步细化了社区矫正对象报告、会客、外出、迁居、参加教育学习和公益活动方面的内容,且增加了保证人不履行义务时如何进行处理的规定。

对于居住地的认定,很多省份需要居住证和房产证两个准入条件,甚至还要求6个月社保等条件。

但令人诧异的是,综观各省(自治区、直辖市)制定的实施细则,大多仅见于新闻报道,全文内容却未公开,从公开渠道无从收集。此类情况不符合《中华人民共和国政府信息公开条例》。① 关于应依法全面公开“行政法规、规章和规范性文件”的要求。各地社区矫正机构制定有关社区矫正的规范性文件,当然属于行政性“规范性文件”。

社区矫正被认为是一项刑事执行制度,其中对管制犯的监督管理属于对刑罚

① 《中华人民共和国政府信息公开条例》第19条规定:“对涉及公众利益调整、需要公众广泛知晓或者需要公众参与决策的政府信息,行政机关应当主动公开。”该条例第20条还规定:“行政机关应当依照本条例第十九条的规定,主动公开本行政机关的下列政府信息:(一)行政法规、规章和规范性文件;(二)机关职能、机构设置、办公地址、办公时间、联系方式、负责人姓名……”

的执行,暂予监外执行则涉及对刑罚的变更执行。按照《立法法》第 11 条第 4 项的规定,犯罪和刑罚属于法律保留事项,刑罚的种类和执行方式只能由法律来设定,对执行中需要细化、解释的问题,也只能通过司法解释加以解决。而社区矫正却不然,除了省一级的实施细则,甚至连区(县)司法行政部门都可以自行制定如《社区矫正计分量化考核办法(试行)》等规范性文件。一些地区的检察机关也联合当地司法行政机关出台了关于外出审批的规范性文件。①

作为社区矫正执行依据的各级规范性文件的性质是什么?是行政规范性文件还是司法规范性文件?如果是前者,就应当受到国办发〔2018〕37 号文件的制约②,未向社会公开的社区矫正规范性文件不能作为社区矫正工作的依据。但如果是司法规范性文件,目前在对其的备案审查及公开方面尚未有明确规制。《各级人民代表大会常务委员会监督法》只规定了司法解释性文件应当进行备案,对其他规范性文件未作规定。正是这一性质上的模糊,导致了不少社区矫正规范性文件尚处于不透明状态,直接作为工作规范的不少省级社区矫正实施细则没有及时公开,无法查询。如果社区矫正对象及其委托的律师,对社区矫正机构如何进行考核、如何认定社区矫正对象是否违反监督管理规定以及是否达到"情节严重"都不知晓,显然社区矫正对象的权利难以得到保障。

从社区矫正执法规范化的角度出发,各地制定的实施细则均涉及社区矫正对象的权利义务,亦涉及保证人的相关义务和社区矫正小组的职责,这属于应当被社会公众广泛知晓的事项。

首先,涉及社区矫正对象权利义务的社区矫正规范性文件都应公开。《社区矫正法》正式实施后,2020 年《实施办法》就带头实现了依法公开,即依法在相关政府网站进行了全文公开。而各地制定的社区矫正实施细则,本就依据《社区矫正法》、2020 年《实施办法》制定,因此没有不公开的理由,也应依法公开。

其次,各地制定的社区矫正实施细则,其内容涉及多项社区矫正对象的权利

---

① 如 2020 年 7 月,四川省宜宾市叙州区人民检察院联合区司法局制定了《叙州区社区矫正对象外出管理办法(试行)》,该办法在社区矫正对象外出申请、外出审批、外出管理、外出销假、经营外出及检察监督等方面进行了详细规定。

② 国务院办公厅《关于加强行政规范性文件制定和监督管理工作的通知》(国办发〔2018〕37 号)明确规定:"行政规范性文件经审议通过或批准后,由制定机关统一登记、统一编号、统一印发,并及时通过政府公报、政府网站、政务新媒体、报刊、广播、电视、公示栏等公开向社会发布,不得以内部文件形式印发执行,未经公布的行政规范性文件不得作为行政管理依据。"

义务,亦通过规范性文件形式细化了报告、外出、奖惩事项等内容。若不公开,会造成社区矫正对象遵守困难以及矫正小组无法监督等困境。

最后,若不公开各地制定的社区矫正实施细则,则难以实现《社区矫正法》关于保障社区矫正对象合法权益的法律目标。在当前的实务工作中,各地制定的实施细则中关于监督管理的相关措施,在限制社区矫正对象行动自由方面是否合法合规,驳回社区矫正对象外出申请、不予同意执行地变更等决定是否合法合理等问题的判断上,都需要公开规范性文件的内容,接受社会各界监督。若不公开,不仅社区矫正对象难以维护本人的合法权益,包括律师、学者、专家、人大代表在内的各社会群体亦因无法知道相关规定的内容而不能有效维护社区矫正对象的合法权益。

为此,笔者建议,应全面清理芜杂的社区矫正执行依据。《社区矫正法》第 23 条规定:"社区矫正对象在社区矫正期间应当遵守法律、行政法规,履行判决、裁定、暂予监外执行决定等法律文书确定的义务,遵守国务院司法行政部门关于报告、会客、外出、迁居、保外就医等监督管理规定,服从社区矫正机构的管理。"该条文对社区矫正对象需要遵守的义务的规定同《刑法》《刑事诉讼法》是一致的。需要注意的是,除遵守法律、行政法规外,社区矫正对象亦应遵守国务院司法行政部门的监督管理规定。在公安机关管理五类罪犯时期,公安机关对其管理的依据也只有一部《公安机关对被管制、剥夺政治权利、缓刑、假释、保外就医罪犯的监督管理规定》(已失效)。但到了司法部主管社区矫正时期,监督管理规定却变得芜杂起来。除司法部等部门先后制定了 2012 年《实施办法》(已失效)、2020 年《实施办法》外,各省(自治区、直辖市)也都制定了各自的监督管理规定,有的地方甚至连市县司法局也制定了自己的监督管理规定,如《石家庄市裕华区社区矫正人员监督管理规定》《张家口市司法局社区矫正工作信息化管理办法(试行)》《雅安市社区矫正手机定位管理规定(试行)》等。这些规定除了重复上级已有的监督管理规定外,又根据自己的工作需要增加了社区矫正对象需要遵守的义务。如上述雅安市的文件中,就擅自将社区矫正对象的活动范围进一步缩小到市辖区。这种通过出台文件任意变更上位法规定的做法,显然是违法的,其实质是用文件代替法律,最终导致法律被架空,社区矫正对象的合法权利自然也不可能得到保障。对此问题不妨也学习当年公安机关的做法,只保留 2020 年《实施办法》,将其他地方性文件一律予以废除。

六、社区矫正监督管理的历史沿革

从历史角度看,对社区矫正对象的监督管理,主要经历了三个时期。

(一)公安机关对五类罪犯进行监督管理的时期

这一时期,公安机关运用治安管理的思维对五类罪犯进行监督,除法律明确限制的权利外,其权利同普通公民没有区别。就其需要遵守的规范而言,除应遵守法律、行政法规外,仅需要遵守公安部颁布的部门规章,即1979年的《公安部关于管制拘役缓刑假释监外执行监视居住的具体执行办法的通知》(公发〔1979〕185号)以及1995年的《公安机关对被管制、剥夺政治权利、缓刑、假释、保外就医罪犯的监督管理规定》(已失效),根据其所属类别的不同,所需要遵守的监督管理规定也不同。对违反法律限制性规定和公安机关监督管理规定的罪犯,公安机关的主要处罚手段是进行治安处罚,符合法定条件的提请撤销缓刑、假释或者收监执行;而对违法违规的假释类罪犯则不经治安处罚直接提请撤销假释。

公安机关由于任务过于繁重,没有足够的警力和注意力投入到社区矫正执行工作,对社区矫正工作往往兼顾不及,实际上流于形式,教育和管理工作很难得以真正施行,执行效果无法令人满意。主观上,由于是“兼管”所以社区矫正执行在繁重公安工作中一直被认为是不属于自己的主业,客观上确实是“力不从心”,无法为社区矫正提供更多的力量保障。

这一时期,公安机关只负责对五类罪犯的监督管理,无对其进行教育帮扶,社区矫正对象也无获得帮扶的权利。社区矫正工作主要由公安派出所承担,由于公安派出所任务较多,对此工作并没有投入过多精力,对五类罪犯的管理也较为松散,民间甚至出现了缓刑等于没事,假释、保外就医就等于释放的说法。这样的管理模式虽然较为松散,但执行机关侵害和限制五类罪犯权利的情况也较为少见。

但是,由公安机关对社区矫正对象进行管理不符合权力制衡的原则。在刑事诉讼中,人民法院、人民检察院和公安机关应当分工负责、互相配合、互相制约。公安机关行使了立案侦查权、执行逮捕权,同时又行使社区刑罚执行权,不符合刑罚权力分工中合理分工和权力制衡的原则。同时,公安机关执行或监督考察,侧重于管理和对违规行为的处罚,难以对这些罪犯进行有针对性的教育帮扶,不利于他们回归社会、融入社会;加之实际执行中出现的一些问题,司法机关适用管制、缓刑、假释的积极性不高。① 以上原因导致我国的非监禁刑制度没有发挥其应有的作用。

（二）司法行政机关对社区矫正对象监督管理的时期

2012 年《实施办法》（已失效）的颁布实施，标志着司法行政机关正式全面接管社区矫正工作。该工作由公安机关移交司法行政部门，还同时增加了“教育帮扶”的职责。社区矫正工作移交和监狱工作移交不同，监狱的移交是“整建制”移交，没有挤占司法行政机关原有的编制。而社区矫正的移交是“只交任务不带编制不带人”。

在这一时期，司法行政机关参照公安机关由派出所管理社区矫正对象的做法，逐步形成了以司法所为执法主体的监督管理模式。但司法所受县级司法行政机关和乡镇（街道）的双重管理，职能多、人手缺、力量弱，除承担社区矫正工作外，还需承担人民调解、基层法律服务、安置帮教、法治宣教等职能及乡镇党委政府安排的工作，且其专业能力与高水平社区矫正工作的要求还存在差距，影响社区矫正工作实效。

司法行政机关承接该工作后，并没有沿着过去公安机关的路走下去，而是推翻其经验，重起炉灶，借用管理监狱服刑罪犯的经验对五类罪犯进行监督管理。其特点是不再根据法律的不同要求对五类罪犯进行监督考察，而是采取整齐划一的监管措施，力图把原本被松散管理的社区矫正对象全面管起来，具体表现主要有以下几点。

一是引入了监狱通行的分级管理措施。所谓分级管理，就是将矫正对象分为两级或者三级从宽到严进行管理，管理级别越高，需要完成的如提交报告、接受谈话、参加学习和劳动等活动的频次就越高。

二是加强了对社区矫正对象外出的控制。普遍采用手机定位技术或使用其他定位装置，且采取一定到底、一戴到底的方式进行活动范围监管。同时严格限制外出事由，不少地方除家庭重大变故、看病就医两类事由外一概不批准外出。

三是全面加强对社区矫正对象的人身控制。不论社区矫正对象的工作生活情况如何，一律要求其随叫随到，一些地方还时不时搞突击点验，要求矫正对象在

---

① 参见王爱立、姜爱东主编：《中华人民共和国社区矫正法释义》，中国民主法制出版社 2020 年版，第 26 页。

规定时间内到达司法所或者矫正中心，迟到则给予惩罚。

四是社区矫正对象需要遵守的监督管理规定变得复杂多样。主要体现为规定层级多，从司法部到区（县）级司法局甚至司法所都可以制定监督管理规定，导致监督管理措施层层加码，越到基层越复杂。逐级加码的管控措施，不但让司法所工作人员疲于奔命，也严重干扰了社区矫正对象的正常生活。

五是社区矫正对象受到处罚后的救济途径缩水。在公安机关管理时期，对违反监督管理规定的管制、缓刑、暂予监外执行罪犯的惩罚措施主要是治安处罚。对于这一处罚，受到处罚的罪犯可以申请行政复议或提起行政诉讼。但在社区矫正工作由司法行政机关实施后，增加了警告作为惩罚措施，并且将警告次数同收监挂钩。而对于这一惩罚措施，社区矫正对象没有申请行政复议或者提起行政诉讼的权利。

司法行政机关负责社区矫正工作虽然改变了公安机关管理时期的松散局面，以监狱化的管理模式全面加强了对社区矫正对象的监管，强化了其罪犯身份，相当于在社会上办了一所没有围墙的监狱。但监狱化的管理模式也确实侵害了一些社区矫正对象的合法权益。

当然，这样的颠覆性改变不会一帆风顺。首先出现问题的是对剥夺政治权利罪犯的社区矫正，这类罪犯被剥夺的仅仅是政治权利，《刑法》也没有要求其遵守管理机关关于报告、会客的规定，更没有限制其离开所居住的市县。因此，实行社区矫正后，司法行政部门一视同仁的管理措施很快就遭到了在社会上服刑的剥夺政治权利罪犯的抵制，认为社区矫正侵犯了他们的合法权益。由于剥夺政治权利不存在收监的问题，要求其遵守报告等义务也没有《刑法》上的依据，故对于这种抵制，司法行政机关束手无策。从 2003 年局部试点起算，这种尴尬情况持续了整整 8 年，直到 2011 年第十一届全国人民代表大会常务委员会第十九次会议通过了《刑法修正案（八）》明确将剥夺政治权利罪犯排除于社区矫正之外才告结束。此后，司法行政机关将对剥夺政治权利罪犯的监督考察权还给了公安机关。

如前文所述，剥夺政治权利罪犯之外的其他四类罪犯的权利也受到了不同程度的不合理限制。对这一情况，全国人大常委会法工委刑法室主任王爱立主编的《中华人民共和国社区矫正法解读》一书中有较为精准的述评："实践中，有的社区矫正机构在实施关于教育、社区服务等矫正措施时，存在过于形式化的问题。有的社区矫正机构没有根据社区矫正对象的罪名、犯罪原因、个人性格、成长环境等，进行有针对性的教育监管。有的社区矫正机构采取的措施更接近于集中监管,有时还不区分具体情况进行统一、长时间的管理和帮教,造成社区矫正对象负担过重,效果不理想,不利于其更好地融入社会。有的社区矫正对象因频繁被要求参加学习和社区劳动,严重影响了工作,甚至因此失去了工作,丧失了生活来源,反而形成了再次违法犯罪的风险。"①

造成前述状况的一个原因是:司法行政机关盲目照搬监狱经验开展社区矫正工作。在承接社区矫正工作前,司法行政机关从来都没有承担过对社区罪犯进行监督考察的职责,并没有这方面的经验。而公安机关的工作经验又被 2003 年《试点通知》(已失效)否定。司法行政机关所能依靠的仅有监狱和劳教所管理在押罪犯和违法人员的经验。于是在"刑罚执行一体化"的旗号下,各种监狱管理措施都被搬到了社区矫正中,计分考核粉墨登场,惩罚式的学习劳动大行其道。甚至在一些地方,社区矫正对象到司法所参加活动时要穿上象征罪犯身份的"马甲",美其名曰增强"身份意识""在刑意识"。这些措施毫无疑问都是推翻公安机关监督考察经验后对监狱管理工作的无价值模仿。

(三)《社区矫正法》实施后的监督管理

《社区矫正法》第 34 条第 1 款对社区矫正对象的权利保护进行了特别规定:"开展社区矫正工作,应当保障社区矫正对象的合法权益。社区矫正的措施和方法应当避免对社区矫正对象的正常工作和生活造成不必要的影响;非依法律规定,不得限制或者变相限制社区矫正对象的人身自由。"该条第 2 款还规定:"社区矫正对象认为其合法权益受到侵害的,有权向人民检察院或者有关机关申诉、控告和检举。受理机关应当及时办理,并将办理结果告知申诉人、控告人和检举人。"值得注意的是,这一条文的位置在第四章"监督管理"中,毫无疑问是对司法行政机关监督管理活动的制约。在主要规定授权性规范的一章中专门留出一条两款来规定对执行机关行使权力的限制和社区矫正对象的救济途径,可谓耐人寻味。

虽然《社区矫正法》出于减轻基层负担、防止过重的矫正义务侵害社区矫正对象合法权利的考虑,在关于监督管理的规定中大量使用了"可以"的表述。但随着 2020 年《实施办法》以及各省(自治区、直辖市)社区矫正规范性文件的出台,社区矫正工作又回到了《社区矫正法》颁布之前,甚至监督考察措施比《社区矫正法》

---

① 王爱立主编:《中华人民共和国社区矫正法解读》,中国法制出版社 2020 年版,第 231 页。

施行前更加严格。如山东省在《社区矫正法》实施前规定，严管类社区矫正对象每半月提交一次思想汇报，普管类社区矫正对象每月提交一次，宽管类社区矫正对象每两月提交一次；《社区矫正法》实施后却变成了严管类每周提交一次，普管类每两周提交一次，宽管类取消思想汇报。入矫后的严管期也从一个月延长到了从入矫之日起到第三个月月底。此外，就连《社区矫正法》明确取消的 8 小时强制劳动和学习在湖北省也得到了保留。在一些推行“智慧矫正”的地区，对学习和劳动时长的强制性要求又通过“网上学习积分”和“公益活动签到签退”的形式得以复活，并对完不成任务的矫正对象加以训诫、警告。

可以说，司法行政机关通过制定规范性文件，从自己的角度对《社区矫正法》中体现的维护社区矫正对象权利的倾向进行了“纠偏”。

虽然社区矫正工作继续按照既定方针办事，但检察机关在维护社区矫正对象合法权利方面却发挥了更加重要的作用。以媒体报道的一则案例足以证明这一点。据 2021 年 10 月 13 日《检察日报》报道，①山东省泰东高速东平段项目部一关键岗位技术人才王某是一名社区矫正对象。因为工程需要，王某需要变更执行地到工程所在地东平县，但由于王某在东平县没有居所，当地社区矫正机构不愿意为其办理变更手续。东平县人民检察院得知此事后，对相关法律、文件进行研究，召集乡镇政府、社区矫正机关、交通管理部门、施工单位等进行会商，使司法局打消了顾虑。检察官还帮助联系原执行地相关部门，督促其出具社区矫正执行地变更申请手续，又协调项目所在地村委会协助监管，全程指导监督司法局办理该审批事项。原本需要几周时间才能完成的变更手续，3 天内就全部办结，工程得以顺利开工，加快了项目建设进度。

有的检察机关更是直接从建章立制的高度协助司法行政机关落实《社区矫正法》中保障社区矫正对象权利的规定。如四川省人民检察院与省司法厅联合出台的《四川省涉民营企业社区矫正对象赴外地从事生产经营活动管理办法（试行）》，为符合条件的涉民营企业社区矫正对象开通外出审批绿色通道。② 但是，落实《社区矫正法》中关于保护社区矫正对象权利的规定，不能全靠检察机关“路见不平一声吼”，还是需要作为主管部门的司法行政机关自身的努力。

---

① 参见《山东省东平县检察院创新社区矫正监督，力保“泰东高速”顺利施工》，载新浪新闻，https://news.sina.com.cn/c/2021-10-13/doc-iktzscyx9358232.shtml。

② 参见曹颖颖、李敏、李松长：《四川：细化涉民企矫正对象外出监管机制》，载中华人民共和国最高人民检察院网，https://www.spp.gov.cn/spp/dfjcdt/202112/t20211220_539149.shtml。

笔者认为,过去公安派出所兼管社区罪犯的做法并不利于专业化管理,而将这项工作转交给司法行政部门不仅不能解决专业化管理的问题,而且降低了执法功能。《刑事诉讼法》第269条规定:“对被判处管制、宣告缓刑、假释或者暂予监外执行的罪犯,依法实行社区矫正,由社区矫正机构负责执行。”这一规定明确了社区矫正需要由专门的机构来执行,是对司法所承担社区矫正日常管理工作的否定。《社区矫正法》将区(县)以上社区矫正机构作为执法主体,司法所不再是执法主体,但《社区矫正法》保留了“司法所根据社区矫正机构的委托,承担社区矫正相关工作”的表述。社区矫正相关工作可分为带有强制性的惩罚监管工作和不带有强制性的教育帮扶工作,如果继续让司法所这样的非执法机构承担惩罚监管工作,难以体现权责的统一,不符合党中央关于法治队伍专业化、职业化的要求,不利于工作效率的提高。从域外的实践经验来看,目前尚未有任何国家(或地区)采用类似的由司法所兼职管理社区罪犯的做法,通行的做法是设立专业化的执法机构。

第二章　国外社区矫正监督管理经验及其借鉴

社区矫正肇始于欧美,在日本、英国得到了进一步发展。国外社区矫正经历了从萌芽到快速发展,再到更趋理性地运用过程。社区矫正的历史嬗变,离不开西方的监狱变革。社区矫正是西方监狱变革产生的替代措施之一。社区矫正在西方国家经历了萌芽、快速发展、调整、理性运用等过程。

一、欧美国家社区矫正的历史嬗变

19 世纪 40 年代到 19 世纪末期是社区矫正的萌芽期,此时社区矫正还仅仅是作为矫正措施而实施的行刑实践探索。如 19 世纪中叶英国地方法院对有改造可能的未成年罪犯采取不关押而将其置于监护人的保护之下的"保护观察"措施、麦克诺其"计分制"方案,以及克罗夫顿爱尔兰监狱系统改制、美国奥古斯塔斯的保释活动等。这些探索活动因缺乏专门的执行机关、缺乏系统而专门的矫正项目,还谈不上严格意义上的社区矫正。如对缓刑犯进行监督的并非国家机关的专门工作人员,此时的缓刑有矫正的要求但缺乏系统的矫正项目。假释制度此时更多的是一种累进处遇,还缺乏系统的监督机构与具体的矫正项目。

20 世纪 30 年代至 50 年代,社区矫正在欧美国家经历了一个平稳的发展期,为以后的成功奠定了良好的基础。在欧美,社区矫正是一种不使罪犯与社会隔离并利用社区资源改造罪犯的方法,是所有在社区环境中管理教育罪犯方式的总称。[①] 社区矫正的前身——国外最初称之为"社区治疗"——兴起于 20 世纪 30 年代至 40 年代,是一种对犯罪人在社区内进行矫治的方法。这种方法将犯罪人看作病人,认为其是疾病患者而非坏人,并认为是他(她)的病态驱使他(她)去犯罪的。因此,对犯罪人不能施以监禁,应该把他们放在社区,像医生对待病人那样对

① 参见康树华:《社区矫正的历史、现状与重大理论价值》,载《法学杂志》2003 年第 5 期。

他们予以治疗,包括身体治疗和心理治疗。[①] 20 世纪 50 年代被认为是“治疗时代”,美国的许多州都将治疗作为矫正制度的主要目标,并开发出一系列以心理治疗为主的项目,如团体治疗、行为矫正、休克疗法、个别咨询。然而,这种矫治方法过多地强调犯罪人生物方面的原因和表现,却忽视了其社会方面的原因和表现,仅仅把它看成犯罪发生的场所,而把犯罪行为的主要原因归咎于犯罪人自身,比如酗酒、贫困、饥饿等的影响。当时人们并没有意识到犯罪原因的多样性,而忽略了社会的影响,因此,矫正机构主要起着隔离犯罪和使罪犯远离诱惑物的作用。这不仅失之片面,而且在事实上往往也难以取得疗效,对于减少重新犯罪的效果微乎其微。

现代社区矫正的观念源于第二次世界大战结束之初对退伍军人的心理辅导。当时西方国家有许多老兵在退役后遭受对社会不适应之困扰,为协助他们完成由军旅生活向社会生活的过渡,一些社会团体和志愿人员专为老兵提供各种心理咨询与治疗,成效显著。有关部门受此启发,遂将此种做法引入刑事司法体系。[②] 此后经过数十年的发展,社区矫正制度日趋完善,成为西方国家矫治罪犯的首选方案。

第二次世界大战后,特别是越南战争后,美国面临一系列社会问题:犯罪率不断攀升、监狱人满为患、监狱暴力冲突升级、再犯情况严重等。民众开始对医疗模式在预防和减少犯罪方面的作用产生怀疑。与此同时,以马克·安塞尔(Marc Ancel)为代表人物的新社会防卫学说、芝加哥学派的社会失序和文化冲突理论、埃德温·哈定·萨瑟兰(Edwin Hardin Sutherland)的差异交往理论以及艾伯特·科恩(Albert K. Cohn)的亚文化理论,不仅揭示了监狱矫正罪犯的局限性,而且阐释了社会因素对于犯罪的影响,促使人们将关注的重点由罪犯个体转向促使犯罪产生的社会因素,由监狱改造转向社会改造。于是,现代意义上的社区矫正概念应运而生,对罪犯的社区矫正模式逐渐形成。由于几乎所有的罪犯最终都要回到原来的社区,所以他们应该早日得到社区的帮助。所有的社会力量应该联合起来,帮助罪犯恢复家庭联系,获得就业和受教育的机会,找到自己在社会上的合适位置。1968 年美国国会通过了《犯罪综合控制与安全街道法》,此后,社会机构

---

① 直到如今我国台湾地区仍然有不少学者喜欢使用“社区矫治(treatment)”一词,而非“社区矫正”。矫治的范围实际上更为广泛,还包括对心理障碍、精神疾病的改变与治疗等。

② 参见冯卫国:《行刑社会化研究》,北京大学出版社 2003 年版,第 178 页。

开始大规模参与罪犯的矫正工作，中途之家、工作释放中心和社区矫正中心等开始涌现，帮助罪犯解决住宿、就业和教育问题开始成为矫正机构的一项重要工作。基于这种回归社会、预防犯罪的理论，社区矫正自20世纪60年代至70年代中期，在美国几乎每个州都得到了迅速发展。1971年9月30日，在纽约州立阿提卡监狱发生的罪犯暴动和人质事件，促使了社区矫正观念在美国的迅速推广。这次血腥骚乱共造成29名囚犯和10名人质死亡，这一天被称为"自内战以来美国人之间最血腥冲突的一天"①。为此，民众强烈要求政府推行社区矫正的方式，利用缓刑、中途之家和社区服务等监禁替代措施推进非监禁化。

从20世纪初至70年代中期是社区矫正的高速发展期。这是作为"矫正模式"的社区矫正开始兴起并被广泛推进的时期。在这一时期欧美国家创立了系统的社区矫正机制。缓刑、假释制度被广泛运用，它们的适用条件被不断拓宽。在政府强有力的组织与财政的支持下，社会力量广泛参与，紧张理论、犯罪亚文化理论、标签理论和新社会防卫运动等众多理论为社区矫正提供了智力支撑，这些理论乐观地认为犯罪越轨行为可以在社区中得到矫正或治疗，犯罪人能够改过自新。为此，政府推出了丰富多样的矫正项目，社区矫正逐渐演变为刑罚适用的主导形式。明尼苏达州在1973年由州议会通过了美国也是世界上第一部《社区矫正法》，②用于在全州范围内规范地方政府的社区矫正计划、促进社区矫正项目的发展、对犯罪人执行刑罚和为犯罪人提供服务，以及规范地方政府在社区矫正运作中的相关权利、义务等。20世纪70年代，美国联邦政府投资颇多，设立了法律实施委员会、未成年人预防犯罪工作署、劳动署、健康教育和福利发展署等机构，类似希望之家、迪莫斯之家、塔博特之家等。国际中途之家联合会、酗酒者中途之家联合会等民间组织也纷纷成立。1977年，国际中途之家联合会在报告中说，它可以为超过10万的服刑人员提供栖身之地。

20世纪70年代中后期至90年代初期是社区矫正的调整期。由于欧美国家在20世纪60年代至70年代大力推行社区矫正的过程中过分强调社区矫正对象权利保障，过分扩大社区矫正适用范围，导致社区矫正不堪重负，对社区罪犯缺乏有效监管，并没有达到预期的犯罪预防和罪犯矫正作用，缓刑变成了事实上的"无

① 参见翟中东：《社区性刑罚的崛起与社区矫正的新模式》，中国政法大学出版社2013年版，第61页。

② 截至1996年，美国相继有28个州通过了关于社区矫正的地方性法规。

刑”,假释变成了事实上的“真释”。在1974年马丁森(R. Martinson)的“矫治无效论”[①]抛出后,社会公众既厌恶监禁刑的弊端,又怀疑社区矫正的效果。既然社区矫正难以取得降低再次犯罪率的效果,那么社区矫正的首要目标将不再是使罪犯重返社会,而是确保社会公众的安全,彼时整个社会都强烈要求加强社会控制。美国的刑事政策自此转向“严惩”,纽约警方更是拿出了对街头犯罪“零容忍”的执法态度。[②] 在这样的背景下,社区矫正进入调整期。社区矫正机关“忠告、帮助与友好对待”的社会福利原则被犯罪人管理中的经济理性和“改造日益纳入风险框架而非福利框架”的风险驱动议程所取代。[③] 为此,欧美国家一方面开始限制社区矫正的适用:法官限制缓刑的适用,假释委员会严格限制假释,美国加利福尼亚州出台了著名的“三振出局”法案,[④]一些州甚至取消了假释;另一方面强化社区监督。在英国,1977年创制出了“社区服务令”,并得到了前所未有的重视。2000年《英国刑事司法法》将社区服务令修改为“社区惩罚令”,更强调其惩罚的一面。此外,英国还创设了“日报告中心”制度,要求社区罪犯经常甚至每日都必须向社区矫正中心报到,以确保对其行踪的完全掌控。美国则创制了“中间制裁”制度,包括强化监督的缓刑、震惊式监禁、电子监控、家庭监禁、社区矫正中心居住等一系列强化监督的举措。在1996年美国甚至还出台了极具争议性的“梅根法案”[⑤],“梅根法案”是美国刑事政策转向公众保护与隔离政策的重要标志。自此,美国从联邦到各州的刑事政策开始步入被许多美国学者称为“大实验”的重刑主义政策周期。其显著特点就是抛弃原来的改造理念,转而强调惩罚、威慑和犯罪控制,突出表现在:一方面扩大监禁刑的适用,加重对涉毒和暴力罪犯的惩处。从1978年至1989年,美国的在押犯数量从45万迅速飙升至107万,2002年则突破200万大

---

① 20世纪70年代,社会学家马丁森(R. Martinson)在对纽约州的罪犯矫正项目进行了长达3年的研究后认为,大部分恢复性矫正项目并无效果。该结论虽有学者批评但仍被广泛接受,引起了对矫正工作的一片质疑。

② 参见郭伟和:《扩展循证矫正模式:循证矫正在中国的处境化理解和应用》,载《社会工作》2017年第5期。

③ 参见王平、何显兵:《欧美社区矫正面临的调整期及启示》,载《宜宾学院学报》2017年第4期。

④ “三振出局”本是一个体育名词,是指在棒球比赛中,击球手若三次都未击中投球手所投的球,则必须出局。由此引申至法律领域,“三振出局”法案意指罪犯在两次实施严重犯罪之后再一次犯罪的,则将受到严厉惩罚,其中的“出局”意为与社会隔离、被社会淘汰,也有“不受宪法保护”之意。

⑤ 该法案强制所有州制定法律,要求性侵罪犯假释或刑满出狱后,必须向警方登记住所,并让社区知悉。也要求在因特网上张贴性侵罪犯的照片和其他个人信息,以便保护住在其周围的邻居免受他们的侵犯。刑满释放的性侵罪犯只有离开美国才能逃避登记和自己的资料被公之于众的命运。

关。从 1980 年至 2006 年,处于矫治监视中的成年人(在监狱中或拘留所中,或者在缓刑期、保释期内的人)数量从 184 万上升到了 710 万。[①] 另一方面强调社区监管和风险控制。此前美国对判处缓刑的对象监管较为松散,一个缓刑官的收案量多在 100 个以上。到 20 世纪 80 年代以后,风险管控和危机管理模式在矫正工作中不断得到推广,矫正机构着眼的不再是如何改造犯罪人,而是管控风险、预防再犯。风险评估工具得到广泛适用,以此为基础,很多州开始对被评估为高风险的缓刑对象实行强化监管计划,对违反监管规定但还不足以判处监禁刑的缓刑对象实行日报告制度,将缓刑官的收案量限制在 15 ~ 30 个,通过增加报告和走访频率的方式,加强对此类对象的监管。

重刑主义政策造成的最直接后果就是自 20 世纪 80 年代以来监狱罪犯数量迅速增长。自 20 世纪 80 年代以来,美、英、加拿大等国普遍存在监狱爆满问题,如美国从 1990 年至 2005 年就新建了超过 500 座监狱。1992 年英国监狱人口为 4 万人,而 1999 年则猛增到 6 万人。[②] 为解决监狱爆满问题,各种监禁替代措施开始迅速发展。这是英美等国 20 世纪 80 年代以后社区刑罚或者中间制裁开始大量出现的最直接原因。

20 世纪 90 年代至今是欧美国家社区矫正理性发展时期。这一时期,中间制裁广为流行,并在许多国家推广。中间制裁是一种介于传统的缓刑和监禁刑之间的替代性制裁。为解决监狱爆满、矫正无效等问题,欧美国家在这一时期降低了社区矫正的适用率、强化了考察监督,社区矫正不再着眼于重返社会,而是强调其作为监禁替代措施的功能。应运而生的中间制裁集合了预防犯罪和惩罚、矫治犯罪人的功能,依托社区资源,强调社会力量的参与,主要是为了解决传统监禁对犯罪人的惩罚过于严厉,传统的缓刑和假释对犯罪人惩罚力度又过轻的问题。中间制裁结合机构处遇与社区处遇的执行方式,缓和了机构处遇中隔离与监禁的严厉性,使得监禁刑的固有弊端在很大程度上得到了规避,不仅通过矫治的方式使罪犯成为守法公民,帮助其服刑完毕后更好地回归社会,从长远来说也预防了其未来再次犯罪。在当时,犯罪人数居高不下,监狱人满为患,政府建造监狱的资金不足,现有监狱不足以容纳如此之多的罪犯,监狱暴动频发。因此,对于政府来说,

---

① 参见[美]斯蒂芬·E. 巴坎:《犯罪学:社会学的理解》,秦晨等译,上海人民出版社 2011 年版,第 608 页。

② 参见梅义征:《社区矫正制度的移植、嵌入与重构——中国特色社区矫正制度研究》,中国民主法制出版社 2015 年版,第 29 页。

把管理好罪犯和行刑经济化最大限度地结合起来就成了当务之急。此外,在这一时期,社区矫正中强化监督管理的“每日报到”“训练营”“监狱震慑”等中间级惩罚项目也未能有效降低犯罪率。这些都反映出“对犯罪强硬”政策的失效。正反两方面的经验教训促使学界纷纷采用定量研究的方法获取更加科学的证据,深入探讨有效矫正罪犯的方法。20 世纪 90 年代初,循证矫正运动应运而生,用“什么在起作用”全面系统地回答“什么也没有起作用”。循证矫正源于加拿大,快速发展于英美,随后澳大利亚、新西兰、挪威、瑞典、丹麦等国也逐渐引入循证矫正,后来扩展至其他国家。它是一种针对罪犯犯因性需求,运用经科学证明和实践验证的有效矫正技术方法,并在实践过程中强调罪犯的矫正意愿和多方资源应用的一种新型矫正方法。学者们通过大量的实证研究发现:并不是所有的矫正项目在降低矫正对象再犯率方面都没有效果,关键是项目能否针对矫正对象的犯因性需求;并不是所有的犯罪人都需要采取矫正措施,而只有那些具有再犯风险的对象方才需要干预;对罪犯的矫正需要监狱与社会的密切合作。① 在一些发达国家,循证矫正经历了若干年的探索与实践,已形成了一套成熟和系统的矫正理论、方法和技术,并在提高矫正效果、降低重新犯罪率方面发挥了重要的作用。

总体来看,从 20 世纪 40 年代开始在西方兴起的以改造理论为基础、以教育帮扶为基调、以替代监禁刑为主要目的的社区矫正,在 20 世纪 80 年代以后迅速演变为以公平惩罚为理论基础、以监管和控制再犯为基调、以丰富刑罚执行手段和确保社区安全为主要目的的刑事司法制度。各国的社区矫正发展进程随着国家力量与社会力量的变化而不断变化,其始终是向前发展的。当前,西方国家普遍接受国家力量与社会力量共同参与到管理罪犯的国家法律制度之中。各国在探索中不断完善各自制度,建立了符合本国国情且比较成熟的社区矫正制度。

发源之初的社区矫正是在宗教社团、慈善人士的推动下建立的,政府本身并没有介入。后来政府力量介入其中,发展出众多的矫正项目,但随之而来的犯罪浪潮却一波接一波地出现,在社区矫正力量不足的情况下接纳了大量社区罪犯,在这样的背景下,社区矫正机关只能精心挑选极少数社区罪犯为其提供矫正服务,而大量的社区罪犯处于社区矫正机关的监督之外。这样的情况给社会大众带来了安全隐患,引起了公众的不满,因为他们觉得社区监督过于宽松,国家对罪犯过于宽容;专家学者也认为,因为有限的社区矫正项目难以降低再犯率,社区矫正

① 参见梅义征:《美国近年来对重刑主义政策的反思与转向》,载《中国司法》2017 年第 8 期。

似乎没有发挥应有的效果；在国家层面，政客为竞选成功，也必须争取选民的支持。因此，社区矫正调整期并非对社区矫正的否定，而不过是对社区“矫正”的一种回归。

社区矫正本身应包括两层含义：一是“社区”。将罪犯置于社区，使其获得社区资源的介入与支持。二是“矫正”。对社区罪犯提供特定的矫正服务，而非放任自流。社区矫正想要取得预期的效果，就必须完全符合上述两层含义所要求的必备要素，否则不可能获得成功。英美社区矫正遭遇到调整期，其原因就是“社区”因素已有，但缺乏“矫正”项目。表面看来矫正项目繁多，但由于罪犯的基数过大，很难将矫正项目完全实施。大多数社区罪犯都处于几乎不受监督的状态。这样，社区矫正不仅无法获得“矫正”效果，就连“社区”支持也必将受损。

二、美国的社区矫正监督管理

在世界范围内，美国的社区矫正最具代表性。社区矫正在美国已有一百多年的历史，其最早的实践始于 1841 年波士顿市约翰·奥古斯塔斯的缓刑尝试，20 世纪 60 年代末 70 年代初达到发展的顶点。20 世纪 70 年代，美国许多州一度实行将暴力犯以外的所有罪犯都留在社区实施矫正的政策，造成了社区矫正的滥用。由于社区矫正的效果并不理想，犯罪和重新犯罪的人数不断增加，美国公众对社区矫正的热情开始下降，强烈要求对社区罪犯采取更加严厉的制裁措施，旧的惩罚模式重新抬头，曾广泛适用的缓刑、居住方案、工作释放和假释等社区矫正制度受到不同程度的限制，尤其是对假释的限制更为明显，有的州甚至一度取消了假释。至此，社区矫正的发展逐渐陷入低谷。20 世纪 90 年代初至今是美国社区矫正的转型阶段。特别是“梅根法案”的出台，标志着美国刑事执行政策由社区罪犯重返社会转向公众保护。但即便如此，如今被适用社区矫正的罪犯仍多于关押在监狱中的罪犯，并且法院还在继续对超过 60% 的被告人判处缓刑。① 截至 2016 年 12 月 31 日，美国的总服刑人数为 6,613,500 人，社区矫正人数（成年人，含缓刑和假释）为 4,537,100 人。社区矫正人数占总服刑人数的 68.60%。②

美国是世界上社区矫正实行比较早且比较成功的国家。截至 1996 年，美国

① 参见刘守芬、王琪、叶慧娟：《社区矫正立法化研究》，载《吉林大学社会科学学报》2005 年第 2 期。

② 参见颜九红：《专职专业社区矫正执法官之提倡》，载《北京政法职业学院学报》2019 年第 4 期。

相继有28个州通过了社区矫正或类似于社区矫正的地方性法规。美国有许多成功的经验值得我们了解和借鉴。美国的社区矫正体系分为联邦和州两个层次。在管理和监督体制上，联邦法务部下设监狱局，监狱局分管联邦的监狱和联邦的社区矫正。美国大部分州设有矫正局，负责各州的监狱和社区矫正的监督管理，并形成了一系列由联邦到地方的社区矫正机构体系。

（一）美国社区矫正的种类

1. 转向。转向又称“审前转处”，是指对本应受刑事处罚但情节和危害较轻的犯罪者，由检察官采用非刑事方法处理。只要对犯罪者的犯罪指控在一个特定的时间段里被撤销或者罪犯成功地完成该转向项目，诉讼将不再被受理。转向的具体形式主要包括：第一，对于法定应进入司法程序的酌情不予进入；第二，对于已经进入司法程序的予以暂停或者中止；第三，减少对犯罪者的监督控制的程度，或者将犯罪者安置到非司法机构进行管理教育和矫治，或者对应进行常规检查的对象不予监督；第四，对犯罪嫌疑人在进入审判之前给予法定的暂停或者中止。这一制度的主要意图是使进入刑事诉讼的违法犯罪者尽可能减少，避免因此带来的标签化的副作用。转向在以美国为代表的西方国家的刑事司法体系中被广泛适用，尤其适用于未成年犯，彰显着未成年人刑事司法的巨大进步。

2. 缓刑。缓刑是指被判监禁刑期的延缓执行，这种延缓执行是有条件的，即被判刑的罪犯接受缓刑官的监督指导，法院保留将违反或不执行缓刑条件的罪犯随时收监的权力。如果被判刑的罪犯能够履行法院规定的条件，则法院不再宣告其刑罚或者不再执行其刑罚。1878年马萨诸塞州正式通过了全美第一部缓刑法，并建立了缓刑机构。在美国，缓刑主要包括三类：常规缓刑，即刑罚的缓执行（类似于我国的一般缓刑）；严格监督的缓刑，是对于传统缓刑监督措施的强化；延迟宣判，即刑罚的缓宣判。[①]

3. 中间制裁。中间制裁又称“中间惩罚”，是为了弥补社区矫正惩罚性不足的问题，在社区矫正（一般缓刑）与监禁矫正之间设置的制裁方式，提供了一个比一般缓刑更严厉而比监禁更轻的处置方法。它是20世纪80年代初期为了解决监狱拥挤和缓刑犯中再犯率过高的问题而发展起来的替代性措施。根据是否需要在特定地方居住，中间制裁分为居住式与非居住式两类。比较常见的

① 参见吴宗宪等：《非监禁刑研究》，中国人民公安大学出版社2003年版，第367页。

有日罚款、社区服务、每月报告、强化的缓刑和假释监督、家中监督、电子监控、中途之家、日报告中心、军训式矫正中心等。不同的措施可以并用，也可以先后适用。从日罚款到军训式矫正中心严厉程度不断加深，填补了监禁和一般缓刑之间的缺口。

4. 假释。假释在美国历史悠久。美国约85%的罪犯可以通过假释的方式离开监狱返回社会。[①] 它有两个不同的功能：第一是释放的功能，在罪犯服完他们的刑期前，假释委员会会选择一定数量的罪犯释放到社区；第二是监督的功能，假释工作人员对罪犯实施监督并提供一定的服务，假释期间一旦发现罪犯有违规行为或违法犯罪，可随时收监。假释由司法部下设的假释委员会管理运作，各地假释委员会负责假释的决定和监督。法院对假释人员没有执行权，不介入假释人员的监督管理。

5. 审前释放。审前释放是指在法院审判前，犯罪人的实际情况表明他所居住的社区能够接纳，根据犯罪人本人具结的保证书和交付的保释金，由法院批准释放。犯罪人须承诺在审前释放期间不危及他人安全、随时履行出庭等义务。

在美国，内涵丰富、形式各异的社区矫正措施大大拓展了社区矫正制度的生存和发展空间，为其他国家刑事执行制度的改革和发展提供了有益的借鉴。特别是中间制裁的推行，较好地解决了公众对社区罪犯惩罚过于轻缓的抱怨，通过适当增加惩罚力度较好地体现了法律的公平正义。

（二）美国的社区矫正机构及其人员构成

美国社区矫正的管理机构具有多样性：既有政府的管理机构，又有非政府的管理机构；既有垂直的管理机构，又有平行的管理机构；既有矫正部门下设的管理机构，又有法院系统下设的管理机构；既有成年人的社区矫正管理模式，又有未成年人的社区矫正管理模式；在设置精简高效的行政管理机构的同时，又设置了大量的社区矫正工作机构。

美国政府的社区矫正管理机构分为联邦和州两个层次。美国联邦政府下设法务部，法务部下设监狱局，监狱局主要承担对联邦监狱的管理职能，曾经也承担过对假释的管理职能，并设有联邦社区矫正执行机构如中途住所等。现在的联邦监狱局已基本不承担对假释的管理职能。现在，联邦缓刑办公室负责管理所有的

---

① 参见种若静：《美国社区矫正制度》，载《中国司法》2008年第10期。

从监狱释放的人员，也负责假释、受监督的释放、强制的释放和现役军人的假释。目前，联邦的缓刑管理职能归属于联邦的法院系统。

从州一级的管理情况来看，美国是由 50 个州以及哥伦比亚特区（联邦政府的所在地）组成的联邦，最为普遍的社区矫正管理模式是由州一级而不是县、市一级进行管理，管理的部门是政府部门（主要是矫正局）而不是法院系统，管理方式全部为垂直管理。

大多数州的缓刑管理机构是政府部门下设的矫正局，该局作为专门承担刑罚执行任务的机构，负责对监狱在押犯和社区罪犯的管理。矫正局的工作一般分为两部分：一部分是监狱管理；另一部分是社区罪犯管理，管理对象为缓刑和假释人员。矫正局一般内设有直属的社区矫正办公室。无论是联邦还是各州的社区矫正基层工作机构，是缓刑办公室、假释办公室或将缓刑和假释管理合一的社区矫正办公室。办公室工作人员少则 3 ~ 5 人，多则 50 ~ 60 人，承担着对司法管辖区内罪犯的监管和教育矫正职能。每个工作人员管理的人数通常有一个相对统一的标准。这样有利于工作人员在工作中的协作、交流、考核奖惩及晋升。

美国是三权分立的国家，同时又是联邦制国家，因此，社区矫正机构分为联邦和州两级。联邦和州之间没有隶属关系，联邦和州的政府管理、组织结构也不完全相同，相同的是联邦和州都设有立法机关、司法机关和行政机关。联邦、州都设有假释委员会，负责决定假释和对假释的监督工作。不同的是，在联邦一级，假释和缓刑管理均归属于联邦法院系统；在州一级，大部分州负责社区矫正工作的是专门的社区矫正机构，统一由司法行政部门管理，只是在名称上有所差异，有的州称作“矫正与改造局”，有的州称作“假释和缓刑局”。

在美国，社区矫正机构除官方机构外，还有大量的非政府管理机构。非政府管理机构同样遵循社区矫正相关的法律法规，以“帮助罪犯重返社会”为运营目的，由政府统一拨款运营。

美国的社区矫正工作者主要指缓刑和假释工作者，绝大多数属于政府或者法院的工作人员，属于公务员序列。一般成为社区矫正官须经过公务员考试和筛选才能被录取。要想成为一名州、县或市级社区矫正官，申请者首先必须满足下列基本条件：（1）美国公民；（2）未满 37 周岁（有相关工作经历的申请者可以以他们开始相关工作的年龄为准）；（3）已通过报考社区矫正官的相关笔试、身体素质检查及其他必要检查;(4)具有良好的道德品质。[①] 在美国,社区矫正工作者的准入标准一般高于治安和监狱警察的准入标准,治安和监狱警察的准入学历标准一般仅为高中学历,而社区矫正工作者一般要求本科以上学历,有的州甚至还要求具备研究生学历。美国矫正协会在缓刑假释工作者准入资格方面提出了如下标准:"至少需要有学士学位或者完成了一个职业的发展项目,这个项目包括与缓刑假释工作相关的经历、训练和学院的学分足以说明其学习的程度相当于学士学位。"[②]同时所有的缓刑和假释机构均要求社区矫正工作者的专业是刑事司法执法、犯罪学、心理学、社会学等方面的,并鼓励和引导公民积极参与到社区矫正工作中,使社区罪犯感受到社会和公众的接纳、支持和温暖。美国缓刑官、假释官的社会地位和待遇均高于治安警察,并享受工作满 25 年可提前退休的待遇,[③]以确保这一工作岗位的社会吸引力和稳定性。

在美国,缓刑官多由地方政府或法院任命,而假释官都是由州假释委员会或矫正局任命。缓刑官的主要职责包括审前调查和日常监督,前者往往要占据缓刑官更多的时间。假释官的职责则主要是监管,就针对监管对象的权力而言,假释官要比缓刑官大得多,假释官可以对假释犯个人生活的诸多方面施加限制。在有些州,假释官可以不经通知,随时搜查假释犯的住所,可以将行为不端但尚不构成违法的假释犯在看守所关上一两天,以警告其不要挑战假释官的权威。在美国,社区矫正工作者的工作负荷较重。除强化监督一般是一个缓刑官或假释官监管 30 个左右的社区罪犯外,其他工作内容大体是一个缓刑官监管 100 个左右、一个假释官监管 80 个左右的社区罪犯。[④]

三、英国的社区矫正监督管理

(一)英国社区矫正的种类

英国的刑罚体系分为三个层次:罚金刑、非监禁刑和监禁刑。其中,罚金刑的

---

① 参见江山河:《美国社区矫正官制度对中国的启示》,载《青少年犯罪问题》2020 年第 5 期。

② 参见夏文忠:《我国社区矫正发展的路径选择——以美国为借鉴》,载《延边党校学报》2018 年第 1 期。

③ 参见向军:《多措并举 强力推进 努力开创社区矫正新局面——四川省社区矫正工作情况》,载邓中文、肖乾利主编:《社区矫正理论与实务研究》(第 2 卷),中国政法大学出版社 2019 年版,第 11 页。

④ 参见梅义征:《社区矫正制度的移植、嵌入与重构——中国特色社区矫正制度研究》,中国民主法制出版社 2015 年版,第 47 ~ 48 页。

适用范围最为宽泛，非监禁刑（社区服务刑）的适用效果最为显著，监禁刑的适用条件最为严格。根据英国国家缓刑局的统计，2000 年英国判决的刑事案件中各种刑罚（包括不起诉）的适用比例是：不起诉，占 19%；罚金刑，占 23%；社区服务刑，占 33%；监禁刑，占 25%。[①] 英国的社区服务刑不是一个单一的刑种，而是包括缓刑令、社区服务令、结合令、宵禁令等多种措施的复合型、多元化的一个刑种群，其排列根据受刑人的年龄和犯罪情况从轻到重呈递进性体系，适用范围宽泛。司法机关在个案审判中，对某个被告人宣告的社区矫正刑，可以包括一个或多个社区矫正令。在英国，法院对罪行较轻的犯罪人判处社区服务刑的基本理念是："让罪犯在原来的社区环境中改正恶习，避免因监禁而造成交叉感染。"

在英国，社区矫正已经融入刑罚体系，社区矫正的决定多以法院命令的形式出现，要求罪犯强制执行。其显著特点有：一是社区矫正以法院命令为主。最常见的是缓刑令、社区服务令（2000 年改为社区惩罚令）、宵禁令、毒品治疗与检测令、假释、行为规划令等。二是社区矫正的决定机关之间有分工，假释由假释委员会裁决，其他社区矫正刑主要由法院决定。英国社区矫正的主要内容包括如下几点。

1. 社区服务令。社区服务正式成为一种刑罚措施被纳入法律，首见于 1972 年《英国刑事司法法》规定的"社区服务令"，法院可根据罪犯所犯之罪的严重程度及其主观恶性大小，判处其在社区进行无偿劳动。[②] 社区服务令首先在英格兰的 6 个区域试行，1978 年后逐步扩大到全国。

根据 2000 年《英国刑事法院权力（判决）法》的规定，社区服务令的适用对象主要是已满 16 周岁的被认定犯有应判监禁之罪的人。法庭在发出社区服务令之前，一般要征求犯罪人的意愿，并要求提供量刑前调查报告。被判处社区服务令的罪犯必须做到：（1）随时根据缓刑官或其他负责官员（18 周岁以下罪犯的监督官员可以是社会工作者或专职从事青少年罪犯帮教工作的工作人员）的指示行事并与其保持联系，变更居住地需随时报告；（2）在法令生效的 12 个月内完成规定的劳动小时数（40 小时以上 240 小时以下，具体时间由法官判定）。其目的是加强矫正官员与犯罪人的联系，对犯罪人进行教育，保证犯罪人顺利实现再社会化。

---

① 参见刘晓梅：《英国的社区矫正制度对我国刑罚制度改革的启示》，载《犯罪研究》2006 年第 3 期。

② 参见刘强主编：《英国社区刑罚执行制度研究》，中国法制出版社 2011 年版，第 117 页。

2. 宵禁令。宵禁令是规定特定人在特定时间、特定地点的活动内容的刑罚，诸如规定晚上不得外出等。宵禁令是治安法院、皇家法院以及青少年法院限制10周岁以上的除犯有谋杀罪及法律规定的有关罪行之外的犯罪人的刑罚。根据2002年《英国刑事司法法典》第184条的规定，被判处宵禁令的罪犯必须在指定的时间待在指定地点，时间不低于2小时不高于15小时。如2015年曾有媒体报道，一英国男子因盗走慈善晚会上的巨型泰迪熊玩偶被判5周宵禁令，晚上7点至次日早上7点禁止出行。[①] 根据该法第185条的规定，禁止罪犯出入特定场所的时间不超过2年。宵禁令通常与罚金、剥夺驾驶权、刑事赔偿等结合使用，而不与监禁刑、保护观察刑等结合使用。相对来说，适用宵禁令的罪犯人身自由比较小，但这也有利于减少犯罪，维护社会稳定。

3. 毒品治疗与检测令。治安法院、王座法院以及少年法庭对16岁以上并具有如下特征的犯罪人适用毒品治疗与检测令：犯罪人依赖毒品或者有滥用毒品的倾向，其依赖性或者倾向性是比较严重的，以至于需要接受戒毒治疗。它的要求有：一是治疗要求，强制犯罪人必须接受戒毒治疗；二是检测要求，需要犯罪人在执行毒品治疗与检测令期间，定期提供血液样品，以检测戒毒成效。

4. 出席中心令、监督令与行为规划令。出席中心令的适用对象是10岁至20岁的罪犯，监督令的适用对象为10岁以上17岁以下的罪犯，该令在对少年犯进行教育的同时也对其进行监督。少年犯可以在教育中心参加集体活动，在志愿者的帮助下进行学习。同时，他们要在指定的时间内参加特定的活动，向监督人员报到，为特定的人或社区进行一定的服务等。

行为规划令，是指少年罪犯（10周岁以上17周岁以下）从判决生效之日起，依照监管人特定的行为规划，服从监管人的指令，依照监管人员随时的指示而行事。期限为3个月。比如，在规定时间参加特定活动、在指定时间地点会见指定的人、服从为其文化教育所做的安排、参加庭审等。监管人可以是缓刑官、社会工作者或者是少年犯罪工作组的成员。同时要求，行为规划令的内容不得与该少年罪犯的宗教信仰相冲突、不得妨害少年罪犯的学习与生活。

2000年《英国刑事法院权力（判决）法》在总则部分第36条规定，社区矫正判决的程序要求是判决前报告。在量刑阶段，必须由社区刑罚执行机关即缓刑局向

---

① 参见《英国一男子盗走供慈善拍卖玩偶　被判5周宵禁令》，载中国新闻网，http://www.chinanews.com/gj/2015/02-12/7057430.shtml。

法院提供判决前的报告，内容包括罪犯的犯罪性质、犯罪原因，并提出相应的判决建议和意见，法官在量刑时要对其进行参考。缓刑官的这一职责，使社区矫正介入量刑阶段，这是英国制度的一大特色。①

（二）英国的社区矫正监督管理

根据2001年《刑事司法和法庭服务法案》，英国成立了国家缓刑局，在各地设立了42个缓刑分支机构以取代原有的54个地区缓刑机构（大部分与各郡接壤并相对独立），目的是打破行政区划的界限。

2004年6月，英国再次对组织机构进行改革，将监狱局和缓刑局合并，成立国家罪犯管理局（National Offender Management Service，NOMS），目的是实现监狱监禁和社区刑罚的无缝对接，使犯人进监狱后不会失去与缓刑官的联系。虽然两局合二为一，但监狱局和缓刑局依然独立行使职权，负责监禁和社区刑罚的执行，国家缓刑局直接管理42个地区分局，国家监狱局直接管理全国的监狱。

2007年5月英国政府成立法务部（Ministry of Justice），罪犯管理权由内政部转至法务部。

2014年6月1日起，英国在国家罪犯管理局下设国家缓刑监管机构与21家社区更生公司进行对接。社区更生公司是基于2015年生效的《罪犯更生法》的规定成立的，“公司”一词更能体现出对罪犯的管理向市场化方向发展。

目前，英国的社区矫正工作机构由国家缓刑局及其分支机构、地方假释委员会和全国未成年人司法委员会（非政府组织）组成。

英国负责社区矫正的工作机构在中央一级为内政部国家缓刑局（也翻译为保护观察局或惩教督查局），国家缓刑局接受内政大臣直接领导，由负责社区矫正执行和资源设施装备的两个部门组成。在中央与基层之间建立了以垂直管理为主的专业化机构，在全国10个行政大区的42个区设有地方缓刑服务局，直接受国家缓刑局指导、管理和监督，中央和地方的缓刑机构工作人员共计17,500人，称为“矫正官”，属国家公务员序列，由内政大臣任命，接受国家缓刑局的统一管理。中央和地方的缓刑机构的工作经费和人员工资由中央财政支出。②

---

① 参见陈梦琪：《英国社区矫正制度评析》，载《青少年犯罪问题》2003年第6期。

② 参见刘晓梅：《英国的社区矫正制度及其对我国刑罚制度改革的启示》，载《犯罪研究》2006年第3期。

国家缓刑局及其分支机构承担的社区矫正任务主要包括:对犯罪人进行量刑前调查和危险性评价,监督和考察社区罪犯执行矫正情况,管理缓刑集体宿舍,管理有教育、培训、就业指导、娱乐功能的社区矫正监护中心,为社区罪犯提供帮助和服务等。

英国的 42 个区除设有地方缓刑服务局以外,还设有地方假释委员会,同样受内政部国家缓刑局领导。这 42 个地方假释委员会的工作人员有 630 人左右,一部分是国家公务员,另一部分是当地具有一定法律知识、拥有较高社会地位的人士,比如法官、政府议员等,他们的选任程序严格,要由本人提出申请,经内政部国家缓刑局审批,任期为 3 年,可连任两届。主要工作是对符合条件的服监禁刑的罪犯适用假释,并代表地方政府和民众监督地方缓刑服务局工作。

英国还成立了专门针对未成年人社区矫正的非政府组织——全国未成年人司法委员会,该委员会由负责缓刑工作的公务员、律师、警察、教师等人员组成,主要工作是针对未成年罪犯的刑罚适用,负责协调和整合相关部门及社会力量参与其中。

总体来看,在英国社区矫正的执行机构是国家缓刑局,而未成年人的社区矫正机构是全国未成年人司法委员会。一般的社区矫正机构属于行政机关,未成年人的社区矫正机构属于非政府组织。这样设置社区矫正机构,可以做到专门化、专业化,提高社区矫正工作人员的素质水平。

前述英国各机构分工明确,不同的机构负责不同的社区罪犯,分别进行教育、监督、管理,充分满足不同群体的矫正需求。英国的社区矫正机构要定期向法院汇报社区罪犯的基本情况,法官会根据社区罪犯的具体表现作出奖惩决定和解除矫正、收监等裁定或判决。对社区罪犯进行奖惩、裁定、判决的权力均归属于法官,有利于保障社区罪犯的基本权利,避免受行政机关或其他组织及个人的侵犯或损害。

四、日本的社区矫正监督管理

日本的社区矫正来源于保护观察制度和更生保护制度。保护观察制度是在一定条件和期间内对保护观察对象进行社会保护和监督的法律制度。日本的保护观察制度起源于 1923 年实施的《少年法》。随后,保护观察制度延伸至成人。保护观察制度中的基层行政机构和人员为保护观察所和观察官,在保护观察官以下,政府聘任了大量的民间有识之士组成保护司,进行一对一的保护监督以协助保护观察官的工作。

更生保护制度起始于对刑满释放人员的社会保护,这一制度创设于民间。更生保护又分为设施外保护与设施内保护。设施外保护,是指更生保护对象自行选择居住地,由所在地的保护司和民间组织进行帮扶。设施内保护,则是指提供食宿的“更生保护设施”内的保护。更生保护始于1669年加贺藩设立的“出狱小屋”,完善于慈善家金原明善在1888年3月建立的“静冈县出狱人保护公司”。①

2007年日本整合了相关法律,将保护观察制度和更生保护制度一体化。在两种制度的融合过程中政府与民间组织是“你中有我、我中有你”的关系,保护观察官指导与监督,民间组织自主运营,志愿者积极参与,政府投资与民间融资共存,形成了官民有效互动的制度体系。②

日本的社区矫正制度遵循“官民协作、以民为主”的运作理念,注重发挥保护司这一志愿者的作用,颇有特色。日本的社区矫正制度起源于民间慈善家的倡议,以志愿者的广泛参与为显著特色,志愿者实际上是社区矫正的主要力量。1950年以来全国每年约有48,000人自愿担任缓刑官职务。③ 在国际社会广获赞誉的日本保护观察制度,以不足千人的专职保护观察官指导着5万余人的民间人士保护司开展工作。保护司是帮助犯罪人及违法少年改过自新的民间志愿者。保护司是非常勤(非在编)的国家公务人员,任期两年,可以连任。虽然政府不向保护司支付报酬,但是保护司可以全部或部分报销工作所需费用。根据法律规定,保护司的定编为5.25万人,分别配置于都道府县区域的各个保护区。④ 担任保护司必须具备诸多条件:一是具有良好的社会信誉和声望,二是具有充分的热情和时间,三是生活安定,四是身体健康。保护司一般由地区推荐,再由保护观察所委托一个委员会进行审查,审查通过后由法务大臣颁发证书。其主要工作是对正在接受监督考察的人员进行指导,对从监狱和其他管教场所释放的人员的居住

---

① 据记载,刑满释放人员吾助因受监狱长感化,真心忏悔,不愿意重蹈犯罪覆辙,但出狱后被家庭和社会抛弃,最终选择了溺水自杀。慈善家金原明善为该事件所震撼,决定出资创立“静冈县出狱人保护公司”,并带动了京都、东京、新泻、埼玉等地纷纷成立类似机构,接收对象也逐渐由刑满释放人员扩展到缓刑人员。

② 参见张荆:《中日两国社区矫正制度建设比较研究》,载《北京联合大学学报(人文社会科学版)》2016年第4期。

③ 参见林遐:《日本罪犯社区处遇概况》,载《犯罪与改造研究》2002年第7期。

④ 参见日本法务省保护局:《日本更生保护制度沿革及新动向》,鲁兰译,载《中国司法》2019年第3期。

地进行调整，即环境调整，并开展犯罪预防活动。

统计数据表明，日本的犯罪嫌疑人被判刑并实际在监狱执行的仅占总数的2%，在监狱服刑的罪犯仅有4.3万人（1999年统计），绝大多数的罪犯并未进入监狱服刑，而是在社会上接受社区矫正。这些措施使日本成为世界上监禁率最低的国家，其监禁率仅为10万分之32.1。[①]

日本的社区矫正机构比较完善，其设置有自己的独特之处，这和日本社区矫正制度的性质有关，其主要目的是对出狱人进行保护。日本实施社区矫正的机关有法务省的相关部门、地方更生保护委员会、保护观察所。法务省下设保护局、矫正局和中央更生保护审查会。其中，保护局的主要职责是管理与更生保护相关的事务，内容涉及我国社区矫正、非刑罚处遇以及安置帮教等方面的活动，保护局内设总务处、更生保护振兴处、观察处、参事官室等。矫正局的职能是通过各个“矫正官区”的管理和指导，对全国矫正设施进行管理，具体包括：矫正设施的安全警备、刑务作业、鉴别、医疗、卫生、教育等与服刑者相关的事务，矫正设施筹建、运营事务，制定相关法规等。中央更生保护审查会的主要职责是：向法务大臣提出针对特定者的恩赦申请和审查对地方更生委员会的决定不服的案件。中央更生保护审查会下面有分别对应8个高等法院的8个地方更生保护委员会，由3～12名专职国家公务员组成，日常事务是审查许可假释或者撤销假释、监督管理保护观察所。同时，50个地方法院所在地均设有保护观察所，具体执行更生保护和医疗观察工作，负责保护观察、环境调整、恩赦提出、紧急保护、精神保健、犯罪预防等日常事务。

日本的社区矫正工作人员由国家公务员和民间志愿者构成。前者称为保护观察官，是经过国家统一培训的国家公务员，人数保持在1000余人，具有心理学、教育学、医学、社会学或罪犯改造保护与预防犯罪等方面的专门知识；后者称为保护司，是在国内选拔的受人尊敬和爱戴、经济稳定、身体健康、在当地有名望和影响力的人，政府对保护司不支付报酬，但在预算范围内可以报销其为执行工作职责所发生的全部或部分费用。通常做法是，不管保护司在工作中实际发生了多少支出，政府根据监管对象人数按月付费，对出具罪犯出狱前的家庭环境调查报告则是按份付费。由于保护司选任条件严格，再加上其非全职、半官方的地位，很多

---

① 参见袁登明：《海外行刑社会化实践的考察及评析》，载《刑法问题与争鸣》（第9辑），中国方正出版社2004年版，第334页。

人将被选为保护司作为国家和社会对自己社会地位认可的表现。[1] 日本保护司的人数远远多于保护观察官的人数，其编制人数近 30 年来一直保持在 5 万人左右。

借助社会力量开展社区矫正工作是日本社区矫正的主要运作模式。日本社区矫正的主要工作机构是保护观察所。全国保护观察官（国家公务员）大致有 1200 人，需要接受保护观察的对象有 7 万多人。实际上保护观察所主要承担组织、监督、协调、指导的职责，具体工作由保护观察所的保护观察官与民间志愿者——保护司共同开展。在日本，承担更生保护职责的还有更生保护设施[2]、更生保护协会、更生保护妇女会、兄弟姐妹会[3]、合作雇主等。

五、俄罗斯的社区矫正监督管理

苏联解体后，俄罗斯继承了 1960 年《苏俄刑法典》，在 1996 年制定了新的刑法典《俄罗斯联邦刑事法典》。同时制定了《俄罗斯联邦刑事执行法典》，将刑法典中规定的社区刑罚的执行统一规定到第二编"被处刑人员非社会隔离性刑罚的执行"中，[4]详细规定了社区刑罚的执行机构、程序及其惩罚机制，形成了系统完善的社区刑罚及其执行体系。据 2012 年 10 月的统计，俄罗斯 2459 个社区矫正执行机关担负着对占所有罪犯 2/5、共计 47.14 万人被判处非监禁刑的罪犯的管理和矫正工作。[5] 俄罗斯的社区刑罚体系比较健全，2019 年修订的《俄罗斯联邦刑法典》中规定的刑罚种类共有 13 种，其中生命刑 1 种（死刑）、剥夺自由刑 4 种（终身剥夺自由刑、一定期限的剥夺自由刑、军纪营管束刑、拘役刑）、社区刑 8 种。8 种

---

① 参见梅义征：《社区矫正制度的移植、嵌入与重构——中国特色社区矫正制度研究》，中国民主法制出版社 2015 年版，第 53 页。

② 所谓更生保护设施，是指经法务大臣认可的由更生保护法人运营的设施，其主要职责就是为那些已刑满释放或假释但由于种种原因难以立即实现自力更生的人在一定的期限内提供食宿、就业指导等回归社会所必须的生活指导，帮助其顺利地回归社会。更生保护设施一般由私人或机构经营，保护观察所根据设施收留人数的多少给予适当补助。无论是刑满释放者还是假释者，在更生保护设施内滞留的时间最长不能超过 6 个月。在此期间他可以出去找工作，没有工作欲望者，设施可以拒绝接纳。

③ 兄弟姐妹会是以大学生为主体的青年们通过与有各种问题的少年们像兄弟姐妹般地交往，以解决其存在的问题、支撑其健康成长的青年志愿者团体。兄弟姐妹会除了对违法少年的成长或自立提供援助外，还要协助社区的防止违法活动、小组团体活动并保护观察对象参与社会活动。日本大约有 4500 名兄弟姐妹会会员。

④ 参见赵路：《俄罗斯联邦刑事法典》，中国人民公安大学出版社 2009 年版，第 18 页。

⑤ 参见栗志杰、李玉娥、田越光：《俄罗斯社区矫正制度评述与启示》，载《河北法学》2014 年第 1 期。

社区刑为：罚金刑，剥夺担任一定职务或从事某种活动的权利，剥夺专门称号、军衔或荣誉称号、职衔和国家奖励，强制性社会公益劳动，劳动改造，限制军职，限制自由，强制劳动。①

俄罗斯的社区矫正制度具有以下几个特点。

第一，管理社区罪犯的基层单位是刑事执行检查处。刑事执行检查处的设置不是基于行政区划，而是基于社区罪犯的数量，一般要求一个机构的管理对象在200人以上。② 刑事执行检查处归属于州（自治共和国、区、直辖市）级社区刑罚执行的行政管理体系，州级政府下设负责罪犯（监禁和社区罪犯）管理的行政机构，对下实行垂直管理。

《俄罗斯联邦刑事执行法典》第3章第16条专门对执行刑罚的机构和机关进行了规定，明确了社区刑罚执行中的大部分任务由当地的刑事执行检查处承担，包括对剥夺担任一定职务或禁止从事某种活动的权利刑、强制性社会公益劳动刑、劳动改造刑、限制自由刑、缓刑、假释的执行；罚金由当地的法警执行员执行；强制劳动刑由改造中心执行。③

刑事执行检查处是行使国家刑罚执行权的机构，在执行中有对罪犯采取强制措施的权力。例如对于强制性社会公益劳动刑的执行，检查处需要对罪犯进行登记，掌握他们的居住地及居住地的变更情况，向他们说明服刑的程序和条件，同地方自治机关商议确定罪犯的服刑场所和项目清单，监督罪犯的行为，对罪犯的服刑时间进行记录。对于违反服刑程序和条件的，检查处首先向他们提出警告；对于恶意逃避劳动下落不明的，检查处可以宣布通缉，并在拘捕后可以对其进行不超过48小时的羁押；对于恶意逃避劳动的，检查处应当依法向法院建议改判其他刑罚，对需要改判的罪犯，羁押时间可以延长至最多30天。④

第二，垂直管理体制及其经费保障机制。俄罗斯社区矫正的管理机关包括：既直接受联邦总统领导、又隶属于联邦政府的司法部刑罚执行总局下设的非监禁刑罚执行司；各联邦主体下设的非监禁刑罚执行管理处，其负责对辖区内的社区矫正工作进行统一管理和协调；社区矫正的执行机关是隶属于上级社区矫正管理

① 参见《俄罗斯联邦刑法典》，黄道秀译，中国民主法制出版社2020年版，第17页。

② 参见刘强：《中国社区矫正机构和执法队伍建设——主要基于与俄罗斯的比较研究》，载《社区矫正理论与实践》2022年第1期。

③ 参见《俄罗斯联邦刑事执行法典》，黄道秀译，中国政法大学出版社2015年版，第12～13页。

④ 参见《俄罗斯联邦刑事执行法典》，黄道秀译，中国政法大学出版社2015年版，第21～24页。

机构的刑事执行监察机关,其专门负责包括社区矫正在内的非监禁刑罚执行中的具体事务。俄罗斯垂直管理的社区矫正体制背后是与之相适应的经费保障机制,即与监禁刑执行经费一样,由俄罗斯司法部刑事执行总局保障社区矫正管理和执行机关的工作经费。前述垂直管理体制及其经费保障机制,有利于提高刑罚执行的效率。

第三,社区矫正机关主导、社会共同参与。社区矫正机关依法定职权在对社区罪犯的组织管理、刑事执行工作中发挥主导作用,相关政府机构和社会组织则依照法律规定共同参与社区矫正工作。如地方政府依照法律规定要为限制自由刑的执行提供相应的便利条件,罪犯居住地的相关组织、罪犯的工作单位依照法律规定对罪犯遵守相应自由限制的状况进行监督并及时向社区矫正机关报告相关异常情况,而后由社区矫正机关依法对相应状况及时进行处置。

第四,独具特色的社区矫正管理队伍。社区矫正执法人员在大多数国家属于普通公职人员序列。而在俄罗斯,包括社区矫正机关在内的整个刑事执行机关的工作人员均被纳入警察序列,享有一定的执法权,如在社区罪犯逃避矫正等情况下采取缉拿并短期控制其人身自由的权力,以及优先乘坐公共交通工具、紧急情况下征用公民财产等警察权力。[①] 此外,整个刑事执行机关的工作人员还被授予军衔。前述待遇及相应的职权的规定,有利于刑事执行机关工作人员的晋升,执法队伍的专业化和职业化、工作人员的相对稳定性都得到了保障。

第五,将监禁与社区刑罚执行一体化管理。根据《俄罗斯联邦刑法典》的规定,在押犯服刑一段时间后,可改判为社区刑罚;社区罪犯若违反监管规定,在一定情形下又会被转到监禁机关服刑。在《俄罗斯联邦刑事执行法典》中,既设立了剥夺自由刑与较轻刑罚之间的替代转处机制,又设立了限制自由刑向剥夺自由型转处的机制。如表现良好的被处刑人员在实际履行法定的刑期后,可以申请以较轻刑罚类别替代其未履行完毕的部分刑罚;对蓄意违反管制规定的人也可以以拘役刑甚至短期有期徒刑来替代其限制自由刑。对破坏行刑程序或蓄意逃避义务性劳动刑、罚金刑、矫正性劳动刑的罪犯,社区矫正机关可以向法院申请将其刑罚变更为其他更重的刑罚类别。刑罚替代转处机制的建立,既激励了表现良好的罪犯积极矫正,又有力地保证了社区矫正刑罚执行的强制性和威慑性。我国目前不

---

① 参见栗志杰、李玉娥、田越光:《俄罗斯社区矫正制度评述与启示》,载《河北法学》2014 年第 1 期。

存在管制与其他主刑之间的替代转处机制。同时,在社区矫正各刑罚措施之间也不存在替代转处的规定。对违反管制监管措施最多只能给予治安管理处罚,对拒绝参加公益活动,难以给予惩罚。虽然各地出台了有关社区矫正的奖惩办法,设立了社区矫正奖惩委员会(评审组),如《四川省社区矫正实施细则》第 140 条规定,社区矫正机构应当处理社区矫正奖惩评审组,成员不少于 3 名且为单数,由社区矫正机构工作人员组成,其负责人任组长。社区矫正奖惩评审组应当对社区矫正对象提请减刑、治安管理处罚、撤销缓刑、撤销假释、逮捕、收监执行进行集体审议。但更多的奖惩办法集中在表扬、记功、警告等方面,这种方式难以让社区矫正对象对自己的"功"或者"过"形成直观的认识。为此,可以借鉴俄罗斯替代转处机制,不仅建立非监禁的刑罚措施之间的替代转处,如定期报告与宵禁之间的替代转处,还可以建立非监禁的刑罚措施和监禁刑之间的替代转处,如对蓄意违反规定并情节严重的管制犯矫正对象,以拘役刑抑或短期有期徒刑来替代,以体现社区矫正的惩罚性。

六、国外社区矫正监督管理经验对我国的启示与借鉴

国外社区矫正监督管理对我国有着多方面的借鉴与启示。

从国外社区矫正管理机构的设置来看,各国社区矫正管理机构的设置并不统一,但都存在具有刑事执法性质的管理机构,有较为完善的运行体系。美国、英国有较完善的社区服务者资格授予制度,在社区矫正制度的运行中科技化程度较高。国外的社区矫正管理机构多数归属于政府,少数归属于法院或者其他部门。美国大多数州、加拿大、新西兰设有矫正局,矫正局管理监狱和社区的刑罚执行;瑞典则设立监狱缓刑局,把社区矫正作为刑罚执行的重要组成部分。监狱作为国家刑罚执行机关是没有异议的,而在机构设置上把社区矫正工作与监狱工作放在同一个部门,表明了社区矫正工作具有与监狱工作相同的刑罚执行或刑事执法性质。①

从域外情况来看,美、英及欧洲各国长期将缓刑制度和假释制度分开,负责缓刑的工作人员被称为缓刑官,因其承担审前调查评估等职责,与审判机关联系紧密,其职责更多属刑事审判工作的延伸。假释工作是累进处遇工作的最后一个环节,其释前风险评估工作常要深入监狱工作中。美、英等国由假释委员会作出假

---

① 参见刘强主编:《社区矫正组织管理模式比较研究》,中国法制出版社 2010 年版,第 2 页。

释决定,故假释官常被称为监狱矫正官,而俄罗斯甚至将假释直接纳入监狱局的工作范畴。

缓刑官是在社区中对缓刑犯进行监督和帮助的矫正官员。缓刑官的主要特点是:第一,从身份来看,他们是专业矫正官员。这意味着他们是政府的官员,是专门从事缓刑犯管理工作的政府工作人员,由政府为其提供薪水和其他待遇。第二,从职能来看,他们的主要职能或者任务是监督和帮助缓刑犯。不过,随着刑事政策向严厉化方向发展,缓刑官在职能分配上逐渐发生了变化,即用更多的精力履行执法或者监督缓刑犯的职能,在美国更是如此。第三,从资格来看,缓刑官往往有较高的任职资格方面的要求。例如,普遍有较高的学历和专业技术方面的要求等。

假释官是在社区中对假释犯进行监督和帮助的矫正官员。假释官的特点与缓刑官几乎是相同的,二者的不同之处是,假释官的工作对象从缓刑犯变成了假释犯。

在国外,除了缓刑官、假释官之外,在社区矫正领域对社区罪犯开展工作的还有社区矫正志愿者。社区矫正志愿者是在社区矫正领域无偿进行辅助工作或者提供有关服务的人员。社区矫正志愿者在社区矫正工作中发挥着重要的作用。实际上,从西方国家的相关历史来看,社区矫正志愿者对于社区矫正制度的产生就曾经发挥了十分重要的作用。例如,在缓刑制度的发展历史上,一批世俗社会的志愿人员和宗教人员就发挥了积极的作用,因此有人说,"美国的缓刑就是作为一种志愿人员服务而兴起的"。在假释制度的发展历史上,也有一批志愿人员帮助假释犯适应监狱外面的生活与环境,鼓励他们更好地重新适应社会生活。目前,在很多国家和地区的社区矫正工作中,活跃着大批的志愿者,他们在帮助社区罪犯方面发挥着不可代替的作用。

通过对前述美、英、日、俄等国社区矫正机构与队伍建设模式的剖析,可以发现在这些社区矫正发展成熟的国家,社区矫正机构与队伍的设置有着以下共通性。

第一,建立了从上到下并以垂直管理为主的专业化机构。如英国在国家层面设有专门的管理机关,历经国家缓刑局、罪犯管理局、国家缓刑机构;在基层设有专门的缓刑办公室作为工作实体,直接管理社区罪犯;在国家与基层之间,其设置历经全国10个大区的42个缓刑管理机构、全国35个缓刑托管机构、21个社区更生公司。这种垂直管理的优势在于可以促进工作的专业化。① 因为它具有统一的机构、专业化的工作人员。

发达国家的社区矫正基层管理机构有社区矫正办公室（缓刑办公室、假释办公室）、中途住所、日报告中心等，这些基层管理机构都是工作实体而不是行政管理机构，直接承担对社区矫正对象的管理任务。社区矫正办公室是监督和教育社区矫正对象的场所；中途住所是社区矫正对象晚上在此居住，并接受监督、矫治的场所；日报告中心是要求社区矫正对象白天到此处进行活动的场所，活动的内容包括接受监督、参加教育矫治活动、参加社区公益活动等。基层管理机构工作人员全职投入社区矫正工作，不承担其他社会工作。一些国家还对基层管理机构的职责进行了进一步细化，如美国一些州分别设立了缓刑办公室和假释办公室，分别负责对缓刑人员、假释人员的管理。与此相适应，社区矫正领域的工作人员往往也有缓刑与假释的分工，在美国除了有社区矫正官外，还有缓刑官、假释官；加拿大也有缓刑官与假释官的分工；英国、德国、新加坡都设有缓刑官，日本、韩国为保护观察官；在发达国家社区矫正职业化进程中，又出现了进一步细化职责的趋向，诸如美国的缓刑官又进一步细分为审前调查缓刑官、评估分类缓刑官、强化管理缓刑官、一般管理缓刑官、缓刑撤销缓刑官。②

第二，社区矫正的管理方式多样化。如定期监禁，以澳大利亚为例，该国采取周五至周日晚服刑的方式，这种方式主要适用于酗酒和因愤怒导致暴力且犯罪情节轻微的行为。还有一种值得借鉴的方法，即恢复性司法，主要通过被害人与行为人之间的和解、协商、多方参与的会谈，通过非被害人补偿等，以恢复被破坏的社会关系与秩序。

第三，社会力量参与度高。社区矫正机构与非政府组织相互配合，所谓非政府组织参与监督管理，是指国家机关通过签订合同或购买服务的形式，让非官方的组织、机构及有一定能力的个人承包对社区矫正对象的监督管理。在监督管理过程中，非政府组织及承包人也需要严格遵守有关法律法规，不断提高社区矫正的工作质量。非政府组织参与监督管理主要包括以下三种形式：一是对社区矫正

---

① 参见刘强、武玉红等：《社区矫正制度惩罚机制完善研究》，中国人民公安大学出版社 2016 年版，第 74 页。

② 参见刘强主编：《社区矫正组织管理模式比较研究》，中国法制出版社 2010 年版，第 3 页。

对象的全过程管理。包括从社区矫正对象的接收、分类、监督、实施各种矫正项目，提供各种不同服务，直至服刑期满回归社会。二是非政府组织通过与官方机构签订合同的形式承担部分社区矫正工作。对社区矫正对象提供部分矫正处遇项目，如戒毒、控制酗酒的项目，对社区矫正对象提供一定的训练和服务。非政府组织参与监督管理，有利于降低刑罚成本，提高工作效率。三是充分利用和整合资源进行市场化运作。如2013年至2015年，英国缓刑局通过政府购买服务的形式，引进市场运作机制，让更多的民营罪犯更生公司参与缓刑管理的竞争，同时根据对重新犯罪的控制情况给予一定的经济鼓励。英国社区矫正市场化运作我国不能简单仿效，但值得我们认真思考。目前我国许多地方也将政府购买服务的形式运用于社区矫正，但并未收到理想的效果，原因是多方面的：既有资金保障不到位，司法所工作人员与社工收入过于悬殊难以调动社工工作的积极性，社工流动频繁等问题；也有承接的专业社会工作组织缺乏培训、缺乏良性竞争机制等问题；还有非政府组织参与社区矫正，政府购买服务。在加拿大，非政府组织参加社区矫正的途径很多，尤其是志愿者服务，如加拿大伊丽莎白·弗莱伊协会为受刑的妇女提供预防犯罪、咨询和重整服务。在美国，非政府组织也可以参与社区矫正监督管理，通过签订合同或政府购买服务的形式，非官方组织在严格遵守法律法规的前提下对社区罪犯进行监督管理。英国、日本将社会资本引入罪犯矫正领域，组建社区更生公司，实施市场化运作，既能较好地解决社区罪犯的就业帮扶问题，又能降低行刑成本。

第四，机构人员配置和分工明确。从国外的经验来看，多数国家的社区矫正工作人员都不具有警察身份。警察代表着一种对抗性力量，社区矫正需要的是一种平等、柔和、宽容的氛围。美国也没有专门的社区矫正警察，尽管美国会聘用一些退休警察从事社区矫正工作，但社区矫正工作人员没有执法权，执法仍然需要警察的配合。当然，社区矫正工作人员需要监管的权威，没有他们的监管权威，就谈不上矫正对象对义务、规则的遵循。为此，笔者认为，在《社区矫正法》将来的修订完善中，应考虑如何树立社区矫正工作人员的权威。如针对高风险社区矫正对象可以建立由轻到重有梯度的“中间惩罚体系”，包括每日报告、训练营、在家监禁和短期监禁等措施。

第五，社区矫正工作人员有较高的社会地位。各国一般将从事社区矫正执法管理的工作人员纳入公务员序列（俄罗斯还享受军人待遇），有较高的准入标准或条件，许多国家还要求其具有一定的社区矫正工作经验。根据按劳分配原则，以及社区矫正工作具有的一定的风险性和较强的专业性，社区矫正工作者一般具有较好的工资和福利待遇，工资标准一般高于或相当于监狱管理人员。这样能使他们保持相对的稳定性以及工作的持续性。

第三章 社区矫正监督管理机构及其管理队伍

社区矫正监督管理工作是一种有目的、系统的刑事执行活动，必须科学、严密地组织实施。依照《社区矫正法》的规定，社区矫正监督管理工作体系包括：社区矫正监督管理机构，也称为社区矫正监督管理组织；社区矫正监督管理者，是指参与社区矫正监督管理的人员；社区矫正监督管理队伍，是指由社区矫正监督管理人员组成的监督管理整体。

一、关于社区矫正监督管理的权属性质之争

社区矫正监督管理权属性质争议的核心：一是从法律上社区矫正监督管理机构的监督管理行为是刑罚执行还是刑事执行；二是从工作属性上社区矫正监督管理机构的监督管理行为是执行刑罚还是矫正教育和社会帮扶。

（一）争议焦点一：社区矫正监督管理行为从法律上是刑罚执行还是刑事执行

很明显，社区矫正监督管理机构的法律属性决定了社区矫正监督管理行为的法律属性。关于社区矫正监督管理行为的本质属性，自 2003 年我国开展社区矫正试点工作以来就备受争议。出现的诸多观点，综合起来看，前期的主要观点有行刑说、社会处遇说、矫正教育说、救助监督说、混合说等；[①]之后又有学者提出了不同的观点，比如王平教授的双重说认为社区矫正监督管理机构具有多重性质，

---

① 行刑说的代表人物是上海政法学院的刘强教授、武玉红教授等；社会处遇说的代表人物是冯卫国教授；救助监督说的代表人物是吴宗宪教授；矫正教育说是较为普遍的一种观点；混合说比较复杂，有人认为社区矫正应当是“刑种、量刑与行刑制度的结合”，是一种综合性的主要偏重于执行的措施、方法或者制度，具有刑事制裁的基本特征，有人认为社区矫正是具有“行刑、矫正和福利性质”的综合性矫正方法，还有人认为社区矫正是“一种复合型制度”；等等。

其既从事刑罚执行活动，又从事社区矫正活动，社区矫正就是对犯罪人以及虞犯进行矫正，矫正可以分为犯罪前的预防矫正、犯罪后的预防矫正、刑罚执行完毕后的后续矫正和帮助。[①] 以上各学说中，以行刑说最具有代表性。这一观点的主要依据是2003年《试点通知》（已失效）将社区矫正界定为："社区矫正是与监禁矫正相对的行刑方式，是指将符合社区矫正条件的罪犯置于社区内，由专门的国家机关在相关社会团体和民间组织以及社会志愿者的协助下，在判决、裁定或决定确定的期限内，矫正其犯罪心理和行为恶习，并促进其顺利回归社会的非监禁刑罚执行活动。"

行刑说认为，社区矫正监督管理机构从事的是刑罚执行活动，确认社区矫正的行刑权属性是有充分的法理依据的。首先，社区矫正试点以来的规范性文件所界定的"非监禁刑罚执行活动"已经赋予了社区矫正工作的行刑权属性。社区矫正对象是经法院依法判决的罪犯，社区矫正是将罪犯置于社区之中的"非监禁刑罚执行活动"。相对于监禁刑的行刑，非监禁的社区矫正虽然只是限制人身自由而非剥夺人身自由，但社区矫正对象社会活动空间更大，接触的人员更为复杂，因此行刑者的责任更加重大。在这样的行刑条件下，社区矫正监督管理机构必须具有行刑权，且只有拥有了强有力的行刑权，才会对社区矫正对象产生威慑力，才会有效抑制社区矫正对象的危险行为。否则，社区矫正监督管理机构就会因缺乏威慑力而不能有效控制社区矫正对象的行为，进而给社会带来潜在的风险。其次，行刑是社区矫正工作的前提和保障，否则，社区矫正工作就不具有权威性，相应地对社区矫正对象的接收、监督管理、刑事奖惩、减刑、收监等执法行为就会因缺失法律依据而成为"非法行为"。最后，社区矫正工作的行刑权具有传承性。社区矫正对象在社区矫正制度实施之前是由公安机关管理的，公安机关的管理就是通过刑罚执行实现的，管理权移交司法行政机关之后，社区矫正同样是执法活动，理应具有传承性。很显然，行刑说是将社区矫正工作置于执法活动的范畴来讨论的，将社区矫正有无行刑权视为决定工作成败的生命线。由此，执行刑罚是社区矫正的本质属性。

《社区矫正法》第1条规定："为了推进和规范社区矫正工作，保障刑事判决、刑事裁定和暂予监外执行决定的正确执行，提高教育矫正质量，促进社区矫正对象顺利融入社会，预防和减少犯罪，根据宪法，制定本法。"该条关于社区矫正立法

① 参见王平主编：《社区矫正制度研究》，中国政法大学出版社2014年版，第13页。

目的的阐释来看，规定了社区矫正的立法目的是“促进社区矫正对象顺利融入社会，预防和减少犯罪”。对比《监狱法》第1条规定的立法目的“惩罚和改造罪犯，预防和减少犯罪”，由此可以看出，《社区矫正法》的立法目的没有规定“惩罚罪犯”，同时，《社区矫正法》在此没有明确社区矫正的性质。这样的规定进一步引起了学术界和实务界的一部分人对社区矫正性质的质疑，认为社区矫正相关立法应对社区矫正的性质予以明确规定。

从法理上讲，缓刑犯的缓刑考察过程并不属于刑罚执行的范畴，将社区矫正定性为“非监禁刑罚执行”不能涵盖缓刑犯的社区矫正，因此，有学者主张将社区矫正定性为比刑罚执行外延更大的“刑事执行”。[①] 也正是由于这个原因，从《社区矫正法》第1条引申出“刑事执行”的概念。从社区矫正四类对象的法律地位来看，这样定性更符合刑法罪刑法定、罪责刑相适应的原则。特别是2020年1月17日，最高人民法院、最高人民检察院联合作出《关于缓刑犯在考验期满后五年内再犯应当判处有期徒刑以上刑罚之罪应否认定为累犯问题的批复》，“被判处有期徒刑宣告缓刑的犯罪分子，在缓刑考验期满后五年内再犯应当判处有期徒刑以上刑罚之罪的，因前罪判处的有期徒刑并未执行，不具备刑法第65条规定的‘刑罚执行完毕’的要件，故不应认定为累犯”这就从司法解释层面确认了对判处缓刑的社区矫正对象的社区矫正不是刑罚执行，但属于外延更大的刑事执行范畴，因此，社区矫正定性为刑事执行更为合适。刑罚执行在社区矫正中的定位，只是“悬在社区矫正对象头上的一把利剑”，仅起到威慑作用，社区矫正监督管理机构工作的核心是对社区矫正对象的适度监督管理和矫正教育。

笔者认为，社区矫正监督管理机构权力的性质，取决于社区矫正监督管理机构的法律属性和法律规定、许可或者授权的情况。对公权力而言，任何机构都不能突破“法无授权不可为”的红线和底线，而《社区矫正法》没有赋予社区矫正机构行刑权，也就是说，从法律层面上，社区矫正监督管理机构权力的性质可作以下理解：第一，社区矫正监督管理机构只享有对社区矫正对象和社区矫正事务在一定范围内的行政管理权，没有独立执行刑罚的权能。虽然从社区矫正监督管理工作的内容看，诸如减刑、撤销缓刑、撤销假释、提请逮捕、暂予监外执行的收监执行、解除矫正等，都涉及刑罚执行问题，但是，社区矫正机构在其中扮演的角色是协助者，只有建议权或提请权，而没有实质性的决定权和执行权。所以说，社区矫

① 参见王顺安：《论中国特色的社区矫正概念与性质》，载《宜宾学院学报》2021年第1期。

正监督管理属于行政管理活动，其权能属性是行政管理权。第二，在对社区矫正对象进行监督管理的过程中，社区矫正监督管理机构不能超越行政权能范畴，不能超越法律规定的限度，这个“度”就是《社区矫正法》第34条规定的“开展社区矫正工作，应当保障社区矫正对象的合法权益。社区矫正的措施和方法应当避免对社区矫正对象的正常工作和生活造成不必要的影响；非依法律规定，不得限制或者变相限制社区矫正对象的人身自由……”社区矫正机构“对社区矫正对象的监督管理措施应当适度。社区矫正毕竟是在社会开放环境进行的，不是在社会上‘办监狱’不可能也没必要对社区矫正对象保持实时监控，只要能做到及时了解掌握社区矫正对象的活动情况和行为表现即可。矫正措施和方法应当避免对社区矫正对象的正常工作和生活造成不必要的影响”①。从《社区矫正法》的立法精神和价值取向看，社区矫正监督管理要充分体现以人为中心的思想，彰显管理就是服务的理念，要通过监督管理“促进社区矫正对象顺利融入社会”。第三，社区矫正监督管理机构只是“监督”社区矫正对象履行法定义务和遵守社区矫正的行为规范，如果社区矫正对象违反《刑法》《刑事诉讼法》和人民法院的裁判文书确定的义务，需要动用行刑权时，应由具有行刑权的公安机关、法院和监狱管理机关行使。在这里，所谓的社区矫正中的“监管”不具有刑罚执行的惩罚性。“对于社区矫正对象应当有哪些‘惩罚’，需要以刑法、刑事诉讼法的规定为依据，以人民法院的裁判文书为内容，离开人民法院裁判文书，由其他机构或者人员在执行中加以各种体现‘惩罚性’的措施，不符合法治要求。”“关于对社区矫正对象的‘惩罚’，也就是其应当负有的法定义务，刑法、刑事诉讼法已有明确规定，人民法院应当在裁判文书中具体确定，社区矫正机构应当依法执行。因此，社区矫正工作的开展没必要过多强调惩罚性，不宜将其作为一项原则加以规定。”②

（二）争议焦点二：社区矫正监督管理行为从工作属性上是执行刑罚还是矫正教育和社会帮扶

在行刑说的基础上，还存在关于社区矫正监督管理行为的性质是执行刑罚还是教育帮扶的问题。近年来，随着社区矫正工作的不断深入，争议的焦点逐步集

---

① 参见王爱立、姜爱东主编：《中华人民共和国社区矫正法释义》，中国民主法制出版社2020年版，第31页。

② 参见王爱立、姜爱东主编：《中华人民共和国社区矫正法释义》，中国民主法制出版社2020年版，第32页。

中到这一问题上。很明显,不同的观点代表了社区矫正不同的价值取向。

矫正教育说认为,社区矫正“不是将惩罚放在首位,而是将矫正作为最终价值”①。社区矫正的本意在于“矫正”,是将符合条件的社区矫正对象置于社区环境内,由“社区来矫正”,而不是简单的监禁空间的转换,使其“放在社区被矫正”。在这里,社区矫正的“行刑”属性只是“悬在社区矫正对象头上的一把利剑”,是社区矫正的前置威慑条件,执行刑罚已退居次要地位,也就是说,在社区矫正中,只要社区矫正对象不违反法律的相关规定,刑罚执行程序就不会启动。因此,社区矫正监督管理的意义在于:一是作为监禁刑的替代措施。长期以来,人们对于监禁刑的弊端指责颇多,最为典型的就是罪犯长期关押在监狱中,对监狱产生了依赖,形成了监狱人格,完全被监狱化,导致其刑满释放后,不能融入现代社会,适应社会生活,致使其重新犯罪。同时,监狱又是罪犯之间交叉感染的场所,罪犯在长期服刑过程中,相互传授犯罪技艺,导致罪犯回归社会后重新犯罪的危害更大。因此,可将罪行较轻、社会危害性较小的罪犯置于社区之中进行矫正,规避监禁对罪犯的伤害。二是大力借助社区资源对社区矫正对象进行教育和矫正。根据现代恢复性司法理论,罪犯的犯罪社会负有相应的责任,社会成员和罪犯所居住的社区都有责任参与到对罪犯的矫正教育中,共同预防犯罪行为,维护社会的安全。三是体现刑罚的文明与进步。现代刑罚的文明与进步主要体现在对待犯罪和罪犯的宽容性上。“从一定意义上来说,社区矫正是现代刑罚对犯罪的宽容,是现代社会对犯罪人的宽容。”②由此,“由社区来矫正”才是社区矫正监督管理的本质属性。

笔者认为,随着社会的发展,对一种事物的定性不能仅仅依据某一个标准,从不同的视角看,一种事物的性质往往具有多元性,社区矫正也是如此。从社区矫正的法律属性来看,社区矫正是在社区内的刑事执行活动,是非监禁的刑事执行方式;从社区矫正的政治属性来看,限制社区矫正对象的人身自由,并对其进行监督管理,同样具有人民民主专政性质;从现代社会建制属性来看,社区矫正只是一个为社会提供公共服务的部门;从社区矫正的文化属性来看,社区矫正将矫正对象放在社区,依靠社会力量来矫正其犯罪心理和行为恶习,是现代社会承担社会公共责任的一种文化现象。《社区矫正法》将社区矫正定位为刑事执行,其内涵在

① 参见但未丽:《社区矫正:立论基础与制度构建》,中国人民公安大学出版社 2008 年版,第 26 页。

② 参见连春亮主编:《社区矫正学教程》,群众出版社 2013 年版,第 116 页。

于:一是《社区矫正法》是体现现代刑事法律精神的柔性法和谦抑法。正如全国人大常委会法工委刑法室主任王爱立就《社区矫正法》的颁布回答记者的提问时所言:"通过适度监管和有针对性的一些矫正措施,充分发挥社会各方面的力量来进行矫治教育有利于社区矫正对象顺利回归社会。"①二是从社区矫正的本源来理解,社区矫正是"由社区来矫正",而不是单纯转换行刑空间的"放在社区被矫正"。在这里,社区矫正监督管理的核心任务是对社区矫正对象进行适度监管和矫正教育,政府及其职能部门是社区矫正工作的"掌舵者",社会力量才是社区矫正工作的"划桨者"。

从世界范围来看,各国的社区矫正工作都是基于本国的法律实践而进行制度设计的,本无定法。比如,美国对于假释犯和缓刑犯的社区矫正,就是单纯的刑罚执行活动;而与美国同属英美法系的英国,在社区矫正的制度设计上,就既有社区服务令,又有社区服务刑,是量刑、刑种和刑罚执行方式的结合。因此,我国在社区矫正工作进行之初,试图博采众长,在社区矫正的定性上,采取了混合说,即社区矫正"是指符合社区矫正条件的罪犯在社区内,由专门的国家机关在相关社会团体和民间组织以及社会志愿者的协助下,在法定的期限内,通过思想改造和劳动改造,矫正其犯罪心理和行为恶习,并促进其回归社会的非监禁刑罚执行活动"。殊不知,此定义直接导致了学界在社区矫正监督管理本质属性界定上的"裂变",导致众说纷纭,莫衷一是。实质上,不论是美国的"刑罚执行活动",还是英国的"量刑、刑种和刑罚执行方式的结合",抑或其他国家的"保安处分的执行"等,都是以有效利用社会资源,"由社区来矫正"为价值取向,决不是单纯转换空间的"放在社区被矫正"。

从目前我国社区矫正的发展趋势来看,理论界关于行刑说与矫正教育说的争论仍在持续,而实务界则基于中国传统的"官本位"思维,清一色地坚持社区矫正"非监禁刑罚执行活动"的属性。笔者认为,这一趋势有可能影响社区矫正监督管理活动。一旦其付诸实践,则会彻底违背社区矫正制度的初衷和本意,社区矫正将彻底异化或裂变为单纯转换行刑空间的"放在社区被矫正"。如果是这样,社区矫正可能会违背初衷。所以,在界定社区矫正监督管理的属性时,应采取二元化的思维,首先确认社区矫正在法律上的基本特质是执行刑罚,同时在价值特质上

① 《体现中国特色　助力长治久安——解析新出台的社区矫正法》,载澎湃新闻 2020 年 4 月 9 日,https://www.thepaper.cn/newsDetail_forward_6904055。

强调其矫正教育的社会属性。这样,社区矫正就成为刑罚执行主导下的矫正教育活动。

二、我国社区矫正机构的设立及其存在的问题

社区矫正的本质属性决定了社区矫正机构的建设方向,不同的社区矫正机制反映了不同的职能定位。社区矫正机构形态的选择,直接影响其功能的发挥和发展的路径。

(一)价值选择问题:功利主义抑或功能主义

"非监禁刑事执行活动"定位下的社区矫正机构,体现的是以维护社会安全为导向,以"罪犯无害化"为目的的功利主义思想。功利主义追求社区矫正的社会功效和社会利益,"主张以实际功效或利益为行为准则的伦理观点"①。很显然,功利主义思想指导下的社区矫正工作以刑罚为本位、以国家为本位、以社会为本位,强调对社会风险的管理和控制,试图通过对社区矫正对象的危险评估和危险控制,追求刑罚效益和社会效益最大化,在实现社会公平正义的同时,力图把社会风险降到最低。因此,按照公权力"法无授权不可为"或"法无授权即禁止"的原则,"非监禁刑事执行活动"定位下的社区矫正机构的设置,必然要赋予社区矫正机构相应的行刑权。在功利主义的语境中,没有行刑权就无法实现社区矫正的目的。所以,行刑权就成为社区矫正机构进行"非监禁刑事执行活动"的标志。从目前社区矫正机构的实践来看,行刑权的缺失也确实给实务工作带来了诸多障碍,使社区矫正工作缺乏对社区矫正对象的刚性规制。仅从表象来看,似乎也只有行刑权才能使社区矫正对象产生恐惧,才能体现刑罚的惩罚性本质。在此需要讨论的问题是,社区矫正机构拥有法律所授予的行刑权之后,其自身的法律属性就发生了根本性的变化,社区矫正机构就成为国家的刑事执行机关,相应地,社区矫正监督管理活动也演变为严肃的警察执法活动,但这与充分体现社区矫正机构的社会属性和矫正教育功能是相互矛盾的,并且这一矛盾是不可调和的。

以矫正教育为价值取向的社区矫正机构,则追求社区矫正本质功能的实现。"社会学的功能分析理论认为,功能是一个中性的概念,它是指功能事项对功能承

---

① 中国社会科学院语言研究所词典编辑室编:《现代汉语词典》,商务印书馆2016年版,第454页。

受单位作用产生的‘可观察到的客观后果’。”①《现代汉语词典》对功能的解释是“事物或方法所发挥的有利的作用；效能”②。很显然，社区矫正的矫正教育价值取向是在刑事执行的预设前提下，让社会力量来完成对社区矫正对象的矫正教育，其目的在于社区矫正对象的社会融合和回归，也就是说，不仅追求社会的公平正义，也追求矫正教育社区矫正对象的个别正义，这是以个人为本位的价值追求。由此，在刑事执行的预设框架中，社区矫正的惩罚功能成为刑罚惩罚性的文化符号，而随之延伸出来的是社区矫正的矫正功能、维护功能、警示功能、控制功能和恢复功能。与社区矫正的惩罚功能相联结的以矫正教育为价值取向的社区矫正机构的设置，政府和社会参与者既有不同的分工，又有充分的合作。在整个制度设计中，政府及其职能部门是社区矫正工作的“掌舵者”，起到领导者、组织者、监督者的作用；而社会力量是社区矫正工作的“划桨者”，对社区矫正工作起着推动作用。

笔者认为，当前的社区矫正机构建设理念在功利主义的支配下过分强调社区矫正的惩罚功能、控制功能和警示功能，导致矫正功能相对弱化，甚至教育和矫正成为摆设、软指标。维护功能亦无法真正实现，特别是在对社区矫正对象的人权保障相对缺乏，表现为实然权利得不到落实，应然权利无法实现，除了大中城市以外的广大地区，社区矫正的社会化程度低，社会资源没有被充分利用，或者根本没有开发，更谈不上形成合力。至于社区矫正的恢复功能就更没有被纳入社区矫正机构的思维框架之中，使社区矫正机构完全变为刑事执行机关，成为政府自演自唱的“独角戏”，社会力量完全成为“配角”，甚至根本没有“配角”。

在功能主义支配下的社区矫正，其核心在于对社区矫正对象的矫正教育和社会帮扶，在由社区矫正所衍生出来的诸多功能中，惩罚功能居于预设的地位，成为附条件的“激活者”；矫正功能走上社区矫正的前台，成为贯穿社区矫正工作始终的核心；维护功能成为彰显社区矫正价值追求的标志，也是社区矫正对象人权保障状况的晴雨表；控制功能成为实现社区矫正目的的有效手段；警示功能成为社区矫正向社会公众昭示刑罚严厉性的符号和社会宽容性的象征；恢复功能则是恢复性司法更深层次的价值追求。

让人遗憾的是，目前我国的社区矫正功能主义的价值目标正在被弱化，甚至

① 参见余飞：《社会转型期中国监狱功能透视》，载《中国监狱学刊》2009 年第 3 期。

② 中国社会科学院语言研究所词典编辑室编：《现代汉语词典》，商务印书馆 2016 年版，第 454 页。

被忽略，社区矫正监督管理机构打着安全主义的旗号，刻意追求功利主义的价值，社区矫正机构正变为“非监禁刑事执行活动”的刑事执行机关。

（二）社区矫正机构的演变及争议

社区矫正工作从2003年7月开始试点到2020年7月《社区矫正法》的颁布实施，一方面依托司法行政机关作为支撑，从中央到地方依次明确了各自的职责；另一方面同样存在机构设置不统一，权利义务不协调的现象。从社区矫正机构的设置上，社区矫正工作从试点到推行时期主要有如下几种模式。

第一，社区矫正工作领导小组模式。在开展社区矫正试点工作之初，为了协调公检法司等部门的参与，强化各自的职责，省、自治区、直辖市层面相继设立了社区矫正工作领导小组，大多由政法委员会牵头，组长由政法委书记兼任，相关部门的领导作为成员，下设的办公室一般放在司法厅（局）作为具体的执行机构。在地市级和县区级层面，一般沿袭省级模式，其中，乡镇街道的司法所负责社区矫正日常管理工作。这样设置的初衷是有效协调社区矫正工作的开展，解决工作中存在的问题，提高工作效率。

第二，社区矫正中心模式。2009年最高人民法院、最高人民检察院、公安部、司法部《关于在全国试行社区矫正工作的意见》（已失效）发布之后，一些地方在地市级和县区级司法行政机关内部设立了社区矫正中心，司法局的社区矫正科一般和社区矫正中心合署办公，社区矫正科是本辖区社区矫正工作的主管部门，社区矫正中心统筹辖区内的社区矫正业务工作。

第三，“社区矫正管理局－社区矫正中心模式”。2010年12月，司法部为了加强对社区矫正工作的管理，经中央编办批准，在基层司加挂了“社区矫正管理局”的牌子，实行“一套人马，两块牌子”的机构设置方式。随后，一些地方对社区矫正机构设置进行了大胆探索，为了实现社区矫正工作队伍正规化、专业化、职业化，在不增加编制的情况下，对内部机构和人员进行了调整，在司法厅（局）基层处加挂了“社区矫正管理局”的牌子。同时，一些地方的地市级和县区级司法局除了加挂“社区矫正局”牌子外，还内设社区矫正科，成立社区矫正中心，形成了相对独立于司法局的“社区矫正管理局－社区矫正中心模式”。目前这种模式具有普遍性。

2020年7月1日实施的《社区矫正法》确立了新的社区矫正机构形态，其特点有：一是设置社区矫正委员会。地方人民政府根据需要设立社区矫正委员会，其职责是“负责统筹协调和指导本行政区域内的社区矫正工作”。二是对社区矫正机构进行了定性。“县级以上地方人民政府根据需要设置社区矫正机构，负责社区矫正工作的具体实施。”社区矫正机构是社区矫正工作的执行机关，由县级以上地方人民政府根据需要设置。三是司法所的地位发生了变化。由《社区矫正法》实施前的“负责日常管理工作”变为“司法所根据社区矫正机构的委托，承担社区矫正相关工作”。

对于社区矫正机构的管理体制和机制究竟应该怎么建构的问题，理论界也存在较大争议。第一种观点认为，社区矫正领导小组模式具有一定的权威性，能够在政法委的强力推动下，解决社区矫正工作中由于相互推诿、相互扯皮所产生的矛盾和冲突，有利于社区矫正工作的开展，在实际工作中起到了其他部门不可替代的作用，应由社区矫正委员会替代现有的社区矫正监督管理机构。第二种观点认为，社区矫正领导小组模式只是社区矫正工作开展初期的临时举措，作为社区矫正长期的体制机制是不合适的，应有相对独立的体制机制作为支撑，特别是2012 年《刑事诉讼法》修订之后，已经明确了负责社区矫正工作的机构是司法行政部门的社区矫正机构，再以领导小组的形式进行体制机制建设是不合适的。第三种观点认为，目前司法行政机关加挂“社区矫正管理局”牌子，“一套人马，两块牌子”，并形成“社区矫正管理局—社区矫正中心模式”是比较可行的。第四种观点认为，在“社区矫正管理局—社区矫正中心模式”下，司法所不适宜承担社区矫正工作。这是以上海政法学院刘强教授为代表的部分学者的观点，其理由在于：一是从司法所的建设现状来看，根据司法部 2016 年度司法所工作发展报告的数据，按政法专项编制的分配情况划分，无人所加一人所占 42.84%。① 司法所根本没有能力承担社区矫正日常管理工作。二是从长远考虑，司法所长期承担社区矫正管理工作，既不符合党的十八届四中全会提出的关于法治专门队伍正规化、专业化、职业化建设的要求，也不符合党的十九届三中全会关于深化机构改革的要求，无论从提高行政机关工作效率的角度，还是从提高执法机关的严肃性和权威性的角度，社区矫正执法工作都不宜长久放在司法所。三是在目前的司法体制改革中，正在试点乡镇街道办将司法所和其他机构（如综合治理办公室）合并，让司法所承担社区矫正的日常监督管理工作不符合改革的发展方向。因此，建议将社区矫正工作的执行机构建在县（区）的社区矫正中心。

---

① 参见司法部基层工作指导司司法所工作指导处：《2016 年度司法所工作发展报告》，载《人民调解》2017 年第 5 期。

笔者认为，社区矫正机构的设置既要体现它的内在价值，也要符合中国的国情和现实社会的要求，在理念上，还要体现现代刑罚的价值取向。因此，从功利主义角度出发，社区矫正所彰显的是刑罚的报应属性，但是，在整个社区矫正过程中，刑罚惩罚居于预设的地位，成为附条件的“激活者”。从功能主义角度出发，矫正教育和以适度监督管理为标志的危险控制功能成为贯穿社区矫正工作自始至终的核心。基于此，笔者认为，目前正在探索的社区矫正机构设置，应在省级层面的司法厅（局）设立社区矫正管理局；在地市级司法局加挂“社区矫正管理局”牌子或者设置属于司法局二级机构的“社区矫正管理局”；县（区）级的社区矫正机构如何设置，涉及“社区矫正机构”的定义与对其的理解。“社区矫正机构负责社区矫正工作的具体实施，即对社区矫正对象进行监督管理和教育帮扶工作……社区矫正机构可以自行履行监督管理和教育帮扶工作，可以委托司法所承担社区矫正相关工作，也可以组织社会工作者开展社区矫正相关工作，还可以通过购买社会服务或者项目委托社会组织等方式开展教育帮扶工作……”①从这里可以看出，社区矫正机构的定位已不是在《社区矫正法》生效之前在县一级设立的执法大队、社区矫正中心、管理教育服务中心、中途之家等司法行政机关的内设机构，而是一个能够独立行使执法权力直接管理社区罪犯的工作实体。② 在司法所已经不再作为社区矫正执法主体的背景下，县（区）社区矫正机构对辖区内的社区矫正对象可以采用直接管理、片区管理（如社区矫正执法大队下设若干执法中队）和委托司法所管理等多种模式。

三、我国社区矫正相关主体及其职责

我国社区矫正主体主要是指社区矫正参与机构。机构是指“机关、团体等工作单位，也指其内部组织”③。从系统论的观点分析，所谓机构，泛指一个工作系统或各个部分之间相互作用的过程和方式，也指其自身工作系统的组成，各个组成部分之间的关系机能，运作的过程和具体运作方式。

---

① 参见王爱立、姜爱东主编：《中华人民共和国社区矫正法释义》，中国民主法制出版社 2020 年版，第 63 页。

② 参见刘强：《依法加强县级社区矫正机构建设的前瞻性思考——以浙江省天台县为例》，载《中国司法》2021 年第 2 期。

③ 中国社会科学院语言研究所词典编辑室编：《现代汉语词典》（第 7 版），商务印书馆 2016 年版，第 599 页。

（一）我国社区矫正相关主体的定位

我国社区矫正主体，是指社区矫正工作在社区矫正战略思想指导下，适应国际刑罚发展的趋势和社区矫正管理社会化及社会适应的需要，在社区矫正工作中建立的一种由负责刑事执行、监督管理、矫正教育和社会帮扶工作的社区矫正相关主体构成的系统。其建立的目的是使社区矫正相关主体和司法资源合理配置，使各个方面的工作协调运行，以较小的管理成本投入获得较大的管理绩效。社区矫正相关主体是实施社区矫正战略的重要保障。对社区矫正相关主体的理解，应从以下几个方面着手。

1. 社区矫正相关主体是一个系统

对社区矫正对象实施社区矫正监督管理，并不是一般意义上的工作方式方法的转变，而是要以系统论作为指导思想和方法论基础，从系统的观点出发，从客观的总体工作指导思想到工作格局的建立和具体工作操作的微观层面一并考虑，并将其作为一项系统工程来完成。因此，社区矫正相关主体系统的建立，涉及社区矫正相关机构的设立、社区矫正的监督管理、社区矫正管理者的调配、社区矫正的组织与协调、社会各方力量的参与等。从总体上看，其是一个大系统，其下又包括若干个子系统。同时，社区矫正相关主体系统又是社会治安综合治理系统的一个子系统。系统内各个子系统之间必须协调一致并有机结合、良性运作，具有科学性、实用性、可操作性，切实符合社区矫正工作的实际，而不仅是管理工作名称和形式的改变，更重要的是提高社区矫正对象的适应能力，最终实现社会治安的稳定和社区矫正工作的良性循环。

2. 社区矫正相关主体系统是一种新型管理理念的体现

实施社区矫正是司法行政机关在新时代社会条件下，适应社会发展、进步的要求，对原有罪犯管理工作的升华，也是针对过去封闭监禁管理所存在的弊端而寻求的替代管理措施，是管理工作文明化、人性化、人文化、科学化的体现。把解决社会治安问题作为全社会的共同责任，并从战略的高度树立让社会公众共同参与对社区矫正工作的管理，依靠社会力量管理社区矫正工作的理念。在这一战略思想的指导下，在具体管理方法、管理措施、管理手段的运用上，要摒弃那种“独家经营”、高墙电网、与社会隔离、神秘莫测的管理思路，让管理工作走向社会，让社会公众了解社区矫正管理工作、参与社区矫正管理工作，让罪犯走出高墙电网，直面社会现实，和社会公众面对面，提高社区矫正对象的社会适应能力和竞争能力，增强社区矫正对象的免疫力，使其正视社会现实，勇敢地面对社会生活。

3.社区矫正相关主体系统是对司法资源的科学整合

建立社区矫正相关主体系统必须服从社区矫正总体战略，要逐步改变以封闭监禁为主的刑罚模式，立足于社区矫正对象的社会化和社会适应能力，立足于发挥社会力量的积极作用；要以社区矫正管理机构为核心，公安机关、检察机关、审判机关、司法行政机关、监狱管理机关等各部门之间通力合作，社会力量广泛参与，形成一个合力，共同做好社区矫正的管理工作，实现社区矫正对象高质量的社会回归。

（二）我国社区矫正相关主体及其职责

我国的社区矫正管理工作是在试点的基础上开展起来的，因此，社区矫正的管理机构从组建之初就带有明显的“组合”特色。从中央层面来看，2003 年《试点通知》（已失效），就是以最高人民法院、最高人民检察院、公安部、司法部的名义联合下发的，要求所属相关管理部门具体实施。在试点省份，都是由政法委牵头成立社区矫正工作办公室，主要目的就是便于协调各个部门的管理工作。该通知明确规定了公安机关的执法主体和司法行政部门的工作主体地位，同时规定了人民法院、人民检察院、监狱、人力资源与社会保障部门、卫健委等是社区矫正管理工作的协作机构。

在管理机构设置上，社区矫正工作的中央管理机构是司法部，社区矫正工作办公室设在司法部基层工作指导司。在各个试行社区矫正工作的省、自治区、直辖市，政法委牵头成立的社区矫正工作办公室一般设在司法厅（局）的基层工作处，在个别省份是司法厅（局）的独立管理机构。在地市级司法局和县级司法局，社区矫正管理工作分别隶属于基层工作处和基层工作科，有些隶属于安置帮教部门。

这种管理机构的设计虽然在社区矫正由试点到全面推行的整个过程中起到了积极的作用，但不可否认的是，正是社区矫正管理机构设置的不合理性，影响甚至阻碍了社区矫正功能的发挥。为了克服这一弊端，司法部于 2010 年 11 月设立了社区矫正管理局，主管全国的社区矫正工作。

目前，在我国的法律框架下，依照《刑法》《刑事诉讼法》《监狱法》《社区矫正法》等的规定，社区矫正管理机构包括社区矫正的决定机构、直接管理机构、执行机构、监督机构和协作机构。决定对社区矫正对象实施社区矫正的机构包括人民法院、公安机关和监狱管理部门。它们通过判决、决定、裁定的形式，对宣告缓刑的罪犯、判处管制的罪犯、裁定假释的罪犯、决定暂予监外执行的罪犯实行社区矫正，同时在社区矫正中又是管理协作机构；各级司法行政机关是社区矫正的直接管理机构；社区矫正机构是社区矫正的具体执行机构。

1. 社区矫正的直接管理机构

《社区矫正法》第 8 条规定："国务院司法行政部门主管全国的社区矫正工作。县级以上地方人民政府司法行政部门主管本行政区域内的社区矫正工作。人民法院、人民检察院、公安机关和其他有关部门依照各自职责，依法做好社区矫正工作。人民检察院依法对社区矫正工作实行法律监督。地方人民政府根据需要设立社区矫正委员会，负责统筹协调和指导本行政区域内的社区矫正工作。"这就意味着社区矫正管理机构分为直接管理部门、协作管理部门和监督管理部门。直接管理部门是国务院司法行政部门和县级以上地方人民政府司法行政部门；分工负责的协作管理部门是人民法院、人民检察院、公安机关和其他有关部门；监督管理部门是人民检察院。2020 年《实施办法》第 2 条规定："社区矫正工作坚持党的绝对领导，实行党委政府统一领导、司法行政机关组织实施、相关部门密切配合、社会力量广泛参与、检察机关法律监督的领导体制和工作机制。"下面介绍司法行政机关的社区矫正管理机构。

(1) 中央管理机构。修订后的《刑事诉讼法》第 269 条规定："对被判处管制、宣告缓刑、假释或者暂予监外执行的罪犯，依法实行社区矫正，由社区矫正机构负责执行。"从法理上明确了社区矫正机构是社区矫正的管理机构。《社区矫正法》第 8 条规定国务院司法行政部门主管全国的社区矫正工作，正式确立了社区矫正工作的中央管理机构是司法部，其是全国社区矫正工作的最高管理机关。司法部于 2010 年 11 月设立了社区矫正管理局，但和基层工作司是"一套人马，两块牌子"，并未真正成为司法部的内设机构。据 2019 年 1 月司法部网站公示，社区矫正管理局已经成为内设机构。因此，司法部的社区矫正管理局是中央一级的管理机构，"负有对全国范围内开展社区矫正工作的主管职责，包括制定社区矫正工作的方针、政策和规范性文件；拟定社区矫正工作发展规划、管理制度；制定社区矫正对象需要遵守的有关报告、会客、外出、迁居、保外就医等监督管理规定；出台相关政策鼓励、支持社会力量参与社区矫正工作；推进高素质的社区矫正工作队伍建设；支持社区矫正机构提高信息化水平；监督检查社区矫正法律法规和政策的执行情况；指导各地方司法行政部门依法开展社区矫正工作等”。[①] 2020 年《实施办法》第 2 条规定了“司法行政机关组织实施”社区矫正工作，确立了司法行政机关在社区矫正管理工作中的主体地位。

(2)省级社区矫正管理机构。这一部门直接设在各省、自治区、直辖市的司法厅(局)内，是省级司法厅(局)的内设机构，称作社区矫正管理局，作为省级社区矫正管理机构的职能部门，统管全省、自治区、直辖市的社区矫正工作。其“负有指导管理本行政区域内的社区矫正工作，包括拟定本行政区域内的社区矫正工作发展规划、管理制度；推进本行政区域内社区矫正机构建设；加强对社区矫正机构和司法所工作人员的管理、监督、培训和职业保障；推动社会力量参与本行政区域内社区矫正工作；支持本行政区域内社区矫正机构运用现代信息技术开展监督管理和教育帮扶；监督检查本行政区域内社区矫正法律法规和政策的执行情况；指导本区域内下级司法行政部门社区矫正工作等”[②]的义务。

省级社区矫正管理机构主要负责指导监督全省、自治区、直辖市社区矫正的刑事执行工作，组织开展对社区矫正对象监督、教育和社会适应性帮扶的管理工作，指导社会力量和志愿者参与社区矫正的管理工作等。

(3)地、市级的社区矫正管理部门。该部门设在地、市司法局(处)内，通常称作“某市社区矫正管理局”，具体起承上启下的中介作用，是基层的社区矫正管理机构。同时，对辖区内各区县的社区矫正工作进行管理和指导。2020 年《实施办法》第 4 条规定：“司法行政机关依法履行以下职责：(一)主管本行政区域内社区矫正工作；(二)对本行政区域内设置和撤销社区矫正机构提出意见；(三)拟定社区矫正工作发展规划和管理制度，监督检查社区矫正法律法规和政策的执行情况；(四)推动社会力量参与社区矫正工作；(五)指导支持社区矫正机构提高信息化水平；(六)对在社区矫正工作中作出突出贡献的组织、个人，按照国家有关规定给予表彰、奖励；(七)协调推进高素质社区矫正工作队伍建设；(八)其他依法应当履行的职责。”该条明确规定了社区矫正管理机构的职责。

这样，从中央到地方，社区矫正管理机构就形成了一个网络体系，构成了一个有机整体。

---

① 参见王爱立、姜爱东主编：《中华人民共和国社区矫正法释义》，中国民主法制出版社 2020 年版，第 52 页。

② 参见王爱立、姜爱东主编：《中华人民共和国社区矫正法释义》，中国民主法制出版社 2020 年版，第 53 页。

2. 社区矫正监督管理工作的执行机构

社区矫正监督管理工作的具体执行机构，以县级司法局为依托，根据各地的实际情况而设立。《社区矫正法》第 8 条规定，县级以上人民地方政府司法行政部门主管本行政区域内的社区矫正工作。第 9 条规定，县级以上地方人民政府根据需要设置社区矫正机构，负责社区矫正工作的具体实施。因此，县级司法行政机关的社区矫正机构是社区矫正监督管理工作的执行机构。2020 年《实施办法》第 9 条规定："社区矫正机构是县级以上地方人民政府根据需要设置的，负责社区矫正工作具体实施的执行机关。社区矫正机构依法履行以下职责：(一)接受委托进行调查评估，提出评估意见；(二)接收社区矫正对象，核对法律文书、核实身份、办理接收登记，建立档案；(三)组织入矫和解矫宣告，办理入矫和解矫手续；(四)建立矫正小组、组织矫正小组开展工作，制定和落实矫正方案；(五)对社区矫正对象进行监督管理，实施考核奖惩；审批会客、外出、变更执行地等事项；了解掌握社区矫正对象的活动情况和行为表现；组织查找失去联系的社区矫正对象，查找后依情形作出处理；(六)提出治安管理处罚建议，提出减刑、撤销缓刑、撤销假释、收监执行等变更刑事执行建议，依法提请逮捕；(七)对社区矫正对象进行教育帮扶，开展法治道德等教育，协调有关方面开展职业技能培训、就业指导，组织公益活动等事项；(八)向有关机关通报社区矫正对象情况，送达法律文书；(九)对社区矫正工作人员开展管理、监督、培训，落实职业保障；(十)其他依法应当履行的职责。设置和撤销社区矫正机构，由县级以上地方人民政府司法行政部门提出意见，按照规定的权限和程序审批。社区矫正日常工作由县级社区矫正机构具体承担；未设置县级社区矫正机构的，由上一级社区矫正机构具体承担。省、市两级社区矫正机构主要负责监督指导、跨区域执法的组织协调以及与同级社区矫正决定机关对接的案件办理工作。"这一规定说明，县级司法行政机关的社区矫正机构是社区矫正监督管理工作的执行机构。而乡镇街道办事处的司法所，只是根据《社区矫正法》第 9 条和 2020 年《实施办法》第 10 条的规定，根据社区矫正管理机构的委托，承担社区矫正管理工作。

总之，社区矫正监督管理工作的执行机构是司法行政机关的基层机构，其植根于社区，直接面对社区公众，直接开展对社区矫正对象的监督管理、矫正教育管理、社会帮扶管理等工作，是社区矫正管理机构的"终端"组织。

3. 社区矫正监督管理工作的监督机构

社区矫正的监督是指法律授权的机关、公民、社会组织及社区矫正机构内部对社区矫正机关依法履行职责及行使职权的活动和遵守纪律的情况实施监督的相互作用过程和方式。对社区矫正监督管理工作实施监督是实现社区矫正监督管理职能的重要条件,是保障社区矫正工作者依法履行职责、行使职权的重要手段,也是维护社区矫正对象合法权益的重要保障。对于加强社区矫正监督管理工作的执法监督,强化对权力的制约,更好地实施社区矫正战略,都具有十分重要的意义。

对社区矫正监督管理工作的监督有四种:一是检察监督,是指人民检察院通过行使检察权依法对社区矫正监督管理工作及社区矫正工作者遵守和执行法律的情况进行的监督。二是国家权力机关的监督,是指各级人民代表大会及其常务委员会对社区矫正监督管理工作的监督。人民代表大会是我国的立法机关和国家权力机关,它们对社区矫正工作的监督,以宪法和法律为依据,代表人民的意志,能得到广大人民群众和社会舆论的广泛支持,并具有撤销法规、规章等规范性文件和人事罢免的权力,具有极大的权威性。三是监察监督,是依据《监察法》第11 条的规定,对从事社区矫正工作的公职人员进行的监督。四是社会监督,是指来自国家机关以外的社会组织和公民个人对社区矫正监督管理工作的执法活动所进行的监督。社会监督是一种非国家性质的监督,监督的方式主要是对社区矫正工作中采取的监督管理措施提出批评建议,对监督管理活动中的违法违纪行为进行控告检举等,不直接产生法律后果,不具有法律上的强制性。但是,这种监督是国家机关监督的重要补充,是社区矫正监督机制中十分重要的监督形式。

4. 社区矫正监督管理的协作机构

按照《社区矫正法》第 8 条第 3 款的规定,地方人民政府可以设立社区矫正委员会,社区矫正委员会负责统筹协调和指导本行政区域内的社区矫正工作,同时,协调解决社区矫正工作中的问题。社区矫正委员会是政府设立的有关社区矫正的统筹协调机构。

《社区矫正法》第 8 条第 2 款规定:“人民法院、人民检察院、公安机关和其他有关部门依照各自职责,依法做好社区矫正工作。人民检察院依法对社区矫正工作实行法律监督。”同时,依照《刑法》《刑事诉讼法》《监狱法》等法律法规规定了在社区矫正过程中,人民法院、人民检察院、公安机关、监狱管理机关和其他有关部门对于社区矫正对象的调查评估、居住地认定、法律文书的送达、治安管理处罚、逮捕、禁止令的执行、收监执行、脱逃的追捕,以及其他相关事项的相互配合和衔接。这样,公安机关、人民法院、监狱管理机关既是社区矫正的决定机关,又是社区矫正的协作管理机构和刑罚执行机构。

(1)公安机关的协作监督管理。公安机关是社区矫正工作的管理主体之一,不仅是社区矫正的决定机关,而且是社区矫正的刑罚执行机关,还是社区矫正的行政处罚机关。因此,公安机关在社区矫正管理工作中,行使社区矫正决定权、调查评估委托权、行刑权、收监权、行政管理处罚权等。2020 年《实施办法》第7 条规定,公安机关依法履行以下职责:第一,对看守所留所服刑罪犯拟暂予监外执行的,可以委托开展调查评估;第二,对看守所留所服刑罪犯拟暂予监外执行的,核实并确定社区矫正执行地;对符合暂予监外执行条件的,批准暂予监外执行;对符合收监执行条件的,作出收监执行的决定;第三,对看守所留所服刑罪犯批准暂予监外执行的,进行教育,及时通知并送达法律文书;依法将社区矫正对象交付执行;第四,对社区矫正对象予以治安管理处罚;到场处置经社区矫正机构制止无效,正在实施违反监督管理规定或者违反人民法院禁止令等违法行为的社区矫正对象;协助社区矫正机构处置突发事件;第五,协助社区矫正机构查找失去联系的社区矫正对象;执行人民法院作出的逮捕决定;被裁定撤销缓刑、撤销假释和被决定收监执行的社区矫正对象逃跑的,予以追捕;第六,对裁定撤销缓刑、撤销假释,或者对人民法院、公安机关决定暂予监外执行收监的社区矫正对象,送交看守所或者监狱执行;第七,执行限制社区矫正对象出境的措施;第八,其他依法应当履行的职责。

(2)人民法院的协作监督管理。人民法院是社区矫正管理工作的又一重要参与主体,在社区矫正管理工作中具有社区矫正决定权、调查评估委托权、撤销缓刑权、假释收监执行权、减刑权、逮捕权等。2020 年《实施办法》第 5 条规定,人民法院依法履行以下职责:第一,拟判处管制、宣告缓刑、决定暂予监外执行的,可以委托社区矫正机构或者有关社会组织对被告人或者罪犯的社会危险性和对所居住社区的影响,进行调查评估,提出意见,供决定社区矫正时参考;第二,对执行机关报请假释的,审查执行机关移送的罪犯假释后对所居住社区影响的调查评估意见;第三,核实并确定社区矫正执行地;第四,对被告人或者罪犯依法判处管制、宣告缓刑、裁定假释、决定暂予监外执行;第五,对社区矫正对象进行教育,及时通知并送达法律文书;第六,对符合撤销缓刑、撤销假释或者暂予监外执行收监执行条件的社区矫正对象,作出判决、裁定和决定;第七,对社区矫正机构提请逮捕的,及时作出是否逮捕的决定;第八,根据社区矫正机构提出的减刑建议作出裁定;第九,其他依法应当履行的职责。

(3)监狱管理机关的协作监督管理。2020年《实施办法》第8条规定:“监狱管理机关以及监狱依法履行以下职责:(一)对监狱关押罪犯拟提请假释的,应当委托进行调查评估;对监狱关押罪犯拟暂予监外执行的,可以委托进行调查评估;(二)对监狱关押罪犯拟暂予监外执行的,依法核实并确定社区矫正执行地;对符合暂予监外执行条件的,监狱管理机关作出暂予监外执行决定;(三)对监狱关押罪犯批准暂予监外执行的,进行教育,及时通知并送达法律文书;依法将社区矫正对象交付执行;(四)监狱管理机关对暂予监外执行罪犯决定收监执行的,原服刑或者接收其档案的监狱应当立即将罪犯收监执行;(五)其他依法应当履行的职责。”

四、我国社区矫正监督管理队伍建设

社区矫正监督管理队伍建设,不仅直接关系到社区矫正质量的高低,而且决定着社区矫正的成败。《社区矫正法》第16条规定:“国家推进高素质的社区矫正工作队伍建设。社区矫正机构应当加强对社区矫正工作人员的管理、监督、培训和职业保障,不断提高社区矫正工作的规范化、专业化水平。”因此,只有建设一支高质量的社区矫正监督管理队伍,才能实现社区矫正的价值追求。

(一)关于社区矫正监督管理人员的名称问题

自2003年7月社区矫正工作试点以来,对社区矫正监督管理人员出现了多种称呼,比较混乱。根据司法部2004年颁布实施的《司法行政机关社区矫正工作暂行办法》(已失效)第12条的规定,社区矫正工作者是社区矫正监督管理人员规范的名称,它是由司法所工作人员、有关社会团体成员和社会志愿者组成的。该规定把直接从事社区矫正监督管理工作的基层监督管理人员界定为社区矫正监督管理者,但是存在的问题也十分突出。第一,在司法行政机关层面,它仅规定了司法所工作人员属于社区矫正监督管理人员,把司法厅(局)、各地市(县)司法局从事社区矫正监督管理工作的人员排除在了社区矫正监督管理者之外,这显然是不合适的。第二,在社区矫正的政府机关和司法机关层面,公安机关、检察院、法院、监狱机关,人力资源和社会保障、民政、财政等部门参与社区矫正监督管理工作的人员被排除在了社区矫正监督管理者之外,这显然是不合适的,因为公安机关、法院和监狱管理机关既是社区矫正的决定机关,也是社区矫正监督管理工作中的刑罚执行机关;检察机关是社区矫正监督管理工作的监督机关;人力资源和社会保障、民政、财政等部门则是社区矫正监督管理工作在人、财、物等供给方面的协作机关,应该属于广义的社区矫正监督管理者。第三,将参与到社区矫正工作中的"有关社会团体和社会志愿者"规定为社区矫正监督管理者,其目的是突出社区矫正监督管理人员的广泛参与性。共青团、民政、妇联、村民委员会、居民委员会等部门都直接或间接地参与了社区矫正工作,有些部门还指派了专门人员来协助这项工作,但他们只是协助管理和从事矫正教育和社会帮扶工作的人员,不属于具有监督管理职能的人员。因此,将社会团体和社会志愿者纳入其中,显然是不合适的。综上所述,司法部这一规定(已失效)是有缺陷的,不利于在实践中对社区矫正监督管理者的界定。

《社区矫正法》第 10 ~ 13 条把参与社区矫正监督管理工作的人员分为两大类:一类是具有监督管理职能的专门国家工作人员,即社区矫正机构工作人员;另一类是协助工作的社会力量,包括社会工作者、居民委员会、村民委员会、企业事业单位、社会组织、志愿者、社区矫正对象的监护人、社区矫正对象家庭成员、社区矫正对象所在单位或者就读学校等。

(二)社区矫正监督管理人员的基本构成

要明确社区矫正监督管理人员的构成,首先,应确定社区矫正监督管理人员的标准,然后依据标准确定人员范围。其次,以在社区矫正监督管理工作中的法定地位、作用、身份特征、权利义务、职责范围等区分不同的类别。因此,社区矫正监督管理人员有广义和狭义之分,广义的社区矫正监督管理人员是指所有参加社区矫正监督管理工作的人员;而狭义的社区矫正监督管理人员是指依照法律法规的规定,在社区矫正监督管理机构工作的具有法定身份的公职人员,以及受社区矫正机构委托从事社区矫正监督管理工作的人员。只有这样的区分和界定,才能对社区矫正监督管理人员进行有层次的划分。

1. 从事社区矫正监督管理工作的公职人员

这一类人员实质上就是狭义的社区矫正监督管理人员,这类人员的身份具有法定性,其在按照法律法规和政策的规定享有权利的同时,必须履行法定义务,包括我国社区矫正中的"执法主体"和"工作主体"。根据《社区矫正法》、2020 年《实施办法》的规定,从事社区矫正监督管理工作的公职人员是指在社区矫正监督管理工作中的直接领导者、刑事执行者、监督管理者和协助监督管理者。应包括下列人员:(1)省级、市级、县级司法行政机关所设立的社区矫正机构中从事领导、管理工作的公职人员。(2)受委托从事社区矫正工作的司法所公职人员。(3)参与社区矫正工作的公安人民警察。(4)抽调参与社区矫正工作的监狱人民警察。(5)参与社区矫正工作的法院工作人员。(6)参与社区矫正工作的检察院的监督检察人员。(7)参与社区矫正工作的监狱人民警察。

《社区矫正法》第10条规定:"社区矫正机构应当配备具有法律等专业知识的专门国家工作人员(以下称社区矫正机构工作人员),履行监督管理、教育帮扶等执法职责。"这是关于司法行政机关从事社区矫正监督管理工作的公职人员的法律规定。

2. 社区矫正监督管理工作的协助参与人员

社区矫正监督管理工作的协助参与人员,是指参与社区矫正监督管理工作的非公职人员。一是依照法律规定通过政府购买服务或者购买服务项目直接参与社区矫正监督管理工作的人员;二是基层自治组织直接参与社区矫正监督管理工作的人员;三是热心于公益事业的社会人士和社会团体中参与社区矫正监督管理工作的人员。他们主要从事的工作是协助社区矫正监督管理人员对社区矫正对象进行监督管理、矫正教育、危机干预、社会救助和恢复秩序等活动。《社区矫正法》第11条规定:"社区矫正机构根据需要,组织具有法律、教育、心理、社会工作等专业知识或者实践经验的社会工作者开展社区矫正相关工作。"第12条规定:"居民委员会、村民委员会依法协助社区矫正机构做好社区矫正工作。社区矫正对象的监护人、家庭成员,所在单位或者就读学校应当协助社区矫正机构做好社区矫正工作。"第13条规定:"国家鼓励、支持企业事业单位、社会组织、志愿者等社会力量依法参与社区矫正工作。"据此,社区矫正监督管理工作的协助参与人员包括以下几类。

第一,社区矫正监督管理工作中的社会工作者。社区矫正监督管理工作中的社会工作者是指经政府公开招聘,或者通过政府购买服务或者购买服务项目专门协助社区矫正监督管理人员对社区矫正对象进行监督管理、教育疏导、生活救助等日常事务性工作的专职人员。他们主要在司法局社区矫正中心工作,接受司法局的安排、指导和考核。

第二,社会志愿者。社区矫正社会志愿者是指热心社区矫正工作,有一定的法律政策水平和专业知识,并经司法行政部门和志愿者组织登记,自愿无偿协助开展社区矫正工作的人员。这些人员主要包括专家学者、知名人士、退休干部和教师、村(居)委会成员、高等院校学生等。

第三,社区基层自治组织中协助参与监督管理的人员。主要是指《社区矫正法》第12条规定的居民委员会、村民委员会中,协助社区矫正机构做好社区矫正工作的所有人员。基层自治组织参与社区矫正监督管理工作,可以凝聚社区民众的向心力,增强对社区的关怀度,提高自身的号召力。

第四,企业事业单位、社会组织中协助监督管理的人员。依据《社区矫正法》第13条的规定,主要是指支持企业事业单位、社会组织中的依法参与社区矫正工作的人员。社区发展需要培育成熟的社会中介组织、企业事业单位、社会组织、社会团体等,社区的公益事业不仅要利用政府资源,还要利用社区资源。社区矫正将社区矫正对象置于社区进行监督管理和矫正教育,如果不充分发动社区力量参与监督管理和教育改造,不仅社区矫正的质量无法得到保证,而且社区矫正对象的人身危险性也无法得到有效控制,当然也就无法实现社区矫正的目标。

尽管社会团体参与社区矫正监督管理工作的可能性比较小,但是,社区内的"其他单位"却能够填补社会团体缺位留下的空白。由于社区矫正监督管理工作的内容具有复杂性,手段具有多样性。因此,社区矫正监督管理工作需要多方面的参与。社区内的医疗机构,可以参与社区矫正对象疾病医疗服务、心理矫治等;社区内的教育机构,可以参与社区矫正对象的文化知识学习、职业道德教育等;社区内的企业,可以为社区矫正对象提供职业技能培训、学习机会,甚至提供就业岗位。因此,不能单纯地将社区矫正监督管理工作看成惩罚和监督管理,更重要的是对社区矫正对象的矫正教育和社会帮扶,帮助他们达到与社区共存的和谐状态。从这种角度来理解,我们的视野就会非常开阔,就会发现社区内可供开发用以参与社区矫正的资源非常丰富。

第五,社区矫正对象的监护人或者家属等人员。依据《社区矫正法》第12条的规定,这类人员主要包括社区矫正对象的监护人、家庭成员,社区矫正对象所在单位或者就读学校参与社区矫正工作的人员。从法律意义上来看,这些人员协助社区矫正机构做好社区矫正监督管理工作是其法定义务。

在这里,社区矫正对象的监护人或者家属在社区矫正对象的监督管理和矫正教育中,具有特殊的地位和作用,社区矫正监督管理工作应当充分重视社区矫正对象的监护人或者家属。首先,社区矫正机构要组织社区矫正的其他辅助力量对社区矫正对象的家庭关系进行危机干预,避免社区矫正对象的监护人或者家属对社区矫正对象产生蔑视、排斥等不良情绪。其次,要对社区矫正对象的家庭互动模式进行适当干预,防止社区矫正对象受到不良家庭互动模式的干扰和影响。最后,要努力争取将社区矫正对象的监护人或者家属发展成为社区矫正辅助管理的重要力量。如果社区矫正监督管理工作能够取得社区矫正对象监护人或者家属的支持,社区矫正工作成功的可能性将大大增加。

(三)社区矫正监督管理者的职责

从事社区矫正监督管理工作的人员主要是指责、权、利一体的公职人员,按照《社区矫正法》和2020年《实施办法》的职责分工,负责职责内的社区矫正监督管理事务。在前边的内容中对公安机关、检察院、法院、监狱管理机关等的职责已有详细介绍,在此,主要介绍社区矫正机构监督管理公职人员的职责:(1)接受委托进行调查评估,提出评估意见;(2)接收社区矫正对象,办理登记;(3)组织入矫和解矫宣告,办理入矫和解矫手续;(4)对社区矫正对象进行监督管理;(5)审批考核奖惩有关事项;(6)提出刑罚执行变更等建议;(7)组织实施对社区矫正对象的教育帮扶;(8)法律、法规规定的其他职责。

总之,他们不仅要负责协助执行刑罚,组织、协调参与对社区矫正对象的调查评估、登记接受、监督管理、矫正教育、考核奖惩等事务,还要组织政府资源和社区资源开展社区矫正管理工作;不仅要负责宏观的、微观的社区矫正管理事务,还要充分重视对社区志愿者组织及个人的培育以及这些志愿者组织的活动的协调。

五、警务化抑或社区矫正官路径的讨论

对社区矫正工作性质的界定直接涉及在社区矫正工作中如何动用警力的问题。理论界的一部分人和大部分实务部门的同志认为,社区矫正涉及执法程序和执法的实体内容,目前只是把社区矫正机构作为工作主体,协助有行刑权的机关执行刑罚,不仅大大降低了刑罚执行的威慑力,而且在实际工作中难以有效控制社区矫正工作所存在的现实危险,致使社区矫正工作效率低下,不能有效控制和处理即时发生的社区矫正突发事件,极易对社会造成危害。因此,社区矫正立法应明确规定社区矫正机构的直接用警权。最为普遍的观点认为社区矫正对象是罪犯,对罪犯的管理就必须由警察进行,否则,就无法实现对社区矫正对象的惩罚,就难以控制社区矫正对象的再次犯罪。因此,关于社区矫正机构的直接用警权问题,一直是争议的焦点。

(一)关于社区矫正机构直接用警权的探索

实务工作中,为了提高工作效率和控制社区矫正工作中即时发生的危险,司法行政机关在法律没有明确规定的情况下,对社区矫正机构的直接用警权进行了探索,形成了几种具有代表性的执法队伍模式:一是"借调用警制"模式。在社区矫正试点阶段,上海和北京的司法行政机关为了解决社区矫正机构的直接用警权问题,抽调了一部分监狱人民警察和戒毒人民警察①行使对社区矫正对象的行刑权。之后部分省、自治区、直辖市的司法行政机关纷纷效仿。二是"队建制"执法模式。该模式以浙江省台州市为代表,台州市在社区矫正执法中首次实行了"队建制"执法模式,在台州市司法局组建了社区矫正执法支队,在下辖的各个县区设立了执法大队。为了规范社区矫正执法办案,保障刑罚正确实施,台州市制定了《台州市社区矫正执法办案证据指导标准(试行)》等地方性文件,形成了社区矫正的"队建制"执法机构和执法体系。这在实务工作中不仅是一种执法模式的创新,而且在执法效率的提升上产生了良好的效果。三是"延伸用警"模式。自2018年以来,司法行政机关提出了"延伸用警"的概念,在省、自治区、直辖市司法行政机关的协调下,由监狱和戒毒所抽调一部分监狱人民警察和戒毒人民警察,派驻在县级社区矫正机构,试图以这种方式解决社区矫正机构的行刑权问题。但是,从试点阶段开始,不管是以北京、上海为代表的"借调用警"模式,还是浙江省台州市的"队建制"执法模式,以及后来的"延伸用警"模式,从形式上看,似乎都合乎法律规定,但是,就本质而言,这些举措由于没有法律依据和法律授权,得不到法律的认可。由于缺乏法律依据,这些被抽调的警察仍然没有在社区矫正工作中的直接行刑权,其在履职过程中,不能直接剥夺或者限制社区矫正对象的人身自由,仍然只是"协助执行"的角色,实体的刑罚执行仍然是依靠具有行刑权的机关来完成的。

要实现执法主体和工作主体二者合为一体,并且由司法行政机关的社区矫正机构统一行使用警权,存在的问题很多,难度比较大。第一,需要《人民警察法》设立社区矫正执法警察这一新的警种名称,难以达成社会共识。第二,涉及关联法律的修订,包括《人民警察法》《监狱法》《刑事诉讼法》《刑法》等,依照目前的法律

---

① 在2003年至2013年戒毒人民警察称为劳教人民警察,之后随着劳动教养制度的取消,相关职责才由改制后的戒毒人民警察承担。

修订程序,在短期内是难以完成的。第三,借调关系不利于提高工作效率。在“借调用警”“延伸用警”模式中,多数地方采取两年轮换制,借调民警面临角色转换和适应,原单位的管理方法、理念、模式不能简单地照搬到社区矫正中,他们刚熟悉工作又要返回原单位,不利于保持对罪犯管理的持续性和稳定性。被借调民警个人的晋升、发展和待遇方面会受到一定的影响,工作内容与原单位不一致,也会影响他们对工作的热情和投入。

(二)《社区矫正法》对于用警权的确认

《社区矫正法》没有确立社区矫正机构直接用警机制,而是沿用了协作用警机制,即社区矫正对象违反法律规定,需要行使刑罚执行权力时,由具有行刑权的人民法院、公安机关和监狱管理机关依据社区矫正对象的类别分别行使。所折射出来的内在立法精神说明,《社区矫正法》是规范所有社区矫正参与者的法,是参与主体分工协作、共同承担社会责任的“社会法”。至于社区矫正实务部门提出的在实际工作中“用警难”“协调难”“收监难”的问题,在《社区矫正法》中都进行了硬性规定,明确了各个部门的权利、义务和职责,规范了相关执法主体的主动性和配合意识。前面所介绍的北京、上海等地司法行政机关的“借调用警制”,浙江省台州市的“队建制”,以及后来的“延伸用警”模式,都只能是社区矫正工作从试点到推行时期的临时措施,不管在社区矫正实务工作中具有多么充分的必要性和合理性,在没有法律作为支撑的情况下,无论如何都不具有延续使用合法性。

(三)在社区矫正队伍建设上的“警务化”误区

在《社区矫正法》明文规定之下,一些实务部门的人仍然认为,《社区矫正法》规定了对社区矫正对象的“监督管理”,管理方式和性质与监狱的“监管”是相同的,应借鉴监狱的管理形式,强化对社区矫正对象的“监管”。一些地方以用警不畅、“执法需要”为借口,自行组建所谓的社区矫正执法队伍,主要表现有:一是把社区矫正队伍称为“执法队伍”,把社区矫正工作者称为“执法人员”;二是统一制作所谓的“执法证件”,穿戴统一的“执法服装”;三是在工作过程中,统一使用警车或类似于警车的公务车辆,装备类似于警用器具的设备;四是对社区矫正队伍统一使用“队建制”,在地市一级成立社区矫正执法支队,在县区一级成立执法大队,执法大队下设若干执法中队。认为只有这样才能彰显社区矫正的执法性和对社区矫正对象的震慑性。

近年来,全国许多地方的监狱(戒毒)人民警察以互帮共建的形式参与到司法行政机关的社区矫正工作中,学界称其为“延伸用警”。如据媒体报道,2018 年 1 月 16 日司法部召开党组会议,提出社区矫正工作改革要在积极推动立法的同时采取监狱、戒毒人民警察延伸的方法,保证日常用警。[①] 但是,这只是社区矫正中的暂行办法。社区矫正不仅仅是刑罚执行,还包含矫正、教育帮扶等工作,这类工作不需要警察的介入而是需要社会力量的参与特别是专业人士的介入;此外,监狱和戒毒所的工作任务也很繁重,抽调警力从事社区矫正工作无形当中增加了监狱警察和戒毒警察的工作负担。

笔者认为,随着《社区矫正法》的施行,以互帮共建名义参与到社区矫正工作中的监狱(戒毒)人民警察必须绷紧身份意识。即便监狱(戒毒)警察为了工作需要而穿上警服,但不能再用监狱(戒毒)警察的身份对社区矫正对象进行执法管理。因为《社区矫正法》明确规定了社区矫正工作中的执法用警必须由公安机关提供,包括押解、投送、抓捕等事项。而且,监狱(戒毒)警察执法的场域,是在监狱(戒毒所),而非社区。这部分监狱(戒毒)警察必须明白,他们仅仅是“协助”开展社区矫正工作,不能以监狱(戒毒)警察身份从事相关执法活动。

(四)社区矫正官制度的实践探索

根据联合国大会 1990 年 12 月 14 日通过的《东京规则》的要求,社区矫正工作者队伍的核心或者主力应该由专职公务员构成。根据该规则第 17.1 条的规定,应该鼓励公众参与,但他们只是负责实施非拘禁措施的“补充”力量。第 19.1 条又规定,志愿人员应该接受主管当局的支持和辅导,从事“援助”工作。根据该规则,从事社区矫正工作的专职公务员应该具有相应的专业知识背景,其任职的专业资格包括学历和工作经验,这些应当通过立法或法规加以明确规定。为此,《社区矫正法》第 10 条规定,社区矫正机构应当配备具有法律等专业知识的专门国家工作人员,履行监督管理、教育帮扶等执法职责。

1. 社区矫正官制度的实施情况

2021 年 4 月 19 日,河南省司法厅为了进一步推动社区矫正工作队伍革命化、

---

① 参见《司法部召开党组会议:提出社区矫正工作改革要在积极推动立法的同时　采取监狱、戒毒人民警察延伸监管等方法　保证日常用警》,载搜狐网 2018 年 1 月 18 日,https://www.sohu.com/a/217360645_660595。

正规化和专业化建设,探索社区矫正队伍职业化发展道路,下发了《关于开展社区矫正官试点工作的通知》,决定河南省的濮阳市、驻马店市、南阳市为社区矫正官试点地区,南阳市的卧龙区司法局、方城县司法局为试点单位。南阳市司法局和卧龙区司法局、方城县司法局很快付诸行动,组织相关人员进行实地考察调研,两区县制定出了切合实际的《方城县社区矫正官试点工作实施方案》和《卧龙区社区矫正官试点工作实施方案》。南阳市司法局为此专门成立了社区矫正官试点工作领导小组,对卧龙区司法局和方城县司法局的试点工作进行指导。

两区县的实施方案以习近平新时代中国特色社会主义思想为指导,坚持依法推进和规范社区矫正官试点工作的创新实践。把探索社区矫正工作"团队建设",建立分类科学、结构合理、权责明晰、管理顺畅的社区矫正工作队伍管理机制为工作目标,充分发挥社区矫正官的核心主导作用,努力打造一支革命化、正规化和专业化的社区矫正工作队伍,全面提升社区矫正监督管理水平和教育帮扶质量。

卧龙区司法局和方城县司法局依照实施方案的要求,于 2021 年 5 月正式启动社区矫正官选拔工作,结合实际规定了社区矫正官的身份、职责,明确了社区矫正官的工作机制和工作方法。担任社区矫正官的具体条件主要有:一是在政治上立场坚定,忠诚党的社区矫正事业,坚持四项基本原则。二是严格遵守宪法和法律,忠于职守,严守纪律,清正廉洁。三是应为司法行政机关政法专编人员。四是具备一定的法律知识,掌握社区矫正的基本内容和要求,把握社区矫正教育的特点和基本规律,能够熟练应用社会工作的一般方法。五是从事社区矫正工作满两年。

截至 2021 年年底,4 个试点单位先后选拔了社区矫正官 23 名、社区矫正官助理 23 名、社区矫正员 35 名,分别由所在区县的社区矫正委员会和司法局予以任命,并颁发任命书。在制度建设层面,卧龙区司法局和方城县司法局除了制定《社区矫正官试点工作实施方案》之外,还先后制定了《社区矫正官工作委员会议事规则》《社区矫正官工作委员会工作职责》《社区矫正官工作职责》等规定。

2. 社区矫正官制度的基本特色

社区矫正官制度作为社区矫正工作队伍建设中的一种制度形态,只是在《社区矫正法》规制之下的一种制度创新,也是规范对社区矫正对象的监督管理的路径探索。虽然南阳市社区矫正官试点工作开展的时间不长,但是逐步探索出了"四个一"的社区矫正官队伍建设新模式。"四个一"即成立一个专门的领导班子,制订一个可行的试点方案,选聘一批专业的社区矫正工作人员,建立一套完整的工作机制,自此,已经展现出这一制度的独有特质和基本特色。

(1)社区矫正官制度突出“团队建设”

在社区矫正官试点工作的设计初衷上,河南省司法厅《关于开展社区矫正官试点工作的通知》明确指出,其工作目标是“通过社区矫正官试点,探索矫正官的设立架构、任职条件、岗位职责、职级职务等,逐步建立分类科学、结构合理、权责明晰、晋升顺畅的社区矫正队伍管理机制”,“探索我省社区矫正工作队伍职业化发展道路,努力形成社区矫正队伍建设的河南模式”。很明显,社区矫正官制度是社区矫正工作的队伍建构模式。从南阳市社区矫正官试点工作的实际看,也主要是围绕社区矫正官的“团队建设”做文章,主要表现在:第一,卧龙区司法局和方城县司法局设立了社区矫正官工作委员会。社区矫正官工作委员会由社区矫正官组成,作为社区矫正工作的议事决策机构,采取集体议事制,对社区矫正工作的重大事项、关键环节等,集体研究决定,由社区矫正官负责重大事项的贯彻落实。第二,建立社区矫正官团队机制。社区矫正工作由一个以社区矫正官为核心的团队完成,一般情况下,一个团队设社区矫正官 1 名、社区矫正官助理 1 名、社区矫正员 3 ~5 名。社区矫正官对本团队的社区矫正工作负总责,负责人员分工、任务分配,对社区矫正官工作委员会负责,并接受社区矫正官工作委员会的监督;社区矫正官助理一般由司法局新入职的国家工作人员担任,负责协助社区矫正官开展工作,其在满足社区矫正官条件时可以晋升为社区矫正官;社区矫正员由专职社会工作者担任,负责教育帮扶等辅助性工作。这样能够有效配置优质资源,使团队形成合力,发挥出团队合作的最大优势。

(2)社区矫正官制度突出“沟通协商”

社区矫正官试点工作的主要目的之一,就是理顺社区矫正工作的体制机制,因此,社区矫正官要以社区矫正机构为依托,处理好与相关部门的沟通协作关系。在这一问题上,卧龙区司法局和方城县司法局的社区矫正官表现出和相关部门“沟通协商”的特色。一是社区矫正官与区县司法局、社区矫正局的上下级沟通协商。区县司法局是社区矫正工作的主管机关,社区矫正官要在区县司法局的领导下工作,同时,接受区县司法局的监督管理;区县社区矫正局是区县司法局的二级机构,是社区矫正官的直接管理者,社区矫正官要及时向区县社区矫正局汇报工作,取得区县社区矫正局的支持,获得社区矫正工作所需的基本保障。社区矫正官通过与区县司法局、区县社区矫正局的沟通协商,获得了大力支持,为做好社区矫正工作奠定了基础。二是社区矫正官与社区矫正中心的同级沟通协商。社区矫正中心与社区矫正官同属区县社区矫正局管理,二者的业务有重叠的部分,也有很多不同的内容。因此,双方密切合作,无缝对接,使工作实效达到了最优。三是社区矫正官与司法所的协作。卧龙区司法局和方城县司法局的社区矫正工作实行队建制以后,虽然司法所不再具有从事社区矫正工作的职能,但是,司法所扎根于乡镇社区,直接接触基层群众,很多具体的工作需要司法所的配合。所以,社区矫正官以司法所为根基,在调查评估、监督管理、教育帮扶、危机事件处理等方面,与司法所及时沟通协商,及时掌握相关的信息,克服了信息障碍。四是社区矫正官与社会专业组织的沟通协商。在社区矫正官制度体系中,区县司法局与社会专业组织的合作,主要通过购买社工服务或者服务项目的形式进行,社会专业组织的社工一般以社区矫正员的身份参与进来,从事教育帮扶等辅助性工作,从这个意义上说,社区矫正员是社区矫正相关活动的具体执行者。社区矫正官依据自己的专业偏好,和社会专业组织沟通协商,使派遣的社工尽量满足社区矫正官工作的需要,以达到最佳的优化组合。这样,在社区矫正官主导之下,按照《河南省社区矫正对象分类教育管理工作指引》的要求,社区矫正对象精准化矫正教育得到了积极推动,做到了把专业的事交由专业的人士来负责。

(3)社区矫正官的工作范围突出“点面结合”

依照河南省司法厅《关于开展社区矫正官试点工作的通知》的要求,“试点单位可以按照地域、业务范围、社区矫正项目、工作对象等划分社区矫正官的履职范围,一个矫正官可以分管几个片区的全部社区矫正业务,可以只负责刑事执行、监督管理、教育帮扶之中的某项业务,可以承担社区矫正的某些建设项目,可以负责某类社区矫正对象的监管教育矫正,探索确定不同履职范围对应的职责任务和工作权限”。卧龙区司法局和方城县司法局在社区矫正官制度实施中,在社区矫正官的履职范围上,采用灵活机动的“点面结合”的方法。主要体现在:一是两个区县根据所辖区域的情况,划分五个片区,每个片区由一个执法中队管理,同时根据社区矫正对象的数量,配备社区矫正官和社区矫正助理、社区矫正员,保障社区矫正对象管理、教育、帮扶全覆盖。二是对一个片区内的社区矫正业务工作进行相对分工,执法中队的工作侧重于刑事执行和监督管理,社区矫正官的工作主要是充分发挥专业优势,侧重于矫正教育和社会帮扶。三是在不同的片区内,根据不同社区矫正项目的需要,调配具有专业特长的社区矫正官主导实施社区矫正项目,同时配备具有专业优势的社区矫正员。四是对于不同社区矫正对象不同的犯因性问题,在个别化矫正中,安排专业的社区矫正官,实施个别矫正。总之,在试点过程中，社区矫正官的有效配置，既能够按照要求完成对社区矫正对象矫正教育的规定动作，使社区矫正工作实现“面”的全覆盖，也能充分发挥灵活机动的优势，对社区矫正对象实现“点”的个别化矫正，克服了由司法所承担社区矫正工作“条块分割”、各自为政、资源分散的缺点，实现了有限资源的最优化配置。

(4)社区矫正官的工作内容突出“分类矫正”和“个案矫正”

南阳市社区矫正官试点工作的制度框架紧紧围绕社区矫正官的工作目标做文章，主要做法有以下几个方面。

第一，依据社区矫正对象犯因性问题的性质，把社区矫正对象分成不同的类别，实施分类矫正，且与社会力量通力合作，共同矫正社区矫正对象。比如方城县司法局与河南省荣银心理咨询有限公司合作，对 30 名诈骗类社区矫正对象开展了多次专题矫正教育。卧龙区司法局与中国民主同盟南阳市委员会合作，设置了“黄丝带”家庭帮教项目；与南阳市志愿者协会合作，设置了红色文化教育项目；与南阳市文明办合作，设置了道德模范示范项目，使社区矫正对象和道德模范零距离接触，面对面交谈，产生了极佳的效果。

第二，以心理矫治为切入点，实施个案心理矫治。社区矫正官在社区矫正官助理和社区矫正员的协助下，在社区矫正前的调查评估阶段提前介入，全面把握社区矫正对象的基本情况，在入矫初期，深入调查社区矫正对象的犯因性问题，制订个别化矫正方案，对不同的社区矫正对象实施不同的项目矫正。从个案矫正的实践看，社区矫正对象的问题以心理问题为主，因此，社区矫正官精心打造心理矫治特色矫正教育品牌。主要与南阳市心理咨询师协会合作，设置了自我罪错认知项目、人际关系认知项目、社会适应项目、情绪情感自我控制项目、社会生活认知项目、家庭关系认知项目、酒精依赖戒除项目、毒瘾类戒除项目等，都取得了良好的效果。

第三，以社会生存为出发点，通过设置社会救助项目，实施矫正教育项目化。一是南阳市司法局组织县区司法局和民政部门密切合作，在社区矫正官主导下，设立“基本生活救助项目”，积极开展社区矫正对象的困难救助工作，为符合低保条件的社区矫正对象快速申请办理低保，对生活困难的社区矫正对象进行走访、慰问和救助。二是卧龙区司法局以申报矫正项目的方式，创立了“又见彩虹金融助矫”矫正项目。通过一段时间的实施，金融部门对社区矫正对象的就业创业给予了一定的资金支持，促进了社区矫正对象的再就业，产生了良好的社会效果，南阳市卧龙区司法局被河南省司法厅定为“全省矫正教育项目试点单位”。三是设置了筹措救助基金项目。南阳市司法局联合中国民主同盟南阳市委员会、九三学社南阳市委员会等单位，开展了针对困难社区矫正对象的书画义卖活动，所筹资金全部用于社区矫正对象的救助工作。四是利用“人人持证、技能河南”的政策优势，主动与人力资源和社会保障局、社会专业组织等合作，对社区矫正对象进行特定技能培训。依据社区矫正对象的培训需求，设置了家电安装与维修项目、家政服务项目、特定病人急救知识项目、果木嫁接项目、动物养殖项目、水产养殖项目、电子商务项目等，先后对1921名社区矫正对象实施技能培训，其中有160人获得职业技能等级证书。

3. 社区矫正官制度在探索中存在的问题

任何新制度的出现，都不可避免地存在着缺陷或不足，社区矫正官制度也是如此。从南阳市社区矫正官制度的试点情况看，其中也存在一些问题，有些是功能性的，有些是结构性的，有些是功能性和结构性的综合。

（1）社区矫正官身份认同的冲突

这里主要是指社会对社区矫正官的身份认同冲突。河南省司法厅《关于开展社区矫正官试点工作的通知》指出，“试点地区和试点单位应当依法推进高素质社区矫正官建设”，“逐步探索建立社区矫正官晋升制度，为社区矫正官打开职业上升渠道，不断提高社区矫正工作的专业化水平”。由此可以看出，社区矫正官是从事社区矫正工作的公职人员的职业身份，该制度想要建立和检察官、法官等相对应的社区矫正官的“身份标识”。在现实中，社区矫正官既是司法局工作人员，又是社区矫正工作的刑事执行者，还是社区矫正工作者，往往集多种身份于一身，尤其是社区矫正官制度只是在试点阶段，不仅在法律法规、行政规章和规范性文件中没有规定，而且社区矫正官试点工作的文件只是河南省司法厅下发的，不具有法律规制性，如果要据此打通职级职务晋升路径，要走的路还有很远。正是由于这个原因，不仅社区矫正官的社会认知度、美誉度低，而且要想获得和检察官、法官等相对应的“身份标识”，没有法律作为支撑是难以实现的。

（2）社区矫正官角色认同的冲突

社区矫正官角色认同的冲突主要是指社区矫正官在社区矫正工作中所扮演的角色的冲突。在社区矫正的历史上，由于没有法律的具体规定，社区矫正工作人员曾经在各级不同的规范性文件中被称为社会工作者、社区矫正执法人员等，对于从事不同内容社区矫正工作的人员，还被称为社区矫正社会工作者、社区矫正辅警、社区矫正警察、社区矫正法务官等。名称的混乱，已经为社区矫正工作人员带来了角色冲突，社区矫正官制度的实施，又增加了新的名称，使规范名称更加困难。由于卧龙区司法局和方城县司法局人员编制的限制，从事社区矫正工作的人员数量十分紧张，致使这些仅有的工作人员不得不在不同的工作中扮演不同的角色。一是在社区矫正前调查评估中，扮演处于中立地位的调查评估员的角色；二是在刑事执行和监督管理活动中，社区矫正官大多是执法中队的领导或执法队员，他们严格从事刑事执行活动，对社区矫正对象实施监督管理；三是在矫正教育中，社区矫正官又是对社区矫正对象实施矫正教育的“教育者”；四是在社会帮扶活动中，社区矫正官扮演的是“救助者”的角色；五是在心理矫治活动中，有些社区矫正官又要扮演“心理矫治师”的角色。这种身份的变换和角色的混同，不仅很难使社区矫正对象对于社区矫正官形成单一的具有信任关系的角色认同，而且容易产生角色冲突。

(3)社区矫正官专业偏好的冲突

社区矫正官制度的实施，是要充分挖掘和培育专家型社区矫正人才，充分发挥“专家”自身所具有的专业优势。然而社区矫正对象的犯因性问题是非常复杂的，在矫正教育过程中，需要针对不同的犯因性问题实施有针对性的个案矫正。因此，社区矫正官必须具备相关领域的专业知识和技能。不可否认的事实是，每个社区矫正官都有自己的学历背景和专业偏好，不可能在多个领域都具有专业技能，这就导致了社区矫正对象教育帮扶的多元化与社区矫正官专业领域一元化的矛盾。尽管在试点工作中相关机构根据社区矫正对象的需求对社区矫正官进行了及时的调配，但是，社区矫正官的资源是有限的，常常出现需求大于供给的现象，即使调配了社区矫正员进行补充，也往往不能满足现实工作的需要。

(4)社区矫正官制度归属冲突

任何一种制度的建立，都需要经过实践的检验；成熟的制度体系才会归属于自己的制度类别。社区矫正制度是一个系统的制度体系，从目前来看，经过社区矫正工作二十多年的实践，已经形成了社区矫正前调查评估制度体系、社区矫正管理制度体系、社区矫正教育制度体系、社区矫正帮扶制度体系、社区矫正奖惩制度体系等子系统。从归属上看，社区矫正官制度应属于社区矫正队伍建设制度的子系统。但是，在社区矫正制度体系中，没有设置社区矫正官制度序列，特别是在《刑法》、《刑事诉讼法》、《社区矫正法》、2020 年《实施办法》以及其他法律法规、行政规章和规范性文件中，都没有“社区矫正官”这种称呼，只有河南省司法厅要求的一个制度试点工作，还不能将社区矫正官纳入社区矫正制度体系中，反之，其作为社区矫正制度体系之外的一种制度,就显得“名不正言不顺”,至少暂时得不到社会的广泛认可。

除河南省外,关于社区矫正官制度的探索,目前各地还有多种做法。诸如上海开展了“首席社区矫正官”试点。① 首席社区矫正官是本市社区矫正条线的领军人物,除做好个人本职工作外,首席社区矫正官还参与相关制度制定、疑难个案研究,发挥专业特长和经验优势,为做好社区矫正工作提供专业指导、提出意见建议。首席社区矫正官是一项职业荣誉,不采取分级管理,不挂靠相应待遇,通过评选确定,而且需要有一定的理论水平与实践经验。江苏南通实施“矫务长制”。② 它是依托队建制建立的一种社区矫正管理制度,在司法所(分中心、中队)设置矫务长(由执法工作者担任),对片区或者某一管理类别的社区矫正工作负总责,辅以矫务员、矫正小组其他成员、网格员,形成以“一长三员”为核心的日常管理体系,司法所的公务员担任矫务长,社工担任矫务员。这其实就是给相关人员换了个名称,对于待遇和其他各方面,以及如何选任社区矫正官,该制度没有做进一步明确。而广东深圳则探索实施“社区矫正专员”模式。③ 该制度对于社区矫正专员的要求较高,要求其拥有法律专业本科以上学历,并通过国家法律职业资格考试具备相应资格。但具体的待遇却没有提及。江西省则在长期进行社区矫正官的试点。④ 其实在《社区矫正法》出台之前,江西省金溪县就开始了试点,他们实行队建制,对社区矫正官和社区矫正执法辅助人员任免考核、岗位职责、职业培训和执法证管理使用等方面进行规范。而且,他们还出台了社区矫正官准入制度、社区矫正官等级管理制度、社区矫正官考核制度、社区矫正官工作职责等 7 项制度,但这些制度目前已经停止运行。

笔者认为,不仅社区矫正专职队伍建设的方向应该是矫正官制度,还应当将矫正官作为监禁矫正、社区矫正、戒毒矫正等多个领域中矫正工作人员的专业职务体系。将监狱、戒毒、社区矫正三大领域管教队伍统合,不仅可以保障矫正队伍

---

① 参见侯劲松:《上海开展首席社区矫正官试点工作》,载民主与法制网,http://www.mzyfz.com/html/2159/2021-07-22/content-1500412.html。

② 参见金峰、陈庆霞:《找准四个支点 推进社区矫正“矫务长制”》,载新浪网 2022 年 1 月 20 日,http://k.sina.com.cn/article_7517400647_1c0126e4705902ha1d.html。

③ 参见曾子航:《从 0 到 1,深圳探索打造“社区矫正专员”模式》,载网易网 2022 年 6 月 16 日,https://www.163.com/dy/article/HA0DI5GO055004XG.html。

④ 参见唐恺:《矫正官试点:从“单一性管理”到“立体式防控”——江西省抚州市金溪县创新社区矫正新模式》,载搜狐网 2018 年 8 月 6 日,https://www.sohu.com/a/245592105_660595。

的专业性，为一线矫正工作者提供广阔的职业发展空间，也有利于统筹考虑矫正领域工作人员的身份问题，统一调配矫正领域的人力资源。可以仿照《法官法》《检察官法》《人民警察法》制定“矫正官法”，在《社区矫正法》《监狱法》中规定矫正官制度，同时以国务院行政法规的形式通过“矫正官条例”，或者以司法部部门规章的形式通过“矫正官管理办法”，对矫正官制度予以规范。在矫正官队伍中，还可以设置类似于员额法官、员额检察官的“社区矫正法务官”，由其承担法律文书审查、执法合规审核、执法行为监督、制度机制建设、社矫对象教育训诫等工作。近期深圳市福田区实施的“社区矫正法务官制度”中，[①]司法所配备“法务官”，要求“法务官”拥有法律专业本科以上学历，并通过国家法律职业资格考试。这样，“法务官”在司法助理员的基础上，既是社区矫正领域的“合规官”又是“风控官”，可以保证社区矫正工作不偏离法律方向。这一举措无疑具有推广价值。

① 参见《全国率先！深圳市首批社区矫正法务官持证上岗》，载深圳新闻网，https://www.sznews.com/news/content/2021-08/19/content_24496667.htm。

第四章　社区矫正监督管理对象

依照《社区矫正法》的规定，在社区矫正监督管理工作体系中，社区矫正监督管理对象即社区矫正对象，两者是同一概念。社区矫正对象的称谓，突破了封闭的惩罚理念，彰显了对社区罪犯的人文关怀和复归社会的期待。社区矫正的惩罚性完全可以内化在矫正规范中，不一定非要通过"罪犯"的标签来凸显。社区矫正对象的权利与义务因罪犯身份有一定的特殊性。对罪犯的权利保护是否充分是衡量一个国家法治水平的重要标尺。当前，需要积极探索有效的改进措施，以完善我国的社区矫正对象权利保障机制。正如约翰·洛克(John Locke)所言："法律按其真正的含义而言，与其说是限制还不如说是指导一个自由而有智慧的人去追求他的正当利益……法律的目的不是为了废除或限制自由，而是保护和扩大自由。"①

一、社区矫正监督管理对象的特点

社区矫正监督管理对象即社区矫正对象，是指实施了犯罪行为被法院依法判处一定的刑罚，由于符合社区矫正的法定事由，在社区接受监督管理和矫正教育的罪犯。《刑法修正案(八)》和《刑事诉讼法》都对社区矫正对象作了明确规定。《刑事诉讼法》第 269 条规定："对被判处管制、宣告缓刑、假释或者暂予监外执行的罪犯，依法实行社区矫正，由社区矫正机构负责执行。"《社区矫正法》第 2 条第 1 款规定："对被判处管制、宣告缓刑、假释和暂予监外执行的罪犯，依法实行社区矫正。"这些法律条文对社区矫正对象的范围进行了规范。社区矫正对象基于其自身的"罪犯"法律身份，具有以下几个特点。

第一，社区矫正对象是自然人，是实施了一定犯罪行为，并应受到刑罚处罚的人。社区矫正对象实施了一定的犯罪行为，构成了犯罪，并受到了刑罚处罚。但是，社区矫

---

① 参见马秀红、李丙清：《英国自由法治的思想渊源》，载《山东省农业管理干部学院学报》2005 年第 3 期。

正对象首先是作为法律上的一个自然人而出现的，因此，按照《宪法》和相关法律法规的规定，尊重社区矫正对象的人权，满足社区矫正对象的基本需要，保障社区矫正对象的合法权益，是对社区矫正对象实施社区矫正管理的前提条件和基本保障。

至于可否对犯罪单位实施社区矫正，让其接受监管、矫正，承担诸如“种植复绿”等修复生态的社会责任，这是一个值得研究的课题。笔者认为，在破坏生态环境资源类犯罪案件中，如判处犯罪单位罚金并要求其承担“种植复绿”等修复生态的社会责任，将单位犯罪的“破坏因素”转变为“建设因素”，有利于培育犯罪单位正面的企业文化。与此同时，判处犯罪单位实施社区矫正，不让其破产、解散而使企业职工失业，有利于克服对犯罪单位刑事追诉所引发的负面效应，有利于社会的稳定。

第二，社区矫正对象是被法院判处一定刑罚的人。社区矫正对象是“受刑之人”，这是社区矫正对象的法律属性。从社区矫正对象的四种类型来看，要么是犯罪情节相对较轻，人身危险性较小；要么是在服刑过程中表现良好，被依法假释；要么是出现了法定事由而被暂予监外执行。但是，不论是哪种情形，社区矫正对象都是被法院判处一定刑罚的人，即法律意义上的身份是罪犯。这是认识社区矫正对象的法律前提。

第三，社区矫正对象是在社区被矫正教育的人。从接受惩罚的空间上看，社区矫正对象和监狱服刑罪犯的最大不同在于接受惩罚的场所由封闭的监狱转换为开放的社区；从价值取向上看，从以惩罚犯罪行为为核心转换为以矫正教育犯罪人为核心。这些转换体现了现代刑罚的发展趋势，即追求社区矫正对象的回归社会成为现代刑事执行的价值追求。在社区被矫正教育更有利于刑罚目的的实现。

第四，社区矫正对象是被限制人身自由的人。现代自由刑的突出特征是将罪犯关押在监狱服刑，以剥夺罪犯的人身自由，使罪犯承受自由被剥夺之苦，以达到刑罚的报应之目的。社区矫正在制度设计上，力图改变现代自由刑的弊端，将社区矫正对象置于社区之中，通过限制自由、监督管理、矫正教育、社会帮扶等措施，达到使社区矫正对象改过从善、回归社会的目的。因此，社区矫正对象虽身处社区之中，但刑罚的“利剑”始终高悬于其头顶之上，其罪犯的身份并未改变，其行为被限制在法定的范围之内，其必须遵守法定的规范。

二、社区矫正对象的法律地位及其特点

社区矫正对象的法律地位，是指社区矫正对象在国家确立的特定法律关系中

所处的位置,具体讲是指其在社区矫正期间是否享有权利、承担义务,以及其权利和义务的范围和程度。[①] 也就是说,社区矫正对象的法律地位决定了他具有法律确认的社区矫正法律关系的主体资格。不同的国家基于不同的法律理念赋予社区矫正对象不同的法律地位。我国宪法和法律所确认的社区矫正对象的权利包括社区矫正对象作为一般公民所享有的基本权利,也包括其作为受刑者所享有的特殊的法律权利,还包括其受到一定限制和调节的权利。《社区矫正法》第 4 条第 2 款规定:“社区矫正工作应当依法进行,尊重和保障人权。社区矫正对象依法享有的人身权利、财产权利和其他权利不受侵犯,在就业、就学和享受社会保障等方面不受歧视。”第 34 条规定:“开展社区矫正工作,应当保障社区矫正对象的合法权益。社区矫正的措施和方法应当避免对社区矫正对象的正常工作和生活造成不必要的影响;非依法律规定,不得限制或者变相限制社区矫正对象的人身自由。社区矫正对象认为其合法权益受到侵害的,有权向人民检察院或者有关机关申诉、控告和检举。受理机关应当及时办理,并将办理结果告知申诉人、控告人和检举人。”因此,社区矫正对象的权利和一般公民相比具有以下几个特点。

(一)权利的不完整性

按照宪法和法律的规定,社区矫正对象虽享有广泛的公民权利,但是这些权利是应然权利,而不是实然权利。由于社区矫正对象受到法律的惩罚,处在社区矫正期间,因而其所享受的公民权利处于缺损状态。社区矫正对象的有些权利被依法剥夺,比如被剥夺政治权利的社区矫正对象在社区矫正期间就不享有选举权、被选举权等宪法规定的各项政治权利,也没有参加公务员考试等考试的权利。社区矫正对象的有些权利被限制,在一定时间内不得行使,如担任保险公司的董事、监事、高级管理人员,担任国有独资企业、国有独资公司、国有资本控股公司的董事、监事、高级管理人员,担任会计和注册会计师等的权利。所以说,社区矫正对象所享有的法定权利具有不完整性。

(二)权利义务的不对等性

此处主要指社区矫正对象所享有的权利和应尽的义务的不对等。在社区矫正期间,社区矫正对象要按照法律的规定,履行特定的义务,比如,有劳动能力的

---

① 参见吴宗宪主编:《社区矫正导论》,中国人民大学出版社 2011 年版,第 129 页。

社区矫正对象有参加公益活动的义务；社区矫正对象有接受思想、文化和技术教育的义务；社区矫正对象有按照社区矫正机构的规定，定期报告自己的活动状况的义务等。这些义务和其享受的权利之间存在不对等性。

(三)权利行使的局限性

社区矫正对象的自由是被限制的，因此，其在行使权利时，无论是权利的行使范围上，还是权利的行使方式上，都具有极大的局限性。比如，社区矫正对象有会客、迁徙、外出、娱乐等的权利，但是其在行使会客权利时，必须遵守会客方面的规定，对特定客人不经社区矫正机构或者监督管理人员同意不得会见；社区矫正对象必须接受分级管理、接受科技监管、遵守禁止令等，才享有迁徙、外出、娱乐等权利。

(四)义务履行的强制性

对社区矫正对象来说，其在社区矫正期间所要履行的特定义务是法律法规强制规定的，是必须无条件履行的，一旦不履行法定义务，就要承担相应的法律责任，这会给社区矫正对象带来不利的法律后果。比如，社区矫正对象有按时报到、服从管理、接受宣告、接受科技监管、遵守禁止令等义务，这些都必须强制完成，社区矫正对象如果不按规定履行义务，出现脱管漏管、违反禁止令的规定、拒不接受科技监管等情形，就有可能面临被收监执行刑罚的后果。

三、社区矫正对象的权利

《宪法》第33条规定："凡具有中华人民共和国国籍的人都是中华人民共和国公民。中华人民共和国公民在法律面前一律平等。国家尊重和保障人权。任何公民享有宪法和法律规定的权利，同时必须履行宪法和法律规定的义务。"社区矫正对象作为中华人民共和国的公民，凡是未被依法剥夺的权利，都可依法享有，同样应履行相应的法定义务。社区矫正对象的权利是指法律对社区矫正对象能够作出或者不作出一定行为，以及其要求他人相应作出或者不作出一定行为的许可与保障。① 依照社区矫正对象所处的法律地位的不同，其享有的法定权利可以分为宪法和法律赋予的一般权利和社区矫正期间所享有的特殊权利两种。

(一)社区矫正对象的一般权利

第一，生命健康权。这是社区矫正对象享有的最基本的权利。我国法律和有

---

① 参见吴宗宪主编：《社区矫正导论》，中国人民大学出版社2011年版，第132页。

关国际刑事司法准则对这一权利都有明确的规定。

第二,人身自由权。《宪法》第 37 条规定:“中华人民共和国公民的人身自由不受侵犯。任何公民,非经人民检察院批准或者决定或者人民法院决定,并由公安机关执行,不受逮捕。禁止非法拘禁和以其他方法非法剥夺或者限制公民的人身自由,禁止非法搜查公民的身体。”社区矫正对象的人身自由权包括不受非法逮捕、拘禁,不被非法剥夺、限制自由,不受非法搜查等权利。对社区矫正对象人身自由的剥夺或限制必须符合法定的程序,不能超出法定的范围。

第三,人格权。《宪法》第 38 条规定:“中华人民共和国公民的人格尊严不受侵犯。禁止用任何方法对公民进行侮辱、诽谤和诬告陷害。”社区矫正对象的人格权包括人格尊严、姓名、肖像、名誉、荣誉、隐私等方面的权利。

第四,住宅权。《宪法》第 39 条规定:“中华人民共和国公民的住宅不受侵犯。禁止非法搜查或者非法侵入公民的住宅。”住宅权有两层含义:一是任何人及其家庭,在任何地方,都有通过合法途径得到适当住宅的权利。对于无法依靠个人的努力获得适当住宅的个人和家庭,国家对其有扶助和保障的义务与责任。二是住宅不可侵犯,即未经主人的允许,或者不属于法律规定的特殊情况,任何人不得进入、搜索或封锁住宅。

社区矫正对象的住宅权也应从上述两层含义来理解。首先,社区矫正对象有权获得基本的居住保障,尤其对于那些流离失所或者居无定所的社区矫正对象,有关部门应当提供必要的救助,如北京“阳光中途之家”①就具有为社区矫正对象提供临时性居住场所的功能。法律允许农村宅基地在集体成员内部转让和置换,因此,满足相关条件的社区矫正对象,可以依法转让宅基地。其次,社区矫正对象

① “中途之家”概念源于欧洲,亦称为“重返社会训练所”“社区矫正中心”“中途集体宿舍”等,通常是指为了帮助从监禁机构释放的服刑人员以及其他人员重新适应社会生活而设立的过渡性住宿式社区矫正机构。“中途之家”包括政府主办与私人主办两种形式。在我国,针对“三无”(无业可就、无家可归、无生活来源)社区矫正对象的安置、就业、落户等问题,北京市首先借鉴国外“中途之家”经验,于 2008 年 7 月率先建立了我国首个“中途之家”,即“朝阳区中途之家”。它是一个由政府全额保障的、事业单位性质的机构,其主要职能是为社区矫正对象和刑释人员等提供就业帮助、暂时食宿和集中教育。它是秉承着“以人为本、回归社会”的工作理念,积极整合各种资源,对部分社区矫正对象和刑释解矫人员进行最长 3 个月的临时安置、教育矫正、技能培训、就业指导、心理咨询的过渡性住宿式常设机构。它为他们提高社会适应能力、顺利融入社会搭建了桥梁,有利于减少社会对抗、巩固改造成果,实现监所和社会无缝衔接,在罪犯矫正和犯罪预防中发挥了积极作用,同时也真正体现了党和政府以人为本的理念。北京市按照“因地制宜、分步实施,功能实用、形式多样,政府主导、社会参与,制度配套、管理规范”的原则,通过政府投入、社会支持等多种方式,已经在所有区县全部建成“符合实际、体现首善、适应未来”的“阳光中途之家”。

同样享有《宪法》第 39 条规定的公民住宅不受侵犯的权利，任何人不得非法搜查或者非法侵入社区矫正对象的住宅。执法人员因侦查犯罪的需要，可以进入公民住宅进行搜查，但有关法律对此有着严格的程序规定，搜查人员必须履行必要的法律手续，否则仍然构成违法，而严重的侵犯住宅权的行为可能构成刑事犯罪。

第五，通信权。《宪法》第 40 条规定："中华人民共和国公民的通信自由和通信秘密受法律的保护。除因国家安全或者追查刑事犯罪的需要，由公安机关或者检察机关依照法律规定的程序对通信进行检查外，任何组织或者个人不得以任何理由侵犯公民的通信自由和通信秘密。"社区矫正对象的通信权包括通信自由和保有通信秘密的权利。但是，对社区矫正对象通信的科技监管不包括在内。

第六，婚姻家庭权。《宪法》第 49 条第 1 款规定："婚姻、家庭、母亲和儿童受国家的保护。"社区矫正对象的婚姻家庭权包括婚姻权和家庭权。社区矫正对象在社区矫正期间，其所享有的婚姻家庭权同样是法定权利，不因被社区矫正而受到干涉、剥夺或限制。

第七，财产权和继承权。《宪法》第 13 条第 1 款、第 2 款规定："公民的合法的私有财产不受侵犯。国家依照法律规定保护公民的私有财产权和继承权。"社区矫正对象的财产权和继承权是指其合法财产和继承权受到法律的平等保护，禁止任何组织和个人非法侵犯。

第八，劳动权。劳动权是指有劳动能力的公民参与社会劳动并且因此而获得劳动报酬及其他待遇的权利。"当个体在基本生存面临危机的情况下违法犯罪，可能会使其对自己违法犯罪难有较强的悔过之意，甚至可能对社会存在怨恨之心。因此，解决社区矫正对象基本生存问题应当是社区矫正工作的首要环节。"①

根据心理学家和行为学家亚伯拉罕·马斯洛(Abraham H. Maslow)提出的人类需求层次理论，人的需求被分为生理需求、安全需求、社交需求、尊重需求和自我实现需求。马斯洛认为，人在低层次需求被满足后，才能去追求更高层次需求的满足。同时，当人的低层次需求被满足后，他们就会自觉去追求更高层次的需求。根据该理论可知，人只有满足了生理需求，才会去追求安全需求，而安全需求得到满足后才会考虑社会需求，以此类推。② 所以，如果社区矫正对象的劳动权利

① 参见陈娜：《社区服刑人员悔罪程度及影响因素实证研究——基于上海的问卷调查》，载《法学论坛》2016 年第 5 期。

② 参见[美]弗兰克·G. 戈布尔：《第三思潮——马斯洛心理学》，吕明、陈红雯译，上海译文出版社 2006 年版，第 32 页。

得不到保护，国家和社会又不能直接提供满足其生存需要的物质条件，那么他们重新犯罪的可能性就会大大增加，又何谈让其顺利回归社会。如果对社区矫正对象的劳动权利给予充分保障，其解决了自己的生存问题甚至能够获得更为充足的物质条件，实现经济自由，那么根据马斯洛的需求层次理论，他们必然会自觉地去追求更高层次的需求。也许他们最终没法达到自我实现的需求，但是从客观来看他们给社会创造了更多的价值。所以，充分保障社区矫正对象的劳动权利，即满足保障其生存权利的必要条件，也是让其能够实现自我价值的前提。

社区矫正对象享有劳动权，其劳动权与一般公民的劳动权基本上是相同的。劳动权可具体分解为以下权利：(1)参加劳动的权利；(2)获得劳动报酬的权利；(3)休息的权利；(4)获得劳动安全卫生保护的权利；(5)享受社会保险的权利；(6)享受劳动福利的权利；(7)接受职业培训的权利；(8)参加工会和职工民主管理的权利；(9)决定劳动法律关系存续的权利。但需要指出，社区矫正对象被组织参加的公益活动，不同于一般意义上的劳动，是其接受教育矫正的一种手段。

与此同时，基于其罪犯身份，法律法规对社区矫正对象的劳动权又施加了诸多限制：其一，因被追究刑事责任而被用人单位解除劳动合同时失去抗辩权。因为《劳动法》和《劳动合同法》都把依法被追究刑事责任作为用人单位可以解除劳动合同的理由。其二，前科报告。《刑法》第100条第1款规定："依法受过刑事处罚的人，在入伍、就业的时候，应当如实向有关单位报告自己曾受过刑事处罚，不得隐瞒。"这无疑使得许多社区矫正对象无法通过入职审查。其三，法律规定的职业禁止和禁止令。比如，根据有关法律规定，社区矫正对象不能担任公务员，不能从事律师、公证等特殊行业，限制了社区矫正对象的就业。其四，需要参加一定的公益活动。参加公益活动是其接受教育矫正的一种手段，且没有报酬。

第九，知识产权。社区矫正对象同社会的普通公民一样，依法享有智力成果的知识产权。但是，如果社区矫正对象被剥夺了政治权利，则其著作权将受到一定的限制，所以，被剥夺了政治权利的社区矫正对象的知识产权会受到一定的限制。

第十，政治权利。《宪法》第34条规定："中华人民共和国年满十八周岁的公民，不分民族、种族、性别、职业、家庭出身、宗教信仰、教育程度、财产状况、居住期限，都有选举权和被选举权；但是依照法律被剥夺政治权利的人除外。"第35条规定："中华人民共和国公民有言论、出版、集会、结社、游行、示威的自由。"社区矫正对象的政治权利包括选举权和被选举权，以及言论、出版、集会、结社、游行、示威的权利。但是，社区矫正对象有可能被剥夺政治权利。

第十一，宗教信仰自由。《宪法》第36条第1款、第2款规定："中华人民共和国公民有宗教信仰自由。任何国家机关、社会团体和个人不得强制公民信仰宗教或者不信仰宗教，不得歧视信仰宗教的公民和不信仰宗教的公民。"社区矫正对象的宗教信仰自由是指其既有信仰宗教的自由，也有不信仰宗教的自由；有信仰这种宗教的自由，也有信仰那种宗教的自由；有过去不信教而现在信教的自由，也有过去信教现在不信教的自由。

第十二，批评、建议、申诉、控告、检举的权利。《宪法》第41条第1款规定："中华人民共和国公民对于任何国家机关和国家工作人员，有提出批评和建议的权利；对于任何国家机关和国家工作人员的违法失职行为，有向有关国家机关提出申诉、控告或者检举的权利，但是不得捏造或者歪曲事实进行诬告陷害。"社区矫正对象的批评、建议、申诉、控告、检举的权利包括批评权、建议权、申诉权、控告权和检举权，每项权利针对的行为和人员、事件性质、违法犯罪的程度等是不一样的。

第十三，获得国家赔偿权。《宪法》第41条第3款规定："由于国家机关和国家工作人员侵犯公民权利而受到损失的人，有依照法律规定取得赔偿的权利。"社区矫正对象的合法权益因国家机关及其工作人员违法行使职权而遭受损害的，有权获得国家赔偿。

第十四，获得物质帮助权。《宪法》第45条第1款规定："中华人民共和国公民在年老、疾病或者丧失劳动能力的情况下，有从国家和社会获得物质帮助的权利。国家发展为公民享受这些权利所需要的社会保险、社会救济和医疗卫生事业。"社区矫正对象和普通公民一样，同样享有这一权利。

除此之外，社区矫正对象依照宪法和法律还享有受教育的权利、文化娱乐相关权利以及各种诉讼权利等。总之，凡是社区矫正对象未被依法剥夺或者限制的权利都是其应该享有的权利。

(二)社区矫正对象的特殊权利

社区矫正对象的特殊权利是指社区矫正对象在社区矫正过程中享有的特别权利。有学者将其归纳为依法接受刑事处罚的权利、矫正过程中的知情权和依法获得减刑的权利。[①] 依据《社区矫正法》的相关规定，社区矫正对象在社区矫正中

---

① 参见吴宗宪主编：《社区矫正导论》，中国人民大学出版社2011年版，第139～140页。

享有如下特殊权利。

1. 社会救助、社会保险、法律援助申请权

《社区矫正法》第 43 条规定:“社区矫正对象可以按照国家有关规定申请社会救助、参加社会保险、获得法律援助,社区矫正机构应当给予必要的协助。”

关于社会保障权方面,原劳动和社会保障部办公厅《关于退休人员被判刑后有关养老保险待遇问题的复函》和《关于对劳社厅函〔2001〕44 号补充说明的函》被判处管制、有期徒刑宣告缓刑和监外执行、假释期间的罪犯的养老金发放进行了规定:可以继续发放。[①] 这是对社区矫正对象社会保险权的特别规定。《社区矫正法》还明确了律师可以参与撤销缓刑、假释程序。《社区矫正法》第 48 条第 2 款规定:“人民法院拟撤销缓刑、假释的,应当听取社区矫正对象的申辩及其委托的律师的意见。”这有助于维护与保障社区矫正对象的相关权利。

2. 依法接受刑事处罚的权利

所谓依法接受刑事处罚的权利,是指对社区矫正对象剥夺或限制权利的措施,必须由法定机构依照正当程序作出,且有关执行机构在执行中,不得超出原裁决所确定的剥夺或限制权利的范围和程度。《欧洲社区制裁与措施规则》第 27 条则将此项权利表述为:“社区制裁与措施的执行,不应当使用加重其痛苦特征的方式。”在我国,虽然现行立法中没有直接规定此项权利,但从罪刑法定和行刑法治原则的要求出发,社区矫正对象应享有此项权利。

3. 知情权

知情权是指社区矫正对象在矫正过程中知悉、获取相关信息的权利。在我国,社区矫正对象享有对矫正有关信息的知情权,包括:有权知道社区矫正机构等国家机关行政管理、刑事审判、刑罚执行方面的各项事务、职责、权力、程序及与此相关的各项政策规定,有权了解自己参与教育改造、公益活动等矫正项目各方面的情况,有权获取对自身或者他人奖惩、评估、处遇等问题的处理结果及其原因等信息。知情权是社区矫正对象的一项基本权利,与这一权利相对应的是社区矫正机构的告知义务。在实践中,社区矫正机构在接收社区矫正对象之后,通常会向社区矫正对象发放“社区矫正对象须知”,明确告知其同社区矫正有关的法律、政策及其他相关情况、信息。

在英国,罪犯刚入狱就可以知道自己获得假释的最早时间,可为此做好准备,

---

① 参见冯建仓:《社区服刑人员劳动权问题研究》,载《犯罪与改造研究》2018 年第 10 期。

并有获得法律帮助的途径。罪犯具有知情权,可以阅读自己的假释档案,并在假释档案上签字予以确认。假释委员会在作出对罪犯是否准予假释的决定时,须说明理由,允许罪犯提出申诉,在罪犯的假释申请被拒绝之后,罪犯仍有机会继续申请假释。假释委员会的假释决定亦受到法院的制约。前述内容,在今天仍值得我们借鉴。

4. 依法获得减刑的权利

依法获得减刑的权利,是指在社区矫正期间有良好表现的社区矫正对象获得减轻其原判刑罚的权利。《刑法》第 78 条规定,被判处管制、拘役、有期徒刑、无期徒刑的犯罪分子,在执行期间,如果认真遵守监规,接受改造教育,确有悔改表现的,或者有立功表现的,可以减刑;有重大立功表现的,应当减刑。据此,社区矫正对象在接受社区矫正期间,仍然有获得减刑的机会。

对于缓刑犯能否适用减刑的问题,一直存在肯定说和否定说两种不同的观点。持肯定说的学者认为,最高人民法院 1985 年作出的《关于缓刑考验期内表现好的罪犯可否缩减其缓刑考验期限的批复》(已失效)已实质创立了缓刑犯减刑制度。① 否定说则认为,减刑是我国的一项刑罚执行制度,缓刑犯减刑不符合《刑法》中关于减刑适用范围的规定。该说认为《刑法》只明确规定了对在刑罚执行期间的犯罪分子可以减刑,但被宣告缓刑的犯罪分子处于考验期内、社区矫正期间,而非减刑所要求的刑罚执行期间。

1997 年《刑法》实施后,最高人民法院出台了《关于办理减刑、假释案件具体应用法律若干问题的规定》(已失效),标志着缓刑犯减刑制度首次获得了官方的肯定,学界针对该问题的争论才有所缓和。实际上,缓刑犯减刑制度在减刑体系中理应占据一席之地,对该制度的理论研究、实践推行不仅能够促进我国刑罚执行体系的完善,同时对保护缓刑犯的合法权益也具有重要的现实意义。

其实,透过刑罚体系来考察减刑,可以把减刑分为广义减刑和狭义减刑,其中狭义减刑又被称为一般减刑,是指自由刑的减刑,而除此之外的死缓、资格刑、财产刑的减刑被称为特殊减刑。② 根据《刑法》及相关司法解释的规定,附加剥夺政治权利的期限、分期缴纳罚金的数额也可以在一定条件下予以减免。据此,对《刑法》进行宏观的体系性考量并推测其立法精神,不难发现,除非死刑立即执行、一

① 参见赵秉志:《略论缓刑中的减刑制度》,载《人民司法》1985 年第 9 期。

② 参见李海滢:《论减刑制度的范围》,载《行政与法(吉林省行政学院学报)》2004 年第 4 期。

次性缴纳罚金以及没收财产这种一步执行到位的刑罚,其他刑种尽管减免条件有所区别,但都存在一定的适用减刑的余地。由此可见,作为同样具有持续性执行特征的缓刑,对其适用减刑显然是与我国刑罚体系的整体规律及立法精神相吻合的。

当然,社区矫正对象能否实际得到减刑处遇,在一般情况下,除了要符合法定的减刑条件外,还取决于司法机关依据自由裁量权而作出的裁决;只有矫正对象有"重大立功"表现的,才"应当减刑",即司法机关必须给予其减刑处遇,在此情况下,对于是否减刑的问题,司法人员不存在自由裁量的空间。虽然学界关于减刑的性质存在"行刑奖励"与"罪犯权利"之争。但笔者认为,在上述"应当减刑"的情形下,减刑明显具有权利性质。根据《社区矫正法》第 33 条的规定,缓刑犯在社区矫正期间,只要具备法定条件,仍然享有减刑的权利。①

关于缓刑犯社区矫正对象减刑程序的启动,《刑法》第 79 条规定:"对于犯罪分子的减刑,由执行机关向中级以上人民法院提出减刑建议书。"缓刑犯处于考验期内时,由社区矫正机构负责对其的监督、管理及考核工作,所以此时的执行机关应理解为社区矫正机构,亦即当缓刑犯符合减刑条件时,应由社区矫正机构向社区矫正执行地的中级以上人民法院依法提出减刑建议,这一点在《社区矫正法》第 33 条也有明确规定。但笔者认为,除社区矫正机构依职权主动为缓刑犯向法院提出减刑建议外,比照监禁犯可以主动申请减刑的相关规定,处于社区矫正期间的缓刑犯也应被赋予此项权利。

5. 申诉的权利

依法申诉是罪犯的一项基本权利,绝不能不加分析地一概认为一旦有申诉行为就是不认罪服法。

实践中,社区矫正对象提出申诉主要基于两种情形:一是其减刑建议书被法院驳回;二是其减刑申请直接被社区矫正机构予以否定。在减刑程序中法院一般会作出裁定减刑,反倒是社区矫正机构可能出于控制减刑率、害怕因缓刑犯减刑后再犯罪而承担责任等原因,即便在社区矫正对象已经具备了减刑的实质条件时,也不同意其减刑申请。更有甚者,相关人员可能会由于收受贿赂而对行贿者在减刑上予以优先考虑。这样一来,真正具有悔改或立功表现的缓刑犯的合法权

① 《社区矫正法》第 33 条还规定了社区矫正对象减刑的程序,由社区矫正机构"向社区矫正执行地的中级以上人民法院提出减刑建议",人民法院应当在"三十日内作出裁定"。

益便遭到了侵害。

四、社区矫正对象的义务

社区矫正对象的义务在履行方式上具有强制性的特点。对社区矫正对象来说,其在社区矫正期间所要履行的特定义务是法律法规强制附加的,是必须无条件履行的,一旦不履行法定义务,就要承担相应的法律责任,会给社区矫正对象带来不利的法律后果。比如,社区矫正对象的按时报到、服从管理、接受宣告、接受科技监管、遵守禁止令等义务,都必须在强制的前提下完成,社区矫正对象如果不按规定履行义务,出现脱管漏管、违反遵守禁止令的规定、拒不接受科技监管等情形,都有可能面临被收监执行刑罚的后果。

社区矫正对象的义务包括严格遵守法律法规和社区矫正规章纪律、服从管理、接受教育等,可以概括为九项基本义务:社区矫正对象有遵守国家法律法规的义务;社区矫正对象有遵守社区矫正规章制度和纪律的义务;社区矫正对象有服从社区矫正机构管理的义务;有劳动能力的社区矫正对象有参加公益活动的义务;社区矫正对象有接受思想、文化和技术教育的义务;社区矫正对象有爱护国家财产,保护公共设施的义务;社区矫正对象有维护正常矫正教育秩序,自觉接受改造的义务;社区矫正对象有检举违法犯罪活动的义务;社区矫正对象还应承担法律法规规定的其他义务。

五、社区矫正对象的权利保障及其完善

社区矫正对象的权利保障可分为两个阶段:第一阶段是社区矫正对象在社区矫正中的权利保障,第二阶段是社区矫正对象回归社会的权利保障。

(一)社区矫正对象权利保障相关规定

关于社区矫正对象权利保障的最高层级的法律规定是宪法。宪法是国家的根本大法,社区矫正对象的权利当然也在宪法的保障之列。同时,《刑法》《刑事诉讼法》《监狱法》《社区矫正法》等法律中,明确规定了社区矫正制度;有关社区矫正的一些法规规章、规范性法律文件中,对社区矫正对象的权利范围、经费保障、监督保障、执法保障等进行了规定。

2003 年《试点通知》(已失效)中规定,“帮助社区服刑人员解决在就业、生活、法律、心理等方面遇到的困难和问题,以利于他们顺利适应社会生活”。该规定将

权利保障工作明确为社区矫正工作的基本任务之一。

2004 年 5 月 9 日司法部颁布的《司法行政机关社区矫正工作暂行办法》(已失效)第 21 条第 2 款规定:“社区服刑人员在接受社区矫正期间,人格不受侮辱,人身安全和合法财产不受侵犯,享有辩护、申诉、控告、检举以及其他未被依法剥夺的权利。”

2009 年最高人民法院、最高人民检察院、公安部、司法部《关于在全国试行社区矫正工作的意见》(已失效)中,把帮困扶助与教育矫正、监督管理一起列为社区矫正的基础性工作与主要任务,并明确规定:“进一步加强对社区服刑人员的帮困扶助。积极协调民政、人力资源和社会保障等有关部门,将符合最低生活保障条件的社区服刑人员纳入最低生活保障范围,为符合条件的农村籍社区服刑人员落实责任田。整合社会资源和力量,为社区服刑人员提供免费技能培训和就业指导,提高就业谋生能力,帮助其解决基本生活保障等方面的困难和问题。”在经费保障方面,规定:“切实加强社区矫正经费保障。建立社区矫正经费的全额保障制度,将社区矫正工作人员经费、行政运行经费、办案业务经费、业务装备经费等纳入财政年度预算,并根据工作发展的需要,建立社区矫正经费动态增长机制。”

2012 年《实施办法》(已失效)第 2 条第 3 款规定:“人民检察院对社区矫正各执法环节依法实行法律监督。”第 37 条规定:“人民检察院发现社区矫正执法活动违反法律和本办法规定的,可以区别情况提出口头纠正意见、制发纠正违法通知书或者检察建议书。交付执行机关和执行机关应当及时纠正、整改,并将有关情况告知人民检察院。”第 36 条规定:“社区矫正人员的人身安全、合法财产和辩护、申诉、控告、检举以及其他未被依法剥夺或者限制的权利不受侵犯。社区矫正人员在就学、就业和享受社会保障等方面,不受歧视。司法工作人员应当认真听取和妥善处理社区矫正人员反映的问题,依法维护其合法权益。”

2012 年 11 月 15 日,财政部、司法部联合发布的《关于进一步加强社区矫正经费保障工作的意见》规定:“各地应将社区矫正经费列入同级财政预算予以保障。各地应统筹社区矫正和司法行政其他基层业务经费保障,通过进一步加大对司法业务经费的投入,提高社区矫正经费保障水平”“各地应积极完善社区矫正经费保障制度,有条件的地区,可探索建立按照社区矫正人员数量核定社区矫正经费的制度。”

《社区矫正法》第 4 条第 2 款规定:“社区矫正工作应当依法进行,尊重和保障人权。社区矫正对象依法享有的人身权利、财产权利和其他权利不受侵犯,在就业、就学和享受社会保障等方面不受歧视。"第 6 条规定:"各级人民政府应当将社区矫正经费列入本级政府预算。居民委员会、村民委员会和其他社会组织依法协助社区矫正机构开展工作所需的经费应当按照规定列入社区矫正机构本级政府预算。"第 8 条第 2 款规定:"人民法院、人民检察院、公安机关和其他有关部门依照各自职责,依法做好社区矫正工作。人民检察院依法对社区矫正工作实行法律监督。"第 16 条规定:"国家推进高素质的社区矫正工作队伍建设。社区矫正机构应当加强对社区矫正工作人员的管理、监督、培训和职业保障,不断提高社区矫正工作的规范化、专业化水平。"第 34 条第 2 款规定:"社区矫正对象认为其合法权益受到侵害的,有权向人民检察院或者有关机关申诉、控告和检举。受理机关应当及时办理,并将办理结果告知申诉人、控告人和检举人。"第 62 条规定:"人民检察院发现社区矫正工作违反法律规定的,应当依法提出纠正意见、检察建议。有关单位应当将采纳纠正意见、检察建议的情况书面回复人民检察院,没有采纳的应当说明理由。"

前述法律法规、行政规章、规范性法律文件,为社区矫正对象的权利保障奠定了坚实的基础。

(二)社区矫正对象权利保障的认知误区

尽管《社区矫正法》没有明确规定,但多数学者依据《社区矫正法》第 1 条关于社区矫正立法目的的规定,将社区矫正定性为刑事执行,在社区矫正实务部门引起了巨大争议。实务人员认为社区矫正一旦失去了刑罚执行属性,无异于"无牙的老虎",因此,在社区矫正不具有直接的刑罚执行权的法律前提下,为了彰显所谓的"法律的威严",一些人员错误地认为,刑事执行中刑罚的严厉性可以在社区矫正的监督管理中体现出来。因此,在对社区矫正工作的认知上就出现了以"刑罚化"为表征的"泛执法化"现象,并因此侵犯了社区矫正对象的权利。

第一,在监督管理理念上,强调对社区矫正对象监督管理的"唯安全论"。认为社区矫正的一切工作都必须围绕社会的安全与秩序做文章,有些地方甚至将过去监狱管理罪犯的口号照搬到了社区矫正工作中,提出了所谓的"安全就是一切""安全大于天""安全永远在路上"等观点,将对社区矫正对象的监督管理等同于监狱的"监管",以安全稳定的名义,侵犯社区矫正对象的权利。

第二,在制度设计上,以"刑罚执行一体化"为借口,盲目扩张社区矫正机构的权力。2018 年 12 月,司法部下发了《关于推进刑罚执行一体化建设工作的意见》,

要求监狱机关和社区矫正机构共同建立刑罚执行一体化机制，监狱要积极延伸改造职能，“有序推进监狱警察支持和参与社区矫正工作”。这样，大多数省、自治区、直辖市按照文件要求，抽调了部分监狱警察参与到社区矫正工作中。从当时的背景看，这样做最初是为了解决社区矫正工作“用警难”的问题，在当时没有法律规定的情况下，其作为一项探索措施也无可厚非。但是，正是这一规定，让有些实务部门的同志错误地认为这就是“社区矫正属于刑罚执行的依据”，把社区矫正工作由“以人身管控为中心”转向“以危险成员风险管控为中心”，错误地认为社区矫正对象是罪犯，就是应予监督管理的“危险成员”，所有社区矫正对象都是风险管控的对象，用“严管”限制社区矫正对象的权利。

第三，在实务工作中，实务部门对社区矫正对象的管理标准、再犯罪率等指标层层加压。以文件规定代替法律规定，甚至超越法律，以执法的名义自我扩权，甚至跨越法律边界，把行政执法权、行政管理权与行刑权混同。最突出的表现是把社区矫正的调查评估、家庭走访、谈话问询等，都冠以“执法”的名义，以“执法”的名义侵犯社区矫正对象的权利。

第四，社区矫正对象的权利缺乏法律的直接呼应。对社区矫正对象权利的规定集中于《社区矫正法》的总则中，其后续章节中虽有对权利的具体展开，但对权利的类型及权利受到侵害后的救济途径等仍然缺乏直接呼应与细化展开。如《社区矫正法》第 4 条第 2 款规定，社区矫正对象依法享有的人身权利、财产权利和其他权利不受侵犯，在就业、就学和享受社会保障等方面不受歧视。但该条未能对人身权利、财产权利及不受歧视权等具体内容作出进一步说明，该法其他章节亦未能对上述权利做出积极回应。又如《社区矫正法》部分条文间接规定了社区矫正对象的人身权，在第八章法律责任部分规定，社区矫正机构工作人员和其他国家工作人员体罚、虐待社区矫正对象，或者违反法律规定限制或者变相限制社区矫正对象的人身自由的，应当给予处分，构成犯罪的，依法追究刑事责任。部分条文对该法总则中的其他权利进行了间接规定，如第 48 条第 2 款规定，人民法院拟撤销缓刑、假释的，应当听取社区矫正对象的申辩及其委托的律师的意见。第 61 条规定，对依法申诉、控告或者检举的社区矫正对象进行打击报复的，应当给予处分，构成犯罪的，依法追究刑事责任。上述条文间接实现了对社区矫正对象的申诉权、控告权、检举权及申辩权等权利的保护。综上，《社区矫正法》对社区矫正对象的一般性权利与特殊权利均作出了规定。但该法未能对权利类型进行明确，绝大部分权利隐含于法律条文中，也未对具体的侵权表现及救济途径予以明确规定。2020 年《实施办法》亦未对《社区矫正法》第 4 条进行细化。

第五,忽视和侵犯社区矫正对象权利的现象仍在相当范围内存在。少数社区矫正工作人员在工作中滥用权力,侵害社区矫正对象合法权利的现象还不同程度地存在。例如,社区矫正机构经常要求社区矫正对象到社区矫正机构报到,致使其不得不经常请假,甚至因此失业。又如,有的社区矫正工作人员以各种理由无节制地增加社区矫正对象的教育学习、公益活动时间,无休止的教育学习、公益活动侵害了社区矫正对象正当的劳动权益。再如,个别地方为了填补手机定位在技术上的缺陷,推出"每日签到"作为监管补充措施。但这一措施的实行,实际上是将社区矫正对象的报告频次增加到了每日一次。此类核查措施,既增大了司法所的工作负荷,更是对社区矫正对象正常工作与生活的过度干扰,且对于某些在特殊环境(如矿山井下、易燃易爆、石油化工等无手机信号或禁止携带手机的工作场所)中工作的社区矫正对象来说是难以做到、不切实际的。

第六,社区矫正对象的某些权利受到不合理限制。在有关社区矫正的政策规定中存在重义务、轻权利的现象,偏重对权利的限制而忽略了对权利的授予。[①] 例如,社区矫正对象的著作权,其基本性质是民事权利,应受法律保护。即使是对于被剥夺政治权利的社区矫正对象,只要其作品不涉及政治性内容,仍然享有发表、出版的权利。但在实践中,一些地方对不包含政治内容且对社会无害的作品,也干预社区矫正对象行使其著作权,这是不符合有关法律精神的。

(三)社区矫正对象回归社会的权利保障

我国法律对社区矫正对象回归社会的保护在《宪法》《刑法》《监狱法》《劳动法》《未成年人保护法》《预防未成年人犯罪法》《就业促进法》《法律援助法》《社会救助暂行办法》等法律法规中,都有相应的规定。同时,为了使社区矫正对象回归社会、适应社会发展的需要,2010 年中共中央办公厅、国务院办公厅转发了《中央综治委关于进一步加强刑满释放解除劳教人员安置帮教工作的意见》(中办发〔2010〕5 号),2015 年司法部等 13 部委下发了《关于加强刑满释放人员救助管理工作的意见》(司发〔2015〕8 号),2016 年司法部、中央综治办、民政部、财政部联合制定印发了《关于社会组织参与帮教刑满释放人员工作的意见》。因此,使社区矫

---

① 参见冯建仓:《社区服刑人员权利保障中存在的主要问题及对策思考》,载《中国司法》2017 年第 12 期。

正对象顺利回归社会是国家、社会和每个公民的共同责任。实践证明,社区矫正对象回归社会的法律保护工作,在社区矫正对象权利保障方面发挥了重要作用,因而也越来越受到国家的重视。

1. 社区矫正对象回归社会法律保护的国际规则

社区矫正对象回归社会的法律保护不仅是世界各国回归社会人员权利保障的重点,也是联合国预防犯罪和罪犯处遇大会所关注的主要领域之一。1955 年在日内瓦举行的第一届联合国预防犯罪和罪犯待遇大会通过了《囚犯待遇最低限度标准规则》,该规则于 2015 年 12 月 17 日进行了修订并由联合国大会通过,同时命名为《纳尔逊·曼德拉规则》,在修订后的规则中,关于罪犯回归社会的保护问题,在多条规则中进行了规定。如"规则 87. 刑期完毕以前,宜采取必要步骤,确保囚犯逐渐恢复正常社会生活。""规则 88. 1. 囚犯的待遇不应强调他们被排斥于社区之外,而应强调他们仍是社区的一部分。因此,应该尽可能请求社会机构在恢复囚犯社会生活的工作方面,协助监狱工作人员。""规则 90. 社会的责任并不因囚犯出狱而终止。所以应有公私机构能向出狱囚犯提供有效的善后照顾,其目的在减少公众对他或她的偏见,便利他或她恢复正常社会生活。""规则 107. 从囚犯判刑开始便应考虑其出狱后的前途,并应鼓励和协助囚犯维系或建立同监狱外个人或机构的关系,以推动囚犯恢复正常生活并促进其家庭的最佳利益。""规则 108. 1. 政府或民间协助出狱囚犯重新自立于社会的服务部门和办事机构都应在可能和必要时确保出狱囚犯持有正当证件,获得适当住所和工作,能有对季节和气候适宜的服装,并持有足够金钱,以前往目的地,并在出狱后一段时间内维持生活。"等。1960 年在英国伦敦召开的联合国预防犯罪和罪犯处遇大会所作出的关于受刑人释放后保护的决议指出:"更生保护之目的,乃在于使受刑人恢复自由社会之生活并给予道德及物质上的支持,首先应设法解决其实际需要之事项,如衣服、住宿、旅行、生计及证明文件等,至于情绪上的安慰及谋职的援助等也应一并考虑。"

2. 我国的法律规定

(1)《监狱法》的规定。《监狱法》第 35 条规定:"罪犯服刑期满,监狱应当按期释放并发给释放证明书。"第 36 条规定:"罪犯释放后,公安机关凭释放证明书办理户籍登记。"第 37 条规定:"对刑满释放人员,当地人民政府帮助其安置生活。刑满释放人员丧失劳动能力又无法定赡养人、扶养人和基本生活来源的,由当地人民政府予以救济。"第 38 条规定:"刑满释放人员依法享有与其他公民平等的权利。”《监狱法》是对回归社会人员进行法律保护的主要法律，从《监狱法》的内容看，涉及了回归社会人员的户籍登记、生活安置、政府救济、权利保障等方面。

（2）《反恐怖主义法》的规定。《反恐怖主义法》第 30 条规定：“对恐怖活动罪犯和极端主义罪犯被判处徒刑以上刑罚的，监狱、看守所应当在刑满释放前根据其犯罪性质、情节和社会危害程度，服刑期间的表现，释放后对所居住社区的影响等进行社会危险性评估。进行社会危险性评估，应当听取有关基层组织和原办案机关的意见。经评估具有社会危险性的，监狱、看守所应当向罪犯服刑地的中级人民法院提出安置教育建议，并将建议书副本抄送同级人民检察院。罪犯服刑地的中级人民法院对于确有社会危险性的，应当在罪犯刑满释放前作出责令其在刑满释放后接受安置教育的决定。决定书副本应当抄送同级人民检察院。被决定安置教育的人员对决定不服的，可以向上一级人民法院申请复议。安置教育由省级人民政府组织实施。安置教育机构应当每年对被安置教育人员进行评估，对于确有悔改表现，不致再危害社会的，应当及时提出解除安置教育的意见，报决定安置教育的中级人民法院作出决定。被安置教育人员有权申请解除安置教育。人民检察院对安置教育的决定和执行实行监督。”这是在法律层面对回归社会人员安置帮教方面规定得最为详细的法条。

（3）《刑法》的有关规定。《刑法》第 37 条之一规定：“因利用职业便利实施犯罪，或者实施违背职业要求的特定义务的犯罪被判处刑罚的，人民法院可以根据犯罪情况和预防再犯罪的需要，禁止其自刑罚执行完毕之日或者假释之日起从事相关职业，期限为三年至五年。被禁止从事相关职业的人违反人民法院依照前款规定作出的决定的，由公安机关依法给予处罚；情节严重的，依照本法第三百一十三条的规定定罪处罚。其他法律、行政法规对其从事相关职业另有禁止或者限制性规定的，从其规定。”第 100 条规定：“依法受过刑事处罚的人，在入伍、就业的时候，应当如实向有关单位报告自己曾受过刑事处罚，不得隐瞒。犯罪的时候不满十八周岁被判处五年有期徒刑以下刑罚的人，免除前款规定的报告义务。”

（4）《预防未成年人犯罪法》的有关规定。《预防未成年人犯罪法》第 55 条规定：“社区矫正机构应当告知未成年社区矫正对象安置帮教的有关规定，并配合安置帮教工作部门落实或者解决未成年社区矫正对象的就学、就业等问题。”第 56 条规定：“对刑满释放的未成年人，未成年犯管教所应当提前通知其父母或者其他监护人按时接回，并协助落实安置帮教措施。没有父母或者其他监护人、无法查明其父母或者其他监护人的，未成年犯管教所应当提前通知未成年人原户籍所在地或者居住地的司法行政部门安排人员按时接回，由民政部门或者居民委员会、村民委员会依法对其进行监护。”第 57 条规定：“未成年人的父母或者其他监护人和学校、居民委员会、村民委员会对接受社区矫正、刑满释放的未成年人，应当采取有效的帮教措施，协助司法机关以及有关部门做好安置帮教工作。居民委员会、村民委员会可以聘请思想品德优秀，作风正派，热心未成年人工作的离退休人员、志愿者或其他人员协助做好前款规定的安置帮教工作。”第 58 条规定：“刑满释放和接受社区矫正的未成年人，在复学、升学、就业等方面依法享有与其他未成年人同等的权利，任何单位和个人不得歧视。”第 59 条第 1 款规定：“未成年人的犯罪记录依法被封存的，公安机关、人民检察院、人民法院和司法行政部门不得向任何单位或者个人提供，但司法机关因办案需要或者有关单位根据国家有关规定进行查询的除外。依法进行查询的单位和个人应当对相关记录信息予以保密。”

(5)《社区矫正法》的有关规定。《社区矫正法》第 44 条规定：“社区矫正对象矫正期满或者被赦免的，社区矫正机构应当向社区矫正对象发放解除社区矫正证明书，并通知社区矫正决定机关、所在地的人民检察院、公安机关。”

3. 社区矫正对象特定权利保障的例外

对社区矫正对象回归社会的权利保护是相对的。在我国的法律法规中，明确了社区矫正对象回归社会后的职业禁止或职业限制。

第一，人民法院书记员和法官。《法官法》第 13 条规定：“下列人员不得担任法官：(一)因犯罪受过刑事处罚的；(二)被开除公职的……”《人民法院书记员管理办法(试行)》第 4 条规定：“下列人员不得担任书记员：(一)曾因犯罪受过刑事处罚的；(二)曾被开除公职的；(三)涉嫌违法违纪正在接受审查，尚未作出结论的。”

第二，人民陪审员。《人民陪审员法》第 7 条规定：“有下列情形之一的，不得担任人民陪审员：(一)受过刑事处罚的……”

第三，人民检察院检察官。《检察官法》第 13 条规定：“下列人员不得担任检察官：(一)因犯罪受过刑事处罚的；(二)被开除公职的……”

第四，公务员。《公务员法》第 26 条规定：“下列人员不得录用为公务员：(一)因犯罪受过刑事处罚的……(三)被开除公职的……(五)有法律规定不得录用为公务员的其他情形的。”《公务员录用规定》第 19 条规定，曾因犯罪受过刑事处罚的人员不得报考公务员。

第五，律师。《律师法》第 7 条规定：“申请人有下列情形之一的，不予颁发律师执业证书:(一)无民事行为能力或者限制民事行为能力的;(二)受过刑事处罚的,但过失犯罪的除外;(三)被开除公职或者被吊销律师、公证员执业证书的。”第49条第2款规定:“律师因故意犯罪受到刑事处罚的,由省、自治区、直辖市人民政府司法行政部门吊销其律师执业证书。”

第六,基层法律服务人员。《基层法律服务工作者管理办法》第8条规定:“有下列情形之一的人员,不得参加本办法第六条第一款第二项规定的考试或者申请执业核准:(一)因故意犯罪受到刑事处罚的;(二)被开除公职的……”司法部《关于刑满释放人员不能从事基层法律服务工作的批复》规定:“对于因故意犯罪受过刑事处罚的人员,已领取基层法律服务执业证件的,应当认定其《法律服务执照》无效,其所在的法律服务所应当予以辞退,收回其《法律服务执照》,并报核发执照的司法行政机关办理注销手续。”

第七,司法鉴定人。全国人民代表大会常务委员会《关于司法鉴定管理问题的决定》第4条第2款规定:“因故意犯罪或者职务过失犯罪受过刑事处罚的,受过开除公职处分的,以及被撤销鉴定人登记的人员,不得从事司法鉴定业务。”《司法鉴定人登记管理办法》第13条规定,因故意犯罪或者职务过失犯罪受过刑事处罚的人员不得申请从事司法鉴定业务。

第八,公证员。《公证法》第20条规定:“有下列情形之一的,不得担任公证员:(一)无民事行为能力或者限制民事行为能力的;(二)因故意犯罪或者职务过失犯罪受过刑事处罚的……”《公证员执业管理办法》第9条规定,因故意犯罪或者职务过失犯罪受过刑事处罚的人员不得担任公证员。

第九,警察。《人民警察法》第26条第2款规定:“有下列情形之一的,不得担任人民警察:(一)曾因犯罪受过刑事处罚的……”

第十,外交人员。《驻外外交人员法》第7条规定,曾因犯罪受过刑事处罚的人员不得任用为驻外外交人员。

第十一,村委会成员。《村民委员会组织法》第18条规定:“村民委员会成员丧失行为能力或者被判处刑罚的,其职务自行终止。”

第十二,拍卖师。《拍卖法》第15条第2款规定:“被开除公职或者吊销拍卖师资格证书未满五年的,或者因故意犯罪受过刑事处罚的,不得担任拍卖师。”

第十三,公司董事、监事、高级管理人员。《公司法》第146条规定:“有下列情形之一的,不得担任公司的董事、监事、高级管理人员:……(二)因贪污、贿赂、侵占财产、挪用财产或者破坏社会主义市场经济秩序,被判处刑罚,执行期满未逾五年,或者因犯罪被剥夺政治权利,执行期满未逾五年……”

第十四,国有独资企业、国有独资公司、国有资本控股公司的董事、监事、高级管理人员。《企业国有资产法》第 73 条规定:“国有独资企业、国有独资公司、国有资本控股公司的董事、监事、高级管理人员违反本法规定,造成国有资产重大损失,被免职的,自免职之日起五年内不得担任国有独资企业、国有独资公司、国有资本控股公司的董事、监事、高级管理人员;造成国有资产特别重大损失,或者因贪污、贿赂、侵占财产、挪用财产或者破坏社会主义市场经济秩序被判处刑罚的,终身不得担任国有独资企业、国有独资公司、国有资本控股公司的董事、监事、高级管理人员。”

第十五,商业银行的董事、高级管理人员。《商业银行法》第 27 条规定:“有下列情形之一的,不得担任商业银行的董事、高级管理人员:(一)因犯有贪污、贿赂、侵占财产、挪用财产罪或者破坏社会经济秩序罪,被判处刑罚,或者因犯罪被剥夺政治权利的……”

第十六,证券相关从业人员。《证券投资基金法》第 15 条规定:“有下列情形之一的,不得担任公开募集基金的基金管理人的董事、监事、高级管理人员和其他从业人员:(一)因犯有贪污贿赂、渎职、侵犯财产罪或者破坏社会主义市场经济秩序罪,被判处刑罚的……”2022 年修订的《证券法》第 103 条规定:“有《中华人民共和国公司法》第一百四十六条规定的情形或者下列情形之一的,不得担任证券交易所的负责人:(一)因违法行为或者违纪行为被解除职务的证券交易场所、证券登记结算机构的负责人或者证券公司的董事、监事、高级管理人员,自被解除职务之日起未逾五年;(二)因违法行为或者违纪行为被吊销执业证书或者被取消资格的律师、注册会计师或者其他证券服务机构的专业人员,自被吊销执业证书或者被取消资格之日起未逾五年。”第 104 条规定:“因违法行为或者违纪行为被开除的证券交易场所、证券公司、证券登记结算机构、证券服务机构的从业人员和被开除的国家机关工作人员,不得招聘为证券交易所的从业人员。”

第十七,破产企业管理人。《企业破产法》第 24 条规定,因故意犯罪受过刑事处罚的人员不得担任破产管理人。

第十八,种子企业的法定代表人、高级管理人员。《种子法》第 75 条第 2 款规定:“因生产经营劣种子犯罪被判处有期徒刑以上刑罚的,种子企业或者其他单位的法定代表人、直接负责的主管人员自刑罚执行完毕之日起五年内不得担任种子企业的法定代表人、高级管理人员。”

第十九，生产经营单位的主要负责人。2022 年修订的《安全生产法》第 92 条第 3 款规定："对有前款违法行为的机构及其直接责任人员，吊销其相应资质和资格，五年内不得从事安全评价、认证、检测、检验等工作；情节严重的，实行终身行业和职业禁入。"第 94 条第 3 款规定："生产经营单位的主要负责人依照前款规定受刑事处罚或者撤职处分的，自刑罚执行完毕或者受处分之日起，五年内不得担任任何生产经营单位的主要负责人；对重大、特别重大生产安全事故负有责任的，终身不得担任本行业生产经营单位的主要负责人。"

第二十，食品安全管理人员。《食品安全法》第 135 条第 2 款规定："因食品安全犯罪被判处有期徒刑以上刑罚的，终身不得从事食品生产经营管理工作，也不得担任食品生产经营企业食品安全管理人员。"第 138 条第 2 款规定："违反本法规定，受到开除处分的食品检验机构人员，自处分决定作出之日起十年内不得从事食品检验工作；因食品安全违法行为受到刑事处罚或者因出具虚假检验报告导致发生重大食品安全事故受到开除处分的食品检验机构人员，终身不得从事食品检验工作。食品检验机构聘用不得从事食品检验工作的人员的，由授予其资质的主管部门或者机构撤销该食品检验机构的检验资质。"

第二十一，职业禁止。《刑法》第 37 条之一第 1 款规定："因利用职业便利实施犯罪，或者实施违背职业要求的特定义务的犯罪被判处刑罚的，人民法院可以根据犯罪情况和预防再犯罪的需要，禁止其自刑罚执行完毕之日或者假释之日起从事相关职业，期限为三年至五年。"

第二十二，教师。《教师法》第 14 条规定："受到剥夺政治权利或者故意犯罪受到有期徒刑以上刑事处罚的，不能取得教师资格；已经取得教师资格的，丧失教师资格。"

第二十三，会计和注册会计师。《会计法》第 40 条规定："因有提供虚假财务会计报告，做假帐，隐匿或者故意销毁会计凭证、会计帐簿、财务会计报告，贪污，挪用公款，职务侵占等与会计职务有关的违法行为被依法追究刑事责任的人员，不得再从事会计工作。"《注册会计师法》第 10 条规定："有下列情形之一的，受理申请的注册会计师协会不予注册：……（二）因受刑事处罚，自刑罚执行完毕之日起至申请注册之日止不满五年的……"

当然，前述二十多类有关社区矫正对象回归社会的职业禁止或职业限制的规定是否具有正当性，在当下是一个值得探讨的问题。笔者认为，用"陈旧"的规范来约束、限制"新时代的公民"显得不合时宜，相关法律法规和规范性文件有待梳理与完善。如部分法律法规将受到刑事处罚作为禁止从事特定职业的条件，将社区矫正对象从该种职业的人员范围之中予以排除，使社区矫正对象的就业范围变得狭窄。社区矫正对象在受到刑罚处罚后还要背负着一生的“延伸刑罚”，是对其无形中的再次处罚。让一个已经受过刑罚处罚的人在合法的情况下，继续承受该犯罪行为带来的种种不利，也有失公正。①

（四）社区矫正对象权利保障的完善

社区矫正对象权利保障的完善，可从四个维度着手：一是在政策层面，在政府的主导下，制定宽容性的社会政策，增进社会公众对社区矫正对象的认同感。二是在经济层面，以社区矫正对象的社会生存为核心，以社会组织为基石，开展职业教育，提升社区矫正对象的就业能力，帮助其更快地找到工作。三是在心理层面，以身心健康教育为依托，提升社区矫正对象对社会现实的心理认知，消除社区矫正对象不良的心理倾向，转换社区矫正对象的生存视角，使其以积极向上的心理状态去面对社会生活。四是在文化层面，营造帮助社区矫正对象的文化氛围，提升社区居民的宽容性，使社区矫正对象与社区其他居民产生良性互动，成功地融入社会。

1. 针对社区矫正对象制定宽容性的社会政策

“社会政策是指通过国家立法和行政干预解决社会问题的一系列行动准则和规定的总称。”②制定宽容性的社会政策，既是保护和关爱社区矫正对象的政府行动，也是培育宽容性社会文化的需要。宽容性社会政策的根本之道，是要消解社会排斥，构建以共享和平等为核心原则的社会，而宽容性社会政策是新型的社会发展理念在政策层面的体现。对完善社区矫正对象的权利保障而言，宽容性社会政策应当保障社区矫正对象的基本生活需要，给予社区矫正对象在就业、教育、社会福利等方面的实质平等，要确保社区矫正对象平等地享有社会发展成果，增进社会公众对社区矫正对象的认同感。宽容性社会政策“作为社会排斥的反制，在性质上是一种平权行动，旨在改变导致社会排斥的环境和习性”③。有学者认为，“包容性社会政策的选择既要基于事实判断，又需要明确的价值取向指引”，“根据

---

① 参见刘小楠：《反就业歧视的策略与方法》，法律出版社 2011 年版，第 148 页。

② 参见林闵钢主编：《中国社会政策》，武汉大学出版社 2011 年版，第 2 页。

③ 参见葛道顺：《包容性社会发展：从理念到政策》，载《社会发展研究》2014 年第 3 期。

社会政策在制定、实施、评估过程中遵循的理念与原则，包容性社会政策必须遵循基础价值取向—秉持社会公正；核心价值取向—尊重多元化选择；根本价值取向—以社会整体性为本；目标价值取向—共享社会发展成果”①。由此我们可以看出，宽容性的社会政策包括秉持社会公正、尊重多元化选择、以社会整体性为本、共享社会发展成果四个价值维度。那么，制定宽容性安置帮教工作社会政策时，应做到以下几点。

第一，在秉持社会公正这一基础价值取向上，必须充分彰显复合正义，即社会公平正义和个别公平正义。公平正义是现代社会的理想和追求的目标，社区矫正对象受到法律的惩罚，体现的是社会公平正义，是法律对犯罪行为的回应，是犯罪人必须付出的代价。但是，国家对每一个公民都负有帮扶的义务和救助的责任，使社区矫正对象得到矫正和教育，顺利回归社会成为守法公民，是个别正义的要求，是宽容性社会政策的应有之义。

第二，在尊重多元化选择这一核心价值取向上，宽容性的社会政策应体现出安置帮教工作的多元化。“多元化是指社会群体之间利益的多元性，价值观的多元性、文化的多元性等等，其本质是利益的多元性。”②一是社区矫正对象权利保障工作参与主体的多元化。在社区矫正对象的权利保障领域，各种各样的社会力量走向前台，成为社区矫正对象权利保障工作的主体。政府成为社区矫正对象权利保障工作的“掌舵者”和主导者，各种各样的社会力量成为“划桨者”。二是社区矫正对象权利保障工作中个体选择的多元化。主要是尊重和允许社区矫正对象个体的多元化选择，使社区矫正对象有平等享有社会福利的机会。三是社区矫正对象权利保障工作形式的多元化。不再拘泥于计划经济时代的权利保障模式，而是“百花齐放、百家争鸣”，政府、社会、市场三足鼎立，各显其能，各尽其责。

第三，在以社会整体性为本这一根本价值取向上，制定宽容性的社会政策必须明确“经济、政治、文化、生态、社会等处于相互联系、相互统一的一个整体中”。社区矫正对象是社会的一员，是社会的一分子，是社会活动的参与者，必然应融入社会整体之中。宽容性的安置帮教工作政策“以社会整体性为本，充分体现了社会性和包容性关怀，可见，社会整体性是包容性社会政策的根本要义”③。

---

① 参见王芝华：《构建包容性社会政策价值取向的四个维度》，载《求实》2016 年第 9 期。

② 参见王芝华：《构建包容性社会政策价值取向的四个维度》，载《求实》2016 年第 9 期。

③ 参见王芝华：《构建包容性社会政策价值取向的四个维度》，载《求实》2016 年第 9 期。

第四，在共享社会发展成果这一目标价值取向上，制定宽容性的社会政策，应当适用特别原则，规定国家保护社区矫正对象享有经济、政治、文化、社会、生态文明发展系列成果的权利，而不是因为其曾经的犯罪行为禁止其共享社会发展成果。只有这样，才能打破社区矫正对象权利保障工作中的社会隔阂、职业壁垒、文化围城和人际孤岛，消解社会歧视和社会排斥，解决社会矛盾，化解社会冲突，调节社会关系，避免社会政策的价值取向偏离。

2. 修订法律法规，非必要不制定职业禁止和职业限制的规范

我国法律法规所规定的职业禁止和职业限制，过于关注社会的安全与秩序，对社区矫正对象实行了“有罪推定”原则。其逻辑预设是：只要把曾经犯过罪受到刑罚处罚的人排除在特定的职业之外，就能净化这些特定职业的从业人员，就能避免从事这些特定职业的人员违法犯罪，以此维护社会的安全与秩序。很明显，这是一个伪命题和逻辑谬论。实践证明，即使法律法规设置了如此多的职业禁止和职业限制，这些特定职业的犯罪绝对数也未减少，而且呈现增多之趋势。这就充分说明，职业禁止和职业限制这些“堵”的规定，并不能有效解决问题。从之前梳理的法律法规所规定的职业禁止和职业限制来看，笔者认为，属于公职人员范畴的法官、检察官、警察、公务员、外交人员、教师，以及国有公司的董事、监事、经理、高级管理人员等，因为代表国家和政府行使权力，对社区矫正对象规定职业禁止和职业限制是必要的，也是法律对社区矫正对象违法犯罪受到刑罚处罚后的积极回应。但是，属于自我个体化选择范畴的律师、基层法律服务人员、司法鉴定人、公证员、拍卖师、会计、注册会计师等，这些从业人员大多依据自身的职业技能从事职业活动，社区矫正对象回归社会后已经恢复了人身自由，是依法享有权利、履行义务的公民，没有必要以法律法规的形式对回归社会后的社区矫正对象实施职业禁止和职业限制，应该给予社区矫正对象更大的包容性和就业空间。只有这样才能消除社会歧视和社会排斥，化解社区矫正对象融入社会的内在需求与社会文化的全面排斥之间的矛盾。

3. 培育包容性的社会文化

新时代中国特色社会主义的社会形态，必然是一个包容性的社会。包容性的社会是以包容性的社会文化来支撑的，对于国家、市场和社会三大主体来说，若要培育对社区矫正对象具有包容性的社会文化，必须坚持宽容和平等的原则。

在政府治理层面上，在包容性理念支配之下，政府积极提倡社区矫正对象权利保障工作的创新，充分挖掘和提炼社会文化资源、社会组织资源等要素，共同建

构凝聚全社会的包容性文化价值体系，再经过社会生活的融合，必然形成具有包容特质的、成熟的和文明的社会文化。在社会文化建构层面上，在政府的刻意培育下形成的各具专业特色的社会组织，可以发挥自身在政府和市场之间广泛而持续的社会联结功能。在社区矫正对象和社会公众心理动因相互嵌入的社会关系层面上，首先是社区矫正对象作为社会个体，在面对社会排斥时必须要勇于进行自我认同、自我接纳，“个体有必要也有可能以社会组织或社区为依托，积极参与社会互动，特别是参与到以互助、合作、信任为根本原则的社会自治中，特别有利于形成新的习惯体系和价值观念，最终生成新的‘意义共同体’，认同、接纳乃至包容就能在此中得以实现”①。其次是社会公众，在保证文化独立生存空间的基础上，把社区矫正对象作为平等的社会成员予以认同与接纳。尤其需要从人际文化和心理空间上，对社区矫正对象主动适用“无罪推定原则”，摒弃“犯罪预设”的心态，为社区矫正对象平等地提供参与社会竞争和就业的机会。

4. 提升社区矫正对象的社会生存能力

第一，转变职业观念，拓宽就业空间。树立正确的职业选择观念，是开启社区矫正对象职业生涯的首要因素。这要求社区矫正对象在回归社会之初，根据社会的现实情况进行准确的自我评价，认清自己的能力，从而确定可行的职业目标。安置帮教机构和相关社会力量作为帮助社区矫正对象回归社会的主要力量，需及时帮助其收集就业信息，以做好就业前的准备工作。具体而言，安置帮教机构和相关社会力量在帮助社区矫正对象回归社会之时，要对其背景资料进行统计与汇总，整理出社区矫正对象的受教育水平、技能水平、性格特征等基本信息，为之后的就业指导规划打下基础。根据收集到的资料，针对社区矫正对象的不同特征，开展适合社区矫正对象的就业交流活动，使社区矫正对象树立“先就业、后择业”的就业观念，帮助社区矫正对象掌握尽可能多的就业信息，以便顺利地找到适合自己的工作。

第二，强化职业技能培训，提升人力资本。社区矫正对象没有一技之长、学历普遍不高、缺少知识和技能等，导致了其人力资本的匮乏，无法满足社会对于劳动者综合素质的要求，在社会上只能从事技术含量低、劳动强度大的工作。在没有市场竞争力的情况下，社区矫正对象或收入微薄，或不能自食其力，生活较为窘迫，很难融入社会。因此，根据社区矫正对象的个人需求，不仅要对社区矫正对象

---

① 参见郑芸：《当代中国构建包容性社会的价值和思路》，载《学术论坛》2012 年第 6 期。

进行职业技能培训,还应帮助其考取相应的职业资格证书,全面提升人力资本,为就业奠定基础。安置帮教机构和相关社会力量要帮助社区矫正对象找准市场的需求,有针对性地选择职业培训内容,制订培训方案,依据岗位需求,定向进行培养。

5. 强化身心健康教育,使社区矫正对象正确认知社会,找准自我定位

针对社区矫正对象开展身心健康教育,是为了让其拥有良好的心理素质和适应能力,从而顺利融入社会。因此,要充分利用社会力量,动员社会组织参与到对社区矫正对象的身心健康教育中来,营造出温暖友好的社会氛围,使社区矫正对象在社会多方的帮助下,正确认知社会,找准自我定位,适应社会生活并融入其中。

首先,引导自我归因,正视社会现实。归因是指个体对某一事件或行为结果的原因知觉,美国心理学家韦纳(B. Weiner)认为,归因会影响个体期望的改变和情感反应,而这种归因后果将影响后继行为,成为后继行为的动因。[①] 因此,个体对于自身问题的归因,会影响其未来的期望,进而改变其后继行为的走向。因此,要引导社区矫正对象在面临生活中的困境时,正确归因,找准自我定位,使之正视社会现实,正确认知社会,逐步建立融入社会的自信心,解开思想上的症结,释放心理压力,强化自我认同。

其次,开发心理资本,培育健康心态。心理资本作为积极心理状态的集合体,会对个体的认知态度、情感与行为产生积极的影响,其构成因素包括自我效能感、乐观、希望和韧性。充分发挥心理资本的作用,能使社区矫正对象增强自我效能感,积累正确的认知经验;能引导社区矫正对象正确认识挫折、面对挫折,培养他们应对挫折的能力;能有效调节社区矫正对象的主观感受,使其适应社会规则,并改善自身行为以融入群体之中,从而呈现出健康的心理状态。

6. 改进社区矫正对象权利救济机制

《社区矫正法》实际是一部社区矫正对象权益保障法。依据该法的立法精神,不允许社区矫正工作人员穿着制服去开展社区矫正工作。要求社区矫正工作人员进行“查访”,而非“走访”。要求社区矫正对象定期向社区矫正机构“报告”,而非“报到”。社区矫正机构可以组织“公益活动”,而非“社区劳动”。支持运用现代信息技术开展监督管理和教育帮扶,但限制使用电子定位装置。

① 参见张爱卿:《归因理论研究的新进展》,载《教育研究与实验》2003 年第 1 期。

没有救济就没有权利，权利救济机制是权利保障制度的核心。《社区矫正法》第 34 条第 1 款规定："开展社区矫正工作，应当保障社区矫正对象的合法权益。社区矫正的措施和方法应当避免对社区矫正对象的正常工作和生活造成不必要的影响；非依法律规定，不得限制或者变相限制社区矫正对象的人身自由。"《社区矫正法》第 34 条第 2 款规定："社区矫正对象认为其合法权益受到侵害的，有权向人民检察院或者有关机关申诉、控告和检举。受理机关应当及时办理，并将办理结果告知申诉人、控告人和检举人。"

但《社区矫正法》在社区矫正对象权利保护方面，还有不足之处，一些立法规定显得笼统。笔者认为，可以借鉴国外立法，对社区矫正对象权利的保障分门别类加以规定。可以效仿美国一些州针对社区矫正执法机构及其人员，专门立法。如美国俄勒冈州《社区矫正法》规定，由州长任命矫正调查者，并严格规定了矫正调查者的任职条件和行为要求，设置了专门程序以维护矫正对象的合法权利。矫正调查者可以根据人们的投诉或调查者自己的动议，对矫正部门任何雇员做出的行为进行调查，并得出调查报告，以行使对矫正执法行为进行监督、维护矫正对象的权利的职能。[①] 此外，为完善社区矫正对象权利救济的程序规定，应强化权利实现的监督机制。

笔者在社区矫正宣传网上查阅到一个报道：社区矫正对象杨某某因犯交通肇事罪于 2021 年 6 月被广德市人民法院判处有期徒刑 10 个月，缓刑 1 年。杨某某于 2021 年 7 月初在社区矫正机关办理了社区矫正入矫手续，2021 年 7 月下旬被广德市公安局治安拘留 15 日，并于当日开始执行。社区矫正对象杨某某被治安拘留 15 日，是否达到对其撤销缓刑收监执行的条件，检察机关与社区矫正机关存在不同的看法。在检察机关对该案进行调查期间，杨某某本人向检察机关提出公开听证的申请，希望通过公开听证程序对其是否符合撤销缓刑收监执行的条件进行评判，检察机关依据当事人的申请，决定对杨某某的行为是否符合撤销缓刑收监执行的条件举行公开听证。听证会围绕"杨某某被治安拘留十五日，是否适用 2020 年《实施办法》第 46 条第 5 项规定"等焦点问题展开充分讨论。随后，听证员对案件进行了闭门评议，根据案情，结合宽严相济的刑事政策，认为杨某某的行为尚未达到法定的撤销缓刑收监执行的条件，但在社区矫正期间应当对杨某某加

---

① 参见刘强主编：《各国（地区）社区矫正法规选编及评价》，中国人民公安大学出版社 2004 年版，第 110 ~ 120 页。

强法治教育,防止其有其他违法违规的行为。此类听证会的召开,使社区矫正对象通过权利救济程序维护了自身的权益,也彰显了法律的人文关怀,诠释了法律的温度。

《社区矫正法》施行以来,全国不少社区矫正机构、检察机关、人民法院对社区矫正对象外出请假、执行地变更、考核奖惩等环节,根据社区矫正对象的申请,通过组织召开听证会的方式,广泛听取各方意见,维护申请人的合法权益,以实际行动贯彻落实我国宪法尊重和保障人权的基本理念,实现了法律效果和社会效果的统一。当然,这些探索还有待于上升到制度与法律层面。

第五章　社区矫正监督管理模式

中国引入并本土化发展社区矫正制度以来,自始至终将司法行政机关定位为社区矫正工作的牵头组织者与主要实施者。但与公安机关、检察院和法院等相比,作为社区矫正工作组织主体的司法行政机关职能和权限相对较弱,往往难以有效组织和调动相关部门共同完成社区矫正工作中的监督管理、教育帮扶等任务。因此,为缓解并减轻上述沟通负担和协调压力,在社区矫正实施过程中,司法行政机关极力推动地方党委政府设立社区矫正委员会,并将公、检、法、监狱、卫健、人社等部门作为成员单位。司法行政机关借助党委政府的强有力领导,促使公安机关、检察院、法院等协助解决社区矫正日常工作中出现的各种困难,从而逐步形成了“党委政府领导、司法行政负责、相关部门协助、社会力量补充、检察机关监督”的领导体制与工作机制。但是,随着社区矫正工作由“摸着石头过河”的试点阶段转向“全国一盘棋”的规模化、法治化运作阶段,在社区矫正对象与日俱增、社区矫正任务日益繁重、各类紧急突发事件不断出现的背景下,当前社区矫正管理模式正面临前所未有的压力和挑战。

任何法律或制度都是实践理性的产物,体现了人们的价值判断与理性选择。人们(立法者)在各种价值目标之间评判取舍,就是法律目的选择的过程。不同的目的选择指向了不同的价值:历史法学派选择了民族的精神,法经济学派选择了效率优先,自由主义强调了对个人自由的保障。因此,社区矫正监督管理模式的选择,也需要在经验的基础上,先进行价值判断,以使选择的模式符合理性认识的最优考量。毫无疑问,监狱制度的封闭式行刑模式与社区矫正制度的开放式行刑模式在最终目的上是一致的,是统一于刑罚特殊预防目的之上的。只是在达成这一最终目的的途径上,有不同的模式选择。也就是说,方法或途径成了次一级的目的。社区矫正监督管理模式的设计,同样面临这种次一级的目的选择的问题。取舍之间,便极有可能造成面貌相同的制度,却有着不相同的结果。

一、社区矫正监督管理模式产生的理论基础

社区矫正监督管理模式，是指社区矫正工作运行过程中在价值理念、组织机构、工作体系、方式方法等方面应当遵循的准则体系。社区矫正监督管理模式产生的理论基础是复归主义。复归主义认为，监狱不是矫正教育罪犯的理想环境，罪犯被长期监禁在监狱中，生活环境、生活内容、生活方式等由监狱进行统一的设计和规划，罪犯在严密监视与控制下服刑，与现实社会严重脱节。并且罪犯常年处在监狱亚文化的消极影响中，受亚文化负面内容的熏陶，在刑满释放时难以重返正常的社会生活。一般认为，监禁越久的人，重返社会也就越困难。美国伊利诺伊州矫正署前署长查尔斯·罗(Charles Rowe)认为："将一个人数年之久关押在高度警戒监狱里，告诉他每天睡觉、起床的时间和每日每分钟应做的事，然后再将其抛向街头并指望他成为一名模范公民，这是不可思议的。"①美国司法委员会矫正工作部在一份报告中进一步指出："矫正的任务包括在犯人和社区之间建立或重新建立牢固的联系，使罪犯归入或重归社会生活中去，恢复家庭关系，获得职业的教育。就广泛的意义而言，即在于为犯人在社会正常生活中获得一席之地提供帮助。这不仅要求必须努力改变每一名罪犯——这一点曾经是复归模式的唯一目标，而且还需要发动和改造社会及其各类机构。"②因此，复归主义主张刑罚应该积极采取措施，对罪犯在服刑期间进行矫正教育、职业技能训练，使罪犯掌握一技之长，促使罪犯顺利回归社会。要想达到这一目的，一是监狱在监禁罪犯过程中，要以罪犯回归社会为目的，为罪犯安排多种形式的重新回归社会活动，如职业技能培训、提前释放、学习释放、工作释放、离监探亲等。二是应广泛使用社区矫正，充分发挥社区在矫正教育罪犯中的作用，通过强化罪犯与社区之间的联系，使罪犯重新适应社会生活。强调监禁只是无奈之举，只有在罪犯不适宜社区矫正的情况下才对其适用监狱监禁。三是强调罪犯与社区关系的修复，包括在罪犯和社区之间建立或重建牢固的联系，特别重视为罪犯提供自新的机会。在社区矫正中，通过缓刑、假释、中途训练所等非监禁形式，使罪犯重新和他们的家庭生活在一起，而且他们有机会在社区中从事某种工作，同时用他们工作收入的一部分来承担对被害人的赔偿责任、支付罚金和矫正工作所需的费用。另外，罪犯可以通

---

① 参见[美]巴特勒斯：《矫正导论》，孙晓雳等译，中国人民公安大学出版社1991年版，第130页。

② 参见[美]巴特勒斯：《矫正导论》，孙晓雳等译，中国人民公安大学出版社1991年版，第22页。

过参加心理治疗以及接受文化和职业技能教育，来提高他们的工作技能和社会交往能力。当然，为了防止罪犯对被害人或社区居民可能带来的不利影响，在社区矫正中也要强化对罪犯的监督管理与控制，并要求其遵守一些强制性规定，如限制居住与活动场所、不得与品行不良的人员交往、遵守禁止令等。四是鼓励社会公众和民间团体、社会组织、志愿者等积极参与帮助罪犯重归社会的实践活动，负责矫正的专业人员、负责控制的监护人员、社会工作者与志愿者都是社区矫正的重要参加者。在西方国家，一些社区的志愿者经常从多方面为罪犯提供帮助，有的人经常帮助缓刑、假释工作人员做一些辅助性的文字工作；一些宗教人员为罪犯提供宗教学习的机会或辅导他们学习。社区的帮助和支持，能使罪犯有比较好的条件来适应社区的生活。

复归主义构成了社区矫正的理论基础。由于在复归思想支配下的矫正模式主要表现形式是社区矫正，因此，一般将其称为社区矫正管理模式。在复归思想的指导下，矫正制度迎来了"黄金时代"，20 世纪 60 年代末 70 年代初社区矫正制度在美国获得了迅速的发展。

二、国外社区矫正监督管理模式述评

（一）以价值取向为区分标准的社区矫正监督管理模式

以社区矫正的价值取向为标准，可将社区矫正监督管理模式分为公众保护模式、刑罚执行模式和更生保护模式。[①]

1. 公众保护模式

公众保护模式以美国、加拿大和澳大利亚为代表。所谓公众保护模式，是指社区矫正的适用以保护公众安全为基本出发点，在社区矫正的适用及执行上都以公共安全为首要考虑因素，而不仅仅着眼于罪犯的重返社会。如加拿大的社区矫正工作遵循三个原则：一是保护公众安全；二是尽可能少地限制犯罪人的自由；三是鼓励社会公众参与矫正工作。在这三个原则中，保护公众安全是最重要、最基本的原则。加拿大矫正部门认为，保护公众安全的最佳办法是让罪犯安全地回到社会，最大限度地降低其重新犯罪的可能性，使其成为守法公民。假释的适用和开展社区矫正则被当作使犯罪人安全回归社会，实现再社会化的有效途径。但

---

① 参见李明：《国外主要社区矫正模式考察及其借鉴》，载《中国司法》2008 年第 1 期。

是，决定是否允许某个犯罪人假释，最重要的考虑因素是该犯罪人假释后是否还会危及公众的安全。美国1985年制定的《综合犯罪控制法》中明确指出：刑罚的目标不是复归社会，而是正当惩罚和控制犯罪。

公众保护模式有如下特点：一是从适用对象来看，判断是否适用社区矫正以其是否会危害社会公众安全为标准。二是社区矫正种类丰富多样，以尽量适应不同的矫正对象。社区矫正种类主要有缓刑、假释、社区服务、罚款、赔偿、家庭监禁、电子监控、中途训练所、连续报告制度等。三是有统一的社区矫正决定和执行机关。在美国和加拿大，对于罪犯是否可以社区矫正，一般由法院决定。如果被适用社区矫正的罪犯在服刑期间重新犯罪或违反有关行为规则，法院则可以对其科以普通监禁刑。执行社区矫正的部门一般是矫正局，矫正局实行垂直领导。四是强调对社会公众的保护，因而倾向于强调对社区矫正对象的监管以控制其人身危险性，发展中间制裁制度。

公众保护模式是对20世纪70年代实施的过度矫正主义的纠偏，其目的在于强调矫正的同时，也兼顾公众的惩罚需求。因此，公众保护模式也可以称为惩罚模式。美国是典型的公众保护模式。在美国，不仅加利福尼亚州出台了著名的“三振出局”法案，一些州甚至取消了假释制度。美国亦发展出了所谓的中间制裁制度，出台了极具争议性的“梅根法案”。

2. 刑罚执行模式

刑罚执行模式以英国为代表。所谓刑罚执行模式，是指社区矫正已融入其刑罚体系中，完全把社区矫正作为一个刑种予以广泛适用，而并不特别强调执行社区矫正要有回归社会的目的或者是对出狱人的特别保护。因此，社区矫正的决定多以法院命令的形式出现，要求社区罪犯强制执行。现行英国法律根据刑罚轻重，把刑罚分成三类：罚款、社区矫正刑和监禁刑。社区矫正刑属于中等强度的刑种，适用于犯罪行为危害程度中等的罪犯。

英国的刑罚执行模式有如下特点：一是社区矫正以法院命令为主。最常见的社区矫正有缓刑令、社区服务令、宵禁令、毒品治疗与检测令、出席中心令、监督令、假释等。二是社区矫正的决定机关有两类，假释由假释委员会裁决，其他社区矫正刑主要由法院决定。社区矫正的执行机关在中央一级为内政部国家缓刑局，其接受内政大臣的直接领导，统领各地方缓刑服务局。三是对社区矫正官员的要求较高，以保障刑罚的有效执行。

3. 更生保护模式

更生保护模式以日本为代表。所谓更生保护模式，是指其社区矫正制度除了具有一般社区矫正制度的特点外，更加注重出狱人保护救济措施的完善。这一模式有如下特点：一是完善的社区处遇制度。20世纪日本社区矫正制度的发展，是以罪犯社区处遇的广泛拓展为标志的。在日本，通常所说的罪犯社区处遇，或者称为更生保护，包括缓刑、假释以及罪犯释放后的安置等。更生保护的对象主要包括受保护观察处分者，被判缓刑者，假释、保释出狱或者保外就医者，刑满释放者或者赦免出狱者，以及其他法定应予更生保护的对象。更生保护的主要目的是最大限度地减少监禁机构中的服刑者，让尽可能多的罪犯在社会和有关组织的监督下进行社区矫正，这样不仅能降低执行刑罚的成本，还能使罪犯不与社会产生隔阂，有利于罪犯融入社区、重返社会。二是富有成效的非监禁刑措施。日本的假释、缓刑等非监禁刑措施的运用非常成功，假释由监狱长向地方更生保护委员会提出申请，该委员会决定是否假释，而无须报法院批准。三是完善的开放式监狱行刑制度。四是有完善的社区矫正执行机构。罪犯的矫正处遇问题由法务省主管，其中狱内矫正由矫正局主管，社区矫正由更生保护局及其所管辖的机构负责。

（二）以主导主体为区分标准的社区矫正监督管理模式

从社区矫正的发起方式、资金来源、目标设定等要素来看，大体上有三种主导模式：社区自治主导的社会改造模式，又称本源模式；政府主导的行刑空间转换模式；政府职能与社区优势相结合的复合主导模式。

1. 社区自治主导的社会改造模式

这一模式又称本源模式，本源模式的依据是社区矫正自产生之日起就是以社区为主体进行主导的。

目前公认的社区矫正的创始人是美国马萨诸塞州波士顿市的鞋匠约翰·奥古斯塔斯。在他最初保释和帮助的1100个犯罪者中，只有1人重新犯罪。在他保释和帮助犯罪者的近20年中，奥古斯塔斯共花费了24万美元用于交保释金和帮助犯罪人。其资金来源主要是自己的生产经营和社会捐助。① 在当时，他的大笔开支均由他本人承担，政府没有任何介入，矫正的方式和内容完全是按照自己

① 参见刘强：《美国社区矫正演变史研究》，法律出版社2009年版，第61～62页。

的善意和公德心而设置的。若干年之后他的行为才得到了社会和州政府的认可，促使了马萨诸塞州社区矫正法的出台，并使其他州相继效仿。由此可以看出，社区矫正制度创始之初的本意是由社区自治主导社会改造，而非由政府主导。因此，这一模式又称社区主导型，其特点是政府仅以立法形式间接干预与规范社区矫正，至于具体的社区矫正工作则完全实行社区居民的自主治理。

以社区自治主导的社会改造模式的理论基础，主要是恢复性司法的理念，认为犯罪首先侵害的是被害人的权利，其次是社区的权利，最后才是国家的法律秩序。因此犯罪人的责任，不是被动地接受刑罚的处罚，而是积极地挽回犯罪造成的不良后果，弥补犯罪行为对被害人和社区的损害。这就要求在处理犯罪人和犯罪行为的过程中，应当考虑被害人和社区的需要。与此同时，恢复性司法理念认为，在犯罪发生后，除了犯罪人对自己的行为承担责任外，社区也对处理犯罪负有责任，因为犯罪是社区关系不良的一种体现，社区所有成员应该对犯罪负责，每一个犯罪人身边的人都应该对犯罪人悔过自新提供力所能及的帮助和支持。如此一来，社区矫正就应当由社区主导，在社区自治的范围内，利用社区资源的广泛参与和社区矫正对象同社会成员的充分互动，顺利完成教育改造的目的。①

社区自治主导的社会改造模式的另一典型代表，是女犯罪心理学家米米·西尔博特与曾是假释犯的约翰·马勒联手，于 1971 年创建的美国旧金山迪兰西街矫正中心，该中心没有政府投资，没有政府官员参与管理，采取完全自治的模式，却取得了巨大的成功。该自治模式的特点是实行完全自治管理，由矫正中心自身成立的董事会和社区矫正对象组成的理事会进行管理。理事会的组成则充分体现了种族多元化和性别平衡，非洲裔美国人和西班牙、葡萄牙、印第安裔美国人以及英裔美国人各占 1/3，与各种族在矫正对象中所占比例一致；社区矫正对象中女性占 25%，管理层中则有 30% ~40% 的女性成员。② 这里被称为失败者的哈佛大学，学生则清一色为曾经的重罪犯人、瘾君子、毒贩子、窃贼、问题少年、辍学者、皮条客、妓女或者无家可归的流浪汉。截至 2005 年，这所特殊大学将14,000 余名各色犯人和其他被社会唾弃的底层人士培养成自信遵纪、自尊自爱、诚实勤奋的守法公民。迪兰西街矫正中心矫治的对象数以万计，迪兰西街矫正中心先后创办了餐馆、咖啡馆、书店、搬运公司、家具店等 23 家公司，营业地点遍及美国纽约州、新

---

① 参见谭全万：《主体或空间：论社区矫正的模式选择》，载《成都行政学院学报》2007 年第 3 期。

② 参见张传伟：《我国社区矫正京沪模式的比较分析与选择》，载《北京社会科学》2009 年第 1 期。

墨西哥州、北卡罗来纳州、加利福尼亚州的洛杉矶和旧金山等地，形成了年产值达2000万美元的产业帝国。① 由此可见，社区矫正并不只是社区矫正对象“在社区内被矫正”，而更多的是“由社区来矫正”。也就是说，社区矫正的本源模式是社区自治的社会改造模式，而非国家主导的行刑空间转换模式。

构建社区主导的社区矫正管理模式，有赖于良好的社区组织。社区是“具有共同价值取向的同质人口组成的关系密切、出入相友、守望相助、富有人情味的社会关系和社会利益共同体；这种共同体不是人们有意识选择的结果，而是自然的由于其生于斯长于斯而形成的”②。费迪南德·滕尼斯（Ferdinand Töunies）的社区概念不是当前我国所认识的地域概念，其突出的是共同体的精神意蕴，即存在一个能将不同个体黏合在一起的联结纽带，这一纽带的核心特征是存在广泛认同的默认一致。而在现代社会中出现的四种共同体形式：同业群体、社团、非营利组织以及网络社区，它们失去了传统共同体固定的地域边界，但获取了新的共同精神，即现代性所孕育的共有利益和共享价值，包括民主、自由、平等、公民权利等。社区所具有的重要能力便是自我治理的能力，这也是主张由社区主导社区矫正的基本依据。虽然社区居民自治已成为对新时期基层管理架构的一种制度性设计，但仍然没有摆脱街道乡村的地域限制。③

社区自治模式由于非政府组织、志愿者及一般公众的参与，形成了自下而上的结构，通过社区基层力量组织社区矫正活动。在资金来源上，大多来自捐款、基金及会员会费等社会捐助；在发展目标上，更多关注国民福利、社区矫正对象的人权及社会治理制度的改革创新；在参与方式上，强调社会集体行动、大众运动和使用大众媒体。政府对社区矫正发展的作用主要表现在提供制度规范，基本不涉及组织与计划方案，社区层面的组织及居民按照自治原则，处理矫正事务。

在当今的社会条件下，这一模式虽然能使社区功能得以发挥，使社区优势得以体现，但是社区是自治性的，由于其缺乏强制性使社区矫正作为刑事执行方式遭遇“尴尬”。

2. 政府主导的行刑空间转换模式

这一模式又称政府主导型，特点是政府与社区紧密结合，政府对社区矫正的

---

① 参见颜九红：《美国社区矫正的成功典范——迪兰西街矫正中心》，载《北京政法职业学院学报》2005年第2期。

② 参见［德］斐迪南·滕尼斯：《共同体与社会》，林荣远译，商务印书馆1999年版，第3页。

③ 参见谭全万：《主体或空间：论社区矫正的模式选择》，载《成都行政学院学报》2007年第3期。

干预较为直接与具体，并在社区中设立专门的派出机构，社区矫正的官办色彩浓厚，其典型代表是新加坡。[①] 国家机关主导的行刑空间转换模式的理论基础，主要是犯罪学的标签理论，即监狱制度使行为人“监狱化”或使其形成“监狱人格”“监狱依赖”的消极结果。国家机关应当突破监狱的封闭环境，将行刑空间拓展到社区之中，以提高行为人再适应社会的能力，从而实现防止其再犯的目的。

这种模式的优势十分明显，即能有效利用政府所掌握的巨大行政资源，自上而下地拓展社区矫正空间，利用行政手段构建社区矫正的机构体系，使社区矫正工作规范有序。但是其弊端也是显而易见的。首先，它违背“小政府、大社会”的理念，有国家权力过于深入和干预社区活动的嫌疑，与基层自治建设的努力相悖。其次，政府在社区矫正工作中主要以承诺书、考勤表、道德法律宣传等为结果评价指标，忽视或无力就社区矫正对象在具体的社区关系中的教育改造开展实质的工作，因而效果极为有限。正如芝加哥大学的沃克教授尖锐地指出的：“缓刑监督实际上是一个神话，监督仅仅停留在官僚机构的文件上，于是责任被推卸了。犯人每月与缓刑官见面一次，空泛地谈谈工作、毒品、酗酒以及犯罪等诸如此类的问题，然后由缓刑官上交一份报告，仅此而已。”[②]最后，这一模式主要以法规规章的形式来规范相关内容，但受制于各自的权限范围，必然造成法规规章之间的冲突。这必然造成强制性的扩大，变“由社区来矫正”为“在社区内强制矫正”，难以体现社区矫正的本意。

政府主导的模式往往是自上而下发动的，在资金来源上，主要依靠国家税收；在发展目标上，主要是维护社会秩序、安全与保持政治稳定；在参与方式上，较多依靠立法、舆论和恢复性司法活动。

3. 政府职能与社区优势相结合的复合主导模式

这一模式又称混合型，是政府职能与社区自治的混合或复合。表现为政府对社区矫正的干预较为宽松，政府主要负责对社区矫正计划的整体设计、指导并提供经费支持，官办色彩与民间自治在社区矫正中和谐共生、彼此交织，典型代表是日本等。从目前的社区矫正管理模式看，越来越多的国家已不再依赖某一单一模式，而逐步向多元整合模式发展，已超越了单纯的政府主导模式或者社会自治模

---

① 参见张鹏：《英美社区矫正管理模式述评》，载刘强、姜爱东、朱久伟主编：《社区矫正理论与实务研究文集》，中国人民公安大学出版社 2009 年版，第 425 ~ 426 页。

② 参见查尔斯·丁·林德纳：《在失败中渡过百年的美国缓刑制度》，黄寒、桂亚胜编译，载《犯罪研究》2000 年第 1 期。

式,转而采用混合模式。

上述三种模式揭示了政府主导程度、居民参与程度以及行动方式这三个要素的关系。实际上,英美等国早期的社区矫正大多由政府主导发起,进而发展成为政府指导下的社区居民主动参与的共同行为,逐步从单一的危险特质模式向以社区为本、以案主为本、社会支持网络的多元整合模式发展。

三、我国社区矫正监督管理模式

我国的社区矫正工作经过多年的探索,形成了诸多独具特色的监督管理模式。具有代表性的有上海模式、北京模式、浙江模式和江苏模式等。

(一)上海模式

上海市社区矫正工作在市委政法委的直接领导下,经过多年的探索与实践,逐步形成了符合上海实际、具有上海特色的社区矫正运作模式。此模式也为研究与探讨我国社区矫正未来发展方向提供了新的实践操作空间和理论思考空间。

上海于2002年8月开始在徐汇区斜土路、普陀区曹杨新村和原闸北区宝山路三个街道开展社区矫正试点工作;2003年1月社区矫正工作在这个三个区的31个街道(镇)全面铺开;2003年8月又扩大到浦东新区和原卢湾区,在全市5个区的59个街道(镇)试点。2003年年初,上海市委政法委经过半年的调研,提出在全市构建预防犯罪工作体系的思路,由政府出钱购买服务,引入社团和社工帮助吸毒者、社区青少年、社区矫正对象三类特殊人群树立生活的信心,提升社会生活能力,从源头上预防犯罪。

1. 上海模式的特点

上海市的社区矫正是典型的政府职能与社区优势相结合的复合主导模式。总体思路是“政府主导推动、社团自主运行、社会多方参与”。根据这一总体思路上海组建了三个民办非企业性质社团组织,即上海市自强社会服务总社、上海市新航社区服务总站和上海市阳光社区青少年事务中心,标志着社团自主运行的实质性启动。2004年8月起,在试点工作的基础上,预防犯罪工作体系建设在全市各区县全面推进,逐渐形成了多元化、各司其职、协同管理的综合治理新格局。

上海位于全国改革开放的前沿,经济实力雄厚,基层组织和文明建设得到了较快的发展,“明确将政府购买社区矫正服务经费列入同级财政预算,完善政府购买服务方式,按照社工与社区矫正对象不低于1∶30的比例购买社工专业服务;建立完善购买社会服务动态增长机制，购买服务经费标准逐年提升，2018 年达到每人每年 12.09 万元”[①]。同时，市民的思想道德修养、科学教育水平和民主法治观念大幅提升，培育了一批热心于社会公益事业的志愿者队伍，形成了良好的社区环境，为上海的社区矫正工作奠定了良好的基础。

2. 上海模式的专业工作理念

在整个模式的构建与发展完善中，设计者与实施者超越了传统的依靠行政方法实施专政的理念，采用了社会工作平等、尊严、接纳、诚信等理念，充分发挥社会工作的康复、预防功能。因此，该模式从一开始就强调将社会工作的价值理念运用到社区矫正工作中，通过政府购买社工服务的方式推动民间社团自主运作，实行专门化机关管理和社会化管理相结合。

3. 上海模式的机制建设

从 2003 年上海市社区矫正试点之始，就成立了市委政法委牵头协调，公安机关、检察机关、审判机关、司法行政机关、监狱管理机关等参加的社区矫正工作领导小组，设立了禁毒委员会办公室、社区矫正办公室、青少年事务办公室，它们作为政府主导机构负责统筹规划三项工作。在政府的主导与推动下，分别从事禁毒、社区矫正、青少年事务三项工作的民办非营利社团——上海市自强社会服务总社、上海市新航社区服务总站、上海市阳光社区青少年事务中心。政府向这三个社团购买服务，它们承担政府指定的服务项目，主要职能为人事招聘、培训与考核以及制定统一的工作要求等日常管理工作。《社区矫正法》颁布以后，按照《社区矫正法》和 2020 年《实施办法》的要求，上海成立了上海市社区矫正委员会和上海市社区矫正管理局，各区成立了相应的社区矫正机构，负责社区矫正管理工作。

（1）建章立制。上海市高度重视社区矫正工作制度体系建设，大力开展建章立制工作，2014 年以来累计制定 70 余项制度，每年汇编制度手册下发至每名工作人员。特别是针对执法衔接、监督管理等方面的重点、难点、堵点问题，大力推动会签有关规范性文件，近年来，上海市司法局先后与公检法等单位会签了电子监管、暂予监外执行、收监、请假外出、限制出境、规范调查评估及法律文书衔接、司法所与派出所社区矫正衔接联动等方面的规范性文件，制定了监狱与区司法局刑罚执行衔接配合等方面的制度，为社区矫正工作提供了有力的制度规范保障。

（2）社区矫正中心规范运行机制。上海市社区矫正管理局制定了《社区矫正

---

① 参见陈耀鑫：《上海社区矫正改革发展的探索与实践》，载《中国司法》2019 年第 4 期。

中心管理运行规定》，明确了社区矫正中心的定位、人员配备以及承担的执法管理工作，制定了社区矫正中心“一日工作规范”“应急值守清单”等，提升了社区矫正中心实体化、规范化运行水平。

（3）衔接协调机制。依托区社区矫正中心，常态化落实社区矫正工作联席会议制度，加强与公检法等单位的衔接协调，定期召开成员单位会议和联络员会议，落实衔接配合制度、协调解决难点问题、通报工作情况等，有效提升了各成员单位协作配合成效。

（4）工作队伍建设。2014 年，上海按照党中央关于“健全社区矫正制度”的精神，抓住司法体制改革的有利契机，选派 218 名原戒毒民警参与社区矫正工作，并明确了集中配置使用警力的原则要求。根据各区社区矫正对象数量，综合考虑社区矫正中心建设情况、街镇数、地域面积等因素，确定各区配警人数，在区司法局的统一管理和安排下承担社区矫正具体工作。“上海 16 个区共有 22 个社区矫正中心，平均配置选派民警 10 人左右。”①

上海的社区矫正工作者队伍建设，通过政法选聘与社会招聘两种方式进行，按照 1 个管理 50 名社区矫正对象的比例配置。在招聘的人员中，大约有 12% 的人具有社会工作与法律的专业背景。在区级层面，对应上海市新航社区服务总站设有社工站，各个街道都设有社工点。社区矫正工作者在正式上岗前，会进行 120 个课时的集中封闭式培训，授课老师为高校社会工作专业与法学专业的专家与教授，分别进行法律知识、社会工作理论与实务、矫正业务与流程等课程的培训。

上海根据相关规定，通过社会公开招聘和内部在编人员选聘，组建了专门的社区矫正工作人员队伍，并对工作人员的任职条件进行了详细的规定，要求任职者必须有大专以上学历、有相关学科背景、有上海户籍，这在一定程度上保障了社区矫正工作者的专业性和稳定性。同时，上海还采取了其他措施保障社区矫正工作人员的质量，比如，规定其中 40% ~50% 的社工向社会公开招聘，50% ~60% 的社工从政法、教育、卫生等国家机关和事业单位在编人员中选聘，应聘者须通过统一考试，经面试和政审后择优聘用并进行上岗培训。选聘人员除享受原单位的工资福利待遇外，还适当给予电话补助、交通费用补助和餐饮补助，享受养老保险、工伤保险、生育保险、医疗保险、失业保险以及住房公积金等福利待遇。

---

① 参见陈耀鑫：《上海社区矫正改革发展的探索与实践》，载《中国司法》2019 年第 4 期。

4. 监管与矫正教育的突出特点

通过建章立制,上海初步形成了社区矫正对象日常管理、学习教育、公益活动、帮困解难、社区矫正志愿者队伍建设五大工作内容。同时构建了三大板块、五大基地的实践形式:三大板块即日常管理、教育学习和公益活动,五大基地即政治思想政治教育基地、法治教育基地、爱国教育基地、公益活动基地和推荐就业基地。其特点突出表现在以下几个方面。

(1)分级管理。采取一系列切实有力的措施,落实对社区矫正对象严格规范的监督管理:加强对社区矫正对象的日常考核管理,制定《上海市社区矫正对象考核管理办法》,客观公正地考核评价社区矫正对象的日常表现,并根据犯罪原因、犯罪类型、危害程度、日常表现等因素综合评判结果,建立一级社区矫正对象严管、二级社区矫正对象普管、三级社区矫正对象宽管的分级管理体系,对重点对象实施更为严格的管理措施。强化监管安全工作机制,以司法所为主导推进矫正小组建设,对所有社区矫正对象落实"一人一小组"监管,每日定位点名、每周见面谈话、每月上门走访。建立司法所每半月一次、区司法局每月一次、全市每季度一次的三级动态研判制度,区社区矫正中心安排选派民警参加司法所动态研判。严格执行电子监管规定,司法所、区社区矫正中心每日开展手机应用点名及电子轨迹查看,定期分析电子定位数据。建立市社区矫正管理局、各区社区矫正中心双休日和重要时间段双人值班制度,建立健全各类应急预案,组织应急演练,提升各层面的应急处置能力。

(2)分段矫正。分段矫正主要围绕入矫和解矫阶段社区矫正对象的共性问题和需求,实施规范化管理。入矫阶段(纳入矫正后 3 个月内),着重增强社区矫正对象在刑身份意识、遵规守纪意识,主要围绕法律常识、矫正规定、社会认知、心理调适、警示案例等主题开展教育,通过入矫整训动员教育、队列训练、进监警示教育、制定矫正计划书等多种形式,着力提升入矫教育效果。解矫阶段(解矫前 1 个月),着重增强社区矫正对象重返社会、融入社会的意识,主要围绕公民责任、警示预防、社会心理、形势政策、安帮衔接等主题开展教育,并举行解矫仪式,引导社区矫正对象顺利回归社会、立足社会。上海在全市层面统一了入矫、解矫阶段的教育主题、教育指南、管理考核,同时在区层面统一教学教案、师资力量,形成了"流程统一规范、内容兼具特色、形式丰富多样"的分段矫正制度。

(3)项目化矫正。分类矫正的目的是针对同一类型的社区矫正对象开展实效性矫正项目,不断深化分类矫正项目的科学内涵,起到对症下药、攻心治本的效果。在分类标准上,以犯罪类型(案由)和犯罪原因为主,以性别、年龄等因素为辅,指导各区瞄准犯罪类型集中、对本区经济社会秩序影响大的社区矫正对象群体设置重点分类矫正项目。在市级层面统筹规划分类矫正项目,严格实施审批立项、项目设计和实施等工作流程,加强全过程管理,最终每类矫正项目都形成指导手册,并配之以开放式、不断丰富完善的教材和实践方案。

(4)个别化矫正。为深化矫正教育,上海市社区矫正管理局以社区矫正对象考核管理为基础,对宽管、普管、严管等不同类别的社区矫正对象开展分级矫正,实施"一人一案"的个别化矫正。"一人一案",即结合社区矫正对象个体情况,制订相对应的矫正方案,合理分配和利用有限的教育资源,如对宽管对象开展教育内容、形式和时间等方面"自主性"较强的矫正活动;对具有"现实危险性"的严管对象,则规定由司法所所长负责成立矫正小组,落实矫正方案,社区公安民警、选派民警、中级以上资质社工参加矫正小组。上海把分段、分类教育的重心放在区级层面,由区社区矫正中心统筹规划安排,调动区内较为丰富的教育资源,对一定规模的社区矫正对象群体开展更高质量、更有针对性的教育矫正活动;司法所重点落实个别化矫正措施,以矫正小组为载体,开展日常监管、教育、帮扶工作。在市级层面,由市社区矫正管理局负责统筹指导各区落实分类、分级、分段的"三分矫正"要求,推进资料库、个案库、师资库"三库"建设,整合优质矫正资源,推广优秀经验做法,拓展深化心理矫正举措,不断提升"三分矫正"体系建设水平。

(5)考核评估。由上海市社区矫正管理局分别对矫正工作站、社工点进行考核,考核内容包括受委托的司法所承担的社区矫正日常管理职能、重新犯罪率的大小、法律文书是否齐全、矫正方案是否规范、台账是否完善等方面。对于社会工作者的考核,制定了以"台账建立率、案主见面率、重点案主谈话率、个案涉及率"为主要内容的目标考核制度,而不是一味强调总结报告与重新犯罪率。另外,上海市与上海政法学院、华东理工大学社会工作系在理念设计、制度建设、人员培训以及其他具体矫正工作的环节都开展了密切的合作,为上海市社区矫正工作的顺利进行提供了科学的理论指导。

5. 信息化智能化建设

上海的社区矫正工作主动融入司法部、上海司法行政信息化体系建设蓝图,紧跟信息化建设向智慧化阶段迈进的新形势、新要求,按照巩固完善实时监控、全面推开网上执法流程督办、探索大数据分析运用"三步走"的目标路径,坚持以信息化智能化建设赋能。着力强化电子监管,社区矫正对象佩戴不可拆卸式电子实时监管设备的比例达 60% ,与手机应用结合,基本实现电子监管全覆盖;全面加强市、区两级社区矫正指挥中心建设,开发运用移动监管平台,升级完善社区矫正信息管理系统,推动指挥中心汇聚信息流、业务流、数据流。2017 年以来,上海有序推进社区矫正信息指挥系统建设,2018 年承担司法部"智慧矫正"试点任务后,进一步对照更高标准,初步形成了具有可视化管控、精准化督办、数据化研判、一体化保障优势的上海"智慧矫正"试点成果。

6. 培育社会力量广泛参与

上海充分利用较为有利的经济社会发展条件,大力培育一批专业化社会组织,拓展社会力量参与社区矫正的广度深度,积极融入社会治理创新大局,充分发挥社区矫正刑事执行法律属性的最大优势。主要表现在以下几点。

(1)拓展社会力量参与形式。据统计,上海共有 120 余家社会组织以及民主党派、高校、企事业单位等各类主体常态化参与对社区矫正对象的帮扶。在此基础上,上海进一步拓展社会力量参与形式:一是充分用好矫正小组平台。把全面加强矫正小组建设作为重点改革项目,进一步增强矫正小组作为街镇司法所开展工作、整合资源平台的作用,特别是调动、带动区域社会力量、专业资源参与矫正小组,落实日常监管教育责任。实践中,各区司法局和司法所形成了一些好的做法,如充分利用村(居)法律顾问及律师、人民调解员等资源参与社区矫正对象法治教育、个别谈话、矛盾化解等工作,运用社会心理服务体系建设成果为社区矫正对象开展心理辅导,以及根据需求将医生、心理咨询师、检察官、监狱民警等纳入矫正小组。二是推广社区矫正对象家属学校。上海在总结提炼实践经验的基础上,全面推广社区矫正对象家属学校,着力发掘社区矫正对象家属的作用。通过定期组织社区矫正对象家属开会或听讲座、参加社区矫正中心开放日活动、发放有关资料等,让其熟悉、掌握社区矫正对象应当遵守的各项监督管理规定以及违反监管规定的后果,提高家属配合社区矫正执法工作的主动性和积极性。三是与职能部门共建教育基地。积极与法院、检察院、公安、税务、人力资源与社会保障、监狱、戒毒等单位或部门合作,进一步拓展专业教育资源。各区司法局积极与有关职能部门深化合作,根据分类矫正需求共建教育基地,与公安局合作共建交通违法类教育基地,与税务稽查局合作共建涉税类教育基地,与妇联、团委合作共建女性类、未成年人类教育基地等,充分利用合作方的师资、场所资源,提升教育矫正效果。

(2)矫正项目品牌化建设。依托专门的社会组织和优质社会资源,着力以专业化带动项目化、以项目化促进品牌化,更好地发挥示范引领和资源聚合作用,更好地为社区矫正对象提供认知指引、心理辅导、行为矫正、家庭改善、社会适应、就业就学、过渡安置等方面的帮扶帮教服务,有效提升社会力量参与社区矫正工作的效果和水平。多年来,上海市新航社区服务总站建立了“旭日新航”“心航训练营”“爱满新航”等青少年系列矫正项目、“心灵导航”心理帮教服务项目和“新航港湾”家庭服务成长计划,为社区矫正对象及其家属提供专业帮教服务。上海市社会帮教志愿者协会每年牵头举办“爱的黄丝带”社会帮教活动月,该活动已连续开展多年,广泛集聚社会资源开展专场招聘会、法治教育进社区文艺演出、各类咨询服务等,社会影响力不断扩大。

7. 社区矫正网络的立体层面

第一层:社区矫正工作人员负责制订社区矫正对象个性化矫正方案。掌握社区矫正对象的现实表现情况,为社区矫正对象的日常管理、司法奖惩及期满鉴定提供依据;帮助社区矫正对象解决心理、生活、就业等方面的实际问题。

第二层:社区矫正工作站向各街镇派出社工,对本区县社工进行业务指导、绩效考核和日常管理等。

第三层:民办非企业单位与社工签订服务协议并组织社工开展工作,民办非企业单位负责对区县社区矫正工作站及社工进行评估,确保政府购买服务的费用合理使用等。

第四层:受委托的街道司法所对社区矫正工作者提出工作要求和工作目标,并对社会工作者做出评估;依照有关规定或政策办理社区矫正对象的社会保障事宜,帮助社区矫正对象做好帮困解难工作等。

第五层:区县司法局、社区矫正机构按权限审批并办理对社区矫正对象的奖惩,负责本区县政府购买服务经费的核定、申请,指导、监督并评估本区县社区矫正工作站及社工的工作,指导、监督、检查街道乡镇受委托的司法所社区矫正工作等。

第六层:上海市司法局社区矫正管理局负责领导和管理全市社区矫正工作。研究制定与社区矫正工作有关的政策、制度;负责审批社区矫正对象的日常管理奖惩,审核社区矫正对象的司法奖惩;负责政府购买服务项目的评估及经费核定、申请等。

8. 上海模式存在的问题

上海模式的最大特点在于“注重引入社会工作团体来承担管理任务,被称为社会化模式”[①]。尽管上海模式在矫正理念、具体运作方式、矫正方法等方面走在全国前列，但这一管理模式仍然存在不少问题：一是执行主体的执法权威不够，导致受委托的司法所承担着社区矫正的一线工作，责任重大，而法律又没有赋予司法所相关的执法权限。二是上海的社区矫正管理体制有待完善，“多头管理”、职责不明现象明显。三是在整个社团运作中，行政干预色彩依然较强，政府并未把社团看成是独立运作的机构，在资金调配、人员招聘、社团及社工的考核评估等方面依然主导着社团的运作。四是工作效率不高。当前上海市社工网络的建立是行政建制的简单复制，不够精简、科学，工作效率也有待提高。五是考核存在形式主义。在社工的管理考核方面，上海制定了以“台账建立率、案主见面率、重点案主谈话率、个案涉及率”为主要内容的目标管理考核制度，在与矫正工作者的访谈中发现，其工作或多或少存在做得好不如做得多、做得多不如讲得多、讲得多不如写得多的现象。许多工作光看数量与台账，不能真正起到考核的作用。六是社会工作者的专业素质与职位要求不相适应。在面向社会招聘人员时无任何专业要求，最终招聘的人员中，只有12%左右的人具有社会工作与法律专业背景，影响了矫正工作的开展，而且许多招聘来的社会工作者经过专业培训后，工作内容主要是非专业性的文书工作，其自身的专业特长没能得到很好的发挥。

（二）北京模式

北京市是全国范围内第一个将社区矫正试点工作扩大到整个辖区的地区。北京市于2001年年底开始社区矫正试点工作，2002年上半年司法局内成立了专门的矫正工作机构——监狱劳教工作联络处，全权负责北京市的社区矫正工作。同时，组织力量进行专门的社区矫正工作调研，并进行假释和暂予监外执行等罪犯社区矫正的理论研究和实践探索。2003年7月1日，北京将东城、房山、密云作为社区矫正的首批试点区县。之后，逐年加大试点工作的深度和广度，2004年5月1日，北京市决定将全市的所有区县均纳入试点范围。北京模式的特色表现在以下几个方面。

1. 北京模式的特点

北京模式是典型的政府主导的行刑空间转换模式，是由北京市社区矫正工作

---

① 参见熊贵彬：《社区矫正三大管理模式及社会工作介入效果分析——基于循证矫正视角》，载《浙江工商大学学报》2020年第2期。

领导小组及其办公室在社区矫正试点过程中探索出的一种符合国情及首都实际情况的在社区中进行的非监禁刑罚执行制度,是一种开放式教育改造罪犯的工作模式。社区矫正成为司法行政机关的工作职责,行政色彩浓厚,注重通过行政化的教育来实现对社区矫正对象的教育转化。北京市及其所属区县虽然成立了社区矫正服务中心,如朝阳区阳光社区矫正服务中心,但这些机构名义上是"民办",实则是"官办"的,其筹建、经费来源以及人员组成等都是官方主导的。

2. 北京模式的基本工作理念

北京市现行社区矫正工作模式是对原有的以公安机关为执行主体的在社区执行刑罚工作的继承与完善。在试点和推行阶段的法律框架之下,北京市将社区矫正工作定位为刑罚执行活动,执行主体与执行对象不能改变,但具体的执行工作与矫正内容,由基层司法所及专业社区矫正工作者承担。北京市社区矫正工作的出发点,首先是首都的社会安全,其次才是为社区矫正对象提供服务。

3. 体制机制建设

在体制上,北京市社区矫正工作的格局是:社区矫正委员会统一领导,司法局主管,社区矫正机构组织实施,公安机关、检察机关、审判机关、司法行政机关、监狱管理机关、民政部门、人力资源和社会保障部门等相关部门协作配合,社区矫正机构和受委托的司法所具体执行。在市级层面,北京市司法局"一套人马,两块牌子",内设社区矫正管理处,负责全市的社区矫正指导、监督和管理工作;对外设北京市司法局社区矫正管理总队,负责社区矫正刑罚执行、监督检查及处置突发事件。区级层面与市级层面相同,实行"一套人马,两块牌子",对内在区司法局机关设置矫正帮教科,对外设区司法局社区矫正管理支队。在镇(街道)层面,由司法所具体负责社区矫正管理工作。

2020 年以前北京市社区矫正工作的运作从上到下分为三个层次:北京市建立由政法委牵头、市级政法部门和有关部门参加的联席会议制度;各试点区县成立社区矫正试点工作领导小组,办公室设在司法局,负责日常管理工作;试点街道(乡镇)成立社区矫正工作领导小组。形成了市、区县、街道乡镇三级社区矫正网络体系。《社区矫正法》和 2020 年《实施办法》颁布实施之后,按照要求各级政府都成立了社区矫正委员会,在司法行政部门成立了社区矫正机构,专司社区矫正工作。

在运作机制上,北京市经过二十多年的探索,形成了社区矫正队伍建设的"3 + N"模式,其中,"3"是指社区矫正机构的专职人员、抽调的人民警察和社区矫正社会工作者，“N”是指社区干部、社区居民等各种社会力量。在司法所层面，司法助理员是司法所内的国家公务员，是承担司法行政职责的专职干部，在社区矫正工作方面，承担着对社区矫正对象的监管、教育和帮扶等工作。北京市每个街道（镇、乡）的司法所一般至少有两位专职司法助理员，有的司法所由两位司法助理员共同负责司法所的各项工作，有的所则会明确分工，由一位司法助理员专门开展社区矫正相关工作，另一位司法助理员则负责法律援助、法律宣传等工作。北京市的 319 个司法所中，专门负责社区矫正的司法助理员总数不超过 400 人。①

4. 社区矫正队伍的组建

北京的社区矫正工作队伍主要由专业矫正力量和社会矫正力量两部分组成。专业矫正力量由受委托司法所的司法助理员和抽调的人民警察组成，是社区矫正的主要力量。

北京为了弥补受委托的基层司法所无行刑权的缺陷，专门从监狱和强制隔离戒毒所抽调了人民警察，以便在社区矫正中对社区矫正对象行使行刑权。监狱（戒毒）警察全程参与社区矫正工作，是北京模式的显著特点之一。监督管理、矫正教育、危机干预、社会救助等工作是由司法助理员、监狱（戒毒）警察、社会力量（包括社会工作者与志愿者）等共同来完成的。监狱（戒毒）警察在社区矫正工作中，主要承担的工作是对社区矫正对象进行约束管控，以保证其能够依规参与各项活动，诸如配合专职的社区矫正司法助理员开展矫前调查、谈话训诫、处罚收监等工作。

社会力量是社区矫正工作的重要补充力量，主要由社会组织、社会志愿者构成。社会组织通过政府购买服务的形式，加入社会矫正工作。社会志愿者主要包括心理学、法学等专业的学者，离退休干部，社区居委会成员，高校学生，社区矫正对象的近亲属和所在单位人员等，他们一般自愿且无偿地参与到社区矫正工作之中。

5. 工作内容和方法

在工作内容和方法上，北京探索建立了风险管理模式，对分类管理、个案矫正、心理矫正、行为矫正等方法进行了实践。对社区矫正对象以其人身危险性大小为标准实施分类管理，并且以社区矫正对象接受矫正的进程为基础，实施分阶

---

① 参见北京市司法局：《抢抓机遇　强基固本　努力提高司法所履职服务能力》，载《人民调解》2018 年第 9 期。

段教育。

所谓风险管理，是依据对社区矫正对象的人身危险性的测量调查，将社区矫正对象分出不同的等级，在此基础上制订出相应的监督管理、矫正教育方案，充分体现个别化原则，以增强社区矫正的针对性和科学性，从而提高社区矫正的安全防范水平与教育改造质量。具体做法是以社区矫正对象的人身危险性大小为分类标准，结合社区矫正对象再社会化的程度，将社区矫正对象分为A、B、C三类。其中A类为人身危险性小、再社会化程度高的人员，B类为人身危险性和再社会化程度一般的人员，C类为人身危险性大、再社会化程度低的人员。为体现管理的差异性，对A类人员实施低强度管理，对B类人员实施中强度管理，对C类人员实施高强度管理。

分阶段教育的具体内容是根据社区矫正对象在接受社区矫正过程中心理、行为特点和需求变化的规律性，结合矫正教育的目标，将教育全过程分为初始教育、常规教育和解矫前教育三个阶段，以增强教育工作的系统性、连贯性、科学性和计划性，提高教育工作的实效性。① 一般来说，初始教育阶段为接受矫正的前两个月，解矫前教育阶段为解除矫正前一个月，中间时段为常规教育阶段。三个阶段分别设有相应的教育目标、教育内容和教育方式。比如在初始教育阶段，社区矫正对象一般具有自卑、对生活缺乏信心、对社区矫正存在逆反等心理特征，以及对社区矫正较为抵触、参加社区矫正较为被动等行为特征，并具有渴望被社会接纳、解决基本生存问题等需求。而解除矫正前的阶段则是为矫正对象正常进入社会做最后准备。

在个案矫正方面，北京模式在对社区矫正对象的感化帮扶上呈现立体化的特点，结合每个社区矫正对象的犯罪经历、心理特征和家庭状况等情况进行个性化感化，对每名社区矫正对象均制订具有针对性的感化方案。通过心理测查、心理咨询、矫正、评估等程序，细致深入地了解社区矫正对象的内心世界，为科学矫正提供基础资料。对生活确有困难的社区矫正对象在劳动就业、升学考试、技能培训、低保办理等方面给予积极的帮助。通过解决具体生活问题，让社区矫正对象感受到政府、社会对他们的挽救，以此激发其参加社区矫正的积极性。

同时，北京在社区矫正中推行了半强制式就业制度。即社区矫正对象有工作单位的，可以在原单位继续工作；没有工作而有能力自谋职业的，可以在告知社区

---

① 参见张建明主编：《社区矫正理论与实务》，中国人民公安大学出版社2008年版，第452页。

矫正机构后自谋职业,社区矫正机构为其提供方便;没有工作且没有能力自谋职业的,社区矫正机构为其创造条件,提供培训机会,指导其就业,社区矫正对象必须接受就业指导,参加安置的工作项目。

6."阳光中途之家"建设

"阳光中途之家"是北京模式的又一亮点。2007 年年底,朝阳区司法行政系统率先筹建"阳光中途之家",于 2008 年 7 月投入使用。2009 年年底,市司法局在总结朝阳区"阳光中途之家"经验的基础上,决定将其向全市推广。到 2011 年年底,全市 16 个区县的"阳光中途之家"全面投入运行,全市"阳光中途之家"总建筑面积达 15,000 多平方米。

"阳光中途之家"是由政府全额保障、属事业单位性质的机构,其主要职能是为社区矫正对象和刑释人员等提供就业帮助、暂时食宿和集中教育。"阳光中途之家"是社区矫正的重要载体之一,是为社区矫正对象提供教育、培训、临时安置等服务的机构。

"阳光中途之家"的主要功能为对社区矫正对象进行集中初始教育和培训、组织社区矫正对象参加公益活动、聘用专业心理咨询师开展心理矫治工作。对于虽然有劳动能力,但文化水平较低、缺乏必要的工作技能、难以在短期内找到合适的工作的人员,"阳光中途之家"会进行临时性救助,提供免费的技术培训,并推荐其就业。"阳光中途之家"由市县司法局负责建设和管理,工作人员属事业编制,它的建立和运行有效地整合和拓展了原有的社区矫正服务中心的服务职能和领域,特别是在社区矫正对象的集中初始教育和"三无人员"①的临时性安置救助方面做了有益的尝试。②

7.社区矫正对象集中教育中心

北京市成立了社区矫正对象集中教育中心,主要功能包括:对全市范围内新接收的社区矫正对象开展社区矫正的初始教育;对 C 类重点社区矫正对象,以及在社区矫正期间多次违纪,但不符合撤销缓刑、假释条件的社区矫正对象进行警示;对个别确有必要进行教育的社区矫正对象开展针对性教育。教育中心为每个管教社区配置管教民警,专职负责社区矫正对象的日常管理工作。

---

① 三无人员,是指无固定住处、无亲友帮助、无就业条件的社区矫正对象和刑释解教人员。

② 参见张荆:《北京社区矫正模式特色与问题点分析》,载《中国人民公安大学学报(社会科学版)》2013 年第 3 期。

社区矫正对象集中教育中心选配具有教学和心理咨询专长的民警负责教学工作,同时与公安机关、检察院、法院等多家单位建立长期稳定的工作联系,共同组建合作教育师资力量。同时,不断引进社会专业力量,建立专家库,形成专兼职结合的师资队伍。教学以集中授课为主,根据情况采取讲授、参观、讨论、个别辅导、活动体验等方式。培训课程主要包括“认罪服法”“接受矫正”“情绪管理”“重塑人生”等内容,并编写出版了《北京市社区矫正初始教育教材》和与其配套的教学用书。每期集中教育班都有区县司法局指派矫正帮教科的1名负责人,1~2名矫正帮教科、“阳光中途之家”工作人员和参加集中教育的社区矫正对象所属司法所的1名社区矫正民警或司法助理员全程参与,实行24小时值班制度,与社区矫正对象同吃、同上课、同训练、同活动。

8. 北京模式存在的问题

北京是我国的首都,维护社会稳定成为北京实施社区矫正工作的前提条件。从维护首都稳定的理念出发,强调社区矫正是刑罚执行活动。“北京模式的总体发展方向是强化监管力度。”①严格规范化管理,抽调监狱(戒毒)警察全程参与,“40、50”协管员作为民间辅助力量,以及具有集中培训特色的“阳光中途之家”等,构成了北京社区矫正监督管理模式的基本特色。但北京模式也存在以下问题②:一是社会力量参与社区矫正工作的问题。北京模式中参与社区矫正的社会力量主要是由政府聘用的“40、50”人员,其工作能力和水平很难达到专业社会工作师、心理咨询师的标准。“40、50”人员单一的劝导无法解决法律方面、心理方面的问题,也无法对社区矫正对象的思想进行全面系统的矫正。为此,北京模式在未来还需要社会组织、志愿者的广泛参与。二是工作人员的编制问题。北京模式中实际开展社区矫正工作的人员有监狱(戒毒)警察、受委托的司法助理员、社区矫正协管员,其中监狱(戒毒)警察的人事关系和管理权限仍然归属于监狱和戒毒所,他们只是由北京市统一抽调分派到各区的司法所的。但监狱(戒毒)警察的法定职责是在监狱和戒毒所执法,长期实行越界执法有名实不符的问题。特别是在《社区矫正法》施行后,他们在社区矫正工作中并不能享有法律赋予人民警察的特别执法权,只能利用他们穿警服的外在形象和执法经验协助社区矫正工作。司法

① 参见熊贵彬:《社区矫正三大管理模式及社会工作介入效果分析——基于循证矫正视角》,载《浙江工商大学学报》2020年第2期。

② 参见徐子淇:《论我国社区矫正模式的构建》,载《淮海工学院学报(人文社会科学版)》2017年第3期。

助理员的人事关系在属地街道或者乡镇政府，其来源广泛、工作繁杂。社区矫正协管员属于聘用的合同制、非在编人员。这三类人员管理不统一，结构复杂，专业化程度不高，与严肃的刑事执行工作的要求还有一定的差距。

（三）浙江模式

浙江省社区矫正工作大致分为三个阶段：2004 年 5 月至 2009 年为试点阶段，2010 年至 2019 年为全面实行阶段，2020 年以后为法治化建设阶段。

应该特别提到的是，作为浙江省社区矫正试点单位的浙江省诸暨市枫桥镇，在 20 世纪 60 年代初就总结出了“发动和依靠群众，坚持矛盾不上交，就地解决，实现捕人少、治安好”的“枫桥经验”，得到了毛泽东同志的充分肯定，成为全国政法战线的先进典型。随着社会经济形势的发展，“枫桥经验”不断创新并被赋予了具有鲜明时代特色的新内涵，其中许多做法蕴含了目前正在开展的社区矫正工作的诸多元素，成为现代基层社会治理的良好经验。进入新时代，浙江省社区矫正工作呈现出快速发展的良好局面，形成了以下六个方面的鲜明特色。

1. 健全工作机制

浙江省探索建立并巩固完善了“党委政府领导、司法行政机关牵头组织、职能部门密切配合、社会力量广泛参与”的社区矫正领导体制和工作机制，并上升为全国经验。省、市、县（市、区）三级人民政府全面建立社区矫正委员会及其办公室，社区矫正机构实现全覆盖，基层司法所建设成效显著，社区矫正队伍素质明显改善，社区矫正工作指导管理、组织实施体系日益健全和完善。

2. 完善工作制度体系

2004 年以来，浙江省相继出台了《浙江省社区矫正试点工作实施方案》（已失效）、《浙江省社区矫正对象考核奖惩办法》（已失效）等 70 多项工作制度，初步探索形成了符合社区矫正工作规律、具有浙江特点的社区矫正工作制度体系。《社区矫正法》、2020 年《实施办法》颁布实施之后，浙江省制定出台了社区矫正调查评估、考核奖惩、教育帮扶、信息化监管、部门衔接等多个方面的规范性文件，编印下发了集社区矫正法律制度、工作职责和流程、法律文书格式、检查考核办法及细则等内容为一体的《浙江省社区矫正工作实务指南》等专业性、实操性用书，使浙江省社区矫正工作与《社区矫正法》等法律法规的实施有序衔接、平稳过渡，社区矫正各项工作全面进入法治化新阶段。

3. 优化监管教育帮扶体系

浙江省准确理解和牢牢把握社区矫正刑事执行和行刑社会化的基本属性，坚持矫正为本、管教结合、帮扶并重，创建并完善了县、乡、村三级社区矫正对象监管教育帮扶体系，“精准矫正”“智慧矫正”体系建设初见成效，社区矫正质量稳步提升，社区矫正秩序持续安全稳定，为加快社区矫正立法进程贡献了浙江智慧，提供了浙江经验。

4. 夯实工作保障体系

浙江省社区矫正工作全面纳入平安、法治、综治和政府目标责任制等考核，在全国率先建立动态增长的社区矫正财政保障机制、出台社区矫正社会工作者政策性保障措施，执法、教育、管理“三位一体”的县级社区矫正中心实现全覆盖，“智慧矫正中心”和“枫桥式”司法所创建活动深入推进，社区矫正基层基础得到全面加强和巩固。

5. 规范社会力量参与体系

浙江省坚持发展新时代“枫桥经验”，探索形成了以下六种主要的社会力量参与形式：一是专业社会组织参与。通过政府购买服务或自主培育专业社会组织等方式，协助社区矫正机构开展心理矫治、个案矫正、教育帮扶等社区矫正活动。如截至2020年全省有25家青少年社区矫正对象“关心桥驿站”、嘉兴海宁市的“紫薇工作站”、湖州德清县的“晨曦社工”和台州玉环市的“天宜社工”等。二是基层自治组织参与。2014年以来，浙江省在有社区矫正对象的村（居）委会全面建立社区矫正工作站，为村（居）委干部群众参与社区矫正对象帮教帮扶活动搭建平台，并将其融入基层社会治理“网格化管理、组团式服务”体系。三是党团组织参与。如2017年以来，嘉兴市司法局与市委组织部联合启动实施了“先锋助矫”项目，党员志愿者结对帮教辖区内的社区矫正对象，并将该工作纳入基层党建工作和党员先锋模范业绩考核。四是社会企业参与。企业参与在职业技能培训、推荐就业、过渡性安置等方面发挥了积极作用。五是公益组织参与。比如，诸暨市依托“一米阳光”等慈善公益性组织推动建立社区矫正志愿者队伍，以“公益、自愿、无偿”的形式协助开展帮教帮扶等活动。六是家庭亲情参与。如湖州市长兴县探索建立携手互动、共同参与的“亲亲家园”家庭帮教模式，使社区矫正对象违法违规现象大幅减少。

6. 提升信息化管理体系

2019年1月，司法部办公厅下发《关于加快推进全国“智慧矫正”建设的实施意见》,确定浙江省为全国“智慧矫正”试点省份。2020 年 9 月,杭州市西湖区、宁波市海曙区、温州市苍南县、台州市黄岩区和嘉兴桐乡市等 5 个县、市、区的司法局被司法部社区矫正管理局确定为全国首批“智慧矫正”建设县级试点单位。浙江省围绕“智慧矫正”建设目标和要求,做了如下工作:一是探索建立全维度、智能化的赋能数据层。将各渠道汇集的社区矫正数据进行筛选、开发、管理,转化为数据能力并渗透到社区矫正各个业务环节,提升社区矫正业务效率,实现数字化转型。二是探索建立时效快、交互佳的智慧办案层。深入推进政法一体化办案系统建设,健全完善以调查评估、交付衔接、日常监管、提请协同、解除终止五个环节协同为主干,单轨办案与智能辅助为两翼,矫情态势研判分析为尾翼的社区矫正一体化协同机制和业务流程,实现部门数据交换、业务协同、数据共享、流程再造。三是探索建立全时空、立体化的精密智控层。深化“智慧矫正中心”创建,研发应用“云雀”信息化智能监管系统,全面融合基站 LBS[基于位置的服务(Location Based Services,LBS)]定位、手机软件 GPS[全球定位系统(Globa Positioning System,GPS)]定位、电子腕带北斗定位三种技术模式,综合利用“核心区反向预警”“定向区域抽查”“一键式寻访”“范围卡点布防”等场景式功能组件,促进精准监管。四是探索建立系统性、可预见的风险防控层。发挥“智慧矫正联合实验室”的作用,围绕“犯情动态演化和再犯风险预警研判技术研究”国家重点研发项目,研究建立社区矫正态势感知与形势分析指标体系,构建分析模型,开发态势感知、执法评估、矫情分析、辅助办案、应急指挥等辅助决策子系统。积极应用区块链技术,搭建社区矫正核心数据追溯系统,解决社区矫正核心数据存证核查、权责界定等方面的难题。

(四)江苏模式

江苏省是首批被纳入全国社区矫正试点的省份。江苏省的社区矫正工作先后经历了三个阶段。第一阶段是试点阶段,主要任务是构建社区矫正网络、建立工作队伍、完成建章立制。第二阶段是深化试点和全面展开阶段,社区矫正工作从面的扩展转向质的提高,从全面探索转向规范的建立,使经验上升为制度,办法上升为规范,实现社区矫正工作制度化、科学化、规范化。第三阶段是《社区矫正法》和 2020 年《实施办法》实施之后的社区矫正法治化建设阶段。其特色体现在以下几个方面。

1. 组织机构建设规范化

江苏省各级司法行政机关为切实加强对社区矫正对象的监督管理、教育帮扶，逐步建立起社区矫正机构，形成了专门机关与社会力量相结合的工作格局，特别是近年来通过探索创新，形成了一定特色。2015 年，江苏省在机构设置全覆盖的基础上，探索推行社区矫正机构"队建制"，在设区市、县级层面分别建立支队、大队，负责社区矫正执法及管理工作。全省 98 个县（市、区）中，有 83 个县级司法局内设社区矫正局（科）并建立"局（科）队合一"的管理体制。2019 年，江苏省委办公厅、江苏省政府办公厅印发"三定"方案，设立江苏省司法厅社区矫正管理局（社区矫正管理总队）。《社区矫正法》正式实施后，江苏省司法厅指导盐城市司法局先行试点，将市司法局社区矫正管理局（支队）更名为市社区矫正管理局（支队），拥有独立法人资格和统一社会信用代码，可以独立开展社区矫正工作。

2. 管理法治化

2014 年，江苏省人大常委会通过《江苏省社区矫正工作条例》，在组织领导、保障监督、社会参与、执行主体等多个方面就社区矫正工作进行了明确规定，实现了较大突破和发展，是我国首部社区矫正地方性法规。2014 年年底至 2015 年年初，江苏省陆续发布社区矫正刑罚执行权力清单、社区矫正机构责任清单和社区矫正对象义务清单，进一步深化执法规范化建设，全面提升执法公信力和教育管理水平。2016 年，江苏省司法厅联合省质量技术监督部门和相关院校、基层司法行政机关，研究制定了覆盖社区矫正工作各环节的 38 项工作标准并全面试行，准确指导社区矫正工作者依法履职、规范执法。2012 年以来，江苏省司法厅和相关部门联合制定了《江苏省社区矫正对象监督管理办法》等 10 余份规范性文件，江苏省司法厅单独印发了《江苏省社区矫正对象教育矫正办法》等 20 余份规范性文件。特别是《社区矫正法》颁布以来，江苏省对 38 项社区矫正工作标准进行了修订，制定社区矫正对象考核管理办法，试点社区矫正执法回避、律师进驻社区矫正中心值班制度，部署开展暂予监外执行类社区矫正对象专项执法整顿活动，联合江苏省人民检察院开展专项执法检查，防止工作人员失职渎职和社区矫正对象脱管失控的情况发生。

3. "智慧矫正"信息化

近年来，江苏省紧紧围绕司法部"数字法治、智慧司法"决策部署，坚持"内网管理智能化、外网服务移动化"的理念，在全省构建司法行政一体化智能平台，紧扣数字化、智能化、实战化，加快社区矫正信息化建设和应用，形成独具特色的社区矫正信息系统和工作人员“矫务通”、矫正对象“在矫通”、矫正小组成员“协矫通”移动 App 等一体融合、高效运行的“一网三通”江苏模式，服务全省社区矫正工作高质量发展。依托江苏省社区矫正信息管理系统、政法协作大平台和“矫务通”“在矫通”“协矫通”等系统，对社区矫正对象实施手机核查、人脸识别、电子定位等监管措施，与“雪亮工程”“天网工程”对接，实现社区矫正对象信息化核查、重点人员腕带定位核查等功能，构建无缝隙的监管新模式。启动“大数据 + 特殊人群管理”项目建设，分析研判社区矫正对象的矫正类别、犯罪类型、损害成因等，建立行为控制模型，智能推演活动轨迹，灵活设置电子围栏，提升管控的精准度。《社区矫正法》颁布后，江苏省继续探索大数据在智慧考核上的应用，研发试点“区块链 + 社区矫正”考核评价系统，对社区矫正对象在矫期间的活动情况和行为进行评价，形成综合画像，生成考核积分，作为审批经营性外出、扩大活动范围、佩戴腕带、兑现奖惩等的参考依据，从而降低执法风险、助力精准矫治。

4. 矫正项目专业化

2019 年，江苏省在全省推动社区矫正损害修复工作并成立了国内首个社区矫正损害修复协会。2020 年，江苏省又开展社区矫正损害修复“深化提升年”活动，进一步扩大损害修复项目类型，编制 10 类损害修复项目指引，规范损害修复阵地建设，培育损害修复社会支持系统，完善损害修复协同协作机制，促进社区矫正对象顺利回归、融入社会。

四、我国社区矫正监督管理模式的发展方向

目前，我国社区矫正监督管理的模式，既不是社区自治主导的模式，也不是政府主导的行刑空间转换模式，而是适合我国国情和社会发展实际的政府主导、社区参与的混合模式，即政府职能与社区优势相结合的复合主导模式，其具体表现为：一是政府对社区矫正工作直接实施干预和控制。按照现行的法律法规和规范性文件的规定，县级司法行政机关是社区矫正工作的主导者，司法所受委托负责日常管理工作。很明显，我国的社区矫正工作是政府的职责，政府主要负责社区矫正的体制机制建设、工作计划的整体设计、工作进程的过程管理和绩效考核，并提供社区矫正经费等。二是政府主导购买服务。在县级司法行政机关主导下，政府以购买服务的形式招聘组建社区矫正管理者队伍，对社区矫正对象进行矫正教育、监督管理、社会救助、风险管理和控制等工作。这也是目前社会资源参与社区矫正工作的主要形式。三是政府主导开发社会资源。政府通过各种渠道广泛发

动社会力量参与到社区矫正工作中来，组织、协调社会志愿者、社会团体、社会组织、社区基层组织等参与社区矫正辅助工作。

总之，我国的社区矫正工作虽然各地各有特色，但是在宏观上突出地表现为“政府主导、民间协助”的格局，基于我国的社会性质和社会结构，在今后相当长的一段时间内，“政府主导、民间协助”的社区矫正监督管理模式还将保持下去。

第六章 裁决前调查评估制度

社区矫正适用前调查评估决定着是“狱内服刑”还是“狱外矫正”，它不仅为社区矫正工作的顺利开展奠定坚实的基础，也为社区矫正决定机关提供重要参考。我国社区矫正调查评估制度已经初步建立并取得一定积极效果，但目前各省(市)具体做法不一，特别是缺乏一个具有可操作性的、本土化的矫前风险评估量表，导致难以为社区矫正决定机关提供参考、难以有效地对社区矫正对象进行“入口”控制。

一、裁决前调查评估制度概述

裁决前调查评估制度，是指社区矫正决定机关在对拟适用社区矫正的对象作出判决、裁定或决定前，委托社区矫正机构或有关社会组织，对拟适用社区矫正的犯罪嫌疑人、被告人或者罪犯进行全面调查和综合分析评估的制度。

《社区矫正法》第 18 条规定：“社区矫正决定机关根据需要，可以委托社区矫正机构或者有关社会组织对被告人或者罪犯的社会危险性和对所居住社区的影响，进行调查评估，提出意见，供决定社区矫正时参考。居民委员会、村民委员会等组织应当提供必要的协助。”这一规定以法律的形式确立了裁决前调查评估制度。2020 年《实施办法》第 13 条规定：“社区矫正决定机关对拟适用社区矫正的被告人、罪犯，需要调查其社会危险性和对所居住社区影响的，可以委托拟确定为执行地的社区矫正机构或者有关社会组织进行调查评估。社区矫正机构或者有关社会组织收到委托文书后应当及时通知执行地县级人民检察院。”这是裁决前调查评估制度的进一步细化。

对于这一制度，有学者将其界定为“人格调查制度”，笔者认为该界定过于狭隘，因为对被调查人的调查，仅仅将内容限于人格调查是不够的，人格调查仅是裁决前调查评估的一部分。调查的内容包括被调查人家庭状况调查、受教育状况调查、社会交往状况调查、人格状况调查、生活环境调查、违法犯罪过程调查等，远超出了人格调查的范围。当然，人格调查是裁决前调查评估制度的核心，对其他相关内容的调查都是为评估被调查人的人格状况服务的。

社区矫正决定机关在委托调查评估时，应当告知犯罪嫌疑人、被告人、罪犯的户籍所在地、执行地、案情、家庭关系及服刑期间表现等基本情况。社区矫正机构受委托后，应当对犯罪嫌疑人、被告人或者罪犯的居所情况、家庭和社会关系、一贯表现、犯罪行为的后果和影响、居住地村（居）民委员会和被害人的意见、拟禁止的事项等进行调查了解，形成评估意见，在规定的期限内提交委托机关。2020 年《实施办法》第 14 条规定："社区矫正机构、有关社会组织接受委托后，应当对被告人或者罪犯的居所情况、家庭和社会关系、犯罪行为的后果和影响、居住地村（居）民委员会和被害人意见、拟禁止的事项、社会危险性、对所居住社区的影响等情况进行调查了解，形成调查评估意见，与相关材料一起提交委托机关。调查评估时，相关单位、部门、村（居）民委员会等组织、个人应当依法为调查评估提供必要的协助。社区矫正机构、有关社会组织应当自收到调查评估委托函及所附材料之日起十个工作日内完成调查评估，提交评估意见。对于适用刑事案件速裁程序的，应当在五个工作日内完成调查评估，提交评估意见。评估意见同时抄送执行地县级人民检察院。需要延长调查评估时限的，社区矫正机构、有关社会组织应当与委托机关协商，并在协商确定的期限内完成调查评估。因被告人或者罪犯的姓名、居住地不真实、身份不明等原因，社区矫正机构、有关社会组织无法进行调查评估的，应当及时向委托机关说明情况。社区矫正决定机关对调查评估意见的采信情况，应当在相关法律文书中说明。对调查评估意见以及调查中涉及的国家秘密、商业秘密、个人隐私等信息，应当保密，不得泄露。"归纳起来，裁决前调查评估的内容包括下列事项。

（一）犯罪与违法行为的调查

第一，调查对象的主体情况，包括其年龄、身份、生理功能、精神状态等。同等情况下，少年犯罪人由于认识事物的能力和控制自己行为的能力较差，可塑性大，可优先考虑适用社区矫正。

第二，犯罪主观方面的情况，包括犯罪目的、犯罪动机、认识错误等情况。故意犯罪的主观恶性大于过失犯罪的主观恶性，同等情况下，优先考虑后者适用社区矫正。

第三，犯罪客观方面的情况，包括犯罪的手段、犯罪的结果、犯罪时的环境、犯罪时间和条件等。例如,犯罪手段残酷、狡猾,表明其人身危险性较大,不宜适用社区矫正。一般来说,犯罪危害结果大的犯罪人不适用社区矫正。

第四,犯罪形态、防卫、避险等方面的情况。同等情况下,对犯罪中止者可以考虑适用社区矫正,对从犯、胁从犯也可适用社区矫正。

第五,认罪悔罪表现,认罪悔罪表现是调查对象对自己所犯罪行悔悟的具体表现。认罪态度好、悔罪表现突出,表明行为人主观恶性和人身危险性相对较小。具体可从自首、立功情节,积极退赃、积极抢救、赔偿损失等情况进行判断。

第六,调查对象的罪前表现,罪前表现能反映调查对象犯罪意识的顽固程度及对其改造的可能性,犯罪前有过违法犯罪行为的,说明对其改造较为困难,不宜适用社区矫正。

(二)社会生活事项调查

第一,调查对象家庭、父母和兄弟姐妹的情况,包括住址、职业、资产、健康状况、父母的个性、家庭和睦情况、家人生活规律、家庭的理想程度。

第二,调查对象的学历、学习成绩、嗜好、对学校老师的态度、退学理由与升学愿望。

第三,调查对象居住地和近邻的情况,近邻对调查对象的信任程度,调查对象家庭迁移的情况,调查对象过去及现在的交友情况。

第四,调查对象的就业历史、转退职业的情况和理由、出勤状况、工作成绩、对工作抱有的希望和态度、与同事的关系。

第五,调查对象过去与现在的经济收支情况、资产、负债的理由、偿还的能力与计划。

第六,调查对象的道德品质、宗教信仰、娱乐、习惯、兴趣。

第七,调查对象的婚姻与性生活情况。

(三)医学和心理学检查

对患有生理疾病或心理疾病的调查对象可以委托精神医学、神经医学、法医学、心理学等方面的鉴定机构,对调查对象的身心进行医学和心理学检查。

第一,医学检查。主要通过医学检查手段诊断调查对象的健康状况,较准确地判断其健康程度。如有身体残疾的调查对象,其危害社会的能力就相对较低,患有精神疾病的调查对象则宜监禁关押;如调查对象患有慢性疾病或传染性疾病,采取社区处遇、及时进行医学治疗的办法可能更有利于对他们进行矫治。医学检查中准确性非常重要,特别要避免人为因素的干扰,为此,应当建立医疗诊断机构责任制度和社区矫正执行机构确认制度,使相关机构相互监督,相互制约,共同把关。

第二,心理学检查。心理学检查是对调查对象心理现状和行为倾向的判断,其目的是调查对象适用刑罚处遇提供合适的社区矫正环境,以获得满意的社区矫正效果。郑昭平撰文认为,心理学检查包括危险性预测和心理发展预测。

危险性预测根据心理测试结果以及调查对象在社会和监狱服刑期间的现实表现、监内外刺激因素等,预测调查对象现实危险的大小,从而为确定防范的重要方面提供依据。主要从以下方面进行危险性预测:一是调查对象的犯罪成因和动机分析。如同样是伤害罪,有的是因为讲义气,为朋友参与斗殴致人伤残,有的则是因恶意报复致人伤残。显然,后者比前者更具有危险性。二是自律性和稳定性分析。属于暴力型犯罪或者有过暴力犯罪历史,经卡特尔 16PF 测试,其“恃强性”“敢为性”指标偏高,这样的调查对象危害社会的可能性大于其他调查对象。三是调查对象虚荣心和劳动观分析。在监狱的日常改造中或过去的生活中,有明显的虚荣心、攀比心和高消费观念,害怕吃苦,畏惧劳动,家庭经济状况较差的调查对象,有继续危害社会的可能性。四是犯罪前科、劣迹或恶习的分析。有犯罪前科劣迹与无前科劣迹的,恶习深与恶习浅或无恶习的调查对象相比,前者的危险性大于后者。五是调查对象的年龄、家庭综合状况分析。年龄较大、家庭关系相对稳定的比年龄小、家庭成员关系淡漠的调查对象危险性小。六是涉及的社会范围、对象分析。社交范围广、社交层次低的比社交范围小、社交层次高的调查对象危险性大。七是职业技能状况分析。不具备一技之长或择业观不正确、不能自食其力的,比有技能特长能自我谋生的调查对象危险性大。对以上因素应当进行综合考察,再加以推断,而不能只凭一两个方面的因素进行推断,片面地得出结论。

心理发展预测根据调查对象年龄、刑期、经历、犯罪类型的不同特点,预测他们共性和个性的心理发展问题,确定处遇矫正活动的内容。如同样是经济型职务犯罪,曾经担任过较高领导职务的调查对象与只担任过一般职务的调查对象相比,前者后悔心理比后者强烈,但由于其过去接触的社会人群层次较高,生活较富裕,故适应监禁矫治场所能力相对较差、适应周期长,在狱内矫正期间会更加盼望回归社会和改善目前生活状况,一旦投入社区矫正其最关心的是家庭安定和自身健康。这一类型的调查对象的社区矫正内容应当是人生观、价值观等方面的教育,多让他们了解社会底层百姓的生活工作状况,为他们创造各种劳动条件,鼓励其多参加社会公益活动。再如,抢劫犯与诈骗犯相比,其义气心理、从众心理较强,外部环境一旦具备,就有可能诱导他们产生冲动欲望;而诈骗犯性格一般比较外向,结交能力强,当没有正当职业作为生活来源时,极容易"重操旧业"。为此,对前者在矫正时要强化法律意识教育,注意控制其所接触的特殊人群;对后者的矫治,主要是加强劳动观教育,为其提供正当的谋生手段。

(四)人格调查

人格调查是社区矫正裁决前调查评估制度的核心内容。所谓人格调查,是指社区矫正决定机关在拟决定对调查对象实施社区矫正前,委托社区矫正机构、有关社会组织,对调查对象的人格状况所进行的专门调查,并对其人身危险性和再犯可能性进行系统评估,作出科学分析的活动。①

这一制度起源于美国的缓刑资格调查制度,1956 年在海牙召开的第 12 届国际刑法及监狱会议积极倡导判决前的人格调查制度,目前已有不少国家和地区采用了这一制度。现在这一制度进一步延伸到其他领域,包括社区矫正领域。如在我国香港特别行政区,惩教署的职能之一就是向法庭提供判决前评估服务,即对有关犯罪人是否适合羁留在特定的行刑机构向法庭提出建议。从多数国家和地区的做法看,人格调查一般是由社区刑罚执行机构来完成的,因该机构及其工作人员植根于社区,在调查的开展上有着其他机构不具备的诸多便利。如英美等国的缓刑官,其职责之一就是为法官提供判决前的报告,对犯罪人适用监禁还是社区矫正提出意见。我国的司法解释只是对未成年的人格调查作了规定,2001 年 4 月颁布的最高人民法院《关于审理未成年人刑事案件的若干规定》(已失效)第 21 条规定:"开庭审理前,控辩双方可以分别就未成年被告人性格特点、家庭情况、社会交往、成长经历以及实施被指控的犯罪前后的表现等情况进行调查,并制作书面材料提交合议庭。必要时,人民法院也可以委托有关社会团体组织就上述情况进行调查或者自行进行调查。"这是我国关于人格调查较早的规定。

第一,人格调查的主体。关于人格调查制度的主体,我国已实施人格调查评估制度的基层法院在社会调查主体的配置上呈现多元化的趋势,归纳起来大致有

① 参见连春亮:《论社区矫正前的调查制度》,载《四川警官高等专科学校学报》2006 年第 2 期。

四种形式。[1]

第一种形式是由控方或者辩方以访谈的形式形成规范性的社会调查报告。这种方案由最高人民法院的司法解释提出，具有权威性。但是，众所周知，在刑事诉讼中控辩双方所持立场是对立的，公诉机关着力对犯罪嫌疑人进行有罪指控，辩护人力争维护犯罪嫌疑人的利益。立场的对立性和利益的冲突性，难以保证调查结论的客观性。

第二种形式是由审判机关以问卷或访谈形式形成问卷调查表。这种形式受到了我国学者的肯定，理由是：从法理上来说，人格调查结论对于量刑具有重大影响，委托他人调查难以确保其结论的真实性。法官作为量刑的主体，亲自进行调查，结果必然具有真实性。但是因为现代司法制度要求法官独立、居中裁判，保持一种“超然”的姿态。而人格调查制度要求的却是一种“介入”的姿态，法官亲自调查，显然与法官的裁判职能和中立地位不符。

第三种形式是建立一支社会调查员队伍，这些社会调查员由熟悉青少年特点、热心青少年帮教工作的社会人士组成。但是，其中存在的问题是这些人员欠缺调查的专业性，难以胜任实际调查任务，调查主体的合法性也令人质疑。因此，这种形式的社会力量的参与，并非理想方案。

第四种形式是社区矫正机构作为社会调查主体。第一批开展社区矫正试点工作的江苏省和北京市把人格调查的任务交由社区矫正机构或基层司法所承担。这是相对科学合理的一种形式。

根据2020年《实施办法》的规定可以看出，人民法院、公安机关、监狱管理机关均可以委托县级社区矫正机构或者有关社会组织进行调查评估。同时，笔者认为，按照刑罚个别化原则的要求，人格调查应适用于所有可能被判处刑罚的被告人。

第二，人格调查的内容。社区矫正前的人格调查主要是对调查对象人身危险性和再犯可能性的调查，通过调查，判断社区矫正对于其可能具有的改造效果和其对社会所具有的危险性。人格调查的内容和矫正前调查的内容基本相同，只是在分析犯因性问题时侧重点和方法论存在差异。

---

① 参见周国强：《人格调查制度的中国境遇》，载刘强、姜爱东、朱久伟主编：《社区矫正理论与实务研究文集》，中国人民公安大学出版社2009年版，第231～233页。

二、调查评估立法的新变化

从2012年《实施办法》(已失效)[①]以及2020年《实施办法》[②]有关社区矫正适用前调查评估的规定看,裁决前调查评估的立法相关内容有了不少变化。

一是委托主体不再包括检察机关。2012年《实施办法》(已失效)规定人民法院、人民检察院、公安机关、监狱都可以来函委托调查评估。但是在2020年《实施办法》中,明确规定只有社区矫正决定机关即人民法院、公安机关、监狱才有权力委托调查评估,而人民检察院则没有这项权力。

二是调查评估机构范围扩大。2012年《实施办法》(已失效)规定受委托的调查评估机构为县级司法行政机关。但在2020年《实施办法》中,县级司法行政机关改为了"社区矫正机构",并增加了有资质的"社会组织"。只是这里都用的是"可以",而不是"应当"。

三是调查评估的内容发生了变化。2012年《实施办法》(已失效)中的"一贯表现"被去掉了,而在2020年《实施办法》中,增加了"社会危险性""对所居住社区的影响"。"一贯表现"因为判断过于主观,去掉是可以理解的。但社会危险性和对所居住社区的影响,则是非常专业的两个评估指标,按照目前社区矫正机构

---

① 2012年《实施办法》(已失效)第4条规定:"人民法院、人民检察院、公安机关、监狱对拟适用社区矫正的被告人、罪犯,需要调查其对所居住社区影响的,可以委托县级司法行政机关进行调查评估。受委托的司法行政机关应当根据委托机关的要求,对被告人或者罪犯的居所情况、家庭和社会关系、一贯表现、犯罪行为的后果和影响、居住地村(居)民委员会和被害人意见、拟禁止的事项等进行调查了解,形成评估意见,及时提交委托机关。"

② 2020年《实施办法》第13条规定:"社区矫正决定机关对拟适用社区矫正的被告人、罪犯,需要调查其社会危险性和对所居住社区影响的,可以委托拟确定为执行地的社区矫正机构或者有关社会组织进行调查评估。社区矫正机构或者有关社会组织收到委托文书后应当及时通知执行地县级人民检察院。"第14条规定:"社区矫正机构、有关社会组织接受委托后,应当对被告人或者罪犯的居所情况、家庭和社会关系、犯罪行为的后果和影响、居住地村(居)民委员会和被害人意见、拟禁止的事项、社会危险性、对所居住社区的影响等情况进行调查了解,形成调查评估意见,与相关材料一起提交委托机关。调查评估时,相关单位、部门、村(居)民委员会等组织、个人应当依法为调查评估提供必要的协助。社区矫正机构、有关社会组织应当自收到调查评估委托函及所附材料之日起十个工作日内完成调查评估,提交评估意见。对于适用刑事案件速裁程序的,应当在五个工作日内完成调查评估,提交评估意见。评估意见同时抄送执行地县级人民检察院。需要延长调查评估时限的,社区矫正机构、有关社会组织应当与委托机关协商,并在协商确定的期限内完成调查评估。因被告人或者罪犯的姓名、居住地不真实、身份不明等原因,社区矫正机构、有关社会组织无法进行调查评估的,应当及时向委托机关说明情况。社区矫正决定机关对调查评估意见的采信情况,应当在相关法律文书中说明。对调查评估意见以及调查中涉及的国家秘密、商业秘密、个人隐私等信息,应当保密,不得泄露。"

的人员配备与专业知识结构却难以在规定时间内完成这两个指标的采集和评估工作,但这两个指标又是得出调查评估结论的重要依据。

四是对调查评估意见的采信结果进行说明。在 2012 年《实施办法》(已失效)中,对于调查评估结果所用的词语是“参考”。而参考之后是否采信则不得而知,往往要等到法院判决或者作出裁定之后才会知晓,并且如果没有采纳,也不知道原因出在哪里,很多时候使工作比较被动。在 2020 年《实施办法》中,则要求社区矫正决定机关对是否采纳调查评估意见要在法律文书上明确说明,这样可以明确责任并可以发现问题出在哪里。

五是个人及社会组织在调查评估中的法律义务。在 2012 年《实施办法》(已失效)中对于这个方面没有明确说明。但是 2020 年《实施办法》明确规定相关单位、部门、村(居)民委员会等组织、个人应当依法为调查评估提供必要的协助。如此,在请求各部门协助开展调查评估时就有了法律依据。

三、调查评估实践中存在的问题

社区矫正调查评估是社区矫正决定机关根据需要,委托社区矫正机构或者有关组织对被告人或者罪犯的社会危险性、对所居住社区的影响,进行调查评估、提出意见,供社区矫正决定机关参考。调查评估是社区矫正机构与法院、监狱机关、公安机关等社区矫正决定机关有效衔接的一项重要基础性工作。尽管不是适用社区矫正的必经之路,在司法实践中仍然存在诸多问题急需完善。

(一)立法供给不足

1. 缺乏具体操作规范。尽管 2020 年《实施办法》第 14 条对调查内容、完成时限、抄送评估意见进行了规定,但前述规定较为原则、笼统,缺少具体的调查程序、调查内容、调查方式、评估意见文书的规定。不同省市关于调查评估程序的规定不尽相同,多数省份在社区矫正实施细则中通过一个章节对调查评估程序进行规定,个别省份专门出台了调查评估的实施办法,还有一些省份后续的实施细则跟进不及时,导致社会调查评估在一些地方仍然参照旧规定[2012 年《实施办法》(已失效)]执行。又如,目前调查评估工作是由社区矫正机构具体负责,但法律规定的受托主体由原来的“县级司法行政机关”扩展到“社区矫正机构或者有关社会组织”,但至于哪些类型的社会组织可以从事调查评估工作,是由矫正决定机关委托第三方,还是由县级矫正机构接受委托后再委托第三方实施,法律没有明确的规定。基于缺失具体操作规范，导致《社区矫正法》施行至今即将三年，除广东江门开平市依托社会组织创新展开调查评估以外，没有发生决定机关委托社会组织从事调查评估的报道。

2. 调查评估意见缺乏法律效力。调查评估意见属于社区矫正决定机关的参考材料，《社区矫正法》未赋予其一定的法律效力，导致实践中常出现调查评估意见不被社区矫正决定机关重视的情况，甚至存在评估意见还未送达，就已经作出了社区矫正决定的情况。此外，社区矫正决定机关很少将采信结果通知调查机关，对于未采信的也不说明理由。就调查机关的角度而言，很难不认为社会调查就是决定机关走过场，调查工作不受尊重，反而浪费了大量的人力、物力。长此以往，容易形成恶性循环，调查机构的积极性受挫，影响调查评估工作的效果。

3. 调查评估的适用范围不明确。社区矫正决定机关根据需要委托相关机构进行调查评估，意味着调查评估并不是适用社区矫正的必经程序，导致实践中委托调查评估过于随意。一些案件因没有委托调查评估而影响了社区矫正决定的准确性，一些社会危险性清晰的案件，单纯为了走过场或拖延判决时间而委托调查评估，浪费了人力、物力，降低了司法效率。

4. 检察机关能否委托调查评估存在法律冲突。根据《社区矫正法》的规定，检察机关不再是委托调查评估的主体。但是，《最高检刑诉规则》第 277 条和 2019 年最高人民法院、最高人民检察院、公安部、国家安全部、司法部出台的《关于适用认罪认罚从宽制度的指导意见》均规定，犯罪嫌疑人认罪认罚，人民检察院拟提出适用缓刑或者判处管制的量刑建议，可以委托犯罪嫌疑人居住地的社区矫正机构进行调查评估，也可以自行调查评估。针对法律规定之间的冲突，目前未出台具体司法解释予以明确，各地要求也不统一。

（二）社区矫正机构调查评估总体质量不高

一方面，当前社区矫正机构并未设立专门部门、安排专职人员从事调查评估工作，一般由受委托的乡镇（街道）司法所开展调查工作、形成初步意见，再上报区（县）社区矫正机构，由社区矫正机构回复委托机关。乡镇司法人少事多的矛盾较为突出，很多社区矫正工作者法律知识、专业知识缺乏，也未经过调查评估的专业培训，乃至一入职就被派往司法所从事社区矫正工作，加上调查评估工作的时间要求较为紧迫，经常出现调查内容和调查结论相矛盾的情况，导致调查评估的专业性不足，总体质量堪忧。

另一方面,调查评估结论表述不规范,对所出具的结论基本没有阐述。经调查,社区矫正机构的调查评估意见多为:同意(不同意)适用社区矫正、具备(不具备)社区矫正条件、建议适用非监禁(监禁)刑罚。《社区矫正法》规定,调查评估意见的结论应围绕适用社区矫正是否存在社会危险性以及对所居住社区的影响,因此,社区矫正机构不应当提出倾向性意见或建议。另外,社区矫正机构出具的调查评估结论往往是简单的一句话,对得出的结论依据了哪些事项和因素,基本没有阐述,导致结论的可信度不高。

(三)社区矫正决定机关对调查评估结论重视程度不够

经笔者对某省的调查与不完全统计,某省社区矫正决定机关在采纳调查评估意见(调查评估意见为肯定),作出社区矫正决定时,裁决文书中的表述一般为"犯罪情节较轻,有悔罪表现,宣告缓刑对所居住社区没有重大不良影响,可给予一定的考验期限";采纳调查评估意见(调查评估意见为否定),作出不予社区矫正决定时,裁决文书中的表述一般为"社区矫正机构调查评估意见认为其不具备社区矫正条件,对其不宜适用缓刑";而不采纳调查评估意见时,裁决文书一般不说明为何不予采纳调查评估意见。法律文书不重视说理的现象较为普遍,也没有体现调查评估的作用,一定程度上挫伤了社区矫正机构工作人员调查评估的积极性。

(四)有关社会组织不明确,社区矫正决定机关无从适用、不敢尝试

调查评估与社区矫正工作密切相关,是为社区矫正决定机关判决、裁定、决定服务的,但调查评估是"受委托"进行的。《社区矫正法》较 2012 年《实施办法》(已失效)新增了引入社会组织进行调查评估的规定。一方面,可以进一步提高调查评估的公正性、减少各种不必要的干扰;另一方面,可以减少县级社区矫正机构的工作量,使其更加专注于社区矫正工作的具体实施。根据笔者对某省的调研走访来看,《社区矫正法》实施以来,某省社区矫正决定机关从未主动委托有关社会组织进行调查评估,调查评估工作仍然统一委托社区矫正机构。此外,对哪些社会组织可以从事社区矫正调查评估工作无细化规定。司法行政机关也未能主动牵头探索与相关社会组织合作试行该项工作。

另外,司法实践中还存在调查评估委托机关范围大于《社区矫正法》规定的范围以及社区矫正机构名称不够规范、不统一等问题,此处不再赘述。

四、调查评估制度实践处境尴尬的原因分析

（一）调查评估是一项软性规定，非必经的前置程序

《社区矫正法》第18条规定，社区矫正决定机关根据需要，“可以”委托社区矫正机构或者有关社会组织对被告人或者罪犯的社会危险性和对所居住社区的影响，进行调查评估，提出意见，供决定社区矫正时“参考”。这就决定了调查评估并非适用社区矫正的必经前置程序，而是一项软性规定。

首先，该程序的启动是社区矫正决定机关根据案件需要委托进行的，其也可以不委托社区矫正机构或有关社会组织，自行调查评估。

其次，“参考”不同于自首、立功、认罪认罚等法定从轻情节，不必然被社区矫正决定机关采纳。司法实践中，社区矫正决定机关和社区矫正机构对该项工作都未给予足够重视，法律文书采纳与否说理不足、调查评估质量不高，都大大降低了调查评估制度效果的发挥。

（二）社区矫正决定机关对需委托调查评估案件的范围失之于宽

笔者2022年暑期在对S省Z市（辖区包括三区两县）进行调研时发现，Z市社区矫正机构自2021年7月至2022年6月总计接受委托的审前调查评估案件831件，平均每天2.3件，平均每个工作日3件多。究其原因，主要是社区矫正决定机关不区分案件类型，并没有真正根据案件需要进行委托调查评估，只要有判缓刑的可能，几乎一律委托社区矫正机构调查评估，以提升自己判缓刑的筹码。社区矫正机构工作人员普遍反映每天忙于应付调查评估工作，在人手短缺、专业能力又跟不上的情况下，不可避免地出现调查评估“走过场”的现象。

（三）社区矫正机构执法理念、执法能力滞后

社区矫正制度实施以来，“人不跑、管得住、不出事”的执法理念在试点初期完全能满足执法工作需求。随着立法逐步完善，需要秉持“科学监管、分类管理、因人施教”原则，帮助矫正对象顺利回归社会逐渐变成顺应新形势需求的矫正理念。但实际情况是，社区矫正执法机构设置混乱、人员配备不足是各地的普遍现象，调查评估、日常监管工作在一些地方还存在以社区矫正社会工作者（乃至“临时工”）为主，工作人员法律素养不高、能力水平欠缺是普遍现象，社区矫正工作理念落后、方法陈旧，与时代需求不相匹配。

（四）基层司法所出具调查评估意见干扰因素多

实践中，受委托的基层司法所在从事调查评估工作时往往受到多种因素影响，被调查者及其亲属有可能通过各种关系对矫正机构或司法所有关人员打招呼、施压，拉拢腐蚀工作人员，谋求顺利通过调查评估。另外，司法所对增加矫正对象一般具有抵触情绪，增加社区矫正对象意味着要承担更多的责任与风险。有的司法所顾虑在出具了“不具备矫正条件”的意见后，社区矫正决定机关仍然裁决社区矫正时，矫正对象会对司法所工作人员产生抵触和不满情绪，不利于司法所后期监督管理与教育帮扶工作的开展。基于职业风险考虑，司法所显得左右为难。

五、完善裁决前调查评估制度的对策建议

（一）应相对明确社区矫正适用前调查评估案件的范围

《刑法修正案（八）》对宣告缓刑增加了“对所居住社区没有重大不良影响”的条件。对所居住社区影响的有无及其大小，离不开调查评估。《刑法修正案（八）》对被判处管制的罪犯增加了可以适用禁止令的规定。可以适用禁止令的“犯罪情况”如何判断，也离不开调查评估。2012 年《实施办法》（已失效）仅将“对所居住社区影响”列为委托调查评估的内容，但在实际调查评估中，离不开对社会危险性的调查。根据实践情况，《社区矫正法》和 2020 年《实施办法》明确将“社会危险性”这一因素在条文中列举出来。

但应否将法院拟判处非监禁刑的案件均委托社区矫正机构调查评估呢，抑或应否将审前调查评估作为适用社区矫正必经的前置程序呢？针对实践中存在的社区矫正机构认为应该开展调查评估而法院未委托，以及调查评估之后认为不宜适用社区矫正而委托法院不予认可的情况，现实中往往由当地政法委出面进行协调，协调的结果大多是倾向于尊重社区矫正机构的意见。为此，有学者认为：与其发生冲突之后再协调，协调之后又回到社区矫正机构的结论，还不如将审前调查评估作为适用社区矫正必经的前置程序。[①] 虽然《社区矫正法》、2020 年《实施办法》将调查评估工作明确规定为由区（县）社区矫正机构进行的工作，但由于人手

---

① 参见任文启：《完善我国社区矫正审前调查评估制度的思考——基于文本和现实的比较分析》，载《甘肃政法学院学报》2016 年第 2 期。

短缺等因素，地方的社区矫正实施细则又将调查评估工作委托给司法所开展。笔者认为，从目前司法所的职能范围与人力状况、保障状况看，其对该工作难以胜任。从全国来看，一个基层司法所的人员大多是1～2人，社区矫正仅仅是其9项职能(在个别省市还包括社区戒毒在内共10项职能)之一。笔者认为，应有一个相对明确的社区矫正适用前调查评估的范围。诸如，故意伤害犯罪、性犯罪、毒品犯罪、涉黑涉恐涉恶类犯罪，应当委托调查评估，其余案件由人民法院根据情况决定是否委托调查评估。既要尊重社区矫正机构的调查评估意见，也要考虑司法所的实际情况。

笔者认为，"根据需要"这一提法，法律含义不明确，范围不具体，承办人员责任不清晰，是否对个案开展调查评估的随意性较大，主观意识影响，不利于社区矫正决定机关承办人员的具体操作，容易为了避免追责而滥施评估，影响刑事执行的严肃性。建议由最高人民法院、最高人民检察院、司法部联合制定《社区矫正适用前调查评估实施细则》，具体规定社区矫正决定机关委托开展调查评估的案件范围、适用罪名范围、评估结论如何适用等，把《社区矫正法》第18条的规定细致落实。笔者认为，可以把"根据需要"细化为根据规定，减少自由裁量，减少不必要的调查评估工作量，非必要不评估，非因法律规定不调查。

从进一步的分析来看，笔者认为，所有适用社区矫正的案件都要委托调查评估的"一刀切"做法是不妥当的。社区矫正决定机关应当根据个案情况，决定是否委托调查评估。可在司法解释层面进一步区分"应当"和"可以"委托调查评估的被告人、罪犯或者案件类型，对一些应充分考虑社会危险性以及对所居住社区的影响的案件适用"应当"委托调查评估，而对一些过失类犯罪案件则适用"可以"委托调查评估。例如，监狱、公安机关决定的保外就医类的暂予监外执行罪犯，一般均为重病，把握好所患疾病严重程度是重点，视情况委托调查评估即可；对于判决有期徒刑3年，拟适用缓刑的这类顶格适用缓刑的案件，调查评估程序很有必要，建议适用"应当"委托调查评估交通肇事类过失犯罪(无酒驾、逃逸等恶劣情节的)决定是否适用缓刑更多应考虑是否积极赔偿、赔偿是否到位、双方矛盾是否化解，办案机关自行核实更为便捷，无须委托调查评估。

笔者认为，可以借鉴北京市社区矫正实施细则的做法，列举出应当委托调查评估的相关情形。① 该细则列举的应当委托调查评估的情形相对全面，可以在此基础上，增加应当委托调查的范围，如对“涉恐、涉黑、涉恶、涉毒、涉邪教”等罪名予以明确，增加涉非公企业犯罪等情形。此外，为节省司法成本，可以规定过失犯罪中，被告人生活不能自理且已经取得被害人谅解的案件，无须委托调查评估。②

（二）应明确社区矫正适用前调查评估的受托主体

综观世界各国社区矫正适用前调查评估受托主体的设置，有的是由法院系统内的缓刑官负责，如美国；有的是由社区刑罚执行机构中的缓刑官负责，如英国、澳大利亚；有的是委托第三方机构，即由专业社工组织或者有专业技能的志愿者负责。总体而言，各国都强调受托主体应具备中立性与专业性。目前，我国的县级社区矫正机构已成为调查评估的主要受托主体，并积累了较多经验。由社区矫正执行机构进行调查评估也是英美法系国家的普遍做法。在英国，判决前报告由缓刑局提供。在美国，提供量刑前调查报告是缓刑部门的重要任务，缓刑机关的工作量中有超过25%的内容是量刑前调查（PSI）③。

从理论上考虑，无论是公安机关、检察机关、法院抑或社区矫正机构作为调查评估主体都存在不合理之处，无法解决调查评估主体的中立性与专业性问题。④《社区矫正法》关于社会组织可以根据委托开展调查评估的规定，打破了社区矫正机构垄断调查评估的局面，不仅吸收了社会力量的参与，也更加符合很多地区的实际情况，并可以减轻社区矫正机构的工作负荷。但从现实看，我国社工组织发育不足，区域发展不平衡，缺乏足够且有资质的司法社工，加之经费问题，完全将

---

① 参见《关于贯彻落实〈中华人民共和国社区矫正法实施办法〉的实施细则》（京司发〔2021〕61号）第15条第2款规定：“具有下列情形之一的，北京市的人民法院、人民检察院、公安机关或者监狱应当委托社区矫正机构进行调查评估：（一）犯罪嫌疑人、被告人或者罪犯为港澳台、外国籍或国籍不明的；（二）犯罪嫌疑人、被告人或者罪犯所涉犯罪属于危害国家安全，或者涉恐、涉黑、涉恶、涉毒、涉邪教的；（三）对应当承担刑事责任的精神病人拟判处管制、宣告缓刑或者暂予监外执行的；（四）犯罪嫌疑人、被告人或者罪犯有犯罪前科的；（五）拟对罪犯提请假释的；（六）犯罪嫌疑人、被告人或者罪犯在社区矫正期间因违法违规被收监执行或者因重新犯罪被判刑，拟再次适用社区矫正的。”

② 参见钟达先、隗永贵、于柏枝：《〈社区矫正法〉实施后的社会调查评估实践分析及制度研究》，载《北京政法职业学院学报》2022年第2期。

③ 参见高贞主编：《中国特色社区矫正制度研究》，法律出版社2018年版，第68页。

④ 参见夏燕、林梅：《关于未成年人社会调查报告司法适用情况的调研报告》，载《预防青少年犯罪研究》2018年第2期。

社区矫正适用前调查评估委托给具有中立性与专业性的第三方机构，即专业社工组织，是不现实的。从有关媒体报道的情况看，通过政府购买服务，将调查评估委托给社工组织的，笔者仅仅发现广东江门开平市一例。① 为此，笔者认为，立足我国现有制度与社会条件，可以通过政府购买服务等多种方式吸纳专业社工参与调查评估，形成社区矫正机构与专业社工有机结合的模式，提高调查评估主体的专业程度，保障调查评估的质量。

2020 年《实施办法》细化了调查评估的流程。② 但是，如果说社区矫正机构在调查评估中可能存在权力寻租、评估专业性与客观性不足等一系列问题，那么有关社会组织如何能够杜绝此类情况的发生呢？笔者思考的问题是，有关社会组织在调查评估过程中用什么方式获取犯罪嫌疑人、被告人或者罪犯的居所情况、家庭和社会关系、犯罪行为的后果和影响、居住地村（居）民委员会和被害人的意见、社会危险性、对所居住社区的影响等。有关社会组织是否仅仅根据社区矫正决定机关的委托书就可以开展工作，就可以准确获取这些信息，还是也需要社区矫正机构的积极协助和配合。笔者还思考的问题是，如果对受委托的社会组织的调查评估意见有异议，当事人提出异议的程序和流程是什么，是向社区矫正决定机关提出异议，还是向社区矫正机构提出异议。发展到最后，很可能就会出现两个局面：一是法院委托社区矫正机构，而社区矫正机构委托有关社会组织。将原本相互制衡的制度设计变成了政府采购服务的践行。二是社区矫正机构彻底离开调查评估环节，只负责法院裁判后的报到、入矫、解矫。毕竟，检察院的法律监督是从调查评估阶段就开始的。如果从一开始，就有了推诿的借口，那么整个矫正环节和矫正效果都将会受到很大影响。

---

① 参见《创新引入政府购买服务机制 开平市司法局依托社会力量开展社区矫正调查评估工作》，载建设招标网 2021 年 9 月 4 日，https://www.jszhaobiao.com/projectinfo-detail-180879831.html。

② 2020 年《实施办法》第 13 条规定："社区矫正决定机关对拟适用社区矫正的被告人、罪犯，需要调查其社会危险性和对所居住社区影响的，可以委托拟确定为执行地的社区矫正机构或者有关社会组织进行调查评估。社区矫正机构或者有关社会组织收到委托文书后应当及时通知执行地县级人民检察院。"第 14 条第 1 款规定："社区矫正机构、有关社会组织接受委托后，应当对被告人或者罪犯的居所情况、家庭和社会关系、犯罪行为的后果和影响、居住地村（居）民委员会和被害人意见、拟禁止的事项、社会危险性、对所居住社区的影响等情况进行调查了解，形成调查评估意见，与相关材料一起提交委托机关。调查评估时，相关单位、部门、村（居）民委员会等组织、个人应当依法为调查评估提供必要的协助。"

（三）区分农村、城镇环境，核实“实际”经常居住地，调查社会危险性和对所居住社区的影响

如何理解和把握社会危险性和对所居住社区的影响？笔者认为，首先需要区分农村、城镇来调查对所居住社区的影响。随着我国城市化的进程不断加快，城镇社区环境与农村村居环境有较大区别，城镇是陌生人社会，农村是熟人社会，社区矫正调查评估要结合被调查人所犯罪行，结合农村、城镇不同居住环境考虑社会危险性和对所居住社区的影响。

其次，要充分核实“实际”经常居住地。不少社区矫正对象存在农村一套房、城里一套房，实际经常居住在城镇，却选择在农村接受矫正的情况。为此，在社区矫正调查评估时，应注重调查被调查人实际的生活、工作地点，如发现被调查人实际居住在城镇，农村仅为户籍地，或虽在农村有宅基地但实际极少居住的情况，应向社区矫正机构提出明确意见，由城区司法所负责调查评估及后续社区矫正监管的监督管理与教育帮扶。此外，针对法院在确定执行地时没有与被告人核对居住地，导致不少矫正对象在报到时提出无法在执行地接受矫正。有的因为户籍只是集体户；有的是因为离婚户籍没有迁出；有的是因为拆迁，户籍地已经没有住所。此时社区矫正机构一般会与法院联系，协商执行地问题，但多数是协商无果，法院表示判决已经生效，执行通知书无法更改，只能先办理入矫，再办理执行地变更，但这期间社区矫正工作无法正常开展。处理这一问题，可以根据《社区矫正法》第17条关于“社区矫正决定机关应当确定社区矫正执行地”的规定，要求法院在判决书中明确载明社区矫正执行地。当被告人对执行地有异议时，可以提出上诉。这样既能督促法院重视核对居住地，也赋予了被告人权利救济的机会。

（四）调查评估工作应细化评估内容

调查评估制度应充分发挥社区矫正“入口关”的作用。为规范开展对拟适用社区矫正的被告人、罪犯的社会调查评估工作，提高社区矫正工作者的能力，尽可能防范调查评估过程中可能出现的徇私、渎职、腐败问题，可以针对被告人、罪犯的性格特点、精神健康情况、生活习惯、成长史、居所情况、违法犯罪次数、家庭关系、经济状况、就业就学表现、交友情况、邻里关系和村居（单位）意见、悔罪态度、亲属意见、被害人及其亲属意见等设置评分项目，进行逐一细化打分。通过打分制的评估机制，做到每个调查评估意见依据准确、程序合法、结论权威；通过规范

化、制度化的方式,减少调查评估结论的“水分”、减少“人为”因素的影响,切实提高调查评估质量。

(五)社区矫正决定机关应注重对调查评估意见采纳情况的说理

社区矫正制度是舶来品,在我国试行、实施,历经 17 载才迎来了《社区矫正法》,调查评估作为社区矫正的前置程序,同样需要经历逐步发展成熟的过程,法律人应用宽容的态度对待当前该项制度存在的问题。社区矫正决定机关以法院、监狱管理部门为主,少量暂予监外执行决定的作出者为公安机关,社区矫正决定机关在作出社区矫正决定时,对调查评估意见采纳与否应给予充分说明,这既是对调查评估工作的尊重,亦是对案件增强说理,让被告人、罪犯认罪服法的有效方式。与此同时,社区矫正机构也能从中不断总结、提升,共同促进社区矫正工作的进步。

(六)探索社会组织开展调查评估工作

调查评估虽然和矫正机构的矫正工作密切相关,但毕竟是为矫正决定机关的判决、裁定服务的,调查评估属于受委托进行。在当前县级矫正机构正在建设的时期,人少事多是工作常态,委托有关社会组织进行调查评估,既符合调查评估的客观中立性与专业性要求,又能减轻基层社区矫正机构的工作负荷,可以使其聚焦于对矫正对象的监督管理、帮扶教育。

对于《社区矫正法》中规定的委托第三方开展调查评估的落实问题,哪些类型的社会组织可以从事调查评估工作,是由矫正决定机关直接委托第三方,还是由县级矫正机构接受委托后再委托第三方实施,法律没有明确的规定。

笔者认为,首先这个社会组织或者说第三方组织应是具有独立法人地位的社会组织,具有开展工作的场所、人员等必备条件,其次必须是和法律工作有关的社会组织,其工作人员应具备专业的法律知识和素养。比如,法律工作者组成的法律服务所、专业律师组成的律师事务所、法学会、在司法行政机关的主导下成立的社区矫正协会等。同时,建议区分本地执行案件和异地执行案件,本地执行案件在明确相关社会组织之后,社区矫正决定机关可以直接委托该社会组织进行调查评估;对于异地案件,因不清楚外地社会组织的情况,可以委托外地社区矫正机构,由外地社区矫正机构根据委托机关需求交给当地社会组织进行调查评估。

在由谁委托或交付第三方进行调查评估这一问题上,笔者建议分两种模式:

一种模式是由县级社区矫正机构以政府购买服务的形式，安排第三方社会组织开展调查评估，司法所协助配合，县级社区矫正机构指导监督，最后出具调查评估结论；另一种模式是由社区矫正决定机关直接委托执行地县级司法行政机关认定的第三方社会组织进行调查评估，第三方社会组织的认定，应在县级社区矫正委员会或者政法委员会的协调下进行。第二种模式适合社区矫正执行地就是社区矫正决定机关所在地的调查评估案件，如果是外地案件就会出现委托协调、文件接收送达等问题。笔者倾向于执行地是本地的调查评估案件由社区矫正决定机关直接委托第三方社会组织调查评估。因为委托调查评估本身就是社区矫正决定机关的工作，是为判决裁定提供参考的，社区矫正决定机关直接委托当地第三方社会组织进行调查评估也是符合《社区矫正法》的规定，外地案件委托执行地县级社区矫正机构负责直接评估，或者以政府购买服务的形式，安排第三方社会组织开展调查评估。探索调查工作评估委托第三方开展，应该作为各地司法行政机关、社区矫正机构落实《社区矫正法》的一项重要内容，在此需要开阔思路、勇于探索，才能推动这一制度的落地生根，不让法条"沉睡"。

（七）构建本土化的社会调查评估量表

在西方国家，刑事被告人或罪犯的每一次流向和处遇的改变，都会涉及再犯风险评估和以此为基础的刑事策略和矫正措施的选择。在我国，随着刑事政策由"严打"向"宽严相济"的转变以及刑事科学主义的扩张，刑罚自身有了更多的维度和选择，国家和社会对刑罚的适用有了更强的科学和效率的要求。这种趋向也明确地体现在《刑法修正案（八）》中：适用缓刑和假释的实质条件由含糊的"不致再危害社会"修改为相对明确的"没有再犯罪的危险"，这种再犯风险需要事先评估或预测。

美国、加拿大等国家分别设计和使用了针对不同时期矫正对象的"初始量表"、"后续量表"和"解除监禁（矫正）量表"，以及针对不同人群的成人量表、女性量表、未成年人量表等不同类型的测量评估量表，以便能够科学、准确地把握社区矫正对象在不同阶段所发生的心理及行为变化，全面了解社区矫正对象的综合状况。

再犯风险评估是罪犯矫正的一个核心环节，迄今北美已经发展出四代犯罪风险评估方法。第一代为专业判断模式，主要由专业矫正人员通过查阅记录、谈话和观察进行判断，主观性较强，判断不一定准确。第二代以静态风险量表为评估工具，其起源于芝加哥学派通过调查统计提炼得出的系列风险因素，但因其忽略动态改变因素，在 20 世纪 90 年代受到严重质疑。第三、第四代评估工具均是加拿大矫正学派循证研究的成果，主要由八大犯因性因素（Central Eight）构成，即犯罪史、倾向犯罪的态度、不良交往关系、反社会人格、家庭婚姻问题、工作学习状况、药物滥用和休闲娱乐。第四代在第三代的基础上增加了实务管理应用方面的内容。北美循证矫正还归纳出 RNR（风险、需要、回应性）三原则。[①] 通过对八大犯因性因素（犯罪史、倾向犯罪的态度、不良交往关系、反社会人格、家庭婚姻问题、工作学习状况、药物滥用和休闲娱乐）进行系统评估，运用八项有效干预策略（细致的风险评估、提升内部动机、瞄准介入、开展技巧培训、加大正强化、在原生社区提供持续支持、评估相关过程和实践、提供评估反馈）进行介入。

以加拿大为代表的西方国家在社区矫正风险评估方面也完成四代更替，从最初的由临床医生利用现成的罪犯信息对于风险作出主观评价的第一代的临床方法，到通过信息筛选与经验分析所构建起来的以静态因素为核心的精算风险量表，进而对罪犯作出风险评价的第二代精算方法，再到基于“犯因性需求”理论的、合并了与犯罪行为相关的动态因素和静态因素的第三代评估方法，之后再到以实践性评估为核心的、整合了风险管理与风险评估两层内容的第四代评估手段，这一发展脉络呈现出其评估内容更为深入、评估视角更为客观和全面的发展趋势。[②] 相较而言，我国在罪犯评估机制建设问题上，大多还是把简单的经验评估或直觉的临床评估作为人身危险性调查评估的方式，尚处于加拿大第一代主观评价状态。而已经开发出来的风险评估量表，多处于第二代精算风险量表的层次。[③]

当前，需要强化以科学评估为基础的循证矫正。毫无疑问，美国社区矫正制度中的科学评估及社区矫正实践中对科研结果的尊重是值得中国借鉴的。随着社会的发展，光靠经验是不够的。比如，是不是所有中途之家都有利于降低再犯率呢？未进行科学研究而拘泥于经验的人可能会认同。然而国外的研究告诉我

---

① 参见熊贵彬：《社会工作、管理模式与有效预防重新犯罪分析——基于十省市社区矫正调查》，载《中央民族大学学报（哲学社会科学版）》2020 年第 2 期。

② 参见杨诚、王平主编：《罪犯风险评估与管理：加拿大刑事司法的视角》，知识产权出版社 2009 年版，第 2 ~ 6 页。

③ 参见王鹏飞：《社区矫正社会调查评估的现实困境与规则建构》，载《宜宾学院学报》2021 年第 4 期。

们却并非如此。①

在我国,上海、北京、天津、深圳等地运用问卷的形式(定量风险评估法)进行了社区矫正对象风险评估并建立了较为客观、科学的风险评估机制,有关单位和科研机构也先后研发、制定了一些评估指标体系和测评量表。其中有代表性的是北京市司法局与首都师范大学政法学院社会工作系合作研发的《北京市社区服刑人员综合状态评估指标体系》,以及上海市徐汇区司法局委托上海政法学院社区矫正研究中心研发的《社区矫正服刑人员风险测评表》。但是,总体而言,我国的社区矫正风险评估方法都比较简单、粗糙,主观性较强。如目前北京市的测评表偏重于测评社区矫正对象刚接受社区矫正时的态度,具有一定的片面性,需要进一步设计和研究。又如测评表的项目分类普遍设计简单,上海的测评表中的“婚姻家庭关系”项下只有“稳定”和“不稳定”两项,“离异或经常发生家庭纠纷等”是包含在“不稳定”项里的,因此难以确切反映被测评者的情况。这些问题在司法实践中应不断地完善。

综前所述,社区矫正的推进必须以社区矫正适用前调查评估机制的建立为前提。换言之,应当对拟实施社区矫正的罪犯进行人身危险性评估,尽可能把这种选择性刑罚优惠施与那些再犯可能性较小的罪犯,如罪行轻微主观恶性不大的初犯、过失犯、激情犯、未成年犯、老弱病残犯、女犯等。这就要求在社区矫正适用前调查评估中采用科学的再犯风险评估工具,有效地对社区矫正对象进行入口控制。同时,对经过再犯风险评估鉴别出来的有较高再犯可能性的社区矫正对象,应提高监管级别,强化监督措施,控制再犯风险。如此,才能既降低再犯率,又顾及被害人的情感和社会公众的利益,实现刑罚的功利目的和正义追求。

---

① 参见江山河:《美国社区矫正官制度对中国的启示》,载《青少年犯罪问题》2020年第5期。

第七章　社区矫正监督管理基本制度

社区矫正监督管理的基本制度，是指社区矫正监督管理工作共同遵守的工作规程或行动规则。社区矫正监督管理基本制度内涵广泛，除前一章的裁决前调查评估制度外，还包括交付接收制度、日常监督管理制度、分类监督管理制度、禁止令的适用与执行制度、信息化管理制度、档案管理制度、矫正结束管理制度等。

一、交付接收制度

社区矫正对象的交付接收是社区矫正对象真正进入社区矫正阶段后的第一个工作环节，也是十分重要的一个工作环节。只有准确无误地完成了交付接收工作，社区矫正对象才能顺利地进入社区矫正阶段，社区矫正机构也才可能开展监督管理、教育帮扶等工作。

所谓社区矫正对象交付接收制度，是指符合社区矫正条件的社区矫正对象在判决、裁定或决定生效之后，在法定期限内，按时到执行地县级社区矫正机构报到，县级社区矫正机构依法为其办理社区矫正接收手续的制度。

（一）常规交付接收

对于不同类型的社区矫正对象，由于作出判决、裁定或决定的机关不同，因而需要履行的法定交付接收手续也不一样。按照《社区矫正法》、2020 年《实施办法》和各地社区矫正实施细则的规定，交付接收程序主要有以下几个阶段。

第一，书面告知。《社区矫正法》第 19 条第 2 款规定："社区矫正决定机关应当对社区矫正对象进行教育，告知其在社区矫正期间应当遵守的规定以及违反规定的法律后果，责令其按时报到。"2020 年《实施办法》第 15 条规定："社区矫正决定机关应当对社区矫正对象进行教育，书面告知其到执行地县级社区矫正机构报到的时间期限以及逾期报到或者未报到的后果，责令其按时报到。"在实务工作中，人民法院、监狱、公安机关在适用社区矫正宣判时或者在社区矫正对象离开监所前,应当履行书面告知义务,对其进行教育,责令其作出接受社区矫正的书面保证,按时报到。被告人或者罪犯是未成年人的,由其监护人作出书面保证。一般情况下,社区矫正告知书应当包括以下内容:(1)社区矫正对象到居住地县级社区矫正机构报到的期限以及逾期报到的后果;(2)社区矫正对象应当遵守的法律、行政法规,应当履行的判决、裁定、暂予监外执行决定、禁止令等法律文书确定的义务,应当遵守的国务院司法行政部门关于报告、会客、外出、迁居、保外就医等的监督管理规定;(3)社区矫正对象违反法律、法规、规定需承担的法律后果;(4)社区矫正对象应服从社区矫正机构的管理。社区矫正告知书、接受社区矫正保证书一式三份,社区矫正决定机关、被告人或者罪犯、居住地县级社区矫正机构各执一份。

第二,按时报到,接受矫正。社区矫正对象应按时到执行地县级社区矫正机构报到。在实际工作中,一般要求社区矫正对象自判决、裁定、决定生效或者离开监所之日起10日内,到执行地县级社区矫正机构报到。县级社区矫正机构应当及时为其办理登记接收手续,并委托司法所对其进行日常管理,同时告知社区矫正对象到指定的司法所接受社区矫正。

一般情况下,适用社区矫正的判决、裁定、决定生效之日起5日内,社区矫正决定机关应当以电话、传真或其他信息共享方式通知执行地社区矫正机构,并在10日内以直接送达或邮寄、特快专递等适当方式,将有关法律文书送达县级社区矫正机构,并注明联系人、联系方式,同时抄送执行地人民检察院和公安机关。社区矫正机构不接受社区矫正对象及其监护人、保证人等利害关系人自带的法律文书。

县级社区矫正机构应当设置集中统一的社区矫正对象登记接收场所,做好接收社区矫正决定机关送达的法律文书和材料、登记社区矫正对象基本信息、通知社区矫正对象报到、组织社区矫正宣告等工作。县级社区矫正机构在收到相关法律文书和材料后,应当对社区矫正对象的姓名、身份、地址等基本信息进行核实,在5个工作日内送达回执。

第三,特殊情况处理。若社区矫正对象存在因行动不便自行报到确有困难等特殊情况,县级社区矫正机构可以派员到其居住地等场所办理登记接收手续。比如,暂予监外执行的社区矫正对象,因患严重疾病,生活不能自理,无法到县级社区矫正机构报到,就需要社区矫正机构派员到社区矫正对象居住地为其办理登记接收手续。

第四,违规处理。发现社区矫正对象未按规定时间报到的,县级社区矫正机构应当及时组织查找,并通报社区矫正决定机关和执行地县级人民检察院。2020年《实施办法》第38条规定,发现社区矫正对象失去联系的,社区矫正机构应当立即组织查找,公安机关要协助查找。社区矫正机构应将有关情况通报人民检察院。

(二)不同类型社区矫正对象的交付接收

社区矫正对象的类别不同,其接收中涉及的国家机关、需送达的法律文书和相关材料也不同。《社区矫正法》第21条对下列情况分别作了规定:一是管制刑、缓刑和假释三类社区矫正对象的交付接收。被判处管制、宣告缓刑、裁定假释的社区矫正对象,应当自判决、裁定生效之日起10日内到执行地社区矫正机构报到。二是暂予监外执行的社区矫正对象的交付接收。对于人民法院决定暂予监外执行的社区矫正对象,看守所或者执行取保候审、监视居住的公安机关应自收到决定之日起10日内将社区矫正对象移送社区矫正机构。对于被监狱管理机关、公安机关批准暂予监外执行的社区矫正对象,监狱或者看守所应自收到批准决定之日起10日内将社区矫正对象移送社区矫正机构。2020年《实施办法》第17条第2款规定,暂予监外执行的社区矫正对象,由公安机关、监狱或者看守所依法移送至执行地县级社区矫正机构,办理交付接收手续。罪犯原服刑地与居住地不在同一省、自治区、直辖市,需要回居住地暂予监外执行的,原服刑地的省级以上监狱管理机关或者设区的市一级以上公安机关应当书面通知罪犯居住地的监狱管理机关、公安机关,由其指定一所监狱、看守所接收社区矫正对象档案,负责办理其收监、刑满释放等手续。对看守所留所服刑罪犯暂予监外执行,原服刑地与居住地在同一省、自治区、直辖市的,可以不移交档案。

(三)电子定位装置的使用

2020年《实施办法》第37条第1款对电子定位装置进行了界定:"电子定位装置是指运用卫星等定位技术,能对社区矫正对象进行定位等监管,并具有防拆、防爆、防水等性能的专门的电子设备,如电子定位腕带等,但不包括手机等设备。"对社区矫正对象使用电子定位装置是有严格规定的。

第一,使用电子定位装置的条件。依照《社区矫正法》第29条的规定,社区矫正对象有下列情形之一的,经县级司法行政部门负责人批准,可以使用电子定位装置，加强监督管理：(1)违反人民法院禁止令的；(2)无正当理由，未经批准离开所居住的市、县的；(3)拒不按照规定报告自己的活动情况，被给予警告的；(4)违反监督管理规定，被给予治安管理处罚的；(5)拟提请撤销缓刑、假释或者暂予监外执行收监执行的。对使用电子定位管理的社区矫正对象，应告知其电子定位管理相关规定，向其送达《社区矫正对象定位告知书》。

第二，使用电子定位装置的程序。对社区矫正对象使用电子定位装置的，社区矫正机构应当向社区矫正对象宣读使用电子定位装置监督管理告知书，并由其本人签字确认。使用电子定位装置的期限不得超过 3 个月。使用期满后，社区矫正机构应当就监督管理效果进行评估，无须继续使用的，应当及时解除；确需延长使用期限的，经批准每次延长的时间不得超过 3 个月。县级社区矫正机构应当定期对电子定位装置监督管理应用情况进行评估，使用电子定位装置监督管理的情形消失或者社区矫正对象社区矫正期满解除社区矫正、死亡、被依法收监执行的，应当停止使用电子定位装置进行监督管理。

第三，使用电子定位装置进行监督管理的事项。《社区矫正法》不仅对使用电子定位装置作出了严格的程序性规定，而且也对监督管理事项作了限制性规定。实际工作中，需要使用电子定位装置进行监督管理的事项主要包括：(1)社区矫正对象遵守人民法院禁止令的情况；(2)社区矫正对象遵守日常报告、请假外出有关规定的情况；(3)被判处管制的社区矫正对象遵守关于集会、结社、游行、示威等规定的情况；(4)社区矫正对象活动区域情况；(5)其他违反监督管理规定的情况。

第四，违规处罚。使用电子定位装置的社区矫正对象如果出现下列情形之一，应视情节依法予以处罚：(1)拒不接受使用电子定位装置的决定，拒绝佩戴电子定位装置的；(2)擅自拆卸电子定位装置导致人机分离逃避监督管理的；(3)故意丢弃、损毁、不及时充电或使用技术手段屏蔽电子设备信号逃避监督管理的；(4)电子定位装置因故关闭或无信号，未及时报告工作人员或未按照工作人员指令行事的；(5)接到越界、违反禁止令行为的报警后，未及时终止违规行为或状态，经工作人员提示仍不改正的；(6)其他违反电子定位装置监督管理规定的情况发生后，未及时按照工作人员指令行事的。同时，社区矫正对象损毁、丢弃、遗失电子定位装置的，应予赔偿。

(四)接收时办理边控报备手续

社区矫正对象在社区矫正期间一般不得出境。2020 年《实施办法》第 7 条规定,公安机关执行限制社区矫正对象出境的措施。在实际工作之中,要求社区矫正机构和公安机关、人民法院、监狱管理机关通力合作。一是社区矫正决定机关在作出社区矫正决定时,可以同时决定限制社区矫正对象出境。二是社区矫正对象在社区矫正期间不得出境,社区矫正机构应当自社区矫正对象入矫报到之日始对其进行不准出境通报备案或者进行边控。三是县级社区矫正机构负责向当地公安出入境部门进行社区矫正对象不准出境通报备案,报备期限应当与社区矫正期限一致。县级社区矫正机构应当向具有高出境风险的社区矫正对象出具边控决定书,层报省级社区矫正机构办理边控,社区矫正对象的边控期限与社区矫正期限一致。四是社区矫正对象的出入境报备及边控由公安机关出入境管理部门和边控部门负责执行。公安机关出入境管理部门接到《法定不准出境人员通报备案通知书》《不准出境决定书》《边控对象通知书》后,应在 24 小时内完成录入、审批等手续,及时办理报备、撤销、更改、续保等手续,采取边控措施。

(五)文书的送达和接收

对于被判处管制、宣告缓刑、裁定假释的罪犯,人民法院、公安机关、监狱应当书面告知其到居住地县级社区矫正机构报到的期限以及逾期报到的后果,并在规定期限内将有关法律文书送达居住地县级社区矫正机构,同时抄送居住地县级人民检察院和公安机关。社区矫正对象前来报到时,居住地县级社区矫正机构未收到法律文书或者法律文书不齐全,可以先记录在案,并通知人民法院、监狱或者公安机关在 5 日内送达或者补齐法律文书。对于人民法院决定暂予监外执行或者公安机关、监狱管理机关批准暂予监外执行的社区矫正对象,交付时应当将社区矫正对象的病情诊断、妊娠检查或者生活不能自理的鉴别意见等有关材料复印件一并送达居住地县级社区矫正机构。

《社区矫正法》第 20 条规定:“社区矫正决定机关应当自判决、裁定或者决定生效之日起五日内通知执行地社区矫正机构,并在十日内送达有关法律文书,同时抄送人民检察院和执行地公安机关。社区矫正决定地与执行地不在同一地方的,由执行地社区矫正机构将法律文书转送所在地的人民检察院、公安机关。”2020 年《实施办法》第 16 条规定,社区矫正决定机关应当自判决、裁定或者决定生效之日起 5 日内通知执行地县级社区矫正机构,并在 10 日内将判决书、裁定书、决定书、执行通知书等法律文书送达执行地县级社区矫正机构,同时抄送人民检察院。收到法律文书后,社区矫正机构应当在 5 日内送达回执。社区矫正对象前来报到时，执行地县级社区矫正机构未收到法律文书或者法律文书不齐全，应当先记录在案，为其办理登记接收手续，并通知社区矫正决定机关在5日内送达或者补齐法律文书。

不同类型的社区矫正对象，应送达相应的法律文书：(1)人民法院判处管制、宣告缓刑的，送达的法律文书应包括刑事判决书、执行通知书、起诉书副本、结案登记表、社区矫正告知书、接受社区矫正保证书；(2)人民法院、公安机关、监狱管理机关决定暂予监外执行的，送达的法律文书应包括刑事判决书、执行通知书、暂予监外执行决定书、病残鉴定书(包括病情、妊娠检查、生活不能自理的鉴别意见)、暂予监外执行具保书、社区矫正告知书、接受社区矫正保证书；(3)人民法院裁定假释的，监狱、看守所负责送达的法律文书应包括刑事判决书、假释裁定书、出监所鉴定表、心理评估表、社区矫正告知书、接受社区矫正保证书。

二、日常监督管理制度

要达到社区矫正的目的，就必须有相应的日常监督管理制度加以规范和约束。这里所讲的日常监督管理制度，是社区矫正机构在社区矫正实施过程中对社区矫正对象所贯彻执行的主要监督管理制度。

(一)归假制度

归假制度，亦称休假制度、暂离制度、短期释放制度等，是对于符合条件的社区矫正对象，经社区矫正机构允许，可以暂时离开社区矫正对象所在的矫正执行地，到外地去办理特定事务的一种制度。在累进处遇中，准许社区矫正对象归假，是对社区矫正对象善行表现的一种奖励方式。

《社区矫正法》第23条规定："社区矫正对象在社区矫正期间应当遵守法律、行政法规，履行判决、裁定、暂予监外执行决定等法律文书确定的义务，遵守国务院司法行政部门关于报告、会客、外出、迁居、保外就医等监督管理规定，服从社区矫正机构的管理。"2020年《实施办法》第26~29条对归假的相关问题进行了规定：一是要有归假的正当理由。社区矫正对象未经批准不得离开所居住市、县。社区矫正对象确因就医、学习、诉讼、处理家庭重要事务等正当理由，需要离开所居住市、县的，应当经社区矫正机构或受委托的司法所批准。二是必须经过法定审批程序。社区矫正对象确需离开所居住的市、县的，应当提前3日提交书面申请，并如实提供诊断证明、录取通知书、法律文书等材料。申请离开时间在7日内的,由受委托的司法所批准;超过 7 日的,由受委托的司法所审核后报县级社区矫正机构批准。县级社区矫正机构每次批准离开的时间不超过 30 日。因特殊情况,确需超过 30 日的,应当由上一级社区矫正机构审批。三是特定情况的要求。实践中,在重点时段、重大活动期间或者遇有特殊情况时,一般不批准社区矫正对象前往重大活动举办地或重点地区。社区矫正对象确需到重大活动举办地或重点地区的,由县级社区矫正机构审批。四是请假外出的管理。在社区矫正对象外出期间,社区矫正机构应当通过信息化核查等方式实施监督管理。根据需要,可以委托外地社区矫正机构协助对社区矫正对象进行监督管理。社区矫正对象应在外出期限届满前返回居住地,并向社区矫正机构或受委托的司法所报告,办理销假手续。因特殊原因无法按期返回的,应及时向社区矫正机构或受委托的司法所报告情况。发现社区矫正对象违反外出管理规定的,社区矫正机构或受委托的司法所应当责令其立即返回,并视情节予以处罚。

据此,在司法实践中形成了社区矫正对象的归假制度,即社区矫正对象外出时必须向社区矫正机构或受委托的司法所请假,返回后必须立即向社区矫正机构或受委托的司法所报告,及时销假。

归假制度开始施行于 20 世纪 60 年代后期的美国,主要针对在监狱服刑的罪犯。在 1973—1974 财政年度中,这项制度发展迅猛,罪犯在无人监管的情况下归假超过 25 万人次。归假一般是在周末,时间为 48 小时至 72 小时,享受归假处遇的罪犯中,有一半以上是劳动释放中心或中途之家中的罪犯。在美国,归假制度曾受到许多人的质疑,认为该制度增加了社会危险程度。但是,归假制度在罪犯中产生的积极效应却十分明显。美国宾夕法尼亚州矫正官员威廉·B. 鲁宾逊对该州的归假制度表达了自己的看法:“我们很赞成社区矫正制度,去年的圣诞节和新年,我们释放了 964 名囚犯回家休假,有 963 名按时返回。”从美国实施这一制度的几个报告来看,归假制度的成功率为 91% ~99% 。①

虽然我国的社会制度和人文背景与美国相比有很大差异,但是,我国的社会条件更适合归假制度的实施。它不仅能激励社区矫正对象改造,更重要的是,能进一步强化社会、家庭对社区矫正对象的帮教功能。

---

① 参见[美]巴特勒斯:《矫正导论》,孙晓雳等译,中国人民公安大学出版社 1991 年版,第 138 ~ 139 页。

(二)参加学习和公益活动制度

参加学习和公益活动制度,是指社区矫正对象按照社区矫正法律法规的规定和社区矫正机构的安排,按时参加集中学习和公益活动。集中学习和公益活动是社区矫正的基本手段,其不具有法律惩罚的性质,这与监狱强制罪犯参加学习和劳动的根本区别。

《社区矫正法》第42条规定:“社区矫正机构可以根据社区矫正对象的个人特长,组织其参加公益活动,修复社会关系,培养社会责任感。”2020年《实施办法》第43条规定:“社区矫正机构、受委托的司法所应当充分利用地方人民政府及其有关部门提供的教育帮扶场所和有关条件,按照因人施教的原则,有针对性地对社区矫正对象开展教育矫正活动。社区矫正机构、司法所应当根据社区矫正对象的矫正阶段、犯罪类型、现实表现等实际情况,对其实施分类教育;应当结合社区矫正对象的个体特征、日常表现等具体情况,进行个别教育。社区矫正机构、司法所根据需要可以采用集中教育、网上培训、实地参观等多种形式开展集体教育;组织社区矫正对象参加法治、道德等方面的教育活动;根据社区矫正对象的心理健康状况,对其开展心理健康教育、实施心理辅导。社区矫正机构、司法所可以通过公开择优购买服务或者委托社会组织执行项目等方式,对社区矫正对象开展教育活动。”第44条对社区矫正对象参加公益活动作了柔性规定:“执行地县级社区矫正机构、受委托的司法所按照符合社会公共利益的原则,可以根据社区矫正对象的劳动能力、健康状况等情况,组织社区矫正对象参加公益活动。”这样,社区矫正对象参加公益活动是社区矫正中所倡导的“良善行为”,而不是社区矫正对象的法定义务。

社区矫正对象参加集中学习,以提高素质、掌握技能为主要目的,次要目的是学习其他知识。社区矫正机构在组织社区矫正对象集中学习时,要打破常规,拓宽学习渠道,以喜闻乐见的形式和载体,为社区矫正对象开展学习活动提供服务,对学习的时间、内容、效果提出明确的要求,重点帮助他们树立正确的世界观、人生观和价值观。尤其在条件具备的情况下,可帮助社区矫正对象到工厂、农场、矿山、养殖场等地进行技能学习和训练,使集中学习和将来的就业紧密结合在一起,监督社区矫正对象在遵纪守法的前提下按规定完成学习任务。

社区矫正公益活动,是指社区矫正机构为了达到教育矫正目的,组织社区矫正对象向社会提供劳务或捐赠财物、时间、精力和知识等活动的总称。《社区矫正法》第42条明确将“公益活动”作为社区矫正工作的重要法定内容，也使公益活动成为社区矫正机构应当组织实施的执法活动。具体来说，社区矫正机构是公益活动的组织实施主体，社区矫正机构需要根据社区矫正对象特长和自身条件来合理安排公益活动。公益活动的目的是修复社会关系，培养社会责任感。同时，社区矫正机构通过对于在公益活动中表现突出的社区矫正对象进行奖励或报请相关部门予以表彰，对于在参加公益活动中消极抵触并有不良言行的社区矫正对象则进行严厉批评和教育引导，可以形成人人向往公益活动的良好氛围。

无论是集中学习，还是公益活动，社区矫正机构都要求社区矫正对象严格按照规范参与活动，并为每个社区矫正对象建立台账，如实记录，作为对社区矫正对象综合考察和评审的依据。

（三）监督评估制度

监督评估制度包括监督考察和测量评估两个过程。监督考察是对社区矫正对象社区矫正整体状况监督、记录的过程，它是测量评估的基础，为测量评估提供第一手资料。而测量评估则是监督考察的结果。二者是相辅相成，缺一不可的。

社区矫正中的监督考察，是社区矫正工作者对社区矫正对象社区矫正状况监督、记录并进行指导、评议的活动，体现了社区矫正的强制性，它通过建立量化的检查督促机制，在指定的时间和地点用不定时抽查的办法，掌握社区矫正对象在社区矫正中的情况。

评估是一种对事物或人物及其活动的估量性的价值判断。评估之前有一个测量的过程，所谓测量是依据一定的规则用数字对事物加以确定，也就是用定量的方法确定事物的属性。社区矫正中的评估是根据特定国家和社会所信奉的社区矫正的价值观或社区矫正目标，运用可操作的和科学的手段，系统地收集有关信息和数据资料，进行筛选、整理、统计分析，对社区矫正对象、社区矫正过程和社区矫正结果给出评价结论，不断改进并完善社区矫正工作，为社区矫正决策提供依据的过程。

据此，社区矫正中监督评估的实质，是对社区矫正对象、社区矫正工作及社区矫正的效果进行价值判断。监督评估的过程，实质上是对社区矫正活动中的事物或人物现实的或潜在的价值进行判断的过程。监督评估参照既定的社区矫正目标，通过监督考察活动系统地搜集信息，并进行综合的价值分析和判断，其目的在于提高社区矫正质量、推动社区矫正政策、改善社区矫正的管理与决策。

监督评估是一种综合性的、多功能的活动,因而在评估之前必须有一个有针对性的、切实可行的评估方案,包括评估目的、评估依据、评估项目、评估标准、评估方法、评估组织和评估结果。

第一,监督评估的机构和人员。社区矫正监督评估机构是社区矫正机构及受委托的司法所;监督评估的人员主要是社区矫正工作者和其他监督考察人员,也可以是受委托的第三方专业评估机构。监督评估的机构和人员主要依据评估的内容和要求而定。

第二,监督评估的方式。监督评估的内容和要求不同,监督评估的方式也不一样。社区矫正机构对社区矫正对象的监督评估,主要是对社区矫正对象在社区矫正中的表现进行综合考核,并由此得出评估结论。委托第三方专业评估机构对社区矫正工作整体评估,主要是通过大数据、云计算、统计调查等专业方法,得出评估结论。

第三,监督评估的内容。监督评估的内容包括行为评估、心理评估、再次违法犯罪评估、社会适应性评估、人际关系状况评估、自我意识评估、自制力评估等。评估的项目不同,具体需要评估的内容也不一样。按照规范性文件和各地的工作规范的规定,对社区矫正对象的监督评估内容一般包括:遵守法律、行政法规和社区矫正有关规定,服从监督管理;未经批准,不得行使言论、出版、集会、结社、游行、示威自由的权利;定期报告自己的活动情况;遵守关于会客的规定;离开所居住的市县或者经常性跨市县活动、变更执行地,应当报告受委托的司法所,并经社区矫正机构批准;遵守其他具体监督管理措施等。

对暂予监外执行的社区矫正对象,其在社区矫正期间除应遵守上述规定之外,还应当在指定的医院接受治疗;确因治疗、护理的特殊要求,需要转院或者离开居住区域在 7 日以内的,应当报经受委托的司法所批准;超过 7 日的,应当由受委托的司法所签署意见后报经县级社区矫正机构批准;返回居住地时,应当立即向受委托的司法所报告。社区矫正对象离开所居住市、县不得超过规定的时间。

对于人民法院禁止令确定的需经批准才能进入的特定区域或者场所,社区矫正对象确需进入的,应当经社区矫正机构批准,并告知人民检察院。

第四,监督评估的程序。2020 年《实施办法》和一些省、自治区、直辖市的实施细则规定,社区矫正机构在监督管理中的具体程序有:一是受委托的街道(乡镇)司法所应当根据国家法律、法规、规章和监督管理规定,落实日常监督管理措施;二是社区矫正对象应当定期向受委托的司法所报告自己的思想、活动等情况;

三是社区矫正对象外出、经常性跨市县活动、变更执行地时应当经县级社区矫正机构批准,同时履行相关手续;四是保外就医的社区矫正对象还应遵守在指定医院就医、转院或进行治疗疾病以外的社会活动须经批准等规定;五是社区矫正机构应当定期将新增社区矫正对象的名单、基本情况,社区矫正对象考核情况送至检察机关监所检察部门,接受检察监督。

第五,监督评估的结论。在社区矫正对象解矫之前,社区矫正机构应当根据社区矫正对象在矫正期间的考核情况、奖惩情况、心理测验情况,对其矫正效果进行综合评估,将评估结果填入《社区矫正期满鉴定表》。

(四)归监制度

归监制度,又称收监制度,是指假释的社区矫正对象、被宣告缓刑的社区矫正对象、暂予监外执行的社区矫正对象按照规定或者在社区矫正中出现了法定事由,收监执行或重新收监的制度,具体有三种情况。

这项制度可在无形中对社区矫正对象形成心理上的压力,使其规范自己的行为,否则就面临着收监执行或重新回监狱服刑的不利后果。《社区矫正法》第45～49条对撤销缓刑、假释,暂予监外执行收监执行,逮捕等进行了规定。2020年《实施办法》对收监执行进行了具体规定。当然,这一制度的适用对象具有特定性,只能对被判缓刑的社区矫正对象、暂予监外执行的社区矫正对象和假释的社区矫正对象使用。

第一种情况是指2020年《实施办法》第46条规定的社区矫正对象在缓刑考验期内,有下列情形之一的,由执行地同级社区矫正机构向原审人民法院或者执行地人民法院提出撤销缓刑建议:(1)违反禁止令,情节严重的;(2)无正当理由不按规定时间报到或者接受社区矫正期间脱离监管,超过1个月的;(3)因违反监督管理规定受到治安管理处罚,仍不改正的;(4)受到社区矫正机构两次警告,仍不改正的;(5)其他违反有关法律、行政法规和监督管理规定,情节严重的情形。社区矫正机构一般向原审人民法院提出撤销缓刑建议。如果原审人民法院与执行地同级社区矫正机构不在同一省、自治区、直辖市,可以向执行地人民法院提出建议,执行地人民法院作出裁定的,裁定书同时抄送原审人民法院。社区矫正机构撤销缓刑建议书和人民法院的裁定书副本同时抄送社区矫正执行地同级人民检察院。此时,归监是对社区矫正对象最严厉的处罚措施。2020年《实施办法》第47条规定,社区矫正对象在假释考验期内,有下列情形之一的,由执行地同级社区矫正机构向原审人民法院或者执行地人民法院提出撤销假释建议:(1)无正当理由不按规定时间报到或者接受社区矫正期间脱离监管,超过1个月的;(2)受到社区矫正机构两次警告,仍不改正的;(3)其他违反有关法律、行政法规和监督管理规定,尚未构成新的犯罪的。社区矫正机构一般向原审人民法院提出撤销假释建议。如果原审人民法院与执行地同级社区矫正机构不在同一省、自治区、直辖市,可以向执行地人民法院提出建议,执行地人民法院作出裁定的,裁定书同时抄送原审人民法院。社区矫正机构撤销假释的建议书和人民法院的裁定书副本同时抄送社区矫正执行地同级人民检察院、公安机关、罪犯原服刑或者接收其档案的监狱。

第二种情况是指2020年《实施办法》第49条规定的暂予监外执行的社区矫正对象有下列情形之一的,由执行地县级社区矫正机构向执行地或者原社区矫正决定机关提出收监执行建议:(1)不符合暂予监外执行条件的;(2)未经社区矫正机构批准擅自离开居住的市、县,经警告拒不改正,或者拒不报告行踪,脱离监管的;(3)因违反监督管理规定受到治安管理处罚,仍不改正的;(4)受到社区矫正机构两次警告的;(5)保外就医期间不按规定提交病情复查情况,经警告拒不改正的;(6)暂予监外执行的情形消失后,刑期未满的;(7)保证人丧失保证条件或者因不履行义务被取消保证人资格,不能在规定期限内提出新的保证人的;(8)其他违反有关法律、行政法规和监督管理规定,情节严重的情形。

社区矫正机构一般向执行地社区矫正决定机关提出收监执行建议。如果原社区矫正决定机关与执行地县级社区矫正机构在同一省、自治区、直辖市,可以向原社区矫正决定机关提出建议。社区矫正机构的收监执行建议书和决定机关的决定书,应当同时抄送执行地县级人民检察院。

第三种情况是对于暂予监外执行的社区矫正对象,由于暂予监外执行的法定事由消失或暂予监外执行的期限届满而重新收监服刑。

三、分类监督管理制度

分类监督管理制度,是指我国社区矫正机构根据一定的标准,将不同类型的社区矫正对象分类管理、分类矫治的相关制度的总称。这一制度的实施,对社区矫正机构教育和转化社区矫正对象、预防和减少犯罪具有重要作用。

社区矫正对象分类监督管理,是监狱罪犯分类管理制度在社区矫正领域的延伸。对罪犯实施分类管理,是世界各国监狱的通行做法,以达到合理分配行刑资源、提高管理效率、防止罪犯交叉感染、维护监管安全等效果。近代以来,随着社区矫正在一些国家(地区)的兴起、发展,罪犯分类管理制度在非监禁刑执行领域也得到了广泛应用。国外社区矫正制度比较完善的地区,无不具有一套相当完备的分类管理体系。

在美国,对社区矫正对象的分类一般包括三个要素:一是确定分类标准,说明什么样的社区矫正对象应进入什么样的监管、矫正项目;二是确定评价程序,评价程序涉及如何使用分类方法,或用什么样的分类标准对社区矫正对象当前的状况和过去的行为进行评价;三是让社区矫正对象接受这种分类,通过将社区矫正对象安置在适合于他们的项目之中,让分类的目的得以实现。①

一般来说,社区矫正机构的首要任务是对社区矫正对象的监督管理,同时其在社区矫正过程中承担着对社区矫正对象提供服务并实施矫正措施和方案的职责。但是,在实践中,由于社区矫正对象存在很大的差异,要完成任务往往有一定的难度,对社区矫正对象而言,其也存在家庭困难、生理心理疾病、就业就学困难等问题。因此,做好社区矫正工作的前提是对社区矫正对象进行适当的分类,分别采取相应的管理措施和矫正方案。

(一)分类监督管理的相关规定

《社区矫正法》第 3 条规定,“采取分类管理、个别化矫正,有针对性地消除社区矫正对象可能重新犯罪的因素”。第 24 条规定:“社区矫正机构应当根据裁判内容和社区矫正对象的性别、年龄、心理特点、健康状况、犯罪原因、犯罪类型、犯罪情节、悔罪表现等情况,制定有针对性的矫正方案,实现分类管理、个别化矫正。矫正方案应当根据社区矫正对象的表现等情况相应调整。”第 52 条第 1 款规定:“社区矫正机构应当根据未成年社区矫正对象的年龄、心理特点、发育需要、成长经历、犯罪原因、家庭监护教育条件等情况,采取针对性的矫正措施。”同时,《社区矫正法》第 52 ~ 58 条要求对未成年社区矫正对象实施社区矫正,应当遵循教育、感化、挽救的方针,按照下列规定执行:(1)对未成年社区矫正对象的社区矫正应当与成年人分开进行;(2)对未成年社区矫正对象给予身份保护,其矫正宣告不公开进行,其矫正档案应当保密;(3)未成年社区矫正对象的矫正小组应当有熟悉青少年成长特点的人员参加;(4)针对未成年社区矫正对象的年龄、心理特点和身心

---

① 参见刘强:《美国社区矫正的理论与实务》,中国人民公安大学出版社 2003 年版,第 191 页。

发育需要等特殊情况,采取有益于其身心健康发展的监督管理措施;(5)采用易为未成年社区矫正对象接受的方式,开展思想、法制、道德教育和心理辅导;(6)协调有关部门为未成年社区矫正对象就学、就业等提供帮助;(7)督促未成年社区矫正对象的监护人履行监护职责,承担抚养、管教等义务;(8)采取其他有利于未成年社区矫正对象改过自新、融入正常社会生活的必要措施;(9)未成年社区矫正对象在社区矫正期间年满 18 周岁的,继续按照未成年社区矫正对象社区矫正有关规定执行。2020 年《实施办法》第 21 条规定:"社区矫正机构应当根据社区矫正对象被判处管制、宣告缓刑、假释和暂予监外执行的不同裁判内容和犯罪类型、矫正阶段、再犯罪风险等情况,进行综合评估,划分不同类别,实施分类管理。社区矫正机构应当把社区矫正对象的考核结果和奖惩情况作为分类管理的依据。社区矫正机构对不同类别的社区矫正对象,在矫正措施和方法上应当有所区别,有针对性地开展监督管理和教育帮扶工作。"

(二)分类监督管理

分类监督管理是指根据各类社区矫正对象的自身特点和人身危险性程度等因素,对不同类型的社区矫正对象采取不同的管理措施,以期取得最佳监督管理效果。

分类监督管理体现了现代管理理念,不同性别、不同年龄的社区矫正对象有不同的生理、心理特点和犯因性问题,违法犯罪类型不同的社区矫正对象也有不同的个性特点。分类监督管理正是体现了管理教育个别化原则,对不同类型的社区矫正对象采用不同的监督管理方式。

在美国的社区矫正中,对社区矫正对象的分类,通常有三种尺度:一是社区矫正对象的危险性,主要考虑社区矫正对象今后犯罪的可能性;二是社区矫正对象的需要,主要考虑社区矫正对象与犯罪有关联的需要结构;三是矫正项目与社区矫正对象的适应,主要考虑社区矫正的处遇项目是否适应社区矫正对象的需要和情况。[①] 结合我国社区矫正的情况,对社区矫正对象的分类监督管理,主要是根据社区矫正对象的改造表现、犯罪类型、危险程度、性格特点、矫正难度及重新犯罪的可能性,结合社区矫正执行情况、奖惩情况,将社区矫正对象分为从严管理、普

---

① 参见刘强编著:《美国社区矫正的理论与实务》,中国人民公安大学出版社 2003 年版,第 191 页。

通管理和从宽管理三个等级进行矫正，每一等级的管理对象和处遇，有不同的条件。①

第一，从严管理等级。从严管理的社区矫正对象，一般是被裁定假释和暂予监外执行的社区矫正对象。这类社区矫正对象具有相对较强的人身危险性，而且一旦离开监狱环境，突然转入自由度较高的社会生活，难免存在“如自楼至地，因为没有阶梯，致肇非死即伤的惨况”②的危险。对假释的社区矫正对象在社区矫正开始时从严管理，待其逐步适应正常社会生活后再转入普通管理，防止社区矫正对象因突然面对自由度较高的社会生活而再次产生犯罪的冲动。对暂予监外执行的社区矫正对象，因其狱内改造尚未完成，主要是由于生理原因而进入社区矫正机构，故其仍然存在相当大的人身危险性，因此在社区矫正期间，必须始终严格管理，没有改变其处遇的余地，直到社区矫正对象重新入狱服刑或解除社区矫正。在社区矫正的实务工作中，社区矫正对象只要具备下列条件之一，就应纳入从严管理或重点管理的范畴：（1）入矫报到之日起第一个月内；（2）抵触、抗拒或者不服从监管；（3）经排查确定为重点控制的社区矫正对象；（4）风险评估被评定为高风险等级的社区矫正对象；（5）无稳定住所和收入，个人情绪低落或行为异常，再犯罪可能性较大的社区矫正对象；（6）因违规受到训诫以上处罚的社区矫正对象。在处遇上，应依法严格限制该等级社区矫正对象的活动区域，外出请假审批从严限制；每日生物验证不少于三次；每周电话报告一次，每半月到社区矫正机构或者受委托的司法所报到一次，每月书面报告一次思想和活动情况，便于社区矫正机构掌握社区矫正对象的动态；每月个别谈话教育不少于一次；遵守社区矫正机构参加集中教育学习活动、公益活动、社会活动的相关规定等。

第二，普通管理等级。普通管理的社区矫正对象是进入社区矫正的被判处管制、宣告缓刑的社区矫正对象，以及由其他管理等级转入的社区矫正对象。这类社区矫正对象或者是罪行轻微，危险性本来就较小，或者是改造情况良好，对他们适用普通程度的管理即可。在社区矫正的实务工作中，对社区矫正对象适用普通管理还要考虑下列情形：（1）主动接受监管教育，日常表现良好；（2）风险评估被评定为中、低风险等级；（3）有稳定住所和收入，情绪稳定，行为正常；（4）遵守法律法规规定，服从监管教育。在处遇上，相对于从严管理，应当适度放松，例如，每

① 参见蒋建宇：《社区矫正中适用累进处遇制的构想》，载《中国司法》2004 年第 8 期。

② 参见林纪东：《监狱学》，台北，三民书局 1977 年版，第 53 页。

日不少于一次生物验证;每半月电话报告一次,每月到社区矫正机构或者受委托的司法所报到一次,每两个月书面报告一次思想和活动情况;根据需要适时进行个别谈话教育;遵守社区矫正机构参加集中教育学习活动、公益活动、社会活动的相关规定等。

第三,从宽管理等级。从宽管理的社区矫正对象是经过普通管理阶段,表现良好,而且在社区内的矫正时间已超过矫正期限一半的社区矫正对象。这类矫正对象经过长时间的矫正,不良人格已有明显改善,可以适用更为宽松的矫正手段,赋予其更大程度的自由。在处遇上,他们报告的时间间隔更长,对其要求离开居住地的申请一般均可批准,他们可以自愿参加公益活动等。对这类社区矫正对象,应主要通过法治教育、社会道德规范教育、公民意识教育来塑造其健全的人格。社区矫正工作者应着重帮助他们解决在重新融入社会过程中遇到的新问题,以使他们顺利适应社会生活,巩固已经取得的改造成果。

(三)目前我国分类监督管理存在的问题

《社区矫正法》第 24 条规定,应“制定有针对性的矫正方案,实现分类管理、个别化矫正”。从前述条文我们可以发现,“分类管理”和“个别化矫正”之间用顿号相隔,从语义学的角度来说,顿号意味着并列或者递进关系。从刑罚理论和各地分类管理的经验看,二者并非并列关系,而是有着逻辑上的递进关系,分类管理是实现个别化矫正的一种手段,只有先进行分类管理,才能实现个别化矫正。因为理想的社区矫正管理,应该是个别化的管理。①

从 2003 年社区矫正试点开始,分类管理在各地的社区矫正实践中普遍体现为“分级管理”。其基本方法是:按照一定的标准,将全体社区矫正对象的人身危险性分为三个不同的等级(北京分为 A、B、C 三级,上海分为一级、二级、三级,其余地方多数分为宽管、普管、严管三级),然后对不同等级的社区矫正对象实施不同的管理措施,即分级处遇;在执行过程中,可以根据社区矫正对象的具体表现适时调整其管理等级。

《社区矫正法》充分肯定了分类管理的实践价值,在第 3 条将“分类管理、个别化矫正”确定为社区矫正的基本原则之一,并在第 24 条中对分类管理的标准作了概括性规定。《社区矫正法》颁布后,一些地方依法对原来的分类管理规定进行了

---

① 参见吴宗宪:《中国社区矫正规范化研究》,北京师范大学出版社 2021 年版,第 311 页。

一些修改。

实践证明,分类管理制度在社区矫正工作中取得了较好的成效。一方面,对不同危险等级的社区矫正对象采取不同的监管措施,突出了重点,提高了管理措施的科学性、针对性,有效降低了社区矫正对象的重新犯罪率。社区矫正试点以来我国社区矫正对象的重新犯罪率一直保持在0.2%以下的低水平,分类管理制度所起的作用不可否定。另一方面,该制度合理分配了社区矫正执法资源,一定程度上缓解了基层司法行政机关"人少事多"的矛盾,提高了工作效率,减轻了工作压力。

《社区矫正法》以及2020年《实施办法》实施后,从上海、福建、山东等地新颁布的规范性文件来看,分类管理的方法得以沿用,只不过有的地方根据法律的规定对分级处遇制度进行了一些修改,有的地方基本上没有改动。其原因可能在于不同地方对法律的相关规定有不同理解。目前,分类管理在实务中存在以下问题。

1. 从思维方式看,目前的分类管理都只考虑了纵向分类,在各级管理措施中不能体现出各类社区矫正对象的横向差别。[①]《刑法》及有关规定对四类罪犯规定的监督管理措施虽然基本相同,但还是存在一定的差别,比如对管制对象有"未经执行机关批准,不得行使言论、出版、集会、结社、游行示威自由的权利"的特定管理措施,对暂予监外执行对象有按时报告身体情况的管理措施。《刑法》第75条、第84条对缓刑、假释对象规定的管理措施虽然完全相同,但考虑到两类对象人身危险性的差异,以及从《刑法》第77条、第86条关于撤销缓刑、撤销假释的规定看,对假释对象的管理力度应该严于缓刑对象,在分级处遇措施上也应该有所区别。此外,如果再进一步细分,根据《刑法》的规定,管制、缓刑对象还可以分为附有禁止令的、不附禁止令的,这两类对象的管理措施也有一定区别。但目前各地的分级管理制度普遍是先不考虑社区矫正对象的横向差别,直接把全体对象分为不同的等级,再对同一等级的对象施以相同的管理措施;有的地方虽然提出了"分类、分级管理"的概念,主张先分类、再分级,但在各级管理措施中却丝毫看不出对这四类对象的差别。这种横向与纵向割裂的分级管理方法,使得有些管理措施缺乏针对性和有效性,比如对暂予监外执行人员而言,管理措施中关于参加公益活动、集中教育的次数及时间的规定普遍难以执行,而按时提交身体情况报告

---

① 参见万昌文:《对社区矫正分类管理的思考》,载《中国司法》2020年第12期。

的义务在管理措施中又体现不出来。从长远来看，这样的分类易产生形式化缺点，不能从根本上解决问题，需要在现有制度的基础上进行创新。目前，一些地方的探索值得肯定，如江苏省南通市正在试点的“矫务长制”，其亮点是将被判处管制、宣告假释和裁定暂予监外执行的社区矫正对象收归县级社区矫正机构直管，而占社区矫正对象比重最大的缓刑犯由各片区分类管理。这种机制不是单纯地对社区矫正对象进行分类管理，而是探索从体制机制上对社区矫正对象分类管理。

2. 从管理措施内容上看，不同等级的社区矫正对象的处遇差别不大，难以发挥分类管理的引导与威慑功能。通过处遇上的差别激励社区矫正对象在社区矫正期间遵守各项管理规定，也是各地推行分级管理制度的初衷之一。但综观各地规定，不同等级的社区矫正对象的处遇差别，大都体现在汇报个人活动及思想情况的频率、每月参加集中教育的次数及时间、每月参加社区服务的时间、能否请假及请假时间等方面，而且这些差别对社区矫正对象利益的触动并不大。《社区矫正法》和2020年《实施办法》取消了原来关于教育学习、社区服务的“双八”规定，更加重视对社区矫正对象权益的保护，目前各地不同等级的社区矫正对象的处遇差别也相应有所缩小。比如上海市在原来的《上海市社区服刑人员分类矫正规定》中，对一级对象采取“原则上不得请假”的管理措施（在分级处遇的各项措施中，这是管理力度最大的差别），但在新颁布的《上海市关于贯彻落实〈中华人民共和国社区矫正法实施办法〉的实施细则》中，改为了“经批准离开本市每次一般不得超过7天”，与二级、三级对象的处遇差别明显缩小，而在每月参加集中教育、公益劳动的次数、时间方面，已经不存在区别了。

《浙江省社区矫正对象考核奖惩办法（试行）》第29～34条设置了有关分类管理的具体规定。第32条第1款第1项规定：“严格管理的社区矫正对象，每周通过电话或者社交软件等方式报告一次、每半月当面报告一次，一般不批准外出；确有正当理由需外出的，经司法所审核后，报执行地县级社区矫正机构审批。”第2项规定：“普通管理的社区矫正对象，每半月通过电话或者社交软件等方式报告一次、每月当面报告一次。”第34条第3款规定：“社区矫正机构、司法所应当定期组织开展实地查访活动，了解掌握社区矫正对象活动情况和行为表现。其中，对严格管理的，每月至少实地查访一次；对普通管理的，每季度至少实地查访一次，并记录在案。”从前面的规定来看，严格管理相较于普通管理，在处遇方面的差别，仅仅是报告的频率翻一倍、（7日内）外出的审批权由司法所上收至区（县）司法局，以及实地查访的频率增加了两倍。这样的制度设计，难以对社区矫正对象产生有效的引导与震慑作用。

3. 各地的实施细则对分类管理的规定缺乏灵活性。为了落实《社区矫正法》规定的分类管理、个别化矫正等工作要求，各省、自治区、直辖市纷纷出台了当地的社区矫正工作细则等地方性规范性法律文件。这些细则的本意是对社区矫正相关工作措施进行细化，形成制度化的规范，以统一工作标准，使各地基层实务部门开展工作有据可依。这些规定在总体思路上是正确的，但有的监督管理措施由于具体化地规定了“一刀切”的硬性要求，让基层实务部门难以依靠自身实际工作条件和现有的工作保障能力去完成。

目前，较多已经出台的监管措施缺乏灵活性，在实践中很难执行到位，例如严管对象纳入比例较高，社区矫正对象的信息化核查、报告频率要求高，要求每月（或固定期限内）实地查访频次高，要求组织集中教育学习频次高等。一方面使这些要求成为基层司法行政机关在现有工作条件下不可能完成的工作任务和自身永远克服不了的问题，另一方面成为检察机关常态化“纠违”的工作重点，甚至让不少基层执法者被追责的情况再现、教训重演。

4. 严管对象（重点对象）划分扩大化具有不合理性。例如有的地方明确规定“接收入矫后一个月以内”都是一类管理对象，这样使所有的社区矫正对象都是重点或曾经是重点人员，这是不适当的，也让基层执法力量不足的问题更加尖锐，人为的增加了执法风险。笔者认为，新入矫对象可能会因缺乏守法和服刑意识而有较大风险，但不是所有人都会这样？无理由地把他们“一刀切”地划为高风险人员是不适当的。在入矫教育时，管理人员将考查评估后缺乏服刑和守法意识、存在监管风险的新入矫对象划为一类重点管理对象，将其余新入矫对象划为二类普通管理对象或三类宽管理对象，似乎更具有合理性和可执行性。

5. 管理措施存在“一刀切”、难以操作的问题。在各地基层实务工作中缺乏灵活性，条件也是千差万别，这给基层工作造成巨大被动性，也形成巨大的执法风险。一些地方的《社区矫正实施细则》对日常监督管理措施的提法，大多是要求每日或每周或每月或每季或每年等（固定期限内），以“不少于”或“应当”等方式要求“怎么做”的规定，其中很多措施可能只有少数人手确实充足的司法所等基层单位能做到（现实中，这种可能其实是微乎其微的），但这样也会给这些工作力量充足的司法所开展司法所其他工作造成影响。《社区矫正法》出台前，如每周电话汇报、每月月报告，每月月走访，每月“双八”等这些规定，让司法所不堪重负，还让这些成为检察机关对司法所纠违的常态化问题，甚至纠违了也因工作人员不足，执行力量保障跟不上成为仍难解决的问题，上述这些情况在《社区矫正法》出台后，取消了每月月走访，每月“双八”等不切实际“一刀切”的规定后有所好转，但成效不大。受委托的司法所依然处于不堪重负的状况。

（四）分类管理的完善设想

从国外分类管理的实践来看，美国、加拿大致力于分类管理工具的开发。在分类管理方面，英美法系国家侧重于项目化矫正，工作人员通过面谈和查阅档案资料的方法收集信息，然后评价这些信息，作出犯罪人是否危险或者有多大危险的分类决定。[①] 无论是美国还是加拿大，都将危险评估作为社区矫正分类管理的重要工具。在美国广泛使用的威斯康星风险评估工具，根据罪犯在评估中所得分值，判断罪犯的危险程度。在中国广泛使用的加拿大水平评估量表（LSI－R）由于有着良好的信度和效度，也被很多国家的社区矫正机构用于罪犯危险评估，该量表通过 10 个方面的 54 个预测项目评估罪犯的危险。这些方法对我国的社区矫正工作有着很深的影响，如社区矫正循证矫正项目，将危险性评估工具及心理学常见量表测试作为衡量社区矫正对象人身危险性的重要工具。

社区矫正对象的分类管理经过多年的实践探索已经相对成熟，特别是北京、上海、江苏等发达地区的分类管理模式已颇具科学性和可行性。对社区矫正对象进行风险评估，一般使用加拿大的风险评估量表、美国的卡特尔 16PF 人格测试量表、英国的艾森克 EPQ 人格测试量表以及监狱系统目前正在使用的自制的心理认知行为量表（XRX）、人身危险性检测表（RW）、重新犯罪预测简评表（CX）等。这些都是分类管理的辅助工具，并没有从宏观层面对分类管理进行体制机制方面的保障。因此，需要构建宏观分类管理体系。

1. 以裁判内容为基础，以人身危险性为核心，构建纵横结合的社区矫正分类管理体系。《社区矫正法》第 24 条为分类管理规定了裁判内容、性别、年龄、心理特点、健康状况、犯罪原因、犯罪类型、犯罪情节、悔罪表现等多个标准。社区矫正分类管理的标准是多元化的，在逻辑上也应该是多层次的，但裁判内容应该作为分类管理的一级标准。按裁判内容的不同，将社区矫正对象分为管制、缓刑、假释和暂予监外执行四类，能最大限度地体现出社区矫正对象在法律适用条件、执行

---

① 参见吴宗宪：《社区矫正比较研究》（上），中国人民大学出版社 2011 年版，第 342 页。

内容上的差异,为后面的进一步分类奠定基础。将裁判内容作为一级分类标准,需要强化对缓刑、假释对象的分类意识。我国《刑法》对缓刑、假释罪犯规定了不同的撤销条件,2012 年修订的《治安管理处罚法》第 60 条也明确将假释对象排除在适用范围之外。应当说,法律对缓刑、假释对象的管理态度是明确的,社区矫正工作中对这两类对象的管理措施也应该有所区别,至少在管理强度上对假释对象应更严格。在一级分类完成后,再按不同的标准进行纵向或横向分类,至于要分多少层次,应该由社区矫正机构结合实践需要进行探索,不宜进行细化规定。但不管如何细分,人身危险性大小应该是整个分类管理体系的核心标准,其他分类都是围绕这个核心展开的。因为预防社区矫正对象在社区矫正期间重新罪犯、维护社会稳定,是监督管理工作最直接、最根本的任务。当然,社区矫正对象的人身危险性如何具体、准确界定,是国内外罪犯矫正领域一直在探索、思考的科学问题,有待社区矫正机构通过不断实践总结经验。

2. 实行社区矫正执行部门和工作人员专业分工制度,为做好分类管理工作提供人力支持。对不同的社区矫正对象实施不同的管理措施,需要专业知识和经验技巧。因此,一些发达国家的缓刑、假释人员,由不同的执行机构分工管理,或者由同一机构内部不同的工作人员分工管理,以提升管理的专业水平。鉴于我国基层社区矫正机构长期、普遍存在事多人少的状况,目前的分类管理尚不具备实行专业分工的条件。虽然实践中有个别地方出现了由不同部门管理不同对象的做法,[①]但在笔者看来,这种分工并不是出于专业分工的需要,而是为了减轻司法所的工作量。我们目前的分类管理工作还是简单粗浅的,未达到需要专业分工的程度。将来随着社区矫正机构的建设和分类管理工作的成熟完善,我国社区矫正分类管理也必然会出现专业分工现象。

3. 非缓刑类社区矫正对象收归县级社区矫正机构管辖。非缓刑类社区矫正对象主要指被判处管制、被裁定假释和决定暂予监外执行的罪犯。这三类罪犯在社区矫正对象中占比较小,但危险性较大,特别是后两类人员。将非缓刑类社区矫正对象收归县级社区矫正机构直管,由抽调民警(江苏称为“互帮共建民警”)协助社区矫正机构工作人员监督管理、教育帮扶,将对这三类人员产生刑罚威慑

① 江苏省如东县将管制、假释、暂予监外执行三类对象交由县级社区矫正机构直接管理,缓刑对象由县级社区矫正机构的派出机构或司法所直接管理。参见刘强、金峰:《对江苏省如东县社区矫正机构分类管理创新的思考》,载《中国司法》2020 年第 9 期。

的效果，降低其重新犯罪的可能。

4. 缓刑类社区矫正对象由司法所介入，使其顺利实现回归社会。相较于其他三类社区矫正对象，缓刑犯的社会危害性较低、人身危险性较小。对于这类对象，必须依托社区，使其感受到社区乃至社会的关爱，从而更好地融入社会。

四、禁止令的适用与执行制度

禁止令制度是我国刑罚制度的重要创新。《社区矫正法》第 31 条和 2020 年《实施办法》第 39 条对社区矫正对象被宣告禁止令后申请进入特定场所的审批进行了规定。社区矫正机构根据执行禁止令的需要，可以协调有关的部门、单位、场所协助配合执行禁止令。同时作了例外规定：对人民法院禁止令确定需经批准才能进入的特定区域或者场所，矫正对象确需进入的，应当经县级社区矫正机构批准，并通知原判人民法院和执行地县级人民检察院，使《社区矫正法》更加人性化。犯罪学中的反复被害理论表明，罪犯有同罪反复思维和犯罪惯性，而通过禁止令的形式将社区矫正对象与可能诱使其犯罪的因素相隔离，能避免其产生同罪反复问题进而起到预防犯罪的作用。由此可见，在刑事司法制度中增设禁止令的目的就是以更为严厉的强制措施矫正部分特定罪犯的重新犯罪问题。禁止令制度对于进一步贯彻宽严相济的刑事政策，避免交叉感染，节约司法资源具有十分重要的意义。

关于禁止令的性质问题，该制度建立之初，相关机构对刑事禁止令的性质进行了解读："禁止令不是一种新的刑罚，而是对管制犯、缓刑犯具体执行监管措施的革新。"①这一解读对禁止令进行了基本的定性。但在学术界，有些学者把禁止令当作一种监管措施。② 对于管制犯来说，可以把禁止令看作监管措施，但是对于宣告缓刑的人来说，其接受的是教育矫正，不是刑罚，所以把禁止令简单地定性为监管措施是不妥当的。也有观点把禁止令看作保安处分。还有观点认为禁止令具有预防、强制和辅助的作用。③ 笔者认为该观点对于禁止令的解读是正确的，我国刑事禁止令的法律性质应是针对非监禁性受刑人的可选择性监管措施。

---

① 《依法正确适用禁止令　确保非监禁刑执行效果——最高人民法院、最高人民检察院、公安部、司法部有关负责人就〈关于对判处管制、宣告缓刑的犯罪分子适用禁止令有关问题的规定（试行）〉答记者问》，载《人民调解》2011 年第 6 期。

② 参见詹菊生：《禁止令：刑罚制度的重大创新》，载《人民政协报》2011 年 5 月 9 日。

③ 参见孙建保、蔡宇宏：《刑法禁止令：超越中的困惑》，载《法学》2011 年第 11 期。

《刑法修正案(八)》明确规定:对于被判处管制、缓刑的罪犯可以适用禁止令。《禁止令规定》要求禁止令由社区矫正机构负责执行。《社区矫正法》第31条规定:“社区矫正机构发现社区矫正对象正在实施违反监督管理规定的行为或者违反人民法院禁止令等违法行为的,应当立即制止;制止无效的,应当立即通知公安机关到场处置。”2020年《实施办法》第39条规定:“社区矫正机构根据执行禁止令的需要,可以协调有关的部门、单位、场所、个人协助配合执行禁止令。对禁止令确定需经批准才能进入的特定区域或者场所,社区矫正对象确需进入的,应当经执行地县级社区矫正机构批准,并通知原审人民法院和执行地县级人民检察院。”

在实际工作中,执行禁止令的常见做法是:一是对人民法院禁止令确定的需经批准才能进入的特定区域或者场所,社区矫正对象确需进入的,应当经县级社区矫正机构批准才能进入,并通知原判人民法院和执行地县级人民检察院。二是社区矫正机构根据执行禁止令的需要,可以要求有关部门、单位、场所、个人协助配合执行禁止令。如果发现社区矫正对象正在实施违反监督管理规定或者违反禁止令的行为,必须立即予以制止,如果社区矫正对象不听从劝阻,工作人员可以立即报警处理。

(一)禁止令实施中存在的问题

我国《刑法》关于禁止令只是笼统地规定了“三禁止”,缺乏可操作性。尽管《禁止令规定》以司法解释的形式对该制度予以进一步细化和完善,但禁止性内容的针对性依然不强。例如青岛市市北区人民法院对社区矫正对象发出“高消费”禁止令,因对于“高消费”的标准目前没有明文规定,在执行中显得有些无奈。又如,对于因醉驾被判处缓刑的社区矫正对象附加的“缓刑考验期内禁止饮酒”的禁止令,[①]在实践中难以执行。

与此同时,目前禁止令是法院在判决时一并决定的,且在执行过程中不存在变更的可能,这样的程序设计具有明显的僵化特征。

此外,被适用禁止令的当事人还缺乏相应的救济途径。依据《禁止令规定》第7条之规定,当事人、辩护人、代理人在检察机关提起公诉时就可以就应否对被告

---

① 参见《缓刑期内禁饮酒　亲属也要来监督》,载搜狐网2022年10月11日,https://police.news.sohu.com/a/591716777_120167722?scm=9010.8002.0.0.0。

人宣告禁止令提出意见,并说明理由。但是,禁止令的适用最终取决于法官的自由裁量。对于生效的禁止令,被告人及其辩护人、被害人及其代理人仍有可能对其有异议。对于当事人一方而言,禁止令涉及对其实体权益的处分,必须给予其足够的程序救济保障。对于没有宣告禁止令的情形,出于对自身及其近亲属的安全的考虑,被害人可能会存有异议。但在此方面,现行规定缺少救济程序。

(二)禁止令的完善对策分析

1. 扩大禁止令的适用范围,完善适用程序。目前我国的禁止令只适用于管制、缓刑两类社区矫正对象,但从假释、暂予监外执行的适用条件看,这两类对象的人身危险性可能比管制、缓刑对象更大,更有适用禁止令的必要性。因此,建议将来修改《刑法》《刑事诉讼法》时,将禁止令的适用范围扩大到四类对象。此外,针对目前的禁止令是法院在判决时一并决定且在执行中不可变更。笔者认为,与法院相比,社区矫正机构在执行过程中更了解社区矫正对象的现实表现,更适宜对社区矫正对象作出禁止令并根据其表现情况进行调整。一些发达国家的社区矫正机关,也有权在执行过程中根据情况对缓刑、假释罪犯采取限制部分权利的措施。借鉴域外经验,笔者也建议对我国的禁止令适用程序进行修改,赋予社区矫正机构禁止令决定权及变更权。①

2. 完善禁止令举措。一是将禁止令与社区矫正考核制度相衔接。禁止令作为社区矫正监管措施,可以将其履行情况纳入社区矫正考核奖惩制度中。二是增加救济程序。笔者认为,若当事人(包括被害人)对于刑事判决中的禁止令有异议,可向原宣告禁止令的法院提出异议,要求该法院对于禁止令是否应当宣告以及宣告内容进行审查,人民法院可以适用独任制,在听取控辩双方、被害人的意见之后,结合社会调查报告作出决定。这样的程序构建在保障行为人的司法救济权利的同时,也对被害人的权益给予了充分重视。② 同时,还可以设置禁止令撤销程序。若社区矫正对象在社区矫正期间表现良好或者有立功表现,可以向人民法院申请撤销禁止令。这样做,可以激励社区矫正对象认罪悔罪。但谁可以向人民法院申请撤销禁止令？笔者认为,基于目前社区矫正机构人手不足的现状,不妨由

---

① 参见万昌文:《对社区矫正分类管理的思考》,载《中国司法》2020 年第 12 期。

② 参见冯卫国:《刑事执行与罪犯处遇新探索》,法律出版社 2019 年版,第 90 页。

社区矫正对象向人民法院申请撤销禁止令，社区矫正机构负责出具相关事实记录和意见，以便在一定程度上减少社区矫正机构的工作负荷。

五、信息化管理制度

社区矫正信息化管理是指在社区矫正工作中以计算机系统为基础，用信息技术对有关信息数据进行流转、处理及分析，且以这些数据作为工作的理论根据和数据支撑，以提高管理质量和效率的工作规程。其目的在于构建覆盖全国的信息化系统，实现网络互联、信息共享、标准统一、功能完备，为各相关机构与人员提供更好的数据支持和平台服务。

在信息技术飞速发展的背景下，大数据以其多样化、规模化、价值性、高速性等特点，在政府事务、公共服务、治安管理等社会治理各领域得到广泛应用。[①] 将大数据同社会治理深度融合，运用大数据解决社会问题成为时代发展的必然趋势，云计算、大数据、人工智能等现代信息技术在社会治理领域蓬勃兴起。

2018 年司法部召开了全系统网络安全和信息化工作会议，要求加快“数字法治、智慧司法”建设，提出到 2019 年年底，初步建成“数字法治、智慧司法”信息化体系，形成“大平台共享、大系统共治、大数据慧治”的信息化新格局。早在 2016 年，社区矫正信息化管理就已在全国普遍开展，北京等 18 个省（区、市）已实现了省、市、县、乡四级联网，部分省市通过国家电子政务外网与司法部机关实现了互联互通，与公、检、法等部门实现了资源共享。2017 年 2 月，国家社区矫正管理局实现了部、省、市、县、乡五级社区矫正信息管理系统的定位监管、轨迹查询、重点监控、短信管理、通话管理等监管功能和内容。2017 年 4 月，北京等 23 个省（区、市）建立了省级独立的社区矫正信息管理系统。[②]

《社区矫正法》将国家支持社区矫正机构提高信息化水平写入了总则，[③]并就信息化核查、使用电子定位装置等进行了专门规定。2020 年《实施办法》在此基

---

① 参见徐曼：《大数据技术在社会治理领域的典型应用分析》，载《数字技术与应用》2020 年第 11 期。

② 参见高一飞、贺毓榕：《我国社区矫正制度的回顾与展望》，载《中国司法》2020 年第 8 期。

③ 《社区矫正法》第 5 条规定：“国家支持社区矫正机构提高信息化水平，运用现代信息技术开展监督管理和教育帮扶。社区矫正工作相关部门之间依法进行信息共享。”

础上进行了更进一步的规范。①

(一)社区矫正信息化管理的原则

社区矫正信息化管理应当坚持储存安全、内容准确、信息共享、报送及时、传递规范的原则。同时,应不断加强社区矫正信息化建设。

依照规范性文件和各地的工作规范中关于社区矫正工作衔接配合的规定,司法行政机关应当建立完善社区矫正信息交换平台,推动与人民法院、人民检察院、公安机关互联互通,利用网络及时准确地传输、交换有关法律文书,根据需要查询社区矫正对象脱管漏管、被治安管理处罚、再犯罪等情况,共享社区矫正工作动态信息,实现网上办案、网上监管、网上监督。对社区矫正对象采用电子定位方式实施监督,应当采用相应技术,防止发生人机分离,提高监督管理的有效性和安全性。《社区矫正法》第5条规定:"国家支持社区矫正机构提高信息化水平,运用现代信息技术开展监督管理和教育帮扶。社区矫正工作相关部门之间依法进行信息共享。"这是关于社区矫正信息化建设和信息共享的规定。在实务工作中,社区矫正工作相关部门之间应依法进行信息共享,人民法院、人民检察院、公安机关、司法行政机关依法建立完善社区矫正信息交换平台,实现业务协同、互联互通,运用现代信息技术及时准确地传输、交换法律文书,根据需要实时查询社区矫正对象交付接收、监督管理、教育帮扶、脱离监管、被治安管理处罚、被采取强制措施、变更刑事执行、再犯罪等情况,共享社区矫正工作动态信息,提高社区矫正信息化水平。

(二)社区矫正信息的内容和管理

社区矫正信息主要包括以下内容:

第一,社区矫正工作记载和电子档案内容。主要包括入矫登记、日常管理、计分考核、奖励惩处、季度鉴定、不良记录、期满解矫、终止矫正等信息,县级社区矫

---

① 2020年《实施办法》第11条规定:"社区矫正机构依法加强信息化建设,运用现代信息技术开展监督管理和教育帮扶。社区矫正工作相关部门之间依法进行信息共享,人民法院、人民检察院、公安机关、司法行政机关依法建立完善社区矫正信息交换平台,实现业务协同、互联互通,运用现代信息技术及时准确传输交换有关法律文书,根据需要实时查询社区矫正对象交付接收、监督管理、教育帮扶、脱离监管、被治安管理处罚、被采取强制措施、变更刑事执行、办理再犯罪案件等情况,共享社区矫正工作动态信息,提高社区矫正信息化水平。"

正部门指导、督促司法所建立并管理社区矫正对象的相关信息。

第二,网上办公内容。主要包括请销假审批、行政奖励审批、行政惩处审批、社区矫正对象迁转审批等信息,司法所具体负责网上办公项目中社区矫正对象个案的录入、提交。

第三,短信指令功能内容。社区矫正机构向社区矫正对象发送思想教育、心理引导、公益活动、技能培训、就业、违规告警等工作信息,社区矫正对象向基层矫正机构汇报思想情况和近期状况。

第四,数据分析内容。主要包括社区矫正对象基本情况统计、社区矫正工作进度统计、矫正项目实施情况统计等,社区矫正机构在规定时间内按照要求进行汇总统计、数据分析、形成社区矫正整体情况统计表。

第五,心理咨询内容。主要包括社区矫正风险评估表、心理咨询自评量表、心理咨询方案等,司法所定期对社区矫正对象进行风险评估、心理测试,测试结果由系统自动生成图表,并以规范的格式给出定性分析,提出心理矫治建议,制定一人一档矫正个案。

第六,手机定位监管内容。主要包括实时监管、跟踪管理、历史轨迹、边界设置等内容,对普管和严管级社区矫正对象活动方位、行动轨迹进行监控和跟踪管理,对社区矫正对象违反监管规定的情形进行实时告警和应急处置。

(三)保密和安全管理

社区矫正工作机构要加强社区矫正信息安全保密工作,要求明确专人负责管理系统的使用和维护。接入管理系统的计算机,要安装杀毒软件和病毒防火墙等软件,妥善保管管理系统登录用户名、登录密码以及登录加密设备。社区矫正信息管理计算机不得与国际互联网连接。

社区矫正工作信息管理系统内的信息由各级社区矫正机构及其工作人员使用,不得对外传播和泄露。非社区矫正机构工作人员查阅社区矫正信息,必须持县级以上人民政府或人民法院、人民检察院、公安机关、司法行政机关等的介绍信,经县级以上社区矫正机构批准,并做好记录。

(四)当前社区矫正信息化建设存在的问题

我国社区矫正信息化建设时间不长、经费不足、人才不足,导致社区矫正信息化建设中还存在诸多问题。

一是社区矫正信息化管理中存在“重监控”“轻教育”的现象。现阶段的社区矫正信息化管理系统只是对被监管人进行监控，防止其脱管漏管或者重新犯罪，教育帮扶的内容较少。

二是各省、各部门自立门户，各行其是，筹建自己的信息化平台与数据库，造成重复建设与资源浪费；同时，当前部分省（自治区、直辖市）的智慧矫正系统中的工作流程并没有进行更新，依然按照《社区矫正法》实施前的流程运作，同真实工作流程完全不符。此外，司法部虽然发布了一套社区矫正文书格式，但种类较少。部分省（自治区、直辖市）随即也发布了一套更加细致的文书格式，但有些地区没有发布省级统一的文书格式，下属的市县便自行使用各自的格式，导致基层使用的文书五花八门。而智慧矫正系统均是省级统一创建，故系统无法对现实中使用的文书全面兼容，更不能像公安机关那样实现网上录入后同步打印文书。这同从人工管理到网上管理、从数字管理到智能化管理的要求格格不入，智慧矫正变成了完全脱离现实工作基础的数据录入工作。

三是智慧矫正较之于之前的手机定位并没有显著技术突破，或者说其技术核心依然是手机定位。其一，手机定位本身存在严重局限性，难以避免社区矫正对象通过人机分离、呼叫转移等方式规避监督。甚至出现社区矫正对象专门办理一个不实际使用的手机号以应付社区矫正机构的定位，而自己使用其他号码的怪异情形。此外，在一些特定区域以及市县边界处，又无法避免信号不佳或者漂移问题导致的关机误报和越界误报。其二，作为手机定位加强措施的每日签到增加司法所工作负担、干扰社区矫正对象正常生活。为了弥补手机定位的缺陷，很多地方又推出了每日签到作为补充措施。但这一措施的实行，实际上是将社区矫正对象向社区矫正工作人员报告的频次增加到了每日一次或者每日数次。而这对于某些在特殊环境（如矿山井下、易燃易爆、石油化工等无手机信号或禁止携带手机的工作场所）下工作的社区矫正对象来说难以做到，对其他矫正对象的正常生活也是一种干扰。同时，这样频繁地核查，也严重增加了工作人员的工作负担，一些地方的司法所工作人员都成了低头族，每天的工作内容就是查看手机签到，导致其工作负担显著增加。此外，手机定位也无法避免社区矫正对象通过人机分离等方式恶意逃避信息化核查的问题。同时，开通前需要社区矫正对象本人书面同意，所产生的定位费用也极高，由于通讯运营商是按人头收费，有些地方的手机定位费用甚至能占到当地社区矫正经费绝大部分。在部分经费较少的地区，甚至出现了违规让社区矫正对象自行承担定位费用的情况，这一违规做法也给社区矫正工作人员带来了刑事风险(有滥用职权之嫌疑)。其三,智慧矫正系统由各省(自治区、直辖市)自行创建,开发水平参差不齐、互不联通。或许是开发公司对法律规定不了解,不知道管制是一种单独的刑罚种类,有的系统上至今留有社区矫正对象"管制期限X年以下"这样的选项。由于选项内容错误,导致即使是少数系统能够自动填充的文书,打印出来也是错漏百出,无法使用。而在操作终端层面上,闪退、系统崩溃等问题更是层出不穷。而且由于各省的社区矫正系统互不联通,像社区矫正对象跨省办理执行地变更这类业务,根本无法通过系统实现数据转移,使智慧矫正系统的实用性大打折扣。其四,智慧矫正流程脱离实际。目前很多地方的智慧矫正终端都一分为三,除在矫通(矫正对象安装)、矫务通(工作人员使用)外,还有协矫通(矫正小组使用)。为什么矫正小组成员也要安装一个App。先不说矫正对象的家属会不会打开App揭发自己配偶、孩子、父母的违法违规行为,就是真揭发,给司法所打个电话或者干脆报警不是更快吗?为什么要通过App录入信息?而村居委会的工作人员往往身兼数职,让他们每天打开这么一个App录入数据,无疑是在加重社区和村委工作人员的负担。还是那句话,打电话报告或者直接拨打"110"不好吗?其五,智慧矫正系统创建缺乏统一标准和资金支持。司法部虽然颁布了一个通用技术标准,但内容极其原则,仅仅是一个指引框架,缺乏可操作性。其结果就是各地智慧矫正系统参差不齐、互不兼容。目前智慧矫正系统建设采取的是申报创建制,各地步调并不一致,而且由于各地技术能力和资金支持力度不同,建成的智慧矫正中心很可能存在高配、低配并存,甚至大把资金花下去却不合格的情况。因此如果没有明晰而统一的建设标准和充足的资金保障,智慧矫正系统建设很有可能会变成低水平重复,造成国家资金的严重浪费。

四是测评量表的设计基本是各地根据当地社区矫正情况各自为政,在测评因子的选取、分值的设定与分数段的划分上差别较大。上海市率先设计了《社区矫正风险评估测评表》,其中涉及的主观因素和含糊的项目过多,缺乏客观、统一的标准;北京市研发了《北京市社区服刑人员综合状态评估指标体系》,虽然内容完整但专业性太强,导致操作起来比较困难;江苏省开发了社区矫正风险评估系统,但矫正工作者在实际应用中仍然凭借自己的主观认知,根据自己对服刑人员的印象打分,客观性较弱,难以保证预测结果的准确性,难以实现刑罚个别化。

五是有关部门未能及时通报相关信息。如法律法规明确规定,因发生交通事故构成犯罪被依法追究刑事责任的,应当在人民法院作出有罪判决后,由公安交管部门依法吊销机动车驾驶证。实践中,法院对交通事故案件作出有罪判决后,由于未及时向公安交管部门送达法律文书,加上驾驶证信息未实现跨区域共享,造成吊销涉罪社区矫正对象驾驶证缺乏简易程序,流程繁复、耗时长。以至于出现社区矫正已执行完毕,但吊销驾驶证还未办结等现象,造成了实践中因发生交通事故构成犯罪的矫正对象继续持有并使用机动车驾驶证再次违法违规的情形。

(五)社区矫正信息化建设的若干建议

第一,建立社区矫正统一信息系统。利用现代化的网络技术,设计一套全国统一、内容完备的社区矫正执行信息系统,便于查阅社区矫正执行的相关信息。社区矫正执行信息系统主要记录社区矫正对象的身份信息和矫正管理信息资料。目前,各省基本都有一套社区矫正信息管理系统,集社区矫正对象电子档案管理、定位管理、考核管理和危险性评估、警示告知等功能于一体,以实现对社区矫正对象的信息化监管,以及档案建设和信息统计的标准化、规范化、互通化。

笔者认为,应全面停止各省自行开发智慧矫正系统,应由中央政法委牵头,由司法部统一建设跨部门信息共享并在全国范围内实现数据交换的信息化平台,以避免造成重复建设与浪费司法资源。同时,在全国司法行政系统内部应首先解决办公自动化和信息化问题,如社区矫正的全部法律文书都能实现在系统内录入信息后便可直接打印使用,社区矫正对象通过信息系统提交书面报告便可以直接打印存档,无须再要求其到场提交等,避免将智慧矫正变成“纸质材料上网”。

第二,建设社区矫正数据库和案例库,利用大数据开展循证矫正。社区矫正数据库和帮扶案例库的建设是大数据介入社区矫正的重要基础,也是促进社区矫正信息化管理的关键所在。在数据库和案例库的维护上,一方面针对社区矫正对象出现的新情况,要及时补充相应案例,并定期维护、丰富案例库的数据类型,使案例数据库得以正常运行;另一方面专家团队应该定期对矫正案例库进行评估,评估案例库的运行现状,针对运行过程中出现的问题,及时调整矫正案例库运行模式。

第三,把智慧矫正的重点放到办公自动化、信息化和跨部门信息交换上来。《社区矫正法》第 5 条规定:“国家支持社区矫正机构提高信息化水平,运用现代信息技术开展监督管理和教育帮扶。社区矫正工作相关部门之间依法进行信息共享。”本条是智慧矫正的直接法律依据,自然应当按照其要求推进工作。首先应解决的是办公自动化和信息化问题,如社区矫正的全部法律文书都能实现在系统内录入信息后便可直接打印使用,社区矫正对象通过信息系统提交书面报告便可以直接打印存档,无须再要求其到场提交等,避免将智慧矫正变成“纸质材料上网”。其次,信息共享也是不容回避的问题。例如公安机关掌握社区矫正对象离开所居住的市县或实施违法行为的情况后,可以通过系统进行数据推送,使社区矫正机构及时掌握情况、进行处理;人社部门的人才供需信息也可以通过系统向社区矫正对象推送,帮助其早日找到工作,融入社会。从信息化监管来看,目前最好的形式是以雪亮或天网监管为主体,手机核查为补充。通过雪亮工程,在本行政区域内可以实现做到社区矫正对象查知轨迹、行知动向,并能在社区矫正对象离开本区域主动预警,不足的方面是目前不少地方还未实现全覆盖。但相比手机基站、Wi－Fi 的精度来看,利用雪亮工程来做好社区矫正对象信息化监管应是未来一个阶段内努力的方向和发展趋势。

第四,应当由司法部建立全国统一的智慧矫正工作平台。目前的智慧矫正平台由各省自行建设,难以解决标准不一、互不兼容、无法进行省际信息交换和协作的问题,只会导致智慧矫正系统形成以省为界的数据孤岛,不利于跨省外出审批以及变更居住地等工作的开展。只有司法部牵头自上而下建立统一平台才能解决这些问题。

六、档案管理制度

法律法规中关于社区矫正档案的规定虽比较笼统,但档案管理工作在社区矫正工作中的地位却是不低的。档案其实是执法工作痕迹的最好体现,也是矫正工作有效开展的重要支撑。所有矫正计划的调整、等级的升降、考核的依据都来自档案,没有档案管理的规范有序,就没有矫正工作的高效运转。但在实际工作中,社区矫正档案管理可以说是漏洞百出,很难经得起检查,更不要说检察院的法律监督了。档案意识的提升,是社区矫正执法工作水平提升的基础。档案意识不提升,形成档案的过程就不会规范,过程不规范,程序就可能违法,程序违法,一切执法活动就失去了生命力。

社区矫正档案,是指社区矫正机构对社区矫正对象开展监督管理和教育帮扶过程中形成的具有保存价值的各种文字、图表、声像等不同形式的历史记录。2020 年《实施办法》第 18 条规定,执行地县级社区矫正机构接收社区矫正对象后,应当建立社区矫正档案,包括以下内容:(1)社区矫正对象的基本信息、调查评估材料、社区矫正决定机关送达的法律文书;(2)接收、监管审批、奖惩、收监执行、解除矫正、终止矫正等有关社区矫正执行活动的法律文书;(3)进行社区矫正的工作记录;(4)社区矫正对象接受社区矫正的其他相关材料。

社区矫正机构通过收集、保管和提供档案材料这种特定的方式,为社区矫正总结经验、研究工作、制定方针政策提供必要的依据和条件。县级社区矫正机构建立社区矫正档案,一般包括以下内容:适用社区矫正的法律文书,接收、监管审批、处罚、收监执行、解除矫正、终止矫正等有关社区矫正执行活动的法律文书。在社区矫正期间,县级社区矫正机构委托司法所为社区矫正对象建立社区矫正工作档案,包括以下内容:司法所和矫正小组进行社区矫正的工作记录,社区矫正对象接受社区矫正的其他相关材料,社区矫正执行档案副本。在档案管理过程中,应本着集中统一、专人负责、科学管理的原则进行管理,主要包括以下六个环节。

(一)档案材料的收集

这是社区矫正对象档案管理工作的首要环节。社区矫正对象进入社区矫正机构后,要立即建立单人档案,将所有法定文件、文书,以及社区矫正对象在社区矫正中形成的有存查价值的材料收集归档。在收集资料的过程中,要检查各类文件的记载与实际情况是否相符合,是否完备。社区矫正对象的档案具体包括以下内容。

第一,管制、缓刑的社区矫正对象的判决(裁定)书、起诉书副本、结案登记表、执行通知书;假释的社区矫正对象的原判法律文书、假释裁定书、罪犯出监鉴定表;暂予监外执行的社区矫正对象的判决(裁定)书、起诉书副本、结案登记表、执行通知书、暂予监外执行审批表、具保书。

第二,假释、暂予监外执行的社区矫正对象在监狱服刑期间接受教育改造的相关材料、奖惩考核材料、心理档案等。

第三,社区矫正对象登记表。

第四,社区矫正对象社区矫正情况月汇报。

第五,社区矫正对象接受社区矫正保证书、帮教协议。

第六,社区矫正对象外出请假申请审批表。

第七,社区矫正方案。

第八,社区矫正情况记录簿,包括学习教育记载、参加公益活动记载、心理矫正记载、谈话记录等。

第九,社区矫正对象社区矫正考察表、评审鉴定表。

第十,社区矫正对象奖惩审批表及相关材料。

第十一,社区矫正对象社区矫正期满鉴定表。

第十二,社区矫正对象解除管制通知书、假释考验期满证明书、缓刑期满证明书。

第十三,其他应该归档的重要材料。

另外,社区矫正对象死亡的,死亡证明、法医鉴定等有关材料应当归档。

(二)档案材料的整理

社区矫正对象档案的整理,就是按照建立档案的原则和要求,采取比较科学的方法,对档案进行分门别类的处理。档案整理后,要按照要求装订成册。

(三)档案材料的鉴定

对整理好的材料还要进行审查与鉴别。一般由社区矫正机构组成专门鉴定小组,定期对保管期限已满的档案进行鉴定。

(四)档案材料的保管

社区矫正机构在社区矫正对象被决定执行社区矫正之日建立档案,一人一档。社区矫正对象档案必须由专人妥善保管。一是按照档案管理的编排方法把社区矫正对象个人档案排列在档案柜中;二是制作社区矫正对象档案索引卡片;三是做好防火、防霉、防潮、防遗失、保密、防蛀等工作,保证档案安全;四是运用现代信息技术,对档案进行技术处理,形成电子档案予以保存。

(五)档案材料的统计

社区矫正对象档案中各种材料所反映的情况,只有经过具体的数据汇总与综合,才能向相关部门直观、准确和快速地提供。档案管理部门应准确掌握社区矫正对象变动的实际情况,及时准确地填写有关档案的统计报表,并根据需要制作相关的统计图。

(六)档案的提供利用

社区矫正对象档案管理工作的根本目的,就是提供档案,为社区矫正工作服务。有关档案提供利用的程序和注意事项如下。

第一，社区矫正对象矫正地址变更时，档案应随社区矫正对象移交变更地的社区矫正机构。社区矫正对象重新犯罪、收监执行的，档案应移交给公安机关、监狱管理机关。档案交接双方均应做好交接手续。

第二，外调人员查阅档案，凭县级以上政府或政法机关外调介绍信，经县级社区矫正机构批准，在指定地点阅卷，并填写《社区矫正对象档案借阅登记表》备查。

第三，社区矫正对象档案输入计算机的，计算机不得直接或间接与国际互联网或其他网络连接。

第四，社区矫正对象解除社区矫正后，档案交社区矫正对象矫正期满时所在县级社区矫正机构或司法行政机关集中统一保管。

第五，有关未成年人社区矫正的档案，实施特别保护。例如，《四川省社区矫正实施细则》第 193 条规定，符合犯罪记录封存条件的未成年人矫正档案，需要在解除矫正或终止矫正 3 日内予以封存并单独存放。未经法定查询程序，不得进行信息查询、共享及复用，不得向外部平台提供或对接。在此，体现了未成年人权益的特别保护。

总之，在社区矫正对象档案管理的具体工作中，管理人员收集要用心，整理要细心，鉴定要精心，保管要尽心，提供利用要热心。在这几个相辅相成的工作环节中，既要层层把关，明确职责，又要目的明确，相互促进。

七、矫正结束管理制度

社区矫正的矫正结束管理，是指由于社区矫正对象的社区矫正期限届满，或者由于法定事由社区矫正归于终止，解除对社区矫正对象管理的行为。《社区矫正法》第 44 条规定：“社区矫正对象矫正期满或者被赦免的，社区矫正机构应当向社区矫正对象发放解除社区矫正证明书，并通知社区矫正决定机关、所在地的人民检察院、公安机关。”矫正结束管理是社区矫正工作的最后一个管理环节，主要是按照程序为符合矫正解除、终止条件的社区矫正对象办理解除、终止的手续，完成社区矫正工作的最后一个刑罚执行环节并与安置帮教工作相衔接。

（一）社区矫正结束的情形

1. 社区矫正期限届满。依照《社区矫正法》的规定，社区矫正对象矫正期满，社区矫正机构应当对社区矫正对象解除社区矫正。这是最为常见的矫正结束方式，又称“期满解矫”。根据刑法上的罪刑法定原则以及刑事诉讼法上的程序法定原则的要求，矫正期限届满，没有应当撤销缓刑、撤销假释或者暂予监外执行收监执行情形，意味着刑事责任已经实现，刑事执行的依据不复存在，社区矫正机构必须及时解除矫正，使社区矫正对象恢复普通公民身份。

社区矫正对象一般应当在社区矫正期满 30 日前，作出个人总结，执行地县级社区矫正机构应当向社区矫正对象发放解除社区矫正证明书，并书面通知社区矫正决定机关，同时抄送执行地县级人民检察院和公安机关。公安机关、监狱管理机关决定暂予监外执行的社区矫正对象刑期届满的，由看守所、监狱依法为其办理刑满释放手续。

进行解矫宣告，是矫正结束程序的重要内容。根据 2020 年《实施办法》第 54 条第 1 款规定，执行地县级社区矫正机构或者受委托的司法所可以组织解矫宣告。此处使用“可以”一词，说明解矫宣告并非社区矫正工作的必经程序，但除非社区矫正对象因身体原因无法参加等，一般情况下应当组织解矫宣告程序。这有利于体现刑事执法活动的严肃性，也有利于促进社区矫正对象以新的面貌融入社会。2020 年《实施办法》第 53 条第 1 款规定：“社区矫正对象矫正期限届满，且在社区矫正期间没有应当撤销缓刑、撤销假释或者暂予监外执行收监执行情形的，社区矫正机构依法办理解除矫正手续。”据此，社区矫正对象矫正解除的情形之一就是社区矫正期限届满。

2. 社区矫正对象被赦免。这是一种特定形态的解除社区矫正的情形。《社区矫正法》第 44 条规定，社区矫正对象被赦免的，社区矫正机构应当对社区矫正对象解除社区矫正。2020 年《实施办法》规定，社区矫正对象被赦免的，社区矫正机构应当向社区矫正对象发放解除社区矫正证明书，并通知社区矫正决定机关、执行地县级人民检察院和公安机关。

3. 社区矫正终止。社区矫正终止主要是指社区矫正对象在社区矫正期间出现法定事由而使刑事执行终止。社区矫正终止的法定事由主要有死亡、被决定收监(所)执行或者被判处监禁刑罚。《社区矫正法》第 45 条规定：“社区矫正对象被裁定撤销缓刑、假释，被决定收监执行，或者社区矫正对象死亡的，社区矫正终止。”

(二)社区矫正期限的计算

根据法律规定，不同类型的社区矫正对象其矫正期限的计算也不同，管制、缓刑、假释和暂予监外执行四类社区矫正对象的矫正期限如下。

1. 被判处管制的社区矫正对象，其矫正期限与管制的期限相等，矫正期从判决执行之日起计算，期限届满宣布执行期满，解除管制。

2. 被宣告缓刑的社区矫正对象，其矫正期限与缓刑考验期限相等，矫正期从判决确定之日起计算，期限届满宣布缓刑考验期满，原判刑罚不再执行。

3. 被裁定假释的社区矫正对象，其矫正期限与假释考验期限相等，矫正期从假释之日起计算，期限届满宣布考验期满，原判刑罚执行完毕。

4. 被裁定暂予监外执行的社区矫正对象，其矫正期限与暂予监外执行的期限相同，人民法院决定的，其矫正期从暂予监外执行决定生效之日起计算；公安机关、监狱管理机关决定的，其矫正期从出监所之日起计算，刑期届满的，由监狱、看守所依法为其办理刑满释放手续。

管制、缓刑、假释的社区矫正对象矫正期限届满，或者暂予监外执行的社区矫正对象在社区矫正期间刑期届满，社区矫正机构必须依法按期解除矫正。

上述情形因为减刑而缩减矫正期限的，缩减后的矫正期限届满，也必须依法解除社区矫正。

（三）矫正结束的程序

1. 做好解除矫正前的准备工作。根据 2020 年《实施办法》第 53 条之规定，社区矫正期满前 30 日，社区矫正对象应当作出个人总结，执行地县级社区矫正机构应当根据其在接受社区矫正期间的表现等情况作出书面鉴定，并对安置帮教等内容提出建议，告知社区矫正对象安置帮教的有关规定，与安置帮教工作部门妥善做好交接。在实务中，司法所应当对矫正期满的社区矫正对象进行解除矫正前的谈话，巩固教育矫正效果，并督促社区矫正对象写出个人书面总结，司法所根据其在矫正期间的表现、考核结果、社区意见等情况作出书面鉴定，填写《社区矫正期满鉴定表》。

2. 制发解除矫正文书。根据 2020 年《实施办法》第 53 条之规定，执行地县级社区矫正机构应当向社区矫正对象发放解除社区矫正证明书，并书面通知社区矫正决定机关，同时抄送县级人民检察院和公安机关。

3. 公开进行解除矫正宣告。根据 2020 年《实施办法》第 54 条之规定，社区矫正对象矫正期满，社区矫正机构或受委托的司法所可以组织解除矫正宣告。解除矫正宣告应当庄重、严肃，由区（县）社区矫正机构工作人员或受委托的司法所工作人员主持，按照规定程序公开进行。对未成年社区矫正对象的宣告不公开进行。解除矫正宣告的内容应当具体明确。解除矫正宣告包括以下内容:(1)宣读对社区矫正对象的鉴定意见。(2)宣布社区矫正期限届满,依法解除社区矫正。(3)对判处管制的,宣布执行期满,解除管制;对宣告缓刑的,宣布缓刑考验期满,原判刑罚不再执行;对裁定假释的,宣布考验期满,原判刑罚执行完毕。

4. 通知有关部门。社区矫正对象矫正期满解除矫正的,县级社区矫正机构要书面通知决定机关,送达《解除社区矫正通知书》,同时抄送县级人民检察院和公安机关。

5. 做好与安置帮教工作的衔接。司法所要向社区矫正对象告知安置帮教的有关规定,并与安置帮教部门提前沟通情况,及时转交相关材料,妥善做好交接,努力实现社区矫正与安置帮教的无缝对接。

(四)矫正结束管理的实践难题

社区矫正制度实行以来,出现了很多困扰社区矫正执法实践的新问题,社区矫正对象被采取刑事强制措施或者办理缓刑、假释、收监执行手续期间矫正期满应当如何处理的问题就是其中一例。

司法部办公厅于 2021 年 11 月印发了司办通〔2021〕94 号文件,即《司法部办公厅关于规范社区矫正对象在被采取刑事强制措施或者被提请撤销缓刑、撤销假释、收监执行期间矫正期满社区矫正执法适用的通知》(以下简称司办通〔2021〕94号文件),对上述问题进行了解答。文件指出,社区矫正对象在被采取刑事强制措施或者被提请撤销缓刑、撤销假释、收监执行期间矫正期满的,如果相关部门尚未作出裁定或决定,应当为社区矫正对象办理解除社区矫正手续,对于被羁押等原因无法发放解除社区矫正证明书的,可以暂缓发放。

同样针对上述问题,曾有观点认为应当建立矫正中止制度,即对被采取刑事强制措施或者被提请撤销缓刑、撤销假释、收监执行的社区矫正对象中止矫正,如中止事由消除又不符合社区矫正解除、终止的情形则继续执行社区矫正。但这种做法并不适用于所有社区矫正对象,如果不加区别地实行矫正中止,将带来更多难以解决的问题。

实际上,矫正中止制度早已有之,但只能适用于在刑期内被羁押的管制罪犯。公安部在 2001 年印发的《关于被判处管制的罪犯在管制执行期间实施违法行为如何处理有关问题的批复》(公复字〔2001〕15 号)中指出,"对被判处管制的罪犯在管制执行期间实施违反法律、行政法规和国务院公安部门有关监督管理规定的行为，尚未构成犯罪的，应当依法予以治安管理处罚，其中，依法予以治安拘留的，应当在治安拘留执行期满后继续执行管制，治安拘留时间不计入管制期限；符合劳动教养条件的，可以依法决定劳动教养，劳动教养执行期满后继续执行管制”。司法实践中，管制罪犯在刑期内被追究刑事责任，其被刑事拘留的期间也不计入管制刑期。由此可见，管制罪犯在刑期内被羁押的，管制刑期的计算即行中止，对此种情况不需要另行建立所谓矫正中止制度。而管制罪犯如果未被羁押，仅仅是被取保候审、监视居住，这种情况则不应影响管制刑期的计算，矫正期满应正常解除管制。

与管制不同，缓刑和假释考验期是不变期间，暂予监外执行的刑期只有在出现“不符合暂予监外执行条件的罪犯通过贿赂等非法手段被暂予监外执行”“在暂予监外执行期间脱逃”这两种法定情形时才不予计算，如果对这三类罪犯实行所谓矫正中止，则会导致中止事由消除后继续执行社区矫正，无异于在客观上延长了缓刑、假释罪犯的考验期和暂予监外执行罪犯的刑期，让罪犯多接受考察、多服刑，显然是不可取的。而且对于暂予监外执行罪犯而言，不论矫正机构是否对其中止矫正，其刑期届满后如果没有上述两类不计入刑期的情形，监狱都会为其办理释放手续，对其实行所谓矫正中止根本没有意义。

另外，如果这里说的“矫正中止”仅仅指社区矫正对象被采取刑事强制措施时，因社区矫正无法执行而形成的矫正措施停止状态，不影响刑期和考验期的计算，则其仅仅是一种法律事实，根本无法称之为一项制度。对此，社区矫正机构只需要在档案中附上材料，证明这一事实的存在即可。

正是因为上述原因，矫正中止制度虽然有许多赞同者，但因为其同《刑法》规定的刑罚制度存在根本性冲突，自然不可能被立法机关采纳。

如果从历史的角度考察，管制等四类罪犯在被采取刑事强制措施或者办理缓刑、假释、收监执行手续期间刑期、考验期届满该如何处理似乎从来不是一个问题，那为什么在实行了社区矫正制度以后就突然成了疑难问题呢？其原因正是由2012年《实施办法》（已失效）创设的解除社区矫正制度。该办法第30条规定，“社区矫正人员矫正期满，司法所应当组织解除社区矫正宣告”。该条还规定，“宣告事项应当包括：宣读对社区矫正人员的鉴定意见；宣布社区矫正期限届满，依法解除社区矫正；对判处管制的，宣布执行期满，解除管制；对宣告缓刑的，宣布缓刑考验期满，原判刑罚不再执行；对裁定假释的，宣布考验期满，原判刑罚执行完毕”。上述规定在创设解除社区矫正制度的同时，又将其同《刑法》第40条对管制犯规定的宣布解除管制、第 76 条对缓刑犯规定的宣告原判的刑罚不再执行、第 85 条对假释犯规定的宣告原判刑罚执行完毕这三项宣告制度进行绑定，明确了解除社区矫正制度仅适用于服刑完毕或顺利完成了缓刑、假释考验的罪犯。

如果没有解除社区矫正制度，依照社区矫正实施前适用的《公安机关对被管制、剥夺政治权利、缓刑、假释、保外就医罪犯的监督管理规定》（已失效），则监督机关只需要对符合服刑完毕或者完成缓刑、假释考验的罪犯宣告有关事项，对不符合这些条件的罪犯依法处理即可，完全不必考虑社区矫正对象被采取刑事强制措施或者办理缓刑、假释、收监执行手续期间矫正期满该不该解除社区矫正的问题。但现在的问题是，解除社区矫正制度被写进了《社区矫正法》，讨论这一制度该不该被创设已经没有意义，该考虑的是如何合理地解释这一制度，使其同《刑法》等法律以及社区矫正工作实践相协调。

从文面来看，《社区矫正法》规定的发给解除社区矫正证明书的条件，仅仅是“社区矫正对象矫正期满或者被赦免”，并没有要求社区矫正必须符合宣告原判刑罚不再执行、原判刑罚执行完毕的条件，因此可以从文理解释的角度将其解释为“只要期满就解除”。司办通〔2021〕94 号文件显然就是这样对这一制度进行解释的。

但司办通〔2021〕94 号文件也存在美中不足之处，主要有两点：一是该文件忽略了管制罪犯被羁押时应当中止计算刑期的情形，由于管制罪犯被行政拘留、刑事拘留、逮捕的期间不能计入管制刑期，在此期间其自然不可能矫正期满。如对此不加以明示，容易出现社区矫正机构、受委托的司法所错误理解文件精神，继续计算此类管制罪犯的刑期并为其解除管制的问题，造成刑事执行违法。二是该文件忽略了解除社区矫正证明书对社区矫正对象依法接受并完成社区矫正的证明作用，对于需要撤销缓刑、撤销假释以及收监执行的社区矫正对象，显然不应当为其发放解除社区矫正证明书，以免该证明书同日后的裁定、决定以及刑满释放证明书相矛盾。在此，需要司法部再发一个通知，对前述两个问题加以进一步明确。

第八章　社区矫正风险管理与控制

社区矫正的风险具有显著的不确定性，因而社区矫正风险管控是一个典型的“决策于未知之中”的领域。从社区矫正的实务操作层面看，社区矫正风险管控分为正式的管控和非正式的管控两个方面。正式的管控指依据现有的法律法规、行政规章、决定、命令、规范性文件等的刚性规定，实施强制性的风险管控；非正式的管控主要是指运用社区矫正的工作准则、社会文化、道德规范等柔性规范，通过外在的潜移默化的影响和社区矫正对象的自我约束来实现风险管控。《社区矫正法》和2020年《实施办法》对于社区矫正的风险管控规定了调查评估、禁止令执行、电子定位、训诫、警告、提请公安机关予以治安管理处罚，依法提请撤销缓刑、撤销假释、对暂予监外执行的收监执行、提请逮捕等行政管理和刑事执行措施。

社区矫正风险管控，又称社区矫正危险管理和风险控制，是指在社区矫正工作中，根据矫正对象的危险程度对其进行分类，从而科学分配矫正资源，制订矫正工作计划，防范矫正风险的制度。

社区矫正四类对象的共性之一是人身危险性较为轻微。人身危险性这一概念最早在19世纪初由刑事人类学派创始人龙勃罗梭提出，后逐步在近代刑法中确立，其是指行为者本身的危险性客观准确地反映了罪犯的犯罪倾向性。[①] 虽然社区矫正对象的人身危险性通常都比较轻微，但其仍具有一定的危险性。在社区矫正这种相对宽松的环境中罪犯享有一定的人身自由，这给社区带来了潜在的安全风险。因此，社区矫正就面临着风险管理的问题。风险管理关系到社区公众对社区矫正制度的认同感和参与度，关系到罪犯矫正的成败，是社区矫正工作的重要环节。随着《社区矫正法》的全面实施，如何有效控制社区矫正对象的危险性就成为一个需要充分重视的问题。为此，社区矫正中的风险管理，就是根据社区矫

---

① 参见张慧、吴艳华：《社区矫正危险控制新论》，载《科技信息》2009年第27期。

正对象的危险程度分配矫正资源的活动。社区矫正中存在的风险可以分为潜在风险、现实风险和未来风险三类,与此相对应,社区矫正的风险管控可划分为三个阶段。潜在风险管控阶段,主要通过风险评估来实现;现实风险管控阶段,需要对风险实施控制;未来风险管控阶段,需要进行预测。在进行矫正风险评估以后,对于危险高的矫正对象,监管资源投入大;对于危险低的矫正对象,监管资源投入少。依此可以有效分配矫正资源,实施分类管理。

随着风险刑罚学和风险管控理论的崛起,风险管控成为社区矫正制度的核心,认为社区矫正既不是为了惩罚,也不是为了教育矫正,重点是分辨与管控风险,防范社区矫正对象的风险向实害转换。

一、社区矫正风险的认知

(一)社区矫正风险的本质属性

在本质上,社区矫正风险具有客观性,但是,社区矫正是社会活动的有机组成部分,在整体社会结构中,社区矫正又是社会建构的结果,具有社会公共部门的公共属性。在这种意义上,社区矫正风险是客观存在与主观认知的结合体,呈现出“虚拟的现实、现实的虚拟”的梦幻样态。所以,社区矫正风险在结构上是社会性的,而在社会公众的倾向性上,则以主观感知为基础,具有心理学定向的质性特征。

第一,社区矫正风险是物质特性和社会建构特性的融合。社区矫正风险的物质特性是可能带来人身损害或财产损失,强调对损失在一定程度上的可计算性和可补偿性;社区矫正风险的社会建构特性强调在现代社会背景下对社区矫正风险不同特征的认知,强调管控社区矫正风险的社会行动。

第二,社区矫正风险是社会风险的组成部分。将社区矫正风险置于社会风险层面,是要拓展社区矫正风险的领域,从研究对象看,需要关注的主要风险因素至少应该包括生态环境风险、政治风险、经济风险、社会风险和文化风险等。实践中,社区矫正风险带来的社会安全和秩序问题主要体现在社会结构层面,社会风险的有效管控为社区矫正风险的管控提供了可能。

第三,社区矫正风险是社区矫正管理能力弱导致的社区矫正失序。从社区矫正风险承受主体和社区矫正风险管理实施主体来看,社区矫正风险与政治风险、经济风险、金融风险乃至文化风险一样,均属于“国家风险”的范畴。因此,我们可以将社区矫正风险定义为社区矫正管理机关的管理能力弱导致的社区矫正失序和不稳定的可能性。通常情况下，社区矫正管理包括两类：一类是政府对社区矫正事务进行规范和制约，即社区矫正监督管理机关的管理。另一类是以基层自治组织、社会团体、社会组织、非营利组织和公民个人为代表的社区矫正参与者，依据一定的规章制度和道德准则，规范和制约社区矫正对象，即社会力量参与的管理。总体来看，社区矫正管理是以政府强力干预和协调为主导，社会组织和非营利组织为中介，基层自治组织为基础，社会公众广泛参与的互动过程。在实务工作中，正是由于社区矫正监督管理机关管理能力弱，使得社区矫正存在失序和不稳定的可能性，从而产生社区矫正风险。

（二）社区矫正风险的特征

第一，社区矫正风险具有普遍性。社区矫正风险的普遍性表现在三个方面：一是社区矫正风险是一种社会性的危险状态，对社会安全构成了一定程度的威胁。二是社区矫正风险是社区矫正管理过程中普遍存在的现象，是社区矫正工作中需要重点管控的问题。三是应将对社区矫正风险的认识和关注置于国家整体安全的范围内来看待，社区矫正安全是和社会整体安全、个体生存环境安全、维护社会秩序等紧密相关的，而不仅仅是社区矫正工作的单一问题。

第二，社区矫正风险具有人为性。相较于传统社会中自然灾害风险为主要风险源，社区矫正风险主要是内生的，是由现实社会原因和人为原因导致的风险。其中，占主导地位的是社会环境中存在的“刺激源”的激活诱发的社区矫正风险，因此，社区矫正风险是典型的“被制造出来的风险”，是社区矫正中存在的各种矛盾的集中体现。

第三，社区矫正风险具有复合性。从社区矫正风险所具有的形态来看，社区矫正风险是个别风险、人为风险、全局性风险、社会利益风险、文化风险、道德风险等多种风险的复合体。这里的个别风险主要是指矫正对象个体的违法犯罪的潜在风险和现实风险。人为风险是指社区矫正风险主要是人为制造出来的，自然产生的风险相对较少。全局性风险则体现为目前社区矫正工作所存在的合法性危机，在诸多方面存在法律依据不足、以政策代替法律的现象。社会利益风险是我国社会转型的逐步完成、社会结构的变化等所产生的社会利益分配差距，是社会不同阶层的矛盾在社区矫正中的反映。文化风险则是现代社会对传统文化的冲击，外来文化对传统文化的替代，从而产生价值观念的变化的风险。道德风险和文化风险紧密相关，外来文化对传统文化的冲击，导致传统道德规范所建构的人文伦理“大厦”坍塌，社区矫正对象自我约束力降低。所有这些风险既有独特性，又相互交织在一起，呈现出复合性特征。

第四，社区矫正风险具有现代性。社区矫正风险的现代性是和现代社会的发展紧密连接的。一是社区矫正本身就是现代社会行刑方式文明进步的体现，是现代社会所产生的新型刑罚制度，因此其产生的风险也必然具有现代性特征。二是社区矫正风险和传统监禁矫正风险相比，社区矫正超越了传统监禁矫正的时空界限，潜藏于社区之中，这是对传统风险应对方式的挑战，也是对现代风险应对方式的诘问。三是现代社会形态打破了相对“稳定”的社会生活结构，具有快速的“流动”性，社区矫正风险也随之发生了变化，甚至在常态工作中无法确定，所以社区矫正风险无法通过现代科学技术的计算程序、常规标准等进行计算，为对其的有效管控和把握增加了难度。四是社会公众对现代社会安全和秩序的需求越来越高，对社区矫正风险的心理感知越来越敏感。

第五，社区矫正风险具有不确定性。社区矫正风险的不确定性包括两个方面：一是社区矫正风险产生的不确定性。社区矫正安全是整个社会系统保持良性运行和协调发展的前提之一，社区矫正风险是社会安全控制中基础性的、深层次的、结构性的潜在危害因素，一旦发生会对社会的安全运行和健康发展构成严重的威胁，甚至转变为公共危机事件。二是社会损失的不确定性。社区矫正风险是矫正对象个体或矫正对象群体的反社会行为所引起的社区矫正失序和社区矫正混乱的可能性，所产生的社会损失是以风险种类、风险规模、风险程度等来衡量的。社区矫正对象生活在社区中，一旦重新犯罪，会破坏社会的安全和秩序，或者给公民个人、社会公共利益造成损害，并且其危害程度和具体数量是难以预知的。

二、社区矫正风险管控的变化

社区矫正风险管控，是社区矫正管理机关通过整合社会各方面的公共资源，并运用政府部门的行政力量，对社区矫正中可能存在的风险源进行适当干预，预防社区矫正风险的发生，控制社区矫正风险的扩大，避免社区矫正风险向社会危机事件演变发生等，从而实现对社区矫正风险的有效管理的活动。所以，社区矫正风险管控是以社区矫正体制为驱动，以社区矫正管理为核心，需要社会多方力量共同参与和协同的，相较于传统社会风险管控而言，发生了明显的变化。

（一）社区矫正风险管控从已知领域向未知领域跨越

这一跨越主要表现为以下三个方面：一是从确定、可预知的风险到不确定、未知的风险。传统的社会风险管控是以自然现象所产生的自然风险为主导的，而社区矫正的风险在实质上属于"人化"风险，或者是"人为"风险；自然风险相对具有规律性，而"人化"风险则属于不确定、未知的风险。二是从被动的机械管理转向主动的、灵活的管理。传统上对社会风险的管控是对已知风险的管理、抑制和消除，具有典型的被动性；而社区矫正风险管控涉及社会安全和社会秩序，甚至会衍生为社会危机事件，引起重大社会问题，所以，社区矫正风险的管控需要主动地预测、评估，及时地对潜在的风险因素进行排查，并依据不同的情况，采取相应的消解对策。所以，社区矫正风险管控具有主动、灵活的特征。三是从单纯的工具主义管控转向综合的功能主义管控。传统意义上的社会风险管控是政府的职权范畴，政府将管控社会风险作为社会管理的方式；而社区矫正风险管控则是一种社会公众共同承担的社会责任，是社会治安综合治理、实现社会安全稳定的手段，重心是社会综合功能的发挥。

（二）社区矫正风险管控由结果主义向过程主义转变

社区矫正风险管控的结果主义以结果论英雄。结果主义只是关注社区矫正风险管控的结果，以结果为起点和终点。结果的状态成为风险管控中衡量一切的指标和参照系，认为结果即全部，其中的过程和动机都不重要。社区矫正风险管控的过程主义要求对社区矫正的全程关注、全程监控。主导过程主义思维的是这样一种预设：社区矫正风险管控是一个复杂的过程系统，隐藏着许多需要探索的规律，因此就不要主观地按照事先设计好的条条框框去证实其合理性，而是应通过实践中的调查研究得出的结论来说明其合理性。过程主义认为管控过程是它的参照系和衡量支点。社区矫正风险管控的过程主义假设"过程对社区矫正风险管控有着不可替代的重要价值"，将过程看作社区矫正风险管控的本质特性。由此，社区矫正风险管控的过程主义颠覆了传统的实体式本质主义思维，颠覆了社区矫正风险管控运动式、一阵风、一蹴而就的结果主义方式。

（三）从人治式风险管控转向法治式风险管控

人治式风险管控在以往官本位的体制下，以经验型风险管控方式为主导，普遍存在"黑头不如红头、红头不如笔头、笔头不如口头"的现象,主要依靠政策的方式、组织决定的路径、行政命令的手段进行风险管控的决策和实际运作。在某些情况下甚至是个人意志至上,习惯以领导人的讲话精神为指导原则,法律反倒成了可有可无的东西。所谓法治式风险管控就是服从法治的要求,以法律规范为基准,认识、分析、处理社区矫正潜在风险和现实风险的风险管控方式。现代法治化风险管控方式在社区矫正法治化的实践操作中,按照法治思维思考问题、分析问题和解决问题,这也是法治国家、法治政府、法治社会一体化建设的必然要求和应有之义。突出表现为在社区矫正风险管控中始终贯穿宪法、法律至上的原则,用法治方式捍卫法律权威。同时要在社区矫正风险管控中加大、加重法治的内容,立足于实,建构于新,潜心于深。

总之,社区矫正风险管控的变化,要求社区矫正风险管控既需要深入社区矫正内部的各个环节,也需要对风险管控之外的相关环节进行关注,从而从根本上消除风险或者减损风险。

三、社区矫正风险管控的基本思路和目标

理念决定境界,境界决定高度,高度决定思路,思路决定出路。社区矫正风险管控同样如此,在充分认知社区矫正风险的基础上,必须确立社区矫正风险管控的基本思路和目标。

(一)社区矫正风险管控的基本思路

社区矫正风险管控理论中全面风险管理的观念、整体化风险理论、风险管理的框架等和社区矫正风险管控的有效实践,为社区矫正风险管控提供了良好的借鉴和全新的思路。

第一,社区矫正风险管控理念从突发事件的应急管理向社区矫正风险治理转变。传统社会风险管控理念只是对"已然事件"的应急管理。依据整体化风险理论,社区矫正风险管控不再满足于对"已然事件"的处置,而是要构建社区矫正风险管控的框架结构和社区矫正风险治理体系。这一体系结构以社区矫正管理机关为主导,以非政府组织、社会团体、社会组织、公民个人等社会力量为协同,以社区矫正风险预测、预防、评估和控制为目标,对社区矫正风险进行整体性、全局性管理和控制。

第二,社区矫正风险管控突出执行的"过程化"。社区矫正风险管控的执行思

路在于，在保障整体性、系统性功能稳定运转的前提下，调整社区矫正风险预测、预防、评估、控制等过程中的相关主体的关系。一是从法律和组织结构的角度，明确各个主体的权力与责任，以及各主体间的权责关系；二是恒定不同主体在组织体系中的位置和作用，设定相应的行政程序、行动规范；三是搭建参与主体在管理体系上相互协同的平台。目前来看，我国社区矫正工作还存在着社区矫正定性不准确、体制机制不健全、制度设计有缺陷、法律制度严重缺位等结构性矛盾。要做到这一点，我国需要制定相应的法律规范，对相关内容以法律的形式予以确认，同时，需要制定相应的政策，对社区矫正风险管控进行制度化规范，形成多主体协同参与的网络化结构和组织化的治理体系。

第三，构建动态的社区矫正风险管控模型。社区矫正风险管控包括社区矫正风险管理、社区矫正风险要素管理、社区矫正风险应急管理和突发事件管理等形态，为实现社区矫正风险管控的有序、快速、高效，应依照社区矫正风险管控框架，将这些形态整合成一个动态的，循环全过程、全要素的社区矫正风险管控模型。该模型应彰显以下内涵：一是社区矫正风险管控主体的多元性、全面性。在这些主体中党委是领导，政府是主导者，社区矫正机构是牵头组织者，公安局、法院、检察院、监狱是业务关联部门，民政、财政、卫健、人社等是相关的协作部门，社会工作者、社会志愿者、以村（居）委会为代表的基层自治组织是主要的社会力量。它们共同形成一个分工明确、各司其职、各有其责的社区矫正风险管控主体网络。二是社区矫正风险管控的重点在于对社区矫正风险的前期监测、评估和预防。社区矫正风险管控的重点在于“防”。把前期的监测、评估和预防做到实处，就能有效预防风险的发生，防止风险转化为风险危机事件。因此，防患于未然，把风险消除在萌芽中才是最优化的社区矫正风险管控策略。三是明确在社区矫正风险管控中风险识别、评估、预防、控制、交流等要素的角色定位。四是社区矫正风险管控是对动态过程的管理，要为应对社区矫正风险危机事件奠定良好的基础，做好充分的准备。

（二）社区矫正风险管控的目标

要实现社区矫正风险管控的价值，第一步是确立社区矫正风险管控的目标。从社区矫正风险管控过程和社区矫正风险从预测、发生到转化为风险危机事件的不同阶段来看，社区矫正风险管控的目标分为前期目标、中期目标、后期目标和总体目标。

前期目标主要是评估风险和预测风险，采取多种手段抑制风险的外化。在社区矫正风险管控前期将潜在的风险因素分析透彻，评估到位，预测精准，就能够预防社区矫正风险，把社区矫正风险扼杀于“摇篮”之中。

中期目标主要是及时平息事态。在社区矫正风险已经出现后或者正在产生时，社区矫正风险管控机制应迅速启动，快速做出反应，使风险事件不再发展或升级，尤其不能恶化为风险危机事件。

后期目标主要是风险损失最小化。针对风险事件或者风险危机事件，从社区矫正风险管控宏观的、全局的、社会效益的和经济精算化的角度考虑，应最小化社区矫正风险成本，防范和补偿社区矫正风险事件或风险危机事件所造成的社会损失。

总体目标是将社区矫正风险管控置于国家总体安全的范畴，维护社会的安全和秩序。更深层次的目的则是通过有效的风险管控，为社区矫正工作创造良好的社会环境，使社区矫正对象得到最优的矫正教育，实现改造人的宗旨，使矫正对象成为遵纪守法的公民。

总之，社区矫正风险管控是为了应对社区矫正突发事件、矫正对象个体和群体的行为、社会环境等的变化而导致的社区矫正风险的社会化、多样化、巨大化的策略框架，也是众多社区矫正风险管控参与主体相互协作采取合理措施来应对社会化风险的系统。

四、风险管控理论及其模式

我国经过四十余年的改革开放，社会形态和社会结构发生了质的变化，随着经济的发展，社会问题也日益复杂化。正如有学者所言，我国已经进入了风险社会时期。由此，以风险管控为主导思想的社区矫正新思潮进入了人们的视野。

（一）风险管控理论和新刑罚学理论

建立在风险社会理论基础上的新刑罚学理论，是美国学者费莱与西蒙在20世纪末提出的具有实证基础的理论。风险社会理论认为，在现代社会里，各种社会风险占据主导地位，对人们的生存和发展存在严重的威胁，因此，社会良性运行的目标是对社会风险的管理、控制和预防。犯罪是社会治理必须面对的极端人为风险。在此基础上，以风险管控为核心的风险管控主义成为应对犯罪风险的理论流派之一。在我国，该理论的支持者以中央司法警官学院的翟中东教授和东南大学的李川教授为代表,他们竭力倡导社区矫正价值追求中的风险管控主义。

1.新刑罚学的主张。翟中东教授认为,新刑罚学主张:“根据‘少数犯罪分子对多数犯罪负责’的现象,即占全部犯罪分子比例中很小部分的犯罪分子实施了全部犯罪中的大部分犯罪,特别是犯罪危害结果严重、犯罪手段恶劣的犯罪。这些犯罪分子是全社会中的高度危险犯罪分子(简称‘高危犯’)。犯罪控制应当指向这些高危犯。犯罪控制指向高危犯可以产生事半功倍的效果。刑罚的主要目的在于对源于罪犯的危险进行管理,即危险评估与危险控制,而不是惩罚威慑罪犯,或者矫正罪犯。”①并据此提出了风险管控主义的一些理论。

第一,危险管理理论,该理论包括危险评估与危险控制两个方面。“所谓危险评估,是对犯罪分子重新违法犯罪危险大小进行定量化的评估,将犯罪分子区分出高度危险犯、中度危险犯与低度危险犯等类别。所谓危险控制,是根据犯罪分子的危险程度,予以针对性监控,对危险高的犯罪分子从人力、技术、制度、物力上入手强化监控,合理安排监控资源。”②由此,风险管控成为社区矫正的核心,对社区矫正对象的风险管控可以超越社区矫正对象的个体权利保护和正义目标的追求,对不同危险程度的社区矫正对象采用相应的风险管控措施。

第二,危险回应机制的构建。构建社区矫正对象的危险回应机制是国际社会控制罪犯危险政策最重要的表现形式之一。它“是指刑事司法机构在危险评估基础上建立的与罪犯危险大小相应的控制措施体系及相应的应变机制;罪犯危险性大,控制力度大;罪犯危险性小,控制力度小;罪犯危险变,控制措施变”。司法行为从量刑到行刑,都要转换矫正教育理念、矫正教育视角和矫正教育逻辑,以社区矫正对象的风险管控为基础,重新整合社区矫正的多元目标和功能,构建以风险管控为核心的多元复合理论。

第三,罪犯一体化管理。罪犯一体化管理政策是英国推出的兼容并蓄的政策。认为“罪犯无论是在监狱还是在社区都需要管理”。倡议“建立国家罪犯管理局对罪犯实施连续的无缝的管理。对危险进行控制”。工作目标是“保卫社会;惩罚罪犯;补偿被害人;矫正罪犯;更好地管理罪犯使其不再犯罪”。这些目标本身就宣示了该政策所具有的多层次的价值追求。在保卫社会这一目标上,强调的是

① 参见翟中东:《社区性刑罚的崛起与社区矫正的新模式——国际的视角》,中国政法大学出版社2013年版,第47~48页。

② 参见翟中东:《矫正的变迁》,中国人民公安大学出版社2013年版,第221页。

对危险性大的罪犯采取强硬的剥夺政策。

2. 风险刑罚学的主张。李川教授在《基于风险管控的社区矫正制度研究》一书中，先后使用了“风险管控刑罚学”“风险刑罚学”“风险管控新刑罚学”“新刑罚学”“风险管理刑罚学”等概念，认为风险社会理论是研究当前社会问题的一种新范式，社区矫正应立足风险管控的理念来建构我国的社区矫正制度。“放眼世界社区矫正的发展趋势，其制度理念早在风险社会时代特征和风险控制刑事政策新趋向的影响下，走向了风险管控统摄下兼顾救济、矫治和管理的多元架构。”[①]认为社区矫正的风险管控是新的行刑目标。

在社区矫正制度建构理论上，新刑罚学通过考察当时的时代特征，提出了以风险管控为核心的新的刑罚视角和观点预设，认为刑罚既不是为了惩罚也不是为了改造，而是为了分辨与管控社会的具体风险，防范犯罪人风险向实害的转换。该理论认为，刑罚并非如传统理论所认识的那样是针对个人的惩罚或改造，而是通过对犯罪风险的抽象评估，归纳出的依据犯罪风险类型和程度的不同而采取的对危险人口的集中管理和控制措施。因此，风险管控的新刑罚理念要求从量刑到行刑的整个过程都必须围绕着对犯罪人的风险管理展开，犯罪风险管理和控制成为新的社区矫正目标，对社区矫正对象采取处处设防、处处监督的质疑态度，通过对社区矫正对象的提前预防和严格管理，控制不可预测的犯罪风险的发生。

在社区矫正制度建构实践上，该理论从风险管控的逻辑出发，对传统社区矫正制度以风险管控为核心进行设计和升级再造，社区矫正中的风险评估、矫正模式、行刑措施都要以风险管控为标准进行分析检视，形成符合风险管控理念的系统性社区矫正新制度，使现有的社区矫正模式转换为风险控制模式。

在社区矫正制度建设的内涵上，风险控制体现在社区矫正过程的三个方面：“受管理主义决定之风险控制的即时预防内涵、受效益主义决定之风险控制的精算司法内涵以及受修复主义决定之风险控制的秩序恢复内涵。”[②]在这里，即时预防、精算司法、秩序恢复分别是针对社区矫正中的现实风险、直接风险和社会撕裂风险采取的不同层次的对风险的管理和控制。

李川教授主张，风险管控是社区矫正逻辑展开的前提，“风险管理刑罚学首先设计和发展出了一套风险分析和评价理论，用于明确风险判断以在这种风险判断

---

① 参见李川：《基于风险管控的社区矫正制度研究》，东南大学出版社 2017 年版，第 2 页。

② 参见李川：《基于风险管控的社区矫正制度研究》，东南大学出版社 2017 年版，第 10 页。

的基础上进一步风险的预防。这种风险的分析评价体系是建立在'少数人犯了大多数的罪'和风险'大数法则'基础之上,通过参考保险学和会计精算学中风险管理评估的方式,在刑罚体系内设立标准化和规范化的犯罪人风险评估机制来确立犯罪的具体风险。这样风险管控的刑罚理论就实现了从传统人身危险为核心的概念体系向社会风险为核心的概念体系的转换:将原本依靠主观个别判断的人身危险性通过风险这一因素抽象标准化为可以科学判断区分的社会风险评估指标体系,以在此基础上设立科学合理的管控措施"①。

综上所述,风险管控主义认为,在风险管控框架下,社区矫正中的刑罚处罚只是风险管控的合法性依据,没有法院对社区矫正对象犯罪事实的认定和判决,任何权力部门都不能对任何人作出其属于社会危险成员的价值判断,更谈不上贴上"危险分子"的标签并据以实施风险管控。而矫正教育只是实现风险管控的手段或者途径。以上论证基于一个理论假设:社区矫正对象存在危害社会的风险,是社会成员中实施犯罪的高危人群,是社会安全的重点防控对象。

(二)社区矫正风险管控的模式

翟中东教授认为,社区矫正的风险管控模式是"危险管理+项目矫正+恢复性司法"②的有机融合。李川教授认为,社区矫正的风险管控模式包括监督管控、规范矫治和正义修复。社区矫正的监督管控是因社区矫正对象所存在的现实风险而设置的;社区矫正的规范矫治是为了控制社区矫正对象的直接风险;社区矫正的正义修复理念是为了防范犯罪行为所带来的社会秩序撕裂的风险。笔者依照社区矫正所面对的风险的类别和性质,将社区矫正存在的风险分为潜在风险、现实风险和未来风险三大类,由此,社区矫正的风险管控模式也分为三个阶段。对潜在风险,要评估;对现实风险,要管控;对未来风险,要预测、预防。

1. 潜在风险评估。这是社区矫正的前置程序。其核心在于通过社区矫正对象的"已然之罪",挖掘、坐实社区矫正对象仍处在"活跃期"的犯因性因素,为社区矫正的现实风险管控提供科学的依据。

从社区矫正具风险评估层面看,潜在风险评估是对社区矫正对象"已然之罪"

---

① 参见李川:《基于风险管控的社区矫正制度研究》,东南大学出版社 2017 年版,第 57 页。

② 参见翟中东:《中国社区矫正制度的建构与立法问题》,中国人民公安大学出版社 2017 年版,第 79 页。

基础上所存在的社会风险因素的客观判断和主观推理。潜在风险管控充分运用现代社会科学的评估手段,对社区矫正对象的各项指标体系进行定性定量的、综合的测量和研判,准确地确定社区矫正对象所存在的犯因性因素,并对这些犯因性因素进行评估,依据其在社区矫正对象身上的"活跃度",排列出主次位序,作为潜在风险管控的指标体系。

从社区矫正对象层面看,潜在风险评估的目的在于使社区矫正对象对社会价值观念重新领悟。实践证明,在社会化过程中,大多数社区矫正对象都存在社会化的缺陷或者社会化不完全的问题,特别是在社会观念的认知上出现了严重的问题,导致其违背社会规范和法律规范,成为社会的违规者,或者说法律上的犯罪者,受到了社会的谴责和法律的惩罚。但是有一点必须说明,在每一个社区矫正对象身上良好的社会品性和劣质的犯因性因素都是并存的,并不因为其受到法律的惩罚,良好的社会品性和劣质的犯因性因素就消失殆尽。这就要求我们在社区矫正之前进行科学的、规范的评估,使良好的社会品性发扬光大,成为其重新起航的基点。而劣质的犯因性因素必须被挖掘和充分认知,这是对社区矫正对象潜在风险进行管控的基础,没有充分的认知和领悟,就不能有效地管理和控制风险。

从社区矫正所揭示的逻辑结构看,风险管控主义主导下的社区矫正已经产生了哲学转型。社区矫正开始着重于风险的评估与直接管控,处遇技术的逻辑从个人责任追究与人身危险矫治转变为犯罪人风险标定与分级监管。这标志着集体主义和管理主义的新刑罚学的诞生。

2. 现实风险管控。社会公众对社会安全的需求和担忧,要求在社区矫正过程中对社区矫正对象的现实风险进行控制。一方面通过监督、干预、扶助等手段,使社区矫正对象危害社会的意识、行为消灭于未然之中。另一方面通过社区矫正对象自我行为的改变,使其社会合规性、法律规范性固化和升华。按照翟中东教授的观点,现实风险控制的实现主要由三个模块构成,即"认罪悔罪 + 危险管理 + 项目矫正",从而形成了社区矫正的现代模式框架——"危险管理 + 项目矫正 + 恢复性司法"①。这一风险控制模式,使社区矫正的整个架构设计都处于风险管控这一主导思想之下,无论是惩罚还是矫正,都成为风险管控之下的次级举措,这就规避了社区矫正的属性是执行刑罚还是矫正教育的争论。同时,该模式使社区矫正既

① 参见翟中东:《中国社区矫正制度的建构与立法问题》,中国人民公安大学出版社 2017 年版,第79 页。

满足了社会公众对社会安全的需求，也彰显了法律的公平正义，更在安全的控制环境中，实现了对社区矫正对象的矫正教育。正如有学者所认为的，“出于对风险社会中犯罪风险的不确定性和高发性的防范，管理主义要求风险控制必须满足尽可能早和尽可能快的需求，对犯罪人矫正中的当下犯罪需求实行前置控制和过程控制”①。社区矫正的风险控制理应成为犯罪治理的重要手段。

3. 未来风险预测。李川教授的风险控制理论引入了风险控制的效益主义观点：“出于对风险进行有效管理的需求，风险控制被要求特别注重采纳那些可以尽可能少的花费成本就能够实现良好风险管控的矫正手段，以最小的成本实现最大化的风险管控，体现效益主义的属性。”②在这里，无论是现实风险管控，还是未来风险管控，都不需考量预防犯罪的社会效果和控制效益之间的平衡。一方面，该理论坚信风险与效益是相互关联的，犯罪风险是可以理性分析和预测的。犯罪行为变为可以根据日常生活中的输入变量进行风险与效益计算的输出结果，因此，犯罪不再是反常的、偶然的，犯罪风险成为可以理性分析和预测的对象，包括刑罚处遇在内的犯罪治理重点不应再是道德报应、公平正义或罪犯矫正，而是犯罪风险的管理控制。另一方面，李川教授引入了“精算司法”理念，“将保险学和管理学意义上的精算方法引入司法矫正领域：依据经济学的基本原理，运用现代数学、统计学、金融学及法学等各种科学有效的方法，对各种矫正中未来的风险进行分析、评估和管理，从而对各种矫正方法和手段的风险控制能力和成本进行综合科学统计和分析，从中选择形成最能有效节约成本且能控制即时风险的矫正方案组合。矫正本身成为一门可以计算的科学，也只有通过精算司法矫正才能符合风险控制的要求”③。因此，对未来风险的预测是基于现实风险管控下，通过技术手段对社区矫正对象的现实表现的测量，考核犯因性因素在社区矫正对象思维体系中的地位，对其回归社会后的“未然之罪”被激活的概率进行“精细计算”，进而跟踪管控，实现社会安全的目的。一方面警示社区矫正对象对自我犯因性因素进行有效自控和抑制。另一方面重新建构社区矫正对象的价值体系和社会关系，使社区矫正对象有可能发生的“未然之罪”的犯因性因素“冬眠”于其深层次意识之中，甚至通过矫正的技术手段使之永远不会被“唤醒”或激活。

---

① 参见李川：《基于风险管控的社区矫正制度研究》，东南大学出版社2017年版，第68页。

② 参见李川：《基于风险管控的社区矫正制度研究》，东南大学出版社2017年版，第69页。

③ 参见李川：《基于风险管控的社区矫正制度研究》，东南大学出版社2017年版，第70页。

（三）风险评估的二元机制

风险管控框架下的社区矫正为追求对社会风险有效管控的目的，采取了风险评估的二元机制：一是防控型风险评估，即基于监督管理机能的风险评估，风险评估出发点是集体主义视野下的社会风险标定需求；二是矫治型风险评估，即基于规范矫正机能的风险评估，“风险评估出发点是个体视角下的人格可矫正性判断”①。防控型风险评估和矫治型风险评估在社区矫正中具有完全不同的定位。

从风险评估的性质来看，防控型风险评估考量的是社区矫正对象所存在的社会侵害风险，试图通过对矫正对象的隔离来管控即时风险，实现风险安全管理机能；矫治型风险评估则是出于对矫正对象未来的个体再犯风险的认知，通过对矫正对象人身危险性的评估，激活对矫正对象的矫治教育机能，实现长远风险管控。

从风险评估的目的来看，防控型风险评估针对社会风险安全管理，试图通过评估，强化对矫正对象的外在控制；而矫治型风险评估则针对矫正对象的人身危险性，试图通过评估，强化对矫正对象的矫正教育机能，这是对矫正对象的内在改造过程。

从风险评估的内涵来看，防控型风险评估所强调的服务目标不再是内在矫正犯罪人，而是通过评估犯罪人的社会危险等级来确定恰当的外在防范控制手段，因此，这种风险评估是一种确保对罪犯进行有效的监督管制以维护社会安全的防控性风险评估。防控型风险评估奉行的是隔离主义的刑罚目的观，以社会安全为出发点，核心在于通过对矫正对象的外在社会危险性的判断，评估矫正对象外在的社会危险等级，实现对矫正对象的外在控制，其理论基础是风险社会学和社会统计学形成机制。矫治型风险评估“着眼于罪犯改善成效和长远风险防控”②，奉行的是矫治主义刑罚目的观，以规范矫治为出发点，核心在于通过对矫正对象的人身可矫性判断，剖析认知矫正对象的内在犯罪人格，通过合理的矫正教育措施，实现对矫正对象危险人格的内在改造，其理论基础是认知科学和心理学形成机制。

五、社区矫正风险管控体系的构建

社区矫正风险管控体系是应对社区矫正风险的重要平台，从宏观上看其包括

① 参见李川：《基于风险管控的社区矫正制度研究》，东南大学出版社2017年版，第135页。

② 参见李川：《基于风险管控的社区矫正制度研究》，东南大学出版社2017年版，第138页。

社区矫正管理主体的体制机制等内在运作机制和外在的联结机制，是内在运作机制和外在联结机制的有机结合。因此，社区矫正风险管控体系包括社区矫正风险评估、社区矫正风险监测、社区矫正风险控制和社区矫正风险沟通四个子系统，同时，四个子系统依靠现代信息技术网络连为一体，共同发挥作用。

（一）社区矫正风险评估体系

社区矫正风险评估是对社区矫正过程中所有可能存在的风险进行定性或定量分析，按照风险发生的概率、紧急程度和重要性等进行排序，确定社区矫正风险等级，并对风险可能造成的不良后果进行预测、评价，形成科学、理性的认识，寻求最佳的风险控制方法和方案，从而有效指导风险管控的前置活动。也有学者认为："社区矫正风险评估，又称矫正对象再犯风险评估，是指对矫正对象在社区服刑期间再次犯罪的可能性所作的评价。"[①]很显然，这里特指对社区矫正对象人身危险性的评估。而此处所论述的社区矫正风险评估不仅包括社区矫正对象人身危险性评估，也包括社区矫正工作风险评估、社区矫正危机事件危险评估等。因此，在社区矫正风险评估中，评估标准、评估角度的选择和确定十分重要，评估过程必须关注到事物客观存在的不同角度、不同层次、不同因素等所产生的影响，以及社会环境和矫正对象本人的变化所引起的社区矫正风险的变化，只有这样，才能使社区矫正风险评估具有客观性、动态性和可操作性。社区矫正风险评估的主要内容包括风险识别、风险预测和风险评价。

1. 社区矫正风险识别。社区矫正风险识别通过对矫正对象的基础材料的全面分析，以及社区矫正各个环节和流程的判断，寻找矫正对象本人存在的风险源和社区矫正工作存在的风险点、社区矫正风险转化为社区矫正危机事件的激活因素等。一般来说，在矫正对象的判断上，主要是社区矫正风险存在的可能性有多少（概率），什么样的刺激因素会发生社区矫正风险等；对社区矫正过程而言，主要是可能会发生什么样的社区矫正风险，社区矫正风险是如何发生的等问题。所以，社区矫正风险识别与确认是社区矫正风险管控的基础工作，只有该工作做得扎实，才能有效捕捉社区矫正风险发生前的征兆性风险信号，为有效管控奠定基础。

2. 社区矫正风险预测。风险预测是指在工作之前对工作过程中以及工作结

---

① 参见狄小华：《社区矫正评估研究》，载《政法学刊》2007 年第 6 期。

果可能出现的异常进行预测，制定对策，从而预防事故发生。社区矫正风险预测是社区矫正风险管控的前置手段之一，是对社区矫正风险进行评估的一个阶段，是在社区矫正风险识别基础上的合理推断。社区矫正的实践证明，社区矫正中风险事件的发生，都存在一定的推动因素，尽管这些推动因素具有不确定性和随机性，但都有一定的规律可循。科学论证和合理推断社区矫正风险因素，能有效地预防社区矫正风险的发生，或者有效防止社区矫正风险转化为社区矫正危机事件。

3. 社区矫正风险评价。风险评价，就是量化测评某一事件或事物可能带来的影响或损失的程度。社区矫正风险评价是指在社区矫正风险事件发生前后，专业的评价机构运用科学的评价方法对社区矫正风险事件在社会安全和秩序、社会公众的生活、矫正对象本人，以及社区矫正工作等方面所造成的社会影响和经济损失所进行的量化评价工作。所以，社区矫正风险评价是在风险识别、风险分析、风险预测的前提下，对社区矫正风险得出的定性和定量的结论。这一结论包括社区矫正风险评价的依据和标准，社区矫正风险评价的具体方法，社区矫正风险评价的过程，社区矫正风险发生的概率、可能性及危害程度，管控风险需要采取的相应措施等。

综前所述，社区矫正风险评估体系作为风险管控的第一环节，其主要任务有四：一是精确认识社区矫正风险的潜在危险性，设定社区矫正风险评估的标准。二是确定社区矫正风险源和风险点，把握社区矫正风险的主要因素，科学评估社区矫正风险的发生概率。三是对社区矫正风险进行分类分级，对不同程度的社区矫正风险进行综合排序，明确社区矫正风险的主次关系。四是对社区矫正风险进行专业化评价，预测社区矫正风险的发展趋势，掌握社区矫正风险的动态状况，为社区矫正风险管控提供决策依据。

（二）社区矫正风险监测体系

在社区矫正风险评估基础上建立起来的社区矫正风险监测体系，主要通过社区矫正风险动态分析、社区矫正风险专业咨询和风险预警来实现其风险监测的目的。

1. 社区矫正风险动态分析。社区矫正风险是一个动态的变化过程，动态分析结果是依据社会环境因素和社区矫正对象社会认知的变化而变化的。社区矫正风险动态分析主要有两个步骤：一是及时发现社区矫正风险征兆。主要是通过工作在社区矫正一线的社区矫正工作者依据矫正对象的思想状况、社会舆情、突发应急事件等提供的信息,收集掌握社区矫正风险变化的第一手资料,并对这些资料进行分类和归纳。二是分析社区矫正风险发展趋势和演变规律。主要是运用逻辑推理的方法、概率论的方法、数理统计的方法、定量与定性分析的方法、大数据分析的方法等,对社区矫正风险信息进行鉴别,探索诱发社区矫正风险的刺激因素和外围条件,探求社区矫正风险的演化规律。

2. 社区矫正风险专业咨询。社区矫正风险专业咨询是指在社区矫正风险动态分析的基础上,向专业机构和专家提供社区矫正风险信息以及社区矫正风险分析报告和相应的应急预案,对社区矫正风险进行科学的论证、估计和衡量,对潜在损害发生的频率、损害的范围与程度进行咨询,以获取更加专业和科学的应急处置建议和意见等。社区矫正风险的发生是多种因素综合影响的结果,涉及的领域具有复杂性和广泛性,因此,在不同的领域需要由不同的专家学者运用专业知识加以分析和解读。所以,在社区矫正风险监测体系建设中,专业人才和专家参与决策咨询,是技术和智力支持,也是保证社区矫正风险管控科学性的前提条件。

3. 社区矫正风险预警。"大多数社会风险的发生不是'突发'的特性说明社会风险在一定程度上是可防和可早期预警的。"因此,"社会风险预警机制,就是在社会风险发展成社会危机事件之前,综合运用现代数学方法、现代数理统计技术、现代信息处理技术与计算机科学进行社会风险预测和预防等"①,社区矫正风险预警机制亦是如此。社区矫正风险预警的作用表现在:一是及时地规避社区矫正风险。主要是通过确切的警示信号,及早发现社区矫正所面临的风险状况,监测社区矫正风险状态,抑制社区矫正风险的发生。二是及时地转移社区矫正风险。主要是通过管控社区矫正风险诱因,改变社区矫正风险发生的外部环境和矫正对象的认知,使社区矫正风险情景发生转化。三是及时地管控社区矫正风险。主要是及时发布社区矫正风险的动态状况,及时启动社区矫正风险管控预案,消除社区矫正风险进一步发展的刺激因素和社会外围条件,防患于未然。

(三)社区矫正风险控制体系

社区矫正风险控制体系是社区矫正风险管控机制的核心。社区矫正风险控

---

① 参见哈斯其其格:《中国转型期农村社会风险管理机制研究》,西南财经大学 2009 年博士学位论文,第 56 页。

制体系是以社区矫正机构为主导,以基层组织、社会组织、社会团体、矫正对象本人及其家属等为参与对象,运用行政、法律、政治、文化、经济、宗教、道德规范等手段和措施,通过共同承担社区矫正风险防范和控制责任,以控制社区矫正风险发生或转化为风险危机事件的社会控制网络体系。"是一个公共机构针对具有社会价值活动进行的持续、集中的控制。"①

1. 社区矫正风险控制的分类。对社区矫正风险控制进行分类是为了更好地针对不同的风险类别采取对应的控制措施。从不同的视角,运用不同的标准,对社区矫正风险控制进行分析,可以将其分为不同的类别。此处仅以社区矫正风险控制的主体性质、规模形态、控制内容、控制手段和实现途径等作为分类的标准进行分类。

第一,依据社区矫正风险控制的主体性质,可以划分为社区矫正风险正式控制和非正式控制。社区矫正风险正式控制主要是社区矫正机构及社区矫正工作者依照法律法规的规定和社区矫正工作规范,对社区矫正风险进行的防范、化解和控制的行为。这种控制形式又称为制度化控制形式,是社区矫正机构及社区矫正工作者的法定职责,也是社区矫正工作保障社会安全和秩序的重要方面。社区矫正风险非正式控制是指社会基层组织、社会团体、民间机构、公民个人、矫正对象及其家属等社区矫正参与者,依据防控社区矫正风险的社会责任,对社区矫正风险进行防范、干预和控制的行为。在实务工作中,社区矫正风险控制一般以正式控制为主导,非正式控制为辅助。

第二,依据社区矫正风险控制的规模形态,可以划分为社区矫正风险宏观控制与微观控制。社区矫正风险宏观控制是指社区矫正机构及社区矫正工作者运用行政权力、法律法规、行为规范等刚性规定的控制手段,并广泛发动社会力量,全方位、多层次、多角度地对社区矫正过程及矫正对象所存在的风险进行控制。社区矫正风险微观控制是社区矫正机构及社区矫正工作者针对可能引发社区矫正风险的特定矫正对象、特定社会事件或特定社会因素所进行的控制。比如,对有违禁药物依赖的矫正对象,根据禁止令的规定,禁止其在社区矫正执行期间从事特定活动,进入特定区域、场所,接触特定的人。

第三,依据社区矫正风险控制的内容,可以划分为经济控制、行为控制和思想

① [英]卡罗尔·哈洛、[英]理查德·罗林斯:《法律与行政》(下卷),杨伟东等译,商务印书馆 2004 年版,第 557 ~ 558 页。

控制。经济控制是指为了使矫正对象强化自我约束，遵守社区矫正规定，运用经济利益和社区矫正风险相挂钩的形式，防范和控制社区矫正潜在风险外化为风险行为。比如，村(居)民委员会把矫正对象所享有的特定福利与矫正对象的矫正表现挂钩等。行为控制主要是指对矫正对象外在行为进行适当的限制，要求其按照行为规范履行法定义务。禁止令的适用就是典型的行为控制。思想控制是指通过思想教育、道德教化等，强化矫正对象的犯罪意识和身份意识，使其坚守社会主义价值观念，遵纪守法，遵守社会道德规范，进而防范和控制社区矫正风险。

第四，依据社区矫正风险控制的手段，可以划分为硬性控制和软性控制。社区矫正风险硬性控制是指社区矫正机构及社区矫正工作者采用社区服务、禁止令、集中教育、收监等强制性控制手段进行风险控制。软性控制指采用非强制性的控制手段，包括风俗习惯、道德伦理等来控制和规范矫正对象的外在行为。

第五，依据社区矫正风险控制的实现途径，可以划分为积极性控制与消极性控制。积极性控制是指社区矫正机构及社区矫正工作者通过对矫正对象行为的正面引导和主动规范所实现的控制。消极性控制是指社区矫正机构及社区矫正工作者通过对矫正对象越规行为的限制与惩治所实现的控制。

2. 社区矫正风险控制的模式。任何社会风险都具有不确定性和可控性。所谓不确定性，是指社会风险发生的偶然性。所谓可控性，是指社会风险事件的发生不仅是可以被认知的，而且具有一定的规律可循。社区矫正风险作为社会风险在社区矫正中的表现形式，也必然具有这些特性，这就为社区矫正风险控制奠定了基础。

第一，人为型控制模式。依照社会风险理论关于社会风险都是“人为风险”或“人造风险”的观点，社区矫正风险是社区矫正过程中必然存在的一种现象，从社区矫正风险来源看，人是社区矫正风险生成中最为活跃的因素，社区矫正风险大多为矫正对象“人为”的结果。那么，社区矫正管理机构和社区矫正工作者也可以通过对社区矫正风险进行全面认知，通过“人为”的手段和措施，对社区矫正风险加以防范和控制。即使社区矫正风险发展为危机事件，也可“人为”地加以化解和解决。

第二，制度型控制模式。社会风险的制度主义理论强调人是社会的主体，社会风险是客观存在的，是社会发展的必然；社会风险源于现代社会制度，在本质上是“制度化风险”。据此，社区矫正风险以客观现实主义为前提，是现代社会制度的结果，最突出的表现是现代社会发育不成熟、社会结构不平衡和社区矫正制度存在设计缺陷。这样，在社区矫正风险的防范和控制中，就需要对社区矫正制度进行审视和完善,从根本上解决发生社区矫正风险的本源性问题。

第三,文化型控制模式。社会风险的文化主义理论认为,社会风险是主观建构的,是人为因素导致的一种文化现象,是一种心理认知的结果,具有建构性、社会与团体性、不确定性和不可测性。因此,社区矫正风险主要是矫正对象对外在社会现象和社会制度的认知错误或者偏差产生的,风险的根源在于矫正对象的认知水平。在社区矫正风险的防范和控制中,应注重对矫正对象个人行为的分析,剖析其产生认知错误或者认知偏差的因素,提升矫正对象的社会认知水平,使矫正对象自我构建客观理性的认知模式,抑制社区矫正风险因素的激活,从而达到控制社区矫正风险的目的。

第四,信任型控制模式。信任理论认为,在社会风险事件控制中,涉及的信任主要有"人际信任"、"社会信任"与"政府信任"等。人们之间的亲密度会产生社会信任,有利于维持社会秩序。人际信任是对一个人品质的自信的期待,能够弥补人们认知和预见能力的有限性。社区矫正风险主要是人为风险,基于社区矫正的风险特质,人际信任是控制社区矫正风险的重要形式。在社区矫正机构、社区矫正工作者和矫正对象之间建立良好的信任关系,可以产生的影响包括:一是信任对方的可靠性,相信对方有能力承担责任、实现目标,并且认同对方的利益导向、道德准则与行为规范长期公平或公正的关系所形成的信任态度;二是相互之间长期公平公正的关系会产生信任态度;三是来自对被信任者某种属性或身份的认同,特别是法律制度的权威。社区矫正对象对社区矫正工作者的高度信任,会使社区矫正对象产生依赖心理,提升矫正对象的认知水平,使其修正社会认知偏差,强化情感沟通,转变对社区矫正的态度,规范社区矫正行为,能够有效防止风险因素转化为风险事件或者风险危机事件。

第五,应急管理型控制模式。应急管理理论认为,任何风险危机事件都会经历一个发展过程,为了降低突发事件的危害,就应对突发事件的原因、发生发展过程等进行科学分析,根据风险危机事件的阶段性确定应急管理的重点,有效应对、处置突发危机事件。美国联邦紧急事态管理局所确立的应急管理阶段模型包括预防、准备、响应和恢复四个阶段。由此,在社区矫正风险的应急管理中也应借鉴这一模型构建应急管控体系,制订应急事件的应对处置预案。

(四)社区矫正风险沟通体系

社区矫正风险沟通存在于社区矫正风险管控体系的各个环节,贯穿于社区矫正风险管控的全过程。从沟通主体上看,包括社区矫正管理机关和政府相关部门之间的沟通,社区矫正管理机关和公、检、法、监狱等业务部门之间的沟通,社区矫正管理机关上下级之间的沟通,社区矫正管理机关和社区矫正执行机构之间的沟通,社区矫正管理机关、社区矫正执行机构和社区矫正工作者之间的沟通,社区矫正执行机构、社区矫正工作者和社区矫正对象之间的沟通,社区矫正执行机构、社区矫正工作者和社区矫正社会参与者之间的沟通等。一般来说,社区矫正风险沟通体系由社区矫正风险信息收集、社区矫正风险信息处理、社区矫正风险信息传递、社区矫正风险信息发布等部分构成。

1. 社区矫正风险信息收集。社区矫正风险沟通的第一步是收集风险信息,这项工作一般和社区矫正风险识别紧密结合,主要是依据社区矫正风险评估指标体系的要求,建立信息收集体系,多渠道、多层次、多方面地收集风险信息。其中,社区矫正风险信息的来源主要是社区矫正工作者、社区矫正社会参与者在社区矫正监督管理、家庭访问、社会帮扶、危机干预、集中学习教育、社区服务、个别谈话、心理咨询服务等活动中收集到的具有风险特征的信息。

2. 社区矫正风险信息处理。对收集到的社区矫正风险信息应按照一定的技术规范进行定性和定量分析,对信息数据进行筛选、甄别和判断,由专业人士和专家进行剖析论证,筛选出有效信息,按照风险信息对社区矫正风险事件影响的轻重缓急进行分类,进而得出专业的评估报告。

3. 社区矫正风险信息传递。对社区矫正风险信息的评估报告,应及时上报上级管理机关,并根据风险信息涉及的内容,相关部门之间及时通报、沟通和协调,并通报社区矫正执行机构和社区矫正工作者,对具有危险性的社区矫正对象实施严密的监控并及时进行提醒,以便于社区矫正协作部门、社区矫正执行机构、社区矫正工作者及时把握风险信息,对客观信息作出理性判断,并根据情势的变化调整工作方法,制定应对策略。

4. 社区矫正风险信息发布。对于社区矫正中潜在的风险信息,要通过正规的工作程序及时地向社区矫正执行机构、社区矫正工作者和社区矫正对象发出风险警告,防止社区矫正风险演化为风险冲突或者危机事件。必要时,还要依据社区矫正风险信息的性质制订风险控制预案。

社区矫正风险管控体系具有综合性,不仅涉及社区矫正的方针和政策层面,也涉及风险指标体系的选择确认和风险评估技术的应用,以及社区矫正风险控制的结构、目标、资源、运作等。每一环节既是一个相对独立的运作机制,又和其他环节紧密相连,环环相扣,任何环节的缺失或运作缺陷,都会造成整体系统的运作偏差,导致重大损失,造成不良影响。同时,在社区矫正风险控制体系构建中,除了要充分利用人力资源和物质资源以外,更为重要的是要借助现代网络与信息技术,打造多网整合、人机协调的集信息识别监测、风险预测评估、动态控制预警、综合决策联动等功能于一体的高科技网络管控技术平台。

(五)突发应急事件处置体系

2020年《实施办法》第52条规定了突发应急事件的处理办法,“社区矫正机构应当建立突发事件处置机制,发现社区矫正对象非正常死亡、涉嫌实施犯罪、参与群体性事件的,应当立即与公安机关等有关部门协调联动、妥善处置,并将有关情况及时报告上一级社区矫正机构,同时通报执行地人民检察院”。社区矫正工作的重要任务之一就是对社区矫正对象所存在的社会风险进行管理和控制,尤其是对突发事件进行应急处置。在实务工作中,突发应急事件处置体系一般包括以下内容。

1. 建立突发事件处置机制。应在省级社区矫正委员会的统筹协调指导下,成立省、市、县三级社区矫正应急处置指挥部,领导、组织、指挥本辖区社区矫正突发应急事件的处置、调查和善后处理工作。

2. 突发应急事件处置的原则。社区矫正突发应急事件的处置应坚持预防为主、属地管理、依法处理的原则,在省级社区矫正委员会的领导下,各级社区矫正应急处置指挥部应当建立健全社区矫正应急处置机制,制订应急处置预案,加强应急处置演练,提高应急处置能力。

3. 突发应急事件的认定。社区矫正突发应急事件包括下列情形:(1)社区矫正对象非正常死亡、实施犯罪、参与群体性事件;(2)社区矫正对象正在或可能发生行凶、闹事、纵火、抢劫、绑架等严重危及人身、财产安全的暴力犯罪;(3)社区矫正对象以要挟或制造重大社会影响为目的实施或准备实施自杀、自焚、自残等行为;(4)社区矫正对象挟持人质或对其犯罪检举人、被害人、证人、司法工作人员、社区矫正机构工作人员、社会工作者或志愿者实施暴力行为;(5)社区矫正对象严重扰乱公共秩序、妨碍公务以及实施其他违法犯罪活动;(6)发生重大自然灾害等突发事件。

4. 突发应急事件的防范。组织社区矫正对象开展较大规模的集体活动时,要提前制订活动方案,拟定应急措施。司法所组织50人、县级社区矫正机构组织

100 人以上集体活动时应报上一级社区矫正机构备案，必要时公安机关应及时介入，确保活动安全、顺利进行。

5. 突发应急事件的处置主要包括以下几个方面：

第一，对可能发生的突发应急事件的预先处置。县级社区矫正机构或受委托的司法所在工作中发现或了解到社区矫正对象有自杀、行凶、闹事、扬言报复他人及其他违法犯罪苗头或迹象时，应及时进行教育引导，化解矛盾，并联系公安派出所进行重点监控，防止突发应急事件发生。同时应将相关情况向县级社区矫正应急处置指挥部或者社区矫正委员会报告。

第二，对正在发生的突发应急事件的现场处置。县级社区矫正机构或受委托的司法所发现社区矫正对象正在实施违法犯罪活动、聚集闹事、自杀及参与非法群体性活动等，应当立即派人前往事发现场了解情况，予以制止。制止无效的，应当立即通知公安机关到场处置。公安机关应当及时发出指令，调集警力，对社区矫正对象依法采取强制性措施，控制现场局势，防止事态扩大。同时应将相关情况向县级社区矫正应急处置指挥部或者社区矫正委员会报告。县级社区矫正机构和受委托的司法所接到公安派出所有关社区矫正对象正在行凶、闹事、实施自杀、从事违法犯罪活动及非正常死亡的通知后，应立即派人到达现场了解情况，配合公安机关做好处置和查证工作，同时向县级社区矫正应急处置指挥部或者社区矫正委员会报告。

第三，发生重大自然灾害时的紧急处置。在辖区内发生重大自然灾害、对社会秩序稳定造成严重影响的紧急情况下，县级社区矫正机构应当根据地方应急指挥部门的统一安排，做好社区矫正对象的管控和教育疏导工作，引导辖区内社区矫正对象听从应急指挥。

第四，发生特别重大的突发应急事件或者省级社区矫正应急处置指挥部认为有必要的重大突发应急事件，可以由省级社区矫正应急处置指挥部直接处置。

6. 突发应急事件的信息上报。县级社区矫正机构、受委托的司法所面对突发应急事件，在及时采取处置措施的同时，应当第一时间报县级社区矫正应急处置指挥部；重大事件应当逐级上报。不能当即处置完毕或者处置有困难的，应当提出相应处置意见或者建议，立即向上级社区矫正应急处置指挥部报告。省辖市社区矫正应急处置指挥部接到县（市、区）社区矫正突发应急事件报告后，应按照应急处置预案进行处置；不能自行处置的，应提出处置建议并分别向同级社区矫正委员会和省级社区矫正应急处置指挥部报告。突发应急事件处置完毕后，县、市级社区矫正机构应于24小时内将详细情况报上一级社区矫正机构和同级社区矫正委员会；重大突发应急事件应当层报省级社区矫正机构，由省级社区矫正机构按照规定上报省级司法厅（局）或者省级社区矫正委员会、司法部。

第九章　社区矫正的考核奖惩管理

社区矫正需要建立起评估、分类、管理、奖惩有机结合的矫正体系。社区矫正对象不仅要服从监督管理,也将面临社区矫正期间的各项考核。考核的结果是分类管理和实施奖惩的重要依据。2020 年《实施办法》第 32 条第 1 款规定:“社区矫正机构应当根据有关法律法规、部门规章和其他规范性文件,建立内容全面、程序合理、易于操作的社区矫正对象考核奖惩制度。”

一、社区矫正对象的考核奖惩

(一)考核与奖惩的关系

考核奖惩包括考核和奖惩两个过程。考核是社区矫正机构在对社区矫正对象实施矫正过程中,依照一定的标准和程序,对社区矫正对象接受监督管理、参加教育学习和公益活动等情况所进行的考察和评定。考核是社区矫正中的一项基础性工作。对社区矫正对象进行考核,可以显示社区矫正的成效,可以对社区矫正对象的心理、行为、自制力、社会适应性、人际关系等进行监督与评价,使社区矫正对象明确自己与社区矫正目标的差距,从而实现社区矫正对象自我改造和转化的目的。

奖惩是社区矫正机构依照法律法规的有关规定,根据社区矫正对象在社区矫正中的表现而对其实施的奖励和惩罚。对社区矫正对象实施奖惩,是区别对待政策的具体体现,也是促进社区矫正对象分化、转化,调动社区矫正对象改造积极性,稳定社区矫正秩序,提高社区矫正质量的有效手段。同时,由于对社区矫正对象的奖惩与其自身的利益密切相关,所以,对社区矫正对象的奖惩必须客观公正,实事求是,使奖惩具有公正性和权威性,以达到惩恶扬善、促进社区矫正对象重返社会的目的。

考核与奖惩作为社区矫正的重要手段,虽然二者各有独立的含义和内容,但二者是密不可分的,二者互为条件、互为因果、相互依赖、相互结合,共同发挥激励社区矫正对象改造的积极作用。

考核是奖惩的前提和基础。对社区矫正对象进行奖惩,需要以社区矫正对象的现实表现为依据,而这种依据就来自考核。因此,对社区矫正对象进行考核时,必须克服随意性,使考核结果真实可信,使社区矫正对象对自己的现实表现及是否达到奖惩的法定条件心中有数,并不断调整自己的心态和行为,为满足自我实现的需要而加速改造。所以说,没有对社区矫正对象的考核,对社区矫正对象的奖惩就成了"无源之水、无本之木"。

奖惩是考核的直接结果。对奖励的期盼,对自由的渴望,是社区矫正过程中绝大多数社区矫正对象内心的想法。奖惩的实施,是奖优罚劣的重要手段。奖惩可以推动社区矫正对象矫正教育的进程,弱化社区矫正对象的不良动机,使社区矫正对象看到前途和希望。只有考核与奖惩密切配合,才能共同发挥惩罚和奖励社区矫正对象的作用,才能使考核奖惩成为促进社区矫正对象积极改造的动力。

无论是考核还是奖惩都是执法管理的重要内容以及刑事执行的重要手段。笔者利用业余时间对 S 省社区矫正对象的因违法违规而遭受惩罚的情况进行了调查,经统计发现:自 2012 年《实施办法》(已失效)施行起,到 2019 年 6 月,S 省对社区矫正对象的各类行政处罚和刑事处分就累计了 10,000 多起。其中,警告 11,464 人,行政拘留 149 人,司法拘留 37 人,撤销缓刑 2262 人,撤销假释 761 人,对暂予监外执行罪犯收监执行 74 人,[①]前述数据显示的处罚行为有效地发挥了惩罚措施对社区矫正对象的警示作用与教育作用。

(二)考核奖惩的原则

对社区矫正对象的考核奖惩以国家法律法规和社区矫正的有关规定为依据。在实务工作中,必须坚持以下原则。

第一,坚持依法适用原则。首先,依照《刑法》《刑事诉讼法》《社区矫正法》2020 年《实施办法》的有关规定,对社区矫正对象依照法定程序和标准进行考核,克服考核工作的主观随意性,这是奖惩公平公正的前提和基础。其次,依照社区矫正奖惩考核办法所规定的程序和标准,对社区矫正对象进行奖励或惩罚。严禁社区矫正工作人员在考核奖惩过程中徇私舞弊,保障考核奖惩工作的公正性。

---

① 数据来源:S 省司法厅 2019 年 6 月《社区矫正人员情况信息统计表》。

第二,坚持实事求是的原则。在社区矫正考核奖惩工作中贯彻实事求是的原则,就是要遵循社区矫正的客观规律,掌握社区矫正对象的实情,深入社区矫正工作实际、深入基层社区、深入群众,认真进行调查研究,并对调查结果进行综合分析、仔细鉴别、去粗取精、去伪存真。

第三,坚持准确及时的原则。在社区矫正考核奖惩工作中,要制定细化具体的考核奖惩办法,准确记录社区矫正对象在社区矫正过程中的表现情况,及时公布考核结果,及时实施奖惩以激发社区矫正对象自觉矫正和自我矫正的积极性。

第四,坚持公开、公平、公正的原则。公开、公平、公正既是社区矫正考核奖惩工作的生命线,也是社区矫正考核奖惩工作权威性和公信力的前提和保障。公开是指考核奖惩办法、考核奖惩依据、考核奖惩程序、考核奖惩结果等,对社区矫正对象、社会公众及社区矫正工作参与者公开,接受上级机关、专门机关和社会公众监督;公平、公正是指社区矫正考核奖惩工作要做到对所有社区矫正对象一视同仁、公平合理,公正对待每一个社区矫正对象。

第五,坚持考核、奖惩和教育相结合的原则。考核是奖惩的前提和基础,奖惩是考核的必然结果。但考核奖惩都是为教育转化社区矫正对象的目标服务的,考核奖惩的最终目的是促进社区矫正对象的转化,最终使其顺利地融入社会。因此三者只有形成合力,才能实现社区矫正的目的。

(三)考核内容和方式

2020 年《实施办法》第 32 条规定,考核的内容包括社区矫正对象接受监督管理、参加教育学习等情况。

在实际工作中,社区矫正机构或受委托的司法所应当实时记录社区矫正对象认罪悔罪、遵守法律法规、服从监督管理、接受教育等情况,及时录入省级社区矫正综合管理指挥平台,为社区矫正对象的考核提供事实依据。

第一,考核的主要内容。应考核社区矫正对象服从监督管理,遵守法律、法规,履行判决、裁定、暂予监外执行决定等法律文书确定的义务,履行司法行政部门关于报告、会客、外出、迁居、保外就医等监督管理规定的情况。

第二,考核的区间。对社区矫正对象的考核由执行地社区矫正机构或者受委托的司法所组织。考核自社区矫正对象到社区矫正机构报到登记之日起至社区矫正终止之日止,每季度进行一次。

第三,考核的方式。对社区矫正对象的考核主要包括日常考核和综合考核两大类。日常考核是指社区矫正机构采用一定的方法,在日常监管中,对社区矫正对象遵规守纪等方面的表现进行量化管理,并以此作为奖惩依据的行为。综合考核是对一段时间内社区矫正对象的矫正效果和个人表现的一个总的评估和考核。综合考核是在日常考核的基础上进行的,它的基本特点就是通过探求社区矫正项目的各个部分、环节、因素和层次之间相互联系的方式,形成一种新的整体性的认识。综合考核不是日常各项考核的简单相加,综合考核的成果往往导致科学上的新发现。

对社区矫正对象的考核采取月计分和季评价相结合的方式进行。省级社区矫正机构应当制定省级社区矫正综合管理指挥平台日常计分办法,作为月计分的依据。省级社区矫正综合管理指挥平台根据社区矫正对象的行为表现,每月自动生成月计分结果。社区矫正机构或者受委托的司法所综合分析社区矫正对象的月计分、现实表现、奖惩情况、矫正小组意见等,进行季评价,形成季度考核结果,并及时存入社区矫正对象档案。

第四,考核的计分方式。社区矫正对象的计分考核通常采取累计计分制,自社区矫正对象到社区矫正机构登记报到之日起至社区矫正解除或者终止之日止,每月进行一次。一些地方,如四川省《社区矫正实施细则》还规定,除未成年社区矫正对象外,社区矫正机构应当将社区矫正对象每月计分考核在社区矫正场所公示。

第五,考核结果的应用。社区矫正对象的计分考核情况是其在社区矫正期间调整管理类别及矫正方案的重要依据。诸如,四川省《社区矫正实施细则》第150条规定,社区矫正对象累计计分达50分的,严管可以调整为普管,普管可以调整为宽管,并相应调整矫正方案,同时从考核计分中冲减50分。执行地县级社区矫正机构应根据考核结果,及时调整管理类别。不符合管理类别调整条件或者虽然符合调整条件但剩余矫正期限不足1个月的,按照原等级管理。执行地县级社区矫正机构根据考核结果需要对社区矫正对象给予奖惩的,可以按照规定的条件和程序给予奖惩。

二、社区矫正行政执法管理

行政执法管理是社区矫正机构在执行刑罚的前提下,对于社区矫正对象按照行政管理程序,以行政执法管理的形式开展的活动,我们称之为行政执法管理。

《社区矫正法》第28条规定，对社区矫正对象的行政奖励是表扬。对社区矫正对象违反法律法规或者监督管理规定的行为，视情节依法给予训诫、警告或提请公安机关予以治安管理处罚。

（一）行政奖励

社区矫正行政奖励是指在社区矫正中，社区矫正机构按照法律法规和社区矫正规范所要求的标准，通过对社区矫正对象的全面考核，认为社区矫正对象的行为表现达到了给予奖励的条件，依法予以表彰的行为。《社区矫正法》第28条规定，对社区矫正对象进行行政奖励的形式是表扬，行政奖励的机构是执行地县级社区矫正机构。执行地县级社区矫正机构给予表扬的条件，除了社区矫正对象接受社区矫正满6个月的时间要求外，依照2020年《实施办法》第33条的规定，还包括：(1)服从人民法院判决，认罪悔罪；(2)遵守法律法规；(3)遵守关于报告、会客、外出、迁居等规定，服从社区矫正机构的管理；(4)积极参加教育学习等活动，接受教育矫正。除此之外，社区矫正对象接受社区矫正期间，有见义勇为、抢险救灾等突出表现或者帮助他人、服务社会等突出事迹的，执行地县级社区矫正机构可以给予表扬。社区矫正对象的考核结果与给予行政奖励的情况，除了以书面形式记载，做到准确、及时、公开、公平，记入档案之外，还可以作为分类管理的依据。

（二）行政惩处

社区矫正行政惩处是指在社区矫正中，社区矫正机构按照法律法规和社区矫正规范的要求，对社区矫正对象的行政违法违纪行为，依照其情节，依法予以相应处罚的行为。按照《社区矫正法》第28条的规定，对社区矫正对象的惩处包括训诫、警告和提请公安机关予以治安管理处罚三种措施。

第一，训诫。训诫的本意是教导和忠告。作为社区矫正惩处措施的训诫，是指社区矫正机构对于社区矫正对象违反法律法规或者监督管理规定的行为，由于情节轻微，而对其提出批评教育的行为。

依照2020年《实施办法》第34条的规定，社区矫正机构给予社区矫正对象训诫的情形主要有：(1)不按规定时间报到或接受社区矫正期间脱离监管，未超过10日的；(2)违反关于报告、会客、外出、迁居等规定，情节轻微的；(3)不按规定参加教育学习等活动，经教育仍不改正的；(4)其他违反监督管理规定，情节轻微的。有上述情形之一的，县级社区矫正机构应当给予训诫，并出具书面决定。

在实施训诫时,社区矫正机构一方面应指出社区矫正对象违反法律法规或者监督管理规定的行为,分析其危害性,责令社区矫正对象努力改正,不再重犯;另一方面应讲明社区矫正对象违规行为尚属轻微,可不建议给予其他行政处罚。

第二,警告。警告是一种警诫性的、轻微的违规制裁方式,是指社区矫正机构对社区矫正对象违反法律法规或者监督管理规定的行为,向社区矫正对象提出告诫,要求其及时纠正和进行警示的行为。

依照2020年《实施办法》第35条的规定,社区矫正机构给予社区矫正对象警告的情形主要有:(1)违反人民法院禁止令,情节轻微的;(2)不按规定时间报到或者接受社区矫正期间脱离监管,超过10日的;(3)违反关于报告、会客、外出、迁居等规定,情节较重的;(4)保外就医的社区矫正对象无正当理由不按时提交病情复查情况,经教育仍不改正的;(5)受到社区矫正机构两次训诫,仍不改正的;(6)具有其他违反监督管理规定的行为,情节较重的。有上述情形之一的,县级社区矫正机构应当给予警告,并出具书面决定。

第三,提请公安机关予以治安管理处罚。治安管理处罚是指公安机关依照治安管理法规对扰乱社会秩序、妨害公共安全、侵犯公民人身权利、侵犯公私财产情节轻微尚未达到刑事处罚标准的违法行为所实施的行政处罚。依照《治安管理处罚法》的规定,我国治安管理处罚权集中由公安机关行使。这里所讲的"提请公安机关予以治安管理处罚"是指社区矫正对象的违法行为已达到涉嫌治安管理处罚的程度,社区矫正机构有权提请同级公安机关依法给予处罚,而不是有权进行治安管理处罚。同时,提请公安机关予以治安管理处罚的权力只适用于被判处管制、宣告缓刑或者暂予监外执行的社区矫正对象。而对于假释的社区矫正对象,其违法行为一旦达到了治安管理处罚的程度,就会被直接收监执行。

依照2020年《实施办法》第36条的规定,社区矫正对象违反监督管理规定或者人民法院禁止令,依法应予治安管理处罚的,执行地县级社区矫正机构应当及时提请同级公安机关依法给予处罚。实务工作中,社区矫正机构提请公安机关予以治安管理处罚的情形主要有:(1)违反人民法院禁止令,尚不属情节严重的;(2)不按规定时间报到或者接受社区矫正期间脱离监管,超过15日未超过30日的;(3)扰乱社区矫正工作秩序的;(4)对社区矫正工作人员和其他依法参与社区矫正工作的人员及其近亲属进行殴打、威胁、侮辱、骚扰、报复,尚不构成犯罪的;(5)具有其他违反监督管理规定的行为。有上述情形之一的,县级社区矫正机构应当提请同级公安机关依法给予处罚。

公安机关应当将处理结果通知执行地县级社区矫正机构。公安机关作出治安管理处罚决定的,社区矫正机构的治安管理处罚建议书以及公安机关的治安管理处罚决定书副本应当同时抄送执行地同级人民检察院。

三、刑务管理

社区矫正是我国的一种刑事执行方式,是以刑罚为前提的。执行刑罚管理是指对于社区矫正对象在社区矫正中出现法定阻却刑罚执行的事由和良好行为而采取的变更刑罚执行方式的管理活动。因此,我们将社区矫正中涉及刑罚执行程序和具体事务,以监督管理的形式开展的活动称为刑务管理。

《社区矫正法》第 28 条规定,社区矫正对象违反法律法规或者监督管理规定的,应当视情节依法给予提请撤销缓刑、提请撤销假释、对暂予监外执行的提请收监执行等刑事处罚。第 33 条规定,社区矫正对象符合刑法规定的减刑条件的,社区矫正机构应当向人民法院提出减刑建议。

社区矫正机构是司法行政机关设立的社区矫正执行机构,从目前的法律规定看,其不具有刑罚执行权。因此,这里所讲的刑罚执行事务,主要是指需要和公安机关、检察机关、人民法院、监狱等合作才能完成的管理活动。在刑务管理中,社区矫正机构所具有的只是建议提请权。而决定权和执行权则是不同的社区矫正对象类别由公安机关、人民法院、监狱管理机关分别行使。

(一)撤销缓刑、假释

《社区矫正法》第 46 条第 1 款规定“社区矫正对象具有刑法规定的撤销缓刑、假释情形的,应当由人民法院撤销缓刑、假释”①,与《刑法》第 77 条②和

---

① 2020 年《实施办法》第 46 条还进一步规定:被宣告缓刑的社区矫正对象有以下五种行为之一的将被撤销缓刑而收监执行:(1)违反禁止令,情节严重的;(2)无正当理由不按规定时间报到或者接受社区矫正期间脱离监管,超过一个月的;(3)因违反监督管理规定受到治安管理处罚,仍不改正的;(4)受到社区矫正机构两次警告,仍不改正的;(5)其他违反有关法律、行政法规和监管规定,情节严重的情形。

② 《刑法》第 77 条规定:“被宣告缓刑的犯罪分子,在缓刑考验期限内犯新罪或者发现判决宣告以前还有其他罪没有判决的,应当撤销缓刑,对新犯的罪或者新发现的罪作出判决,把前罪和后罪所判处的刑罚,依照本法第六十九条的规定,决定执行的刑罚。被宣告缓刑的犯罪分子,在缓刑考验期限内,违反法律、行政法规或者国务院有关部门关于缓刑的监督管理规定,或者违反人民法院判决中的禁止令,情节严重的,应当撤销缓刑,执行原判刑罚。”

第 86 条[①]相呼应。《社区矫正法》和 2020 年《实施办法》将《刑法》规定进一步细化，区分了法定撤销和酌定撤销：发现漏罪和再犯新罪时，由审理漏罪和新罪的法院撤销缓刑、假释，此为法定撤销情形，不需要社区矫正机构提请，而是由法院直接撤销，“并书面通知原审人民法院和执行地社区矫正机构”；而其他情形下，由社区矫正机构酌定是否撤销，向法院提出撤销建议，此时有管辖权的法院为“原审人民法院或者执行地人民法院”。

撤销缓刑、假释，是指缓刑、假释的社区矫正对象有《刑法》规定的撤销缓刑、假释的事由，由审理该案件的人民法院直接撤销缓刑、假释，或者由社区矫正机构向原审人民法院或者执行地人民法院提出撤销缓刑、假释建议并提供有关证据材料。社区矫正机构的这一管理活动也可称之为社区矫正机构的撤销缓刑、假释建议权。

第一，撤销缓刑、假释的条件。依照 2020 年《实施办法》第 46 条的规定，由社区矫正机构向人民法院提出撤销缓刑建议的情形主要有：(1)违反禁止令，情节严重的；(2)无正当理由不按规定时间报到或者接受社区矫正期间脱离监管，超过 1 个月的；(3)因违反监督管理规定受到治安管理处罚，仍不改正的；(4)受到社区矫正机构两次警告，仍不改正的；(5)其他违反有关法律、行政法规和监督管理规定，情节严重的情形。

在此，有必要探讨一个实务问题。为践行“绿水青山就是金山银山”理念，在涉生态环境破坏犯罪案件中，诸如，盗伐林木案件、非法采砂(矿)案件，在犯罪嫌疑人、被告人“认罪、认罚、认赔(通常签订‘补植复绿’、‘增殖放流’等生态修复协议)”下，多数被告人被判处非监禁刑而进入了社区矫正。在社区矫正期间，生态修复协议的履行应该由谁来监督，目前缺乏明确规定。我们认为，此类案件需要设计一个社区矫正机构与相关部门的联动机制，各施其责。具体是：人民法院引导有可能被判处非监禁刑的被告人作出履行保护生态环境义务的承诺，并在裁判时依据其作出的承诺来制作相应的履行保护生态义务的责令书。将法律文书、执行通知书一并送达社区矫正机构、生态环境保护部门。生态环境保护部门负责验

---

① 《刑法》第 86 条规定：“被假释的犯罪分子，在假释考验期限内犯新罪，应当撤销假释，依照本法第七十一条的规定实行数罪并罚。在假释考验期限内，发现被假释的犯罪分子在判决宣告以前还有其他罪没有判决的，应当撤销假释，依照本法第七十条的规定实行数罪并罚。被假释的犯罪分子，在假释考验期限内，有违反法律、行政法规或者国务院有关部门关于假释的监督管理规定的行为，尚未构成新的犯罪的，应当依照法定程序撤销假释，收监执行未执行完毕的刑罚。”

收其修复生态情形，并将合格报告提交给执行地社区矫正机构与人民检察院。负有考察职能的社区矫正机构、负有法律监督职能的人民检察院，与人民法院以及生态环境保护部门之间，如果缺少一种合适的沟通合作联动机制，那么就很难保证生态环境的恢复，从而影响恢复性司法发挥作用。

此外，部分被告人在诉讼阶段认罪认罚认赔，换取了缓刑的司法判决，进入社区矫正。但被告人在社区矫正期间消极怠工、敷衍了事，不按照生态修复协议认真履行生态环境修复责任，应当如何处置。我们以为，首先应给予警告，督促其积极履行生态修复责任；情节恶劣的，则可以对其撤销缓刑、收监执行。可以对2020年《实施办法》第46条第1款第5项，即“其他违反有关法律、行政法规和监督管理规定，情节严重的情形”扩大解释为，“社区矫正机构发现涉生态修复的社区矫正对象，具有下列情形之一的，可以向人民法院提出撤销缓刑建议：（一）未履行生态修复义务，有关部门发出生态修复令后仍不履行，情节严重的；（二）未履行生态修复义务，受到社区矫正机构三次警告，仍不改正的；（三）再次实施破坏生态环境资源的行为，违反相关法律法规，情节严重的；（四）其他严重情节的情形。”也可以通过对最高人民法院《关于适用〈中华人民共和国刑事诉讼法〉的解释》第543条第一款第5项，即“违反法律、行政法规和监督管理规定，情节严重的其他情形”作扩大解释，将前述关于涉生态修复缓刑犯撤销缓刑的四种情形纳入这里的“其他情形”。通过扩大解释的方式，让不履行生态修复协议（责任）的社区矫正对象收监执行，可以发挥法律的震慑力与严肃性。

依照2020年《实施办法》第47条的规定，由社区矫正机构向人民法院提出撤销假释建议的情形主要有：(1)无正当理由不按规定时间报到或者接受社区矫正期间脱离监管，超过1个月的；(2)受到社区矫正机构两次警告，仍不改正的；(3)其他违反有关法律、行政法规和监督管理规定，尚未构成新的犯罪的。

第二，撤销缓刑、假释的程序。依照《社区矫正法》第48条和2020年《实施办法》第46条、第47条的规定：一是由执行地同级社区矫正机构向原审人民法院或者执行地人民法院提出撤销缓刑、假释建议书。如果原审人民法院与执行地同级社区矫正机构在不同的省（自治区、直辖市），可以报请执行地人民法院裁定。二是人民法院拟撤销缓刑、假释的，应当听取社区矫正对象的申辩及其委托的律师的意见。三是人民法院在收到社区矫正机构的撤销缓刑、假释建议书后，作出撤销裁定的，应当将裁定书送达社区矫正机构和公安机关，并抄送人民检察院。四是人民法院裁定撤销缓刑、假释的，公安机关应当及时将社区矫正对象送交监狱或者看守所执行。执行以前被逮捕的，羁押一日折抵刑期一日。五是人民法院裁定不予撤销缓刑、假释的，对被逮捕的社区矫正对象，公安机关应当立即予以释放。

第三，工作要求及应提交的材料。对社区矫正对象的撤销缓刑、撤销假释等处罚，由县级社区矫正机构负责刑事执行的工作人员收集证据，其可以征求矫正小组、管理教育人员及相关单位的意见，提出初步处罚建议，填报《提请治安管理处罚、撤销缓刑、撤销假释建议审批表》并附相关证据材料，社区矫正机构评议审核后作出是否提请撤销缓刑、撤销假释的决定。社区矫正机构提出撤销缓刑、撤销假释建议的，应当移送下列材料：(1)提请撤销缓刑、撤销假释建议书；(2)原社区矫正决定机关的判决书、裁定书、执行通知书；(3)证明社区矫正对象构成撤销缓刑、撤销假释情形的证据；(4)社区矫正对象考核表，提请撤销缓刑、撤销假释审批表；(5)社区矫正机构评议审核意见及受委托的司法所的建议；(6)社区矫正决定机关要求移送的其他材料。

在这里还存在一种特殊情况，即罪犯被一审法院判处缓刑后在上诉期内又犯新罪时如何适用法律的问题。刑事审判参考第 1073 号的包某危险驾驶案，则是一起典型案件。被告人包某被江阴市人民法院以故意伤害罪判处有期徒刑 9 个月，缓刑 1 年。被告人包某在缓刑判决尚未生效的上诉期内，又醉酒驾驶，构成危险驾驶罪。此时对包某是启动审判监督程序，撤销原判刑罚；抑或撤销缓刑，实行数罪并罚。在实践中有不同看法。从《刑法》第 77 条规定的缓刑的撤销及其法律后果，结合《刑法》第 73 条第 3 款关于缓刑考验期限的规定，可以得出如下结论：从判决确定之日始至缓刑考验期满之日止，行为人在此期间内又犯新罪、发现漏罪，或者严重违规、严重违反禁止令的，应当被撤销缓刑。但对行为人在缓刑判决宣告后至生效前又犯新罪的情形应如何处理却没有规定。

笔者认为，适用缓刑的实质条件包括情节较轻、有悔罪表现、没有再犯罪危险、对居住社区没有重大不良影响等四个方面。包某在上诉期内再犯罪本身就已经体现出了无“悔罪表现”、有“再犯罪危险”，就已经不再符合缓刑的实质条件。另外，缓刑判决生效前又犯新罪时，不能启动刑事审判监督程序撤销缓刑判决。因为此时的缓刑判决并未生效，谈不上适用审判监督程序来纠错的问题。为此，此时只能参照适用《刑法》第 77 条关于“又犯新罪”而撤销缓刑的规定。由于缓刑判决撤销后，行为人的原判刑罚尚未实际执行，故应当将包某的故意伤害罪被判处的刑罚与新罪所判处的刑罚按照《刑法》第 69 条之规定实行数罪并罚。

（二）收监执行

社区矫正对象的收监执行，是指社区矫正中矫正对象具有法律规定的收监执行刑罚的情形，依照法定程序将矫正对象收押入监执行刑罚的活动，主要包括撤销缓刑、假释收监执行和暂予监外执行收监执行。

为加强对暂予监外执行罪犯的管理，2014 年 10 月 24 日最高人民法院、最高人民检察院、公安部、司法部、国家卫生计生委联合印发《暂予监外执行规定》。《社区矫正法》第 49 条规定，“暂予监外执行的社区矫正对象具有刑事诉讼法规定的应当予以收监情形的，社区矫正机构应当向执行地或者原社区矫正决定机关提出收监执行建议”，“社区矫正决定机关应当在收到建议书后三十日内作出决定”。上述规定与《刑事诉讼法》第 268 条关于暂予监外执行犯的收监条件保持一致，并且进一步明确了决定程序的时间要求和收监的责任主体。

《社区矫正法》和 2020 年《实施办法》对暂予监外执行罪犯的日常监管作出了特殊规定，在日常监管环节，除了定期报告遵纪守法、接受监督管理情况等一般性监督管理规定外，暂予监外执行的罪犯还应当每个月报告本人身体情况；保外就医的，应当到省级人民政府指定的医院检查，每三个月向县级社区矫正机构、受委托的司法所提交病情复查情况。在处罚环节，保外就医的罪犯无正当理由不按时提交病情复查情况，经教育仍不改正的，将受到警告处分；当出现不符合暂予监外执行条件、受到社区矫正机构两次警告等 8 种情形时，社区矫正机构应当提出收监执行建议。2012 年《实施办法》（已失效）规定了“受到司法行政机关两次警告，仍不改正”的收监执行情形，而在 2020 年《实施办法》中不再要求“仍不改正”，即只要第二次警告出现，就可以提请收监。体现了对暂予监外执行人员管理上的从严，不再给其第二次机会。

近年来，一些“保而不医”“纸面服刑”案件被媒体曝光，引起社会的广泛关注，也一定程度上损害了司法公信力。仅“2021 年，按照中央政法委统一部署，最高人民检察院成立工作专班，组织领导全国检察机关深入开展专项整治，对 1990 年以来办理的‘减假暂’案件起底，共完成筛查 1100 万余件，依法监督纠正 3 万余件”①。专项检察的成果体现出了相关部门的决心和质效，也侧面反映出了“纸面

① 《专访全国人大代表、最高检副检察长杨春雷》，载澎湃新闻 2022 年 3 月 9 日，https://www.thepaper.cn/newsDetail_forward_17019438。

服刑”现象的严重性。

《暂予监外执行规定》取消了关于暂予监外执行期限的规定，将原本由决定、批准机关续保变更为将罪犯病情复查的工作交由社区矫正机构负责，弱化了监狱对保外就医矫正对象的管理，明确了由社区矫正机构及时掌握暂予监外执行罪犯的身体状况以及疾病治疗等情况，每月由暂予监外执行对象报告本人身体情况，每三个月审查保外就医罪犯提交的病情复查情况，并根据需要向批准、决定机关或者有关监狱、看守所反馈情况。该规定对矫正对象身体情况的检查更为及时，但实践中，暂予监外执行存在以下突出问题：

一是恶意怀孕逃避收监。近年来，为获准暂予监外执行，罪犯使用的手段五花八门，或将自己正常的肝脏切除一部分，[①]或反复怀孕堕胎十余次。[②] 通过伪造病情保外就医的罪犯，一经查实除了要依法收监之外，还可能因行贿、伪造印章等行为而获罪。但以怀孕及哺乳为由暂予监外执行的人员，就可能通过反复怀孕来逃避收监，这种做法严重违背道德伦理，也与暂予监外执行制度的设计初衷相背离。《刑事诉讼法》规定对怀孕及哺乳期妇女适用暂予监外执行制度的本意是尊重生命和保障人权，如今却成为某些人逃避监禁的理由。

二是保证人法律责任不明确。保证人担保是暂予监外执行工作的重要环节，一方面可以促使暂予监外执行罪犯的近亲属积极参与对罪犯的监督管理教育，实施内部制约，暂予监外执行的罪犯慑于亲属家庭利害关系，不敢随意违规违法，能增强其守法改造的自制力；另一方面保证人可以照顾好暂予监外执行罪犯的生活，充分发挥他们对暂予监外执行罪犯的教育和感化作用。但是目前《刑事诉讼法》对保外就医罪犯的保证人的条件、义务和法律责任均没有作出规定，导致现实中许多保证人根本没有起到相应作用，出现了“只保不管、只保不矫”的情况，使保外就医罪犯失去制约，保外就医之后即成为“自由人”，严重损害了法律的尊严及司法公正。

三是病情复查不规范。《暂予监外执行规定》第 21 条规定：“社区矫正机构应当及时掌握暂予监外执行罪犯的身体状况以及疾病治疗等情况，每三个月审查保外就医罪犯的病情复查情况，并根据需要向批准、决定机关或者有关监狱、看守所

---

① 参见吴越、赵铁龙、于海明：《为保外就医切肝》，载《杂文选刊》2017 年第 12 期。

② 参见潘从武：《乌市一女子怀孕 14 次欲逃避坐牢终被收监》，载 http://www.legaldaily.com.cn/index/content/2015－08/12/content_6218084.htm？ no de＝209081，于 2019 年 7 月 3 日访问。

反馈情况。”2020 年《实施办法》第 24 条规定：“保外就医的，应当到省级人民政府指定的医院检查，每三个月向执行地县级社区矫正机构、受委托的司法所提交病情复查情况。”依据上述两条规定，暂予监外执行罪犯可自行进行病残鉴定，自行提交病情复查报告，社区矫正机构判断保外就医罪犯病情是否好转主要依赖于罪犯本人提供的病情复查报告，这为其伪造病情尚未好转的证明文件以继续逃避监禁提供了可乘之机，使权钱交易、弄虚作假、徇私舞弊的情况发生，导致以保代放和收监难等问题。另外，病情鉴定、诊断证明难以判断。司法实践中，医院仅就暂予监外执行罪犯的病情提供诊断证明，该证明仅仅是对罪犯患了什么病或可能患什么病等内容的客观描述，常常使用一些医学术语。至于是否符合暂予监外执行条件、是否属于《保外就医严重疾病范围》，对不具备专业医学知识的社区矫正机构工作人员而言难以判断；目前，绝大多数的社区矫正机构不具备对暂予监外执行罪犯是否仍符合暂予监外执行条件进行实质审查的能力。

四是困难人员主动鉴定难。《暂予监外执行规定》第 4 条第 1 款规定：“罪犯在暂予监外执行期间的生活、医疗和护理等费用自理。”但有些保外就医罪犯生活困难，有的甚至要靠“低保”维持生活、治病，根本无法负担高额的医疗和体检费用，社区矫正机构也没有专项经费保障保外就医罪犯的病情复查。该规定要求罪犯主动鉴定、主动提交报告，但在司法实践中，罪犯往往不能及时提供相关病情证明和复查的资料，所以 3 个月进行一次的病情检查常常沦为形式。从刑罚执行程序上看，由于缺乏关键证明材料，已影响法律及相关司法解释的正确实施。

五是管控难。社区矫正是一种以教育、感化、挽救为核心的刑罚制度，接收的矫正对象中被判处管制、宣告缓刑、裁定假释的，都有一个前提条件——社会危害性不大、确有悔改表现，唯独暂予监外执行的罪犯主要以身体状况为判断依据，这在客观上就已经留下了这类人员“难管、不好管”的隐患。有些人自恃身患严重疾病，漠视监管规定，对负责监管的社区矫正工作人员的劝说、警告充耳不闻，我行我素。对某些人而言，身体状态成了违法犯罪的豁免书。

六是现有《暂予监外执行规定》对暂予监外执行期间没有明文规定，影响了法官对暂予监外执行期间的判定。如贺某某犯贩卖毒品罪，被丹凤县人民法院判处有期徒刑 4 年，并处罚金 5000 元。经商洛市中级人民法院法医学技术审核，认为被审核人贺某某目前患有肝炎肝硬化失代偿期的诊断成立，属于暂予监外执行的严重疾病范围，丹凤县人民法院决定暂予监外执行 1 年，1 年社区矫正期满后，根据诊断材料，再报法医学技术审核。法医学技术审核期间势必造成罪犯脱管，既影响刑罚执行的权威性,又会给社会带来诸如重新犯罪等不稳定因素。

笔者认为,前述暂予监外执行制度中难点、痛点的解决,仅靠现有规定是不够的。首先,需要统筹平衡社会效果与法律效果。以家庭成员怠于承担抚养、赡养责任为由拒绝收监,不仅在法律上没有依据,从社会学的角度而言,也会形成一种背弃家庭责任的不良示范。笔者认为,对于暂予监外执行条件消失的罪犯,应当依法收监,而收监之后可能发生的儿童监护、老人赡养等社会问题,应当由社会救助系统、司法救助系统依法处理。其次,司法部应当联合相关部委及时修改《暂予监外执行规定》,进一步细化对暂予监外执行罪犯的监督考察和教育帮扶措施,同时,监狱管理部门还应在人才培养、队伍建设、医疗设备配备、基础设施建设等方面加大对监狱医院的投入,切实提高监狱医院收治罪犯的能力和水平,从源头上减少暂予监外执行罪犯的数量。再次,设立暂停计算刑期制度。对意图通过持续怀孕逃避收监执行的罪犯,可以考虑自其怀孕时停止计算刑期,暂由社区矫正机构代为管理,自怀孕状态消失后再行收监执行剩余刑期,这样既符合立法的目的,又维护了司法的权威。暂停计算刑期制度适用的对象,应明确为暂予监外执行期间故意怀孕以逃避监禁刑惩处的罪犯。与患有严重疾病、生活不能自理的罪犯不同,法律规定对孕妇可以适用暂予监外执行,更多体现的是对胎儿的一种特殊保护,是人类健康生存、繁衍发展的伦理观在刑事法律层面的体现。是否对罪犯适用暂停计算刑期制度,直接关系到罪犯的刑罚执行方式和实际执行刑期,决定主体应当是人民法院。对暂予监外执行期间再次故意怀孕以避免收监的罪犯,社区矫正机构应当及时向法院提出暂停计算刑期的建议。暂停计算刑期期间虽然不计入刑期,但罪犯的身份没有发生变化。最后,建立完善病情复查机制。针对《暂予监外执行规定》(司发通〔2014〕112 号)施行以来长期存在的医疗机构开展病情复查不规范、社区矫正机构审查复查情况能力不足等问题,2023 年 6 月 13 日司法部在其官方网站公布了《关于进一步规范暂予监外执行工作的意见》(司发通〔2023〕24 号),该《意见》第 27 条明确规定,对暂予监外执行罪犯组织病情诊断、妊娠检查或者生活不能自理的鉴别应当在省级人民政府指定的医院进行,医院应当规范出具《罪犯病情诊断书》或《罪犯妊娠检查书》。之前的《暂予监外执行规定》以及 2020 年《实施办法》,并没有明确要求妊娠检查必须在省级人民政府指定的医院进行。实践中,相当多的妊娠检查都是在区县级医院完成的,医院也不出具《罪犯妊娠检查书》。导致恶意连续怀孕、虚假怀孕逃避刑罚执行事实的存在。相信,随着该《意见》于 2023 年 7 月 1 日的实施,能在一定程度上效遏制虚假怀孕逃避收监执行。当然,省级人民政府指定的医院大多为地市(州)级以上医院,要确保该《意见》实施,还需要地市(州)司法行政机关联合卫健委及时对省级政府指定的医院开展行政指导,指导其按照要求开展复查、诊断工作,并规范出具《罪犯病情诊断书》或《罪犯妊娠检查书》。

按照社区矫正工作的具体规定,社区矫正对象符合收监执行条件的,居住地社区矫正机构应当及时按照规定,向原审人民法院或者公安机关、监狱管理机关送达撤销缓刑、撤销假释建议书或者对暂予监外执行的收监执行建议书并附相关证明材料。人民法院、公安机关、监狱管理机关应当在规定期限内依法作出裁定或者决定,并将法律文书送达居住地县级社区矫正机构,同时抄送居住地县级人民检察院、公安机关。社区矫正对象在被行政拘留、司法拘留、强制隔离戒毒或者采取强制措施期间,人民法院、公安机关、监狱管理机关依法作出对其撤销缓刑、撤销假释的裁定或者收监执行决定的,居住地社区矫正机构应当将人民法院、公安机关、监狱管理机关的裁定书、决定书送交作出上述决定的机关,由有关部门依法收监执行刑罚。

第一,收监执行的原则。社区矫正对象因违反监督管理规定被依法撤销缓刑、撤销假释或者暂予监外执行被决定收监执行的,应当本着就近、便利、安全的原则,送交其居住地的看守所或者监狱执行刑罚。送交看守所的罪犯,余刑超过三个月的,由看守所按有关规定投送监狱执行刑罚。

第二,收监执行的几种情况。第一种情况是人民法院裁定撤销缓刑、假释的社区矫正对象,决定收监执行的。《社区矫正法》第 48 条第 3 款规定,公安机关应当及时将社区矫正对象送交监狱或者看守所执行。第二种情况是暂予监外执行决定机关提出收监执行的。依照《社区矫正法》第 49 条的规定,一是暂予监外执行的社区矫正对象具有《刑事诉讼法》规定的应当予以收监情形的,社区矫正机构应当向执行地或者原社区矫正决定机关提出收监执行建议,并将建议书抄送人民检察院。社区矫正决定机关应当在收到建议书后 30 日内作出决定,将决定书送达社区矫正机构和公安机关,并抄送人民检察院。二是人民法院、公安机关对暂予监外执行的社区矫正对象决定收监执行的,由公安机关立即将社区矫正对象送交监狱或者看守所收监执行。三是监狱管理机关对暂予监外执行的社区矫正对象决定收监执行的,监狱应当立即将社区矫正对象收监执行。

第三,暂予监外执行收监执行的条件。依照 2020 年《实施办法》第 49 条的规定,由执行地县级社区矫正机构向执行地或者原社区矫正决定机关提出收监执行建议的条件是:(1)不符合暂予监外执行条件的;(2)未经社区矫正机构批准擅自离开居住的市、县,经警告拒不改正,或者拒不报告行踪,脱离监管的;(3)因违反监督管理规定受到治安管理处罚,仍不改正的;(4)受到社区矫正机构两次警告的;(5)保外就医期间不按规定提交病情复查情况,经警告拒不改正的;(6)暂予监外执行的情形消失后,刑期未满的;(7)保证人丧失保证条件或者因不履行义务被取消保证人资格,不能在规定期限内提出新的保证人的;(8)其他违反有关法律、行政法规和监督管理规定,情节严重的情形。只要矫正对象具备上述情形之一,即可向执行地或原社区矫正决定机关提出收监执行建议。

社区矫正机构一般向执行地社区矫正决定机关提出收监执行建议。如果原社区矫正决定机关与执行地县级社区矫正机构在同一省、自治区、直辖市的,可以向原社区矫正决定机关提出建议。

社区矫正机构的收监执行建议书和决定机关的决定书,应当同时抄送执行地县级人民检察院。

第四,收监执行的法律文书。

(1)2020 年《实施办法》第 46 条第 2 款、第 3 款规定:“社区矫正机构一般向原审人民法院提出撤销缓刑建议。如果原审人民法院与执行地同级社区矫正机构不在同一省、自治区、直辖市的,可以向执行地人民法院提出建议,执行地人民法院作出裁定的,裁定书同时抄送原审人民法院。社区矫正机构撤销缓刑建议书和人民法院的裁定书副本同时抄送社区矫正执行地同级人民检察院。”

(2)裁定撤销假释的社区矫正对象。社区矫正对象被裁定撤销假释的,居住地社区矫正机构应当向看守所、监狱移交撤销假释裁定书和执行通知书,撤销假释建议书、社区矫正期间表现情况材料,原判决书、裁定书和执行通知书、起诉书副本、结案登记表复印件等文书材料。罪犯收监后,居住地社区矫正机构应通知罪犯原服刑看守所、监狱将罪犯假释前的档案材料移交撤销假释后服刑的看守所、监狱。

(3)决定收监执行的暂予监外执行社区矫正对象。暂予监外执行社区矫正对象被人民法院决定收监执行的,居住地社区矫正机构应当向看守所、监狱移交收监执行决定书和执行通知书以及原判决书、裁定书和执行通知书、起诉书副本、结案登记表、社区矫正期间表现情况等文书材料。暂予监外执行社区矫正对象被公安机关、监狱管理机关决定收监执行的,居住地社区矫正机构应当向看守所、监狱移交社区矫正对象在接受矫正期间的表现情况等文书材料。

社区矫正机构收监执行建议书和决定机关收监执行决定书副本，应当同时抄送执行地同级人民检察院和公安机关。

第五，收监执行的追逃。《社区矫正法》第 50 条规定："被裁定撤销缓刑、假释和被决定收监执行的社区矫正对象逃跑的，由公安机关追捕，社区矫正机构、有关单位和个人予以协助。"在社区矫正工作中，被裁定、决定收监执行的社区矫正对象在逃的，居住地社区矫正机构应当在收到人民法院、公安机关、监狱管理机关的裁定、决定后，立即通知居住地县级公安机关，由其负责实施追捕。撤销缓刑、撤销假释裁定书和对暂予监外执行罪犯收监执行决定书，可以作为公安机关网上追逃依据。公安机关根据案情决定是否实施网上追逃。社区矫正对象脱逃后负责追逃工作的主体是公安机关，社区矫正机构只是予以协助。

第六，收监执行的公示。撤销缓刑、撤销假释裁定书或者对暂予监外执行罪犯收监执行决定书可以在居住地社区矫正机构教育场所公示。未成年或者犯罪的时候不满 18 周岁且被判处 5 年有期徒刑以下刑罚的社区矫正对象除外。

（三）逮捕

社区矫正对象被提请撤销缓刑、假释时，具有实施新的犯罪，危害国家安全、公共安全或者社会秩序的现实危险等情形的，社区矫正机构为了控制危险情形的发生，可以在提出撤销缓刑、假释建议的同时，提请人民法院决定对其先行实施逮捕。

第一，逮捕的法律规定。《社区矫正法》第 47 条规定："被提请撤销缓刑、假释的社区矫正对象可能逃跑或者可能发生社会危险的，社区矫正机构可以在提出撤销缓刑、假释建议的同时，提请人民法院决定对其予以逮捕。人民法院应当在四十八小时内做出是否逮捕的决定。决定逮捕的，由公安机关执行。逮捕后的羁押期限不得超过三十日。"逮捕是对特定危险情形的先行预防措施，在这一过程中，社区矫正机构所具有的是提请逮捕建议权，决定权属于人民法院，执行权属于公安机关。

第二，逮捕的程序。逮捕属于对危险的应急控制措施，被提请撤销缓刑、假释的社区矫正对象具备应予逮捕情形的，由执行地同级社区矫正机构向原裁判人民法院提出逮捕建议书并附相关证明材料。人民法院收到提请逮捕建议后，在 48 小时做出逮捕的决定。

第三，提请逮捕的条件。依照 2020 年《实施办法》第 48 条的规定，社区矫正机构提请人民法院决定对矫正对象予以逮捕,必须具有下列情形之一:(1)可能逃跑的;(2)具有危害国家安全、公共安全、社会秩序或者他人人身安全现实危险的;(3)可能对被害人、举报人、控告人或者社区矫正机构工作人员等实施报复行为的;(4)可能实施新的犯罪的。社区矫正机构提请人民法院决定逮捕社区矫正对象时,应当提供相应证据,移送人民法院审查决定。社区矫正机构提请逮捕、人民法院作出是否逮捕决定的法律文书,应当同时抄送执行地县级人民检察院。

(四)减刑

《刑事诉讼法》第 273 条第 2 款规定:"被判处管制、拘役、有期徒刑或者无期徒刑的罪犯,在执行期间确有悔改或者立功表现,应当依法予以减刑、假释的时候,由执行机关提出建议书,报请人民法院审核裁定,并将建议书副本抄送人民检察院。人民检察院可以向人民法院提出书面意见。"《社区矫正法》第 33 条规定:"社区矫正对象符合刑法规定的减刑条件的,社区矫正机构应当向社区矫正执行地的中级以上人民法院提出减刑建议,并将减刑建议书抄送同级人民检察院。人民法院应当在收到社区矫正机构的减刑建议书后三十日内作出裁定,并将裁定书送达社区矫正机构,同时抄送人民检察院、公安机关。"

社区矫正对象中管制犯、暂予监外执行犯和假释犯的减刑,提出减刑建议的主体是居住地县级社区矫正机构,需要提交的减刑材料包括减刑建议书和其他相关证明材料,对社区矫正对象是否予以减刑作出裁定的机关是社区矫正对象居住地的中级人民法院。

2020 年《实施办法》第 42 条规定:"社区矫正对象符合法定减刑条件的,由执行地县级社区矫正机构提出减刑建议书并附相关证据材料,报经地(市)社区矫正机构审核同意后,由地(市)社区矫正机构提请执行地的中级人民法院裁定。依法应由高级人民法院裁定的减刑案件,由执行地县级社区矫正机构提出减刑建议书并附相关证据材料,逐级上报省级社区矫正机构审核同意后,由省级社区矫正机构提请执行地的高级人民法院裁定。人民法院应当自收到减刑建议书和相关证据材料之日起三十日内依法裁定。社区矫正机构减刑建议书和人民法院减刑裁定书副本,应当同时抄送社区矫正执行地同级人民检察院、公安机关及罪犯原服刑或者接收其档案的监狱。"

实践中,社区矫正对象的减刑程序包括以下四个步骤:第一,县级社区矫正机构根据社区矫正对象确有悔改或者立功、重大立功表现的具体事实,填写《社区矫正对象减刑建议书》和《提请减刑审核表》，连同其他材料报送地（市）级社区矫正机构。第二，社区矫正机构拟对符合法定条件的社区矫正对象提请减刑的，应当在社区矫正机构的矫务公开栏进行公示。公示时间为 7 天。公示内容应当包括：（1）社区矫正对象的姓名；（2）原判认定的罪名、矫正类别和矫正期限；（3）社区矫正机构的减刑建议和依据；（4）公示期限；（5）意见反馈方式等。第三，地（市）级社区矫正机构进行审核，认为符合法定减刑条件的，在《提请减刑建议审核书》中签署意见，向中级人民法院提请减刑，并移送《社区矫正对象减刑建议书》，终审法院的裁判文书、执行通知书、历次减刑裁定书的复印件，矫正对象确有悔改或者立功、重大立功表现的具体事实的书面证明材料，奖惩审批表等以及其他根据案件的审理情况需要移送的材料。第四，社区矫正机构减刑建议书和人民法院减刑裁定书副本应当同时抄送社区矫正对象居住地同级人民检察院和公安机关。

有一种现象应当引起重视：在减刑程序中人民法院一般会作出减刑的裁定，反倒是社区矫正机构可能出于控制减刑率、害怕因罪犯减刑后再犯罪而承担责任等原因，即便在社区矫正对象已经具备减刑的实质条件的情况下，也不同意其减刑申请。更有甚者，可能会出现由于收受贿赂而对行贿者在减刑上予以优先考虑的情况。这样一来，真正具有悔改或立功表现的罪犯的合法权益便遭受侵害。对此，可以参考行政复议和行政诉讼的规定设置申诉程序。社区矫正对象如果不服社区矫正机构驳回其减刑申请的决定，可以向作出驳回决定的机构或者其上一级机构提出申诉；如果是向原机构提出申诉，则之前作出驳回决定的工作人员应当回避，由其他工作人员组成工作组对其申诉进行审查，以此保证审查过程的独立性、公平性；如果该社区矫正对象对审查结果仍不满意，则可就此向原社区矫正机构所在地人民法院再次提出申诉。此外，还应当允许社区矫正对象越过社区矫正机构，直接向社区矫正机构所在地的同级人民法院提出申诉，由法官对其申诉进行实质性审查，必要时应传唤申诉人，通知作出驳回决定的社区矫正工作人员到庭进行举证、质证，从而对其申诉成立作出准确判断。[①] 针对社区矫正对象因减刑而提出的申诉，还可以为其设置听证程序。听证制度能够提高减刑、假释程序的透明度，扩大社区居民的参与和监督途径，有利于减少和遏制司法腐败，保障刑罚功能的全面实现，促进减刑、假释制度的良性循环。

---

① 参见于阳、张帅昌：《缓刑犯减刑问题研究——正当性、实体条件与程序设定》，载《犯罪研究》2022 年第 3 期。

当然，当缓刑犯减刑后在考验期内再次实施违法犯罪行为，或是发现漏罪时，应当给予其相应的惩治措施。在对缓刑犯的减刑权利提供保障的同时，也不能忽视刑罚所应体现的惩罚功能。①

（五）脱管处理

脱管是指社区矫正对象在社区矫正期间脱离居住地社区矫正机构的监督管理下落不明，或者虽能查找到其下落但其拒绝接受监督管理的行为。

《社区矫正法》第30条规定："社区矫正对象失去联系的，社区矫正机构应当立即组织查找，公安机关等有关单位和人员应当予以配合协助。查找到社区矫正对象后，应当区别情形依法作出处理。"2020年《实施办法》第38条规定："发现社区矫正对象失去联系的，社区矫正机构应当立即组织查找，可以采取通信联络、信息化核查、实地查访等方式查找，查找时要做好记录，固定证据。查找不到的，社区矫正机构应当及时通知公安机关，公安机关应当协助查找。社区矫正机构应当及时将组织查找的情况通报人民检察院。查找到社区矫正对象后，社区矫正机构应当根据其脱离监管的情形，给予相应处置。虽能查找到社区矫正对象下落但其拒绝接受监督管理的，社区矫正机构应当视情节依法提请公安机关予以治安管理处罚，或者依法提请撤销缓刑、撤销假释、对暂予监外执行的收监执行。"从职责上看，社区矫正机构只是组织查找，只有社区矫正对象下落不明或者虽能查找到其下落但其拒绝接受监督管理时，社区矫正机构才能行使撤销缓刑、撤销假释或者对暂予监外执行的收监执行提请权。

由此可以看出，居住地社区矫正机构发现社区矫正对象脱管，应当及时采取联系本人、其家属亲友，走访有关单位和人员等方式组织查找，做好记录，并由县级社区矫正机构视情形依法给予警告、提请治安管理处罚、提请撤销缓刑、提请撤销假释或者对暂予监外执行的提请收监执行。一般说来，由于法律文书没有按规定送达县级社区矫正机构导致社区矫正对象脱管并再次犯罪的，相关经办人应承担责任。如果县级社区矫正机构已收到法律文书但发现社区矫正对象未在规定期间内报到的，应当及时组织查找，并书面通报原关押监狱、决定机关及居住地公安机关、人民检察院。未及时通报或组织查找不及时导致矫正对象脱管的，社区矫正工作人员应当承担责任。如果由于监狱、人民法院、公安机关等未按规定送

① 参见刘政：《社区矫正的惩罚功能重塑与惩罚机制重构》，载《法学论坛》2019年第6期。

达法律文书导致社区矫正对象脱管，案件经办人应承担责任。

在实际工作中，不同机构的职责不同，履行职责的方式也不同。一是报告的义务。司法所发现社区矫正对象脱离监管，应当立即报告县级社区矫正机构，受委托行使社区矫正管理权的司法所具有向委托人报告的义务。二是社区矫正管理主体的查找职责。县级社区矫正机构发现社区矫正对象脱管的，应当及时采取联系本人、其家属亲友，走访有关单位和人员等方式组织查找，公安机关应当配合协助。三是查找的程序要求。查找时要做好记录，固定证据，为后续工作做准备。四是行使提请权。社区矫正机构视情节依法提请撤销缓刑、撤销假释或者对暂予监外执行的提请收监执行。

（六）漏管及其处理

漏管是指人民法院、公安机关、社区矫正机构、监狱管理机关在社区矫正对象交付接收工作中衔接脱节，或者社区矫正对象逃避监管、未按规定时间报到，造成没有及时执行社区矫正的行为。

居住地社区矫正机构发现社区矫正对象漏管，应当及时组织查找，并由居住地县级社区矫正机构通知有关人民法院、公安机关、监狱、居住地县级人民检察院。同时，对于社区矫正对象逃避监管、不按规定时间报到导致漏管的，居住地县级社区矫正机构应当给予警告；符合收监执行条件的，依法提出撤销缓刑、撤销假释或者对暂予监外执行收监执行的建议。

实际工作中，社区矫正决定机关发现社区矫正对象漏管的，应及时通知社区矫正机构，送达法律文书，督促社区矫正对象报到。执行地县级社区矫正机构发现社区矫正对象漏管的，应当及时组织查找，做好记录，固定证据；公安机关，村（居）委会，社区矫正对象的家庭成员、监护人、用工方、就读学校等有关单位和人员应当予以配合协助。社区矫正机构应当及时将有关情况书面通报社区矫正决定机关和执行地人民检察院。对被裁定假释的罪犯，应当同时抄送原服刑的看守所、监狱。

（七）追逃

《社区矫正法》第50条规定："被裁定撤销缓刑、假释和被决定收监执行的社区矫正对象逃跑的，由公安机关追捕，社区矫正机构、有关单位和个人予以协助。"由此可以看出，追逃的主体是公安机关，社区矫正机构、有关单位和个人只是对其进行协助。依照2020年《实施办法》第51条的规定，撤销缓刑、撤销假释的裁定和收监执行的决定生效后，社区矫正对象下落不明的，就可以认定为在逃。对于在逃的社区矫正对象，由执行地县级公安机关负责追捕。同时，撤销缓刑、撤销假释裁定书和对暂予监外执行罪犯收监执行决定书，可以作为公安机关追逃依据。

四、社区矫正考核奖惩制度的完善

目前关于社区矫正考核奖惩的最主要的法律依据，是《社区矫正法》第28条的规定："社区矫正机构根据社区矫正对象的表现，依照有关规定对其实施考核奖惩。社区矫正对象认罪悔罪、遵守法律法规、服从监督管理、接受教育表现突出的，应当给予表扬。社区矫正对象违反法律法规或者监督管理规定的，应当视情节依法给予训诫、警告、提请公安机关予以治安管理处罚，或者依法提请撤销缓刑、撤销假释、对暂予监外执行的收监执行。对社区矫正对象的考核结果，可以作为认定其是否确有悔改表现或者是否严重违反监督管理规定的依据。"2020年《实施办法》对考核奖惩的具体条件进行了进一步细化。但是，如何针对社区矫正对象的具体行为准确地进行考核并实施奖惩，还是一个需要深入研究的问题。

（一）社区矫正考核奖惩制度存在的问题

在社区矫正考核奖惩上，学界和实务部门对两个问题反映比较突出：一是行政奖惩的类型和手段偏少；二是《社区矫正法》没有赋予社区矫正机构直接用警权和刑罚执行权，致使其在监督管理中对社区矫正对象的震慑力不够。对于这些问题，在《社区矫正法》和2020年《实施办法》已有明文规定的情况下，在社区矫正考核奖惩中，只能遵守现有的规定，不得超越规定"自我赋权"，否则就有违法之嫌。除此之外，社区矫正考核奖惩制度存在的问题主要有如下六个方面。

1. 考核奖惩制度设计具有"监狱化"烙印

社区矫正工作从试点阶段到全面试行再到全面推行，虽然经历了多年的探索，积累了很多成功经验，建立了一整套监管考核制度和监管奖惩模式，但是，社区矫正工作的这些成功经验大多是在缺乏法律规制和理论支撑的基础上建立起来的：一是以监狱对罪犯的考核奖惩模式为模板，对其进行简单的复制、粘贴、套用并加以改造，带有明显的"监狱化"烙印；二是借鉴国外的经验并进行本土化改造，带有明显的"照抄照搬"痕迹。事实上，我国的社区矫正工作并没有完整的理论体系作为支撑，现有的监管考核制度、监管奖惩模式大多与《社区矫正法》所倡导的精神相去甚远。这在《社区矫正法》实施以前,在没有法律规制的情况下,作为社区矫正工作的探索创新,是值得肯定或倡导的。但在《社区矫正法》实施以后,仍然按照原有的思维定式,"越权"赋予社区矫正监督管理刑罚执行属性,实施监狱模式的考核奖惩制度,就有违法之嫌。

现行的社区矫正考核奖惩制度与监狱的考核奖惩制度具有高度的同质性和近似性。笔者对多个省(自治区、直辖市)的社区矫正对象考核奖惩办法进行了比较,发现它们大量借鉴吸收了现行监狱管理中使用的"《罪犯奖惩考核办法》和《罪犯百分考核办法》的结构体系、内容设置、计分方法、奖惩考核程序"①。上述同质性和相似性在社区矫正考核奖惩工作中主要表现在下列几个方面:第一,考核奖惩中的"执法泛化"。一些地方在监督管理和考核奖惩工作中过于强调执法性,提出要建立社区矫正执法队伍,统一制作发放执法证件,有些地方的社区矫正工作人员甚至在对社区矫正对象进行考核、家访时,穿着类似于警服的制式服装、开着警车,以显示权威性。第二,模仿监狱考核奖惩制度,制定严密的监督管理和考核奖惩工作操作流程,强调监督管理和考核奖惩工作的"无缝对接""无空白""无死角",通过高密度的打卡、报告、远程监控等手段,突出监督管理和考核奖惩工作的"零遗漏"。第三,对社区矫正对象"标签化"。一些地方在组织社区矫正对象参加公益活动时,刻意要求社区矫正对象穿着特定颜色的马甲,以示和管理人员、其他社会成员的区别,以示对社区矫正对象的惩罚。第四,以监狱考核奖惩制度为模板,违反法律规定"自我赋权"。一些地方为了强化监督管理和考核奖惩工作,在制定有关社区矫正的制度、工作规则时,超越法律法规"自我赋权",并以"中国特色"为借口予以掩饰。除此之外,一些地方在考核奖惩工作中违反法律规定,"越权越位",严格控制社区矫正对象异地矫正,对符合执行地变更条件的社区矫正对象仍坚持以拒绝接收为原则,以同意接收为例外,害怕承担异地矫正带来的风险;严格控制社区矫正对象请假的事项和流程,抬高社区矫正对象的准假标准和条件,人为制造请假障碍。这些现象的存在,不仅严重阻碍了《社区矫正法》的实施,而且使社区矫正工作难以真正建立起以法治化为前提的现代化制度。

2. 考核奖惩规范不透明

社区矫正被认为是一项刑事执行制度,其中对管制犯的监督管理属于对刑罚的执行,暂予监外执行则涉及对刑罚的变更执行。按照《立法法》第 11 条第 4 项

---

① 参见徐祖华:《浅析现阶段社区矫正对象奖惩考核办法的特点》,载《中国司法》2006 年第 7 期。

的规定,犯罪和刑罚属于法律保留事项,刑罚的种类和执行方式只能制定法律,对执行中需要细化、解释的问题,也只能通过司法解释或中央一级的文件解决。而社区矫正却不然,除了省一级的实施细则,甚至连区县司法局都可以自行制定《社区矫正计分量化考核办法》这类的规范性文件。随着检察机关对社区矫正对象外出申请难问题的关注,一些地区的检察机关也联合当地司法局出台了关于社区矫正对象外出审批的规范性文件。

3. 考核奖惩标准参差不齐,考核指标设置繁杂,考核过程形式化

目前,在《社区矫正法》和2020年《实施办法》颁布实施后,多数省(自治区、直辖市)相继制定了社区矫正实施细则,在实施细则中规定了对社区矫正对象的考核奖惩。在社区矫正考核奖惩过程中,一些地方为了实现考核奖惩的规范化和标准化,将社区矫正的整个考核奖惩过程分成了不同的阶段,设置了不同的指标体系,在每一指标体系之下又设置了二级指标体系、三级指标体系,对每一指标因素赋予了不同的分值,作为对社区矫正工作考核奖惩的依据。这种考核奖惩方式本是无可厚非的,但是,在实务工作中,一些地方片面追求"工作要求的过程精致主义",不仅难以实现社区矫正的考核奖惩目标,而且给社区矫正工作者背上了沉重的工作包袱。笔者通过对这些实施细则的比较和对一些地方的调查研究,发现其中存在的问题主要有以下几点。

第一,各省、自治区、直辖市的实施细则名称不一。主要有"社区矫正实施细则""社区矫正工作实施细则""关于贯彻落实《中华人民共和国社区矫正法实施办法》的实施细则""贯彻《中华人民共和国社区矫正法》实施细则"等。

第二,有些省、自治区、直辖市在2020年《实施办法》之外,自行制定了考核奖惩的内容。有些规定将社区矫正的考核奖惩警务化,存在"执法泛化""自我赋权"等现象,违背了《社区矫正法》的立法精神。

第三,考核指标设置层级过多、考核项目过细。笔者在调研中发现,一些地方的考核指标体系设置了四级,考核项目达到了130多项,考核项目中最小的分值只有0.1分,最大的为2分。

第四,考核过于频繁。在一些地方,上级社区矫正机构将下级的考核分为每天的远程管理平台考核、每周的现场考核、每月的综合考核和年终综合考核。这样的考核方式,使社区矫正工作者疲于应对。

第五,考核的形式要求大于实质要求。在一些地方的社区矫正考核奖惩中,除了规定社区矫正对象每天打卡的次数,还规定了社区矫正工作者的台账建立

率、案主见面率、个案谈话率、电话抽查率等。考核往往只看形式要件,而忽略了实质内容。

第六,考核奖惩的标准参差不齐,相互之间差距很大。这就导致了各地考核奖惩标准的不统一。实践中,如果社区矫正对象基于与社区矫正监督管理无关的事项而受到行政处罚,如因嫖娼而行政拘留,或者因为无证从事电焊行业被行政拘留,社区矫正机构能否因此对社区矫正对象提请收监?各地实施细则的规定不尽一致。浙江省与四川省的实施细则的规定,就存在差异。浙江省的社区矫正细则就明确规定了这种情况要提请收监,而四川省的实施细则却无此规定。又如,请假外出"正当理由"的范围界定,四川省的实施细则第 64 条关于"正当理由"的认定除 4 个具体方面外,还包括 1 个兜底的"其他突发事件或特殊情况,确需本人赴外地办理的情形",范围较大,也符合人性化监管的需要。但有的省份的实施细则的认定范围却没有这面宽泛。

4. 考核奖惩"激励和震慑"的刚性效果有限

考核奖惩制度设计和实施的目的在于激励社区矫正对象的"良性"行为,震慑社区矫正对象的越轨行为。现行考核奖惩制度中的奖励和惩罚不仅种类少,而且力度过"软",根本不能起到激励和震慑社区矫正对象的作用。比如,社区矫正对象连续几个月遵守规定,表现积极,符合考核要求,就有机会获得一次行政奖励,即表扬。但是,表扬只是精神层面的,没有物质和处遇上的实质意义,而在监狱服刑的罪犯通过累积表扬,并达到一定条件,就可以获得减刑或假释。这样,社区矫正中的表扬奖励在社区矫正对象心中的地位几乎是可以忽略不计的。

至于训诫、警告和提请治安管理处罚,对社区矫正对象的惩罚作用也十分有限。训诫是对社区矫正对象"情节轻微"的越轨行为的惩罚措施,训诫是社区矫正对象月度考核和确定管理等级的依据。但是,在社区矫正中不同管理等级在处遇上的差别只表现在监督管理形式上,不会改变社区矫正对象在社区继续矫正的格局。警告针对的是社区矫正对象违反人民法院禁止令的行为、脱管行为和其他"情节较重"的越轨行为,提请治安管理处罚针对的是"社区矫正对象违反监督管理规定或者人民法院禁止令"的行为。这两种惩罚能否对社区矫正对象产生震慑作用,取决于提请撤销缓刑、假释或者暂予监外执行收监执行的结果是否实现。社区矫正机构在提请撤销缓刑、假释或者暂予监外执行收监执行中的职责只是协助具有行刑权的机关,而没有直接决定权。社区矫正对象在面临被提请撤销缓刑、假释或者暂予监外执行收监执行的情况时,也往往会采取进一步的止损行为。

因此，训诫、警告和提请治安管理处罚对社区矫正对象的震慑效果也是有限的。

5. 特殊类型的社区矫正对象难以考核奖惩

特殊类型的社区矫正对象包括涉黑涉恶社区矫正对象、涉邪教社区矫正对象、涉传销社区矫正对象、涉毒社区矫正对象、涉访涉诉社区矫正对象、具有精神疾病的社区矫正对象、患有艾滋病或严重传染性疾病的社区矫正对象以及部分老弱病残社区矫正对象等。这些社区矫正对象虽然只占社区矫正对象中很小的一部分，但是对社会安全和秩序具有极大的危害性，甚至具有潜在的犯罪风险，是社区矫正对象中的危险成员，是监督管理的重点难点，目前对他们只是做到了重点监管和危险控制。在具体工作中，常见的管理难题主要有：一些涉黑涉恶社区矫正对象大多由于身患严重疾病而被保外就医，他们在社区矫正中恶习不改、破罐破摔，以身患严重疾病不能收监为挡箭牌，经常实施违规违纪行为，对社区矫正工作人员的批评教育置若罔闻；一些涉邪教社区矫正对象由于长期受到邪教歪理邪说的蛊惑，表面上表示不再相信邪教，而思想深处并没有真正认识到邪教的危害，在暗地里依然信仰邪教，甚至向别人宣传邪教；一些涉传销社区矫正对象常常怀着一夜暴富的梦想，在社区矫正中偷偷和其他传销人员接触，甚至暗地里继续从事传销活动；一些涉毒社区矫正对象意志薄弱，在毒贩子和毒友的蛊惑下有复吸的风险，常有违反禁止令出入不良场所的冲动；一些涉访涉诉社区矫正对象常以自己有冤屈、受到不公正对待为由，偷偷准备上访材料，一旦机会成熟，就会重走上访之路；具有精神疾患的社区矫正对象存在的最大问题是精神疾病难以确诊，家庭成员既不愿将其送往精神病院，也不愿配合实施监管，其危害他人、危害社会的风险极大；患有艾滋病的社区矫正对象在求生本能的支配下，惧怕死亡，渴望能够活下去，为了能够得到所谓治疗艾滋病的特效药，以各种借口胡搅蛮缠，对社区矫正工作人员的监督管理和批评教育置若罔闻。

这些特殊社区矫正对象中，有些已经严重违反社区矫正的相关规定，甚至从事犯罪活动，社区矫正机构对其提请收监后，因其患有严重疾病等生理原因无法收监执行，只好对其再次暂予监外执行，重新交付社区矫正机构进行社区矫正。这不仅严重损害了法律的权威，而且给社区矫正工作带来了极大的困扰。

6. 社区矫正对象的权利保障难以跟进

《社区矫正法》明确了律师可以参与撤销缓刑、假释程序。《社区矫正法》第48条第2款规定："人民法院拟撤销缓刑、假释的，应当听取社区矫正对象的申辩及其委托的律师的意见。"

缓刑、假释罪犯被撤销缓刑、假释的情形有三种：一是又犯新罪，二是发现漏罪，三是违反法律、行政法规或者监督管理规定（撤销缓刑需达到情节严重的程度）。而《社区矫正法》第 48 条主要针对的是第三种，即违反法律、行政法规或者监督管理规定的情形。但在目前的社区矫正实务中，对规范性文件的制定缺乏应有的规范，从国家法律到区县司法局内部的红头文件都可以作为刑事执行的依据，甚至连部分省级实施细则都没有公开、无法查询，不少社区矫正规范性文件尚处于不透明状态，这已成为律师介入社区矫正工作的现实障碍，使律师参与撤销缓刑、假释程序缺乏制度性保障。《社区矫正法》第 48 条在规定人民法院于撤销缓刑、假释程序中听取社区矫正对象委托的律师的意见时所用的词是“应当听取”。如果社区矫正对象因为经济困难或者其他原因没有委托律师，这一条文的立法目的就无法实现。

（二）社区矫正考核奖惩制度的完善

在法律法规、行政规章和规范性文件的框架下，社区矫正考核奖惩制度存在的相关问题可以进一步调整和完善。

1. 建构具有社区矫正特色的考核奖惩制度

陈瑞华教授在程序本位主义和程序工具主义理论的基础上，从多元价值观的角度出发构建法律程序，认为一项法律程序的设计必须考虑程序自身的合理性，法律程序必须具有能够达到设计目标的工具价值，设计的程序必须能够将资源损耗降至最低。[①] 由此，社区矫正的考核奖惩制度必须充分体现《社区矫正法》的立法精神，必须保障考核奖惩的指标体系设置合理，考核奖惩的程序合法，考核奖惩的过程公开透明，考核奖惩的结果正确。建议制定统一规范的考核奖惩制度，这样才能够保障社区矫正活动按照规定的方法、手段、步骤、时限予以执行，保证社区矫正考核奖惩效果，实现社区矫正考核奖惩目的；才能够保障社区矫正对象应当享有的未被剥夺的其他权利，保障社区矫正对象在社区矫正中的知情权、参与权、意见表达权与申请救济权等；才能够使考核奖惩活动快速简便，提高考核奖惩效益。

笔者建议在《社区矫正法》和 2020 年《实施办法》修订时设立多元化的、不同层次的奖惩措施：一是将缩短矫正期单独作为一种奖励措施予以适用，奖励尚不

---

① 参见陈瑞华：《程序价值理论的四个模式》，载《中外法学》1996 年第 2 期。

符合减刑条件但表现良好的社区矫正对象；二是在奖励措施的内容上，增设减少报到、电话汇报、思想汇报的次数；三是在处罚措施中，增加记过、罚金等内容。使考核奖惩的种类更多，内容更丰富。

2. 加大对特殊类型的社区矫正对象的监督管理力度

特殊类型的社区矫正对象虽然在全部社区矫正对象中占比不大，但却是被重点监控的危险成员。仔细研究就会发现，因特殊社区矫正对象存在的问题不同，他们之间也存在很大的差别，可以采取不同的对策予以化解。涉黑涉恶社区矫正对象大多因身患重病而保外就医，除了严加监控之外，可帮助其联系与其疾病相关的专科医院或者名医，使其疾病得到有效的治疗，达到感化教育的目的；对于涉邪教社区矫正对象，矫正教育的重点应放在对邪教本质的认知教育上；对于涉传销社区矫正对象，应对其深度分析传销的内在机理，使其领悟传销骗人的实质，放弃一夜暴富的错误想法，让其明白只有辛勤劳动才是人生正途；对于涉毒社区矫正对象，重点在于控制其不要接触以前的涉毒人员，使其没有复吸的环境和空间，同时培育其远离毒品、不被毒品诱惑的意志；对于涉访涉诉的社区矫正对象，在矫正教育中可聘请律师、法官、检察官、法学教授等法律专业人士对涉访涉诉的事项进行分析讲解，厘清涉访涉诉事项的是非曲直，达到息诉息访的目的；对于患有艾滋病的社区矫正对象，重点在于进行艾滋病相关知识的教育和生命教育，并帮助其积极配合治疗，使其重新燃起生的希望，树立对生活的信心。只有这样，才能增强监督管理和教育帮扶的效果。

3. 制定全国统一的《社区矫正考核奖惩办法》

目前，各地的社区矫正考核奖惩规定差别很大。社区矫正对象的行为在不同地方会有不同的考核结果，从而影响对其进行奖惩，严重影响了刑事执行的严肃性。因此，对社区矫正对象的日常考核和奖惩制度应当由司法部统一作出规定，不能由各省（自治区、直辖市）社区矫正管理机构自行制定。

4. 建立与社区矫正制度相匹配的惩罚机制

现阶段，社区矫正中的惩罚机制包括训诫、警告、提请治安管理处罚、提请收监执行。2020 年《实施办法》仅对应当给予训诫、警告的情形进行了细化，没有对何种情况适用提请治安处罚进行规定。《社区矫正法》实施后，由于对适用治安处罚的情形没有进一步加以明确，导致基层在训诫、警告和治安处罚间难以选择适用，往往给予训诫或者警告了事，即使提请，《治安管理处罚法》里也找不到对应的处罚情形。警告、提请治安管理处罚与提请收监执行在惩罚力度上差异过大，中间缺少缓冲。从表面上看,似乎建立了警告到提请行政处罚到提请收监执行的由轻到重的处罚体系,但实际上,这些措施的效果不太理想,不能满足个性化的矫正需求。另对于管制犯而言,因无法将其收监执行,在其拒不履行社区矫正义务且屡教不改时,警告与提请行政处罚显得过于苍白无力,使社区矫正工作难以继续开展。从惩罚结构上来说,2020 年《实施办法》中规定缓刑、假释罪犯经两次警告后仍不改正即可撤缓、撤假;暂予监外执行罪犯受到两次警告的即可收监执行。这样的惩罚结构虽然在实践中被广泛应用,但从警告这一轻微处罚方式直接上升为到撤缓、撤假以及收监执行,惩罚的爬升幅度未免过大,中间缺少过渡性的惩罚方式。

笔者认为,在考核奖惩中,社区矫正对象被撤销缓刑、假释,暂予监外执行收监执行等具有威慑力,而社区矫正机构给予的单纯警告的惩罚威慑力不足。笔者建议引入中间制裁,构建社区矫正的梯度惩罚体系,具体包括几下几种:(1)训诫。依据 2020 年《实施办法》第 34 条对 4 种情形的"轻微违规",由社区矫正机构实施训诫;由社区矫正机构给予警告。(2)罚款。对于一些轻微违反社区矫正规定的情形,社区矫正机构可以对其处以罚款。(3)公益活动。当社区矫正对象违反社区矫正有关规定或者不按规定接受监督时,可以要求其进行一定时间的公益活动。(4)拘留。对于违反社区矫正规定较为严重但尚未达到撤销缓刑、假释,暂予监外执行收监执行程度的社区矫正对象,社区矫正机构有权作出拘留决定,交公安机关执行。(5)撤销缓刑、假释,暂予监外执行收监执行。对于符合法定条件的社区矫正对象,最严重的措施就是建议有关方面对社区矫正对象撤销缓刑、假释,暂予监外执行收监执行。(6)易科刑罚。主要解决被判管制的社区矫正对象难以管理的问题,以前对这些人只能警告而无法将其监禁,如果创设易科刑罚制度,则对于被判管制的罪犯,可以建议易科刑罚,将管制刑易科为有期徒刑并予以监禁。

5. 畅通救济渠道

《社区矫正法》第 34 条第 2 款明确规定:"社区矫正对象认为其合法权益受到侵害的,有权向人民检察院或者有关机关申诉、控告和检举。受理机关应当及时办理,并将办理结果告知申诉人、控告人和检举人。"2020 年《实施办法》第 32 条提出要"建立内容全面、程序合理、易于操作的社区矫正对象考核奖惩制度",第 32 条还规定"社区矫正对象对考核奖惩提出异议的,执行地县级社区矫正机构应当及时处理,并将处理结果告知社区矫正对象。社区矫正对象对处理结果仍有异议的,可以向人民检察院提出"。前述规定框架性地勾画出考核奖惩的救济机制,还有一些省（自治区、直辖市）的社区矫正实施细则还赋予了社区矫正对象“申请复议权”。

笔者认为，还应建立社区矫正对象日常违规惩处和司法惩处的听证机制和辩护机制。听证机制主要适用于社区矫正对象违反矫正监管规定行为的惩处，包括警告、提请公安机关给予治安管理处罚等处分。听证是某项制度、措施或处置方法在正式制定或实施前听取利害关系人的意见，对其必要性、合理性和合法性进行质证的制度。在美国绝大多数州，听证已经成为撤销罪犯假释收监执行前的必经程序，有专门负责撤销假释听证的官员。在设定听证程序和辩护程序时，可以将对社区矫正对象日常违规行为的惩处与司法惩处程序适当分开。对日常违规行为的惩处，在正式决定作出之前应进行公示，并告知矫正对象其享有听证权和申请听证的机关，公示期限为 7 天。如果社区矫正对象或者其他参与矫正的人员没有意见，公示期满处罚即生效；如果社区矫正对象认为惩处不当，应当向县级社区矫正机构申请听证，县级社区矫正机构必须严格按照程序组织听证。社区矫正对象对听证结果不满意的，可以依法向检察机关申诉。

对于依法提请法院或者监狱管理机关撤销缓刑、假释的罪犯，若社区矫正对象有可能逃跑或者存在较高社会危险性，社区矫正机构在启动收监执行程序时，应同时采取强制措施，即提请法院决定对其予以逮捕。同时应向矫正对象宣布其违反监管规定或者存在其他违法行为的情况以及社区矫正执行机关的决定，并告知其辩护的权利。对于此类案件，法院应公开审理，听取社区矫正对象的申辩及其委托的律师的意见。这一程序设计可以有效避免对社区矫正对象收监时发生各种违反程序规定的操作，最典型的是社区矫正对象对整个收监程序都不知道，直到被骗至司法所或其他社区矫正场所时才知道自己被收监。这种做法极大地损害了社区矫正执法的严肃性和规范性，不仅剥夺了社区矫正对象的自我辩护权，而且对社区矫正工作者的人身安全也会产生威胁，其威信亦会受到很大的负面影响。

此外，还应将拟撤销缓刑、假释的社区矫正对象委托律师的事项纳入法律援助范围，对于因经济困难或其他原因没有委托律师的，由法律援助中心指派律师开展代理工作。

第十章　未成年社区矫正对象的监督管理

在社区矫正监督管理工作中，未成年社区矫正对象是一个特殊的群体。根据《未成年人保护法》关于未成年人年龄的规定和《刑法》关于刑事责任年龄的规定，未成年社区矫正对象是指年满14周岁未满18周岁，实施了犯罪行为，依法被判处管制、宣告缓刑、假释或者决定暂予监外执行，置于社区实行社区矫正的罪犯。对于未成年犯的矫正，现代刑罚理念已经从"关注犯罪行为"向"关注犯罪人"转变，这就意味着对未成年社区矫正对象的监督管理和矫正教育不是道义责任而是社会责任。因此，构建具有规范化、专业化、个别化、分类化特质的对未成年人社区矫正制度，是新时代法治国家、法治社会建设的内在要求。

未成年人犯罪已经成为席卷全球的社会问题，并被犯罪学家和刑法学家称为难以医治的"社会痼疾"。[①] 在西方的一些国家，青少年罪犯重新犯罪率高达30%～50%，甚至在个别地方能达到60%，成为政府和社会各界深感头痛的问题。[②] 为此，各国均不同程度地对传统刑事司法模式予以反思和调整，基本思路是尽可能采取轻刑化、非监禁化措施，甚至"转处"等非刑事化措施，并逐渐成为国际社会应对未成年人犯罪的基本策略。受行刑社会化思潮所影响，少年最佳利益原则、保护优先主义及司法谦让原则，已经成为当今许多国家和地区在传统刑事司法制度之外专门创设少年司法制度的立法价值。

当前，未成年人犯罪呈现出低龄化、暴力化、团伙化、成人化、物质化等特征，重特大个案、极端个案也时有发生。[③] 未成年人犯罪案件中，被告人多数进入了社区矫正程序。从全国范围看，2010—2019年全国累计接收未成年社区矫正对象

---

① 参见魏平雄等主编：《犯罪学教程》，中国政法大学出版社1998年版，第615页。

② 参见康树华：《犯罪学通论》，北京大学出版社1996年版，第215页。

③ 例如，2012年8月1日，辽宁抚顺一名17岁少年李某，因女友提出和其分手，竟丧心病狂地杀死了女友的两名亲属，逃跑途中又杀死6人、刺伤5人。又如，2012年3月23日，哈尔滨一名17岁少年李某，认为医生故意刁难他，随即心生不满，对哈尔滨医科大学附属第一医院4名医生行凶，致1死3伤。

7.8 万人。[①] 笔者根据 S 省司法厅提供的数据，截至 2019 年 6 月，全省未满 18 周岁的未成年社区矫正对象共有 855 人，占社区矫正对象总数的 2.3%，这 855 名未成年社区矫正对象中有 413 名还处于就学状态。[②] 从数据上看，未成年社区矫正对象在社区矫正对象总数中占比不大，但其社会影响较大，对未成年人的未来影响较大。对于如何在惩罚与保护之间保持平衡，如何实现保护涉罪未成年人与保护被害人的平衡，如何实现保护涉罪未成年人和社会防卫的平衡，如何让涉罪未成年人重返社会等问题，在"少年司法"淹没于"刑事司法"、缺失独立"少年司法"体系的中国语境下，我们不得不谨慎思索并找寻答案。

一、未成年犯罪人处遇的国际原则

从世界行刑制度的发展趋势来看，对未成年犯罪人应尽可能让其不在监禁环境中服刑，即使对必须在监禁环境中服刑的未成年犯，也应尽可能给予特殊保护。目前，联合国有关青少年的专门立法对社区预防和矫正少年犯罪的地位和作用给予了明晰的界定。

（一）第六届联合国预防犯罪和罪犯处遇大会确立的原则

1980 年，联合国以"减少关押的矫正及其对剩余囚犯的影响"为主题，在委内瑞拉首都加拉加斯召开了第六届联合国预防犯罪和罪犯处遇大会。大会秘书处在工作报告中指出，刑事司法要尽量减少关押罪犯，因为监狱的特性与其使犯罪人复归社会的功能和目标具有内在的矛盾性。监禁违反了人类的本性，监狱则使囚犯的人格感受到削弱。现在我们更加清楚地了解到，监禁不可能促使犯罪人守法，也不可能减少犯罪率。我们应当寻求在"狱外"或"不用监狱"改造罪犯的方法。[③]

在大会通过的有关决议中，社区矫正的思想得到了进一步的发展。《制定青少年罪犯审判和司法最低限度标准》这一决议倡导严格限制对青少年犯罪人适用监禁刑，提出任何青少年犯罪人不得被关进监所，除非其犯罪情节严重。

（二）《北京规则》确立的原则

1985 年 11 月 29 日联合国大会通过了第 40/33 号决议《联合国少年司法最低

① 参见钟蕾：《扎实推进未成年人教育矫正工作》，载《人民法治》2020 年第 2 期。

② 数据来源：S 省司法厅 2019 年 6 月《社区矫正人员情况信息统计表》。

③ 参见谢望原：《西欧探寻短期监禁刑替代措施的历程》，载《政法论坛》2001 年第 2 期。

限度标准规则》(以下简称《北京规则》)。其总则部分明确规定,对于少年罪犯“应充分注意采取积极措施,这些措施涉及充分调动所有可能的资源,包括家庭、志愿人员及其他社区团体以及学校和其他社区机构,以便促进少年的幸福,减少根据法律进行干预的必要,并在他们触犯法律时对他们加以有效、公平及合乎人道的处理”。《北京规则》第 18 条规定,应使主管当局可以采用各种各样的处理措施,使其具有灵活性,从而最大限度地避免监禁。有些可以结合起来使用的措施包括社区服务等。《北京规则》第 19 条规定,把少年投入监禁机关始终应是万不得已的处理办法,其期限应是尽可能最短的必要时间。《北京规则》还在第四部分专门对犯罪少年的非监禁待遇作了列举性规定,如第 25 条规定,应发动志愿人员、自愿组织、当地机构以及其他社区资源在社区范围内并且尽可能在家庭内为改造少年犯作出有效的贡献。

(三)《儿童权利公约》的相关规定

《儿童权利公约》于 1989 年 11 月 20 日在第 44 届联合国大会上获得通过,是第一部关于保障儿童权利且具有法律约束力的国际性约定。

《儿童权利公约》第 37 条 B 款规定,“不得非法或任意剥夺任何儿童的自由。对儿童的逮捕、拘留或监禁应符合法律规定并仅应作为最后手段,期限应为最短的适当时间”。对于确实犯罪的少年,《儿童权利公约》第 40 条第 4 款规定:“应采用多种处理办法,诸如照管、指导和监督令、辅导、察看、寄养、教育和职业培训方案及不交由机构照管的其他办法,以确保处理儿童的方式符合其福祉并与其情况和违法行为相称。”《儿童权利公约》这两款规定的基本精神是,对于犯罪少年应尽量少地使用监禁刑,而倡导使用包括社区矫正在内的非监禁刑。

(四)《东京规则》确立的原则

1990 年 12 月 14 日在古巴首都哈瓦那召开了第八届联合国预防犯罪与罪犯处遇大会,本次大会通过了一系列重要的刑事司法准则性文件。大会通过的《东京规则》,为非拘禁措施的适用和执行提供了基本的国际准则。①《东京规则》之

---

① 该规则所指的非拘禁措施,在外延上广于我们通常所讲的非监禁刑的概念,它具体包括三大类型:(1)避免审前羁押的非拘禁措施,如取保候审、监视居住等;(2)审判时使用的非拘禁措施,如缓刑、罚金、社区服务令、判令赔偿受害人、训诫等;(3)判决后使用的非拘禁措施,如假释、工作释放、学习释放和离家探亲等。

基本目的之一在于“拟促进社区在更大程度上参与刑事司法管理工作,特别是在罪犯处遇方面,促进罪犯树立对社会的责任感”。《东京规则》将采用非拘禁措施看作向非刑罚化和非犯罪化方向努力的一部分,倡导各国在本国法律制度内采用非拘禁措施,从而降低适用监禁办法的程度,并使刑事司法政策合理化,同时考虑到遵守人权的义务、社会正义的需求以及改造罪犯方面的需要。《东京规则》提出应根据尽量少干预的原则应用非拘禁措施,同时积极鼓励公众参与,认为公众参与是改善接受非拘禁措施的罪犯与家庭及社区之间关系的最重要的因素之一。

大会还通过了《联合国保护被剥夺自由少年规则》,该规则在基本原则中指出,对于犯罪的未成年人,监禁只应作为最后手段加以采用,即使采用,时间也应尽可能短,应尽量避免一切拘留形式的有害影响,以促进未成年犯罪人同社会的融合。这一规则充分考虑到了未成年人的身心特点,体现了对未成年犯罪人特别处遇的精神,进一步发展了国际刑事司法准则中的社区矫正思想。[①]

(五)《利雅得准则》的相关规定

《联合国预防少年犯罪准则》(又称《利雅得准则》)在1990年第八届联合国预防犯罪和犯罪处遇大会上获得通过,是一部国际性的关于少年司法的法律文件。《利雅得准则》是联合国在总结了世界各国经验的基础上提出的预防少年犯罪的权威性准则,其中少年的社会化过程是预防少年犯罪的关键,而社会化过程中社区的地位和作用不容忽视。“在防止少年违法犯罪中,应发展以社区为基础的服务和方案,特别是在还没有设立任何机构的地方。正规的社会管制机构只应作为最后的手段来利用。”该准则在第四部分C款中共用8条规定了社区在预防少年犯罪中应采取的措施和方法。

对违法犯罪的未成年人实施社区矫正是国际趋势,所以我们在社区矫正管理中必须高度关注未成年社区矫正对象的需求和特征,树立社会工作的现代理念,完善未成年社区矫正对象社区矫正的法律体系,培育良好的社区环境,打造具有一定专业知识的工作队伍,选择适合未成年社区矫正对象的矫正项目,采用行之有效的矫正形式,使社区矫正管理工作具有针对性和有效性。

---

① 《非拘禁措施最低限度标准规则》和《保护被剥夺自由少年规则》的具体内容参见《联合国人权公约和刑事司法文献汇编》,中国法制出版社2000年版。转引自廖露蕊:《少年犯处遇非监禁化研究》,武汉大学2005年硕士学位论文。

二、未成年人社区矫正监督管理的价值理念选择

(一)社区矫正监督管理的价值理念

社区矫正工作者在社区矫正监督管理工作中必须有一定的价值理念作为支撑,否则就很难公正地对待未成年社区矫正对象。从法律意义上而言,未成年社区矫正对象是社区罪犯,对他们曾经的犯罪行为,无论从法律上还是从道德上都应受到谴责,人们对他们存在排斥心理,社区矫正工作者同样笼罩在这种心理之下,短时间内还不能完全接纳他们。但是,未成年社区矫正对象一旦进入社区矫正过程,就成为监督管理、矫正教育、危机干预和社会救助的对象,就要求社区矫正工作者遵循一定的理念、按照科学的方法开展工作,在平等、安全的氛围中讨论问题、寻求解决问题的办法。由此看来,理念决定着工作的方向,这就是社区矫正工作者理念的价值。①

社区矫正监督管理的价值理念是依据相应的刑事执行理论提出的,在现代社会条件下,“由于社会的发展、进步和文明,刑罚的目的早已从过去的单一的惩罚、报应、威慑发展为包括改造、矫治、更新、回归、恢复等多重目的的结构。因此,我们所说的社区矫正的刑罚执法的性质,不能仅仅理解为是对服刑人员的监督考察,而应包括对服刑人员的改造和矫治、恢复等多重任务和目的的活动”②。社区矫正工作者的价值理念是社区矫正理论的组成部分,因而社区矫正工作者的价值理念所体现的社区矫正理念与社区矫正理论是一致的。价值理念是社区矫正工作者基于客观的社区矫正现实而提出的一种价值判断,换言之,是社区矫正工作者提出的对于客观现实能否与自己的需要、世界观相契合而作出的一种判断。因而,虽然在一定的社会阶段、一定的历史时期只有一种占主导地位的社区矫正工作者的价值理念,但是作为思想理论形态的社区矫正价值理念却总是丰富多彩的。正如前文所述,不同的社区矫正工作者依据不同的理论观点和学说会对社区矫正的价值理念有自己的理解,甚至会根据自己的社区矫正价值观提出自己的社区矫正价值理论。但是,摆在我们面前的不可辩驳的事实是,由于不同国家的社区矫正工作者有着不同的意识形态和价值观念,其总是代表着一定阶级或社会群体的利益,所以从社区矫正工作者的角度出发确定的社区矫正的价值理念往往是

① 参见连春亮:《社区矫正工作者价值理念的分类及思考》,载《南都学坛》2009 年第 5 期。

② 参见刘强主编:《社区矫正制度研究》,法律出版社 2007 年版,第 85 页。

社会本位的;社区矫正源于文化,融于文化,本身又属于一种文化形态,所以从社区矫正的文化样态出发确定的社区矫正工作者的价值理念往往是文化本位的;未成年社区矫正对象是以活生生的人的形象展现在我们面前的,是我们监督、管理、改造、培养、塑造的对象,所以从未成年社区矫正对象的角度出发确定的社区矫正工作者的价值取向往往是以个人为本位的。

(二)未成年人社区矫正监督管理的价值理念

在以往的社区矫正监督管理工作中,我们常常立足于刑罚执行价值取向,体现刑罚本位的价值理念。但是,在现代刑罚理念支配下,社区矫正越来越显现出对未成年社区矫正对象的公共社会的管理、教育、规范、救助的特征。所以,我们选择运用社会工作的价值理念开展对未成年社区矫正对象的监督管理,这是社区矫正监督管理工作在价值理念上的更新和升华。

社会工作是一个以价值为本的专业。它不仅是做事情的一种方式,而且是关于做什么事情是有价值的和它应该如何去做的准则。[①] 运用社会工作的价值理念开展社区矫正监督管理工作,即运用社会工作的专业知识和技巧,协助未成年社区矫正对象自我省察、自我改变、重新塑造符合社会规范的行为,以使其能够回到社会,成为能够被社会接纳的成员。当我们从社会工作的角度出发来帮助未成年社区矫正对象时,首先要认识到他们之所以违法犯罪,是因为受到了各种不良的个人与环境因素的影响,因此在监督管理时,要强调教化的功能,并努力改变社会环境,使其身心都得到全面的发展。社会工作所倡导的接纳、尊重、助人自助、个别化等原则,在对未成年社区矫正对象进行社区矫正时尤为重要。

接纳意味着对未成年社区矫正对象开展监督管理工作时,积极主动地理解对方,接受对方作为一个独特的个体的价值,相信并尊重对方的人格。接纳的关键在于不以社区矫正工作者个人的价值观评判或取舍对方,时刻保持一种接受和尊重的态度。接纳并不意味着社区矫正工作者认同未成年社区矫正对象的价值与言行,而是将他的言行与他本人分开来看。我们接受的是他作为一个人的价值与人格发展的潜能,任何个体做出这样那样的行为都是有深刻的历史原因和现实原因的。认识到他犯罪的原因才能理解他,理解他才能与之沟通,才能有的放矢地开展社区矫正。所以,接纳的意义十分重大。

---

① 参见王思斌主编:《社会工作概论》,高等教育出版社 2001 年版,第 41 页。

透过尊重,可以为未成年社区矫正对象营造一个安全、温暖、宽松的环境,使其消除戒备,自由并安心地敞开自己的心扉,探讨自己的内心世界。透过尊重,双方可以建立起信任、友善、和谐的关系,真诚表达,真心互动,有利于尽快进入主题,提高工作效率。透过尊重,可以唤醒未成年社区矫正对象的自尊,使他们重新审视自己,肯定自己的价值,恢复生命的勇气与信心,最终实现人生自助、回归社会的目标。

对未成年社区矫正对象进行个别化监督管理,意味着一方面要针对未成年社区矫正对象的发展特点开展监督管理,另一方面要关注每一个未成年社区矫正对象的成长经历和犯因性问题。社区矫正工作者必须走进他们的世界,真正了解他们,才能懂得他们,才有可能实施因人而异、有的放矢的矫正措施。

三、未成年社区矫正对象监督管理的原则

未成年社区矫正对象监督管理的原则可以分为两个层面:一是《社区矫正法》规定了监督管理与教育帮扶相结合原则、专门机关与社会力量相结合原则、尊重和保障社区矫正对象合法权益原则,刑事执行个别化等原则同样适用于未成年社区矫正对象。二是依据《社区矫正法》第七章"未成年人社区矫正特别规定"、《未成年人保护法》和《预防未成年人犯罪法》的规定,可以归纳出在社区矫正工作中适用于未成年社区矫正对象的原则。比如,《刑事诉讼法》第 277 条第 1 款规定:"对犯罪的未成年人实行教育、感化、挽救的方针,坚持教育为主、惩罚为辅的原则。"《未成年人保护法》第 113 条规定了"坚持教育为主、惩罚为辅的原则"。《预防未成年人犯罪法》第 2 条规定:"预防未成年人犯罪,立足于教育和保护未成年人相结合,坚持预防为主、提前干预,对未成年人的不良行为和严重不良行为及时进行分级预防、干预和矫治。"第 3 条规定:"开展预防未成年人犯罪工作,应当尊重未成年人人格尊严,保护未成年人的名誉权、隐私权和个人信息等合法权益。"第 53 条规定:"对未成年人的社区矫正,应当与成年人分别进行。"通过以上规定,可以归纳出区别对待原则、权益特别保护原则、坚持预防为主和提前干预原则等。

(一)教育为主、惩罚为辅的管理原则

坚持教育为主、惩罚为辅的管理原则是我国对未成年违法犯罪人员实施监督管理、矫正教育活动所遵循的行动准则。从我国的立法看,我国《未成年人保护

法》第113条明确规定了对违法犯罪的未成年人要“坚持教育为主、惩罚为辅的原则”。《预防未成年人犯罪法》第44条也明确规定了对未成年人犯罪案件，在追究刑事责任时，“公安机关、人民检察院、人民法院办理未成年人刑事案件，应当根据未成年人的生理、心理特点和犯罪的情况，有针对性地进行法治教育。对涉及刑事案件的未成年人进行教育，其法定代理人以外的成年亲属或者教师、辅导员等参与有利于感化、挽救未成年人的，公安机关、人民检察院、人民法院应当邀请其参加有关活动”。由此可见，这一原则是贯穿少年司法工作的通用原则。

这一原则是由未成年社区矫正对象的特殊性决定的。首先，从未成年人自身来看，14～18岁是青少年生理和心理迅速变化的时期，其生理发育速度加快，但心理发育相对滞后，社会经验不足，辨别是非能力不强，自我控制能力和挫折承受能力较差，容易受不良影响误入歧途。因此，未成年社区矫正对象违法犯罪的主观恶性较小，社会危害性也相对较轻，与之相应，刑罚也理应趋于轻缓。其次，家庭、学校、社会对未成年社区矫正对象的犯罪也负有责任。家长的一味溺爱或严格要求，都会让未成年社区矫正对象产生严重的逆反心理；学校过分关注学习成绩忽视心理沟通，造成一部分成绩差的学生游离于或在心理上游离于学校与社会之间；而社会上不良影视作品的误导、他人的教唆，也会促使这些未成年社区矫正对象沾染不良习气，最终走上犯罪的道路。未成年社区矫正对象固然应为自己的犯罪承担相应的责任，但家庭、学校和社会也负有不可推卸的责任，应当给予未成年社区矫正对象应有的宽容。

在社区矫正监督管理过程中，“教育为主”是贯穿未成年犯社区矫正工作始终的主导思想，是矫正教育的核心价值。为此，在社区矫正中应对未成年社区矫正对象提供必要帮助，包括心理辅导、职业培训、生活扶助等，结合未成年社区矫正对象的心理生理特点和未成年社区矫正对象的实际需要，定期开展形式多样、生动活泼的思想、法制、社会公德等方面的教育，培养未成年社区矫正对象高尚的情操，塑造未成年社区矫正对象健康的能够满足现代社会需求的人格，提高未成年社区矫正对象的社会适应性和社会竞争力。“惩罚为辅”主要是体现法律的威慑力，在社区矫正中强化对未成年社区矫正对象的监督管理与考察评估。“毫无惩罚意义的矫正项目，可能因无法体现国家的伦理否定和谴责而导致法秩序的紊乱，还可能使那些精于计算的虞犯踏上犯罪的行程。”①对未成年社区矫正对象而

① 参见何显兵：《论社区矫正的根据》，载《广西政法管理干部学院学报》2005年第2期。

言，监督管理体现为社区矫正制度上的“可控性”，不能由于片面强调矫正教育而使对未成年社区矫正对象的社区矫正流于形式，甚至处于失控状态。考察评估则是对未成年社区矫正对象社区矫正质量的跟踪与评估。跟踪与评估的过程，在无形中对未成年社区矫正对象施加了一定的压力，对其日常行为起到了控制和约束作用。

（二）区别对待原则

未成年社区矫正对象的生理、心理以及成长环境都有其自身的特殊性。在社区矫正监督管理工作中，只有掌握未成年社区矫正对象的特点，关注矫正相关环节，实施分类管理和个性化教育，才能提升矫正实效，减少和预防重新犯罪。按照《社区矫正法》的要求，对未成年社区矫正对象应区别对待。《预防未成年人犯罪法》第 53 条规定：“对未成年人的社区矫正，应当与成年人分别进行。”区别对待主要包括两方面：一是对未成年社区矫正对象的社区矫正应当与成年人分开进行，利用特殊的社会资源，教育与预防并举，采取适合未成年社区矫正对象的方式和方法，进行有针对性的矫正教育。同时还要采取积极措施，保障未成年社区矫正对象的就业、就学，以及解决解矫之后未成年社区矫正对象与社会相互接纳的问题。二是放宽适用社区矫正的法定条件。《社区矫正法》规定，未成年社区矫正对象在社区矫正期间年满 18 周岁的，继续按照未成年人社区矫正有关规定执行。

区别对待原则是一切从实际出发原则在未成年社区矫正对象监督管理工作中的具体应用，区别对待原则要求我们既要关注未成年社区矫正对象在监督管理和矫正教育中的共性问题，更要关注未成年社区矫正对象所具有的个性问题，特别是要善于针对不同问题，运用不同的策略加以解决。

（三）权益特别保护原则

尊重和保护未成年社区矫正对象的合法权益，是社区矫正工作应遵循的基本原则。在这一大原则的指导下，我们在对未成年社区矫正对象的监督管理中，要针对未成年社区矫正对象自身的生理心理特点，对其法定权益实行特别保护，尤其要特别保护其人格尊严。根据《社区矫正法》和《预防未成年人犯罪法》第 3 条的规定，对未成年社区矫正对象权益的特别保护主要体现在两个方面：一是对未成年社区矫正对象给予身份信息保护，其矫正宣告和解矫宣告不公开进行。二是对未成年社区矫正对象给予犯罪记录封存。未成年社区矫正对象接受专门矫治教育、专门教育的记录,以及被行政处罚、采取刑事强制措施和不起诉的记录等被封存的,公安机关、人民检察院、人民法院和司法行政部门不得向任何单位或者个人提供;司法机关因办案需要或者有关单位根据国家有关规定进行查询的,依法进行查询的单位和个人应当对相关记录予以保密。这在一定程度上确立了对未成年社区矫正对象身份和档案保密原则。这一原则的实施,不仅有利于未成年社区矫正对象的矫正教育,而且为未成年社区矫正对象回归社会、顺利适应社会生活打下了良好的基础。

(四)综合利用社会资源原则

《未成年人保护法》《社区矫正法》《预防未成年人犯罪法》规定了国家机关、人民团体、社会组织、企业事业单位、居民委员会、村民委员会、学校、家庭等在未成年人保护、预防犯罪、社区矫正等工作中的责任。其中,社会、家庭和学校是与未成年社区矫正对象联系较为密切的资源,尤其是家庭和学校,与其他社会资源相比,它们具有无可比拟的优越性。它们把社会的意识和行为规范传授给未成年社区矫正对象,促进了未成年社区矫正对象个性的再社会化,因此具有社会性;它们与未成年社区矫正对象联系密切,且持续时间较长,因而具有作用的长期性和稳定性;不同的未成年社区矫正对象和不同的家庭成员、老师和同学,其生活经历、思想意识、知识丰富程度等不同,从而使影响和受影响的两个方面都呈现出个别性;家庭成员和学校师生与未成年社区矫正对象朝夕相处,共同生活,对未成年社区矫正对象的个性最熟悉和了解,容易使其产生情感共鸣,增加矫正工作的深刻性。

四、未成年社区矫正对象的监督管理

(一)监督管理的方针

在《未成年人保护法》《预防未成年人犯罪法》等法律法规和规章制度中,都规定了或内含着对未成年人实行教育、感化、挽救的方针。

首先,对未成年社区矫正对象的监督管理,是一种特殊的矫正教育管理,在教育目的、教育内容、教育方式等方面都有其特殊性。教育管理的目的是既矫正人又造就人;在矫正管理内容上,重点在于矫正其犯罪心理和行为恶习;矫正教育管理的方式是在强制的条件下,以教育为主,惩罚为辅。同时,要遵循未成年社区矫正对象矫正教育管理的规律、原则和方法。

其次，要体现“感化”教育。所谓感化，是指社区矫正工作者有意识地用善意的劝导和有益的行动去影响、感染未成年社区矫正对象，促使其思想和行为向期望的目标转化。感化注重的是以情感人、以情动人，赢得对方的信任，产生共情效果，进而使其接受社区矫正工作者的观点、信念，被社区矫正工作者同化。

最后，监督管理要以“挽救”为主。挽救是指通过充分的教育、感化工作，使未成年社区矫正对象得到救助。这是未成年社区矫正对象社区矫正工作的着眼点和根本目的。

在这一方针中，“教育、感化、挽救”构成了一个有机的整体，三者相互联系，相互依存，相互渗透，不可分割。其中，教育管理是基础，居于首要地位，起主导作用，贯穿于未成年社区矫正对象社区矫正工作的始终；感化是态度和方法；挽救是教育和感化的目的，是社区矫正工作的出发点和归宿，是这一方针总的精神实质。

（二）监督管理的特别措施

未成年社区矫正对象的监督管理工作综合性强，涉及刑罚执行、治安管理、社区管理、群众工作等诸多层面。需要有关部门相互配合、相互支持，切实发挥职能部门整体协调一致的优势开展工作；需要家庭、学校和全社会共同建立起挽救未成年社区矫正对象的工作体系，并推动社区矫正工作向纵深发展。为此，《社区矫正法》对未成年社区矫正对象的社区矫正工作，作出了专门规定。

第一，矫正小组与矫正方案的特别要求。《社区矫正法》第 52 条第 2 款规定：“社区矫正机构为未成年社区矫正对象确定矫正小组，应当吸收熟悉未成年人身心特点的人员参加。”《预防未成年人犯罪法》第 53 条规定：“对未成年人的社区矫正，应当与成年人分别进行。”熟悉青少年成长特点的专业人员能够把握未成年社区矫正对象的特征，具有青少年工作的专业理念，能够深入了解未成年社区矫正对象的成长经历、家庭背景、朋辈关系等方面的情况，并结合未成年社区矫正对象的个性特征，全面剖析其犯因性问题，有针对性地制订个案矫正计划、明确矫正的工作目标，确保未成年社区矫正对象的个案矫正工作更加准确、适当，利用个案矫正计划循序渐进地对未成年社区矫正对象的各类失范行为进行治疗，以达到治病救人、预防再犯的目的。

第二，监督管理措施的特别要求。《社区矫正法》第 52 条第 1 款规定：“社区矫正机构应当根据未成年社区矫正对象的年龄、心理特点、发育需要、成长经历、犯罪原因、家庭监护教育条件等情况，采取针对性的矫正措施。”《预防未成年人犯罪法》第 50 条规定：“公安机关、人民检察院、人民法院办理未成年人刑事案件，应当根据未成年人的生理、心理特点和犯罪的情况，有针对性地进行法治教育。”未成年社区矫正对象在社区矫正过程中，普遍存在自卑心理和逆反心理，在行为上往往表现出抵触性、不稳定性、被动性，同时又渴望社会、亲人和社区群众的宽容、尊重和理解。基于未成年社区矫正对象的心理和行为特征，对未成年社区矫正对象监督管理的措施主要是促进其适应社会，使其认识到所犯罪行及犯罪行为的社会危害性，在此基础上对其进行社区矫正相关知识和制度方面的教育，帮助其明确如何接受社区矫正并服从社区矫正组织的监督管理。在方式上以思想感化为主，可通过发放学习资料、个别谈话与辅导、电话交流、走访等形式实施。监督管理中要尊重未成年社区矫正对象的人格尊严，使其与社区矫正工作者建立信任关系，为社区矫正工作的进一步开展打下扎实的基础。

第三，矫正教育管理的特别要求。《社区矫正法》第 55 条第 1 款规定：“对未完成义务教育的未成年社区矫正对象，社区矫正机构应当通知并配合教育部门为其完成义务教育提供条件。未成年社区矫正对象的监护人应当依法保证其按时入学接受并完成义务教育。”《预防未成年人犯罪法》第 54 条规定：“未成年犯管教所、社区矫正机构应当对未成年犯、未成年社区矫正对象加强法治教育，并根据实际情况对其进行职业教育。”为此，对未成年社区矫正对象的矫正教育管理要针对其文化知识、职业技能、法律知识的需求较高，受周围环境的影响大，心理状态不稳定等情况，综合运用个别教育、集体教育和社会帮教等教育形式，通过法制教育、文化教育、劳动养成教育、心理健康教育等矫正未成年社区矫正对象的犯罪心理和恶习，使其培养健康心理，增强法律意识，提高道德、文化水平和生存能力。应充分利用社会资源，通过举办法制教育课堂、提供文化知识和职业技能培训、进行心理咨询、提供就业机会等多种方式来增强教育效果。

第四，对监护人的特别要求。《社区矫正法》第 53 条规定：“未成年社区矫正对象的监护人应当履行监护责任，承担抚养、管教等义务。监护人怠于履行监护职责的，社区矫正机构应当督促、教育其履行监护责任。监护人拒不履行监护职责的，通知有关部门依法作出处理。”未成年社区矫正对象的社会化，是“一个人获得自己的人格和学会参与社会或群体方法的社会互动过程”①。因为“未成年”，

① ［美］戴维·波谱诺：《社会学》，李强等译，中国人民大学出版社 1999 年版，第 142 页。

其“获得”与“学会”具有典型的依附性，监护人的参与和引导具有重要作用。未成年社区矫正对象的犯因性问题往往是其社会化过程中存在着某种偏差和障碍。由此，我们可以说监护人对未成年社区矫正对象的犯罪负有不可推卸的责任。正因如此，在未成年社区矫正对象的矫正教育过程中，强制监护人能动地参与至关重要。首先，“监护并不是一种权利，而是一种职责”①，监护人有义务对未成年社区矫正对象进行监督管教和矫正教育，这一义务是法定的，具有强制性。其次，基于亲权，监护人有抚养未成年社区矫正对象的义务。

对于监护人的资格问题，一般是以法定监护人履行职责为主体。在特定情况下，由于法定监护人不能履行职责，或者履行职责会损害未成年社区矫正对象的利益等，可以剥夺其监护权，为未成年社区矫正对象寻找、指定监护人。这些人应该是具备教育、心理、社会和法律知识的成年人，且热心青少年教育工作，有较强的责任心，可以是志愿者，也可以是专业矫正工作者。他们和未成年社区矫正对象生活在一起，以自身的言行举止去影响未成年社区矫正对象，去关心爱护未成年社区矫正对象，去指导他面对社会生活，以利于未成年社区矫正对象的再社会化。

五、未成年人社区矫正制度建构的思考

未成年社区矫正对象的监督管理是社区矫正工作的一部分，是和未成年社区矫正对象的矫正教育、社会帮扶、心理矫治等紧密相关的。因此，在建构未成年人社区矫正监督管理制度时，必须将其置于未成年人社区矫正制度建构的总体框架内。

（一）调查评估制度的完善

根据《社区矫正法》第 18 条的规定，在对未成年犯罪人实施社区矫正前可对其进行调查评估。前文已经对矫正前调查评估制度进行了论述，在此只是对未成年犯罪人社区矫正的调查评估制度进行研究。

基于未成年社区矫正对象自身的特性，在为未成年犯设计判决前调查评估方案时，必须对调查评估的机构、调查人员的资格与选任、调查人员的权利义务、调查的内容、调查的程序、调查的手段、调查报告的制作及法庭宣读等作出明确

① 参见梁慧星：《民法》，四川人民出版社 1989 年版，第 84 页。

规定。

第一,调查评估的实施机关。根据2020年《实施办法》,人民法院、公安机关、监狱管理机关可以委托县级社区矫正机构或者其他社会组织进行调查评估。从法理上来讲,未成年犯罪人是否适合社区矫正,社区应该最有发言权,社区的意见应当有表达的渠道。基于上述原因,笔者认为由县级社区矫正机构进行调查评估比较合适。因为县级社区矫正机构及其工作人员植根于社区,在开展调查上有着诸多其他机构不具备的便利。

第二,调查评估的方式。调查评估的方式可分为书面调查和实地调查。案情较为简单、被调查未成年犯罪人的情况较为清楚的,可采用书面调查的方式,要求被调查未成年犯罪人填写《被调查人情况调查表》、被调查未成年犯罪人家长填写《被调查人家庭情况调查表》即可;案情复杂,书面调查难以全面反映被调查未成年犯罪人详细情况,而这些情况可能影响定罪量刑,或者主审法官认为有必要的,则由调查人员到被调查未成年犯罪人家庭、学校、工作单位、所在社区等进行实地深入调查。当然,在实际操作中也可以采用书面调查和实地调查相结合的办法开展调查评估工作。

第三,调查评估的内容。调查评估的内容主要是未成年犯罪人的犯罪人格,即由未成年犯罪人的性格、心理特征、家庭与社会环境等多方面的因素共同决定的犯罪倾向。因此,调查评估的内容应包括以下几点:一是个人因素,即被调查未成年犯罪人的性格特点、精神状态、文化程度、成长经历以及犯罪原因、犯罪类型、危害程度、悔罪表现等。二是家庭因素,即被调查未成年犯罪人的家庭经济状况、家庭成员关系等。三是社会因素,这里所讲的社会因素主要是狭义的社会因素,即被调查未成年犯罪人的社会交往、生活环境、生活变故等方面的情况。

县级社区矫正机构通过对未成年犯罪人的人格调查,进而对其人身危险性和再犯可能性进行系统的评估,然后将调查与评估报告提交委托机关,供其对未成年犯罪人适用社区矫正时参考。

(二)法律法规和制度体系建构的建议

我国对于未成年社区矫正对象的社区矫正监督管理工作尚在起步阶段,还没有成熟的经验和固定的监督管理模式可以借鉴。无论在社区矫正立法上,还是在社区矫正工作实践中,都存在诸多问题。

1. 解决立法供给不足的问题

在社区矫正的法律规范方面,《刑法》《刑事诉讼法》只是规定了对判处管制、宣告缓刑在缓刑考验期限内、假释在假释考验期限内的罪犯,依法实行社区矫正。与未成年社区矫正对象犯罪处罚相关的具体内容,只在缓刑、累犯、前科报告义务方面对未成年人犯罪规定了从宽处罚。新修订的《刑事诉讼法》专章规定了未成年人刑事案件诉讼程序。明确规定了处理犯罪的未成年人的方针和原则,并强调应保障未成年人的权益。《社区矫正法》设置了“未成年人社区矫正特别规定”一章,在法律层面上确立了相关制度,充分体现了对于未成年社区矫正对象的保护。《预防未成年人犯罪法》第五章规定了“对重新犯罪的预防”,大多数条款涉及未成年社区矫正对象的社区矫正问题。但这些规定仍然比较笼统,只是对未成年社区矫正对象社区矫正的原则、方针进行了规定,而对具体操作程序和措施方面的规定仍显单薄,使得未成年社区矫正对象社区矫正工作面临诸多困境。在未成年社区矫正对象社区矫正的规章制度方面,在 2020 年 7 月以前,2012 年《实施办法》(已失效)是主要的依据,除此之外,各省(自治区、直辖市)主要依据地方性规章制度进行操作。但是,在 2020 年《实施办法》中,对未成年社区矫正对象的规定只有一条,即第 55 条。根据《立法法》的规定,未成年社区矫正对象社区矫正的法律规范,应以立法的形式加以规定。因此,目前可以依据的只有《社区矫正法》等法律法规,这与未成年社区矫正对象的社区矫正工作需求差距较大。

2. 建议对未成年人社区矫正制定具有针对性的刑事立法

对未成年社区矫正对象建立以社区为中心的刑事执行体系,需要通过立法进行一系列的制度安排,来保障社区矫正的正常运行。一是在决定机制上,未成年犯罪人是否适合社区矫正,社区的意见应当有表达的渠道。把好社区矫正适用于未成年犯罪人的第一关,对于维护社区安全非常重要。因此,法院在适用非监禁刑时,应给社区一个发表意见的渠道,法院应通过社区来充分了解未成年犯罪人的表现、人格特征,以此作为判断是否适用社区矫正的参考。二是在监督管理和矫正教育措施上,未成年犯罪人法律特征不同,其处遇应当有所不同。未成年犯罪人矫正计划的制订和措施的落实,必须和不同类型的未成年犯罪人的法律特征相协调。管理、教育、监督、奖惩等措施要认真区别未成年犯罪人的权利义务,对未成年犯罪人依法享有的各种权利要保护,并监督其履行法定义务。

总之,应完善对未成年社区矫正对象的社区矫正立法,在《社区矫正法》中应做到法律措施的统一、制度的统一、执行机构的统一、减免和易科条件的统一。对积极改造、表现突出的，应当给予奖励，符合条件时给予减刑；对有不良行为的应当严格惩处，再次犯罪的必须承担相应的刑事责任。并且在该法中应根据未成年人社区矫正对象的自身特点，设置一系列的社会化的刑事法律制度。

3. 建立未成年人社区矫正制度体系

首先，对未成年犯广泛适用缓刑。缓刑是对未成年罪犯实行非监禁刑的有效形式。我国没有对于未成年犯的专门性规定。为此，我们可以进行以下制度设计。

第一，确立缓刑的适用标准。人民法院在处理未成年人犯罪案件时，应当将监禁刑作为一种不得已的选择。目前，由于缓刑的标准不好掌握，为防止未成年犯再次危害社会，短期监禁刑的适用比例比较大。因此笔者建议，只要不是触犯《刑法》第 17 条规定的罪名，就应当考虑对未成年犯适用缓刑，而对于过失犯罪的未成年犯一律应当适用缓刑。

第二，建立未成年犯缓刑制度。一是将对未成年被告人适用缓刑的实质条件予以放宽。在法律法规中规定对判处 5 年以下有期徒刑的未成年被告人可宣告缓刑，不但可以体现对未成年被告人的处罚从宽原则，同时对未成年犯多适用缓刑也有利于充分利用社会、家庭的力量教育、感化、挽救失足少年。二是完善家庭帮教制度。《刑法》虽然未将良好的家庭监护条件作为适用缓刑的必备条件，但良好的家庭监护条件对未成年犯适用缓刑及改过自新非常重要。在缓刑制度中，应当明确家庭帮教的主体、内容及法律责任。法院应当指定未成年犯监护人作为帮教人，并将未成年缓刑犯所应遵守的行为规范的内容以及撤销缓刑的法定情形明确告知帮教人，强化对未成年犯的不良行为的管制和约束，消除他们违法犯罪的诱因。由于家庭帮教是未成年缓刑犯监护人的法定义务，法律在规定具体义务的同时，还应明确违反法定义务所应承担的法律责任，对帮教人的行为进行必要的约束，促使他们认真履行法定义务。

第三，建立未成年社区矫正对象的观护和考察机制。一是规定限制自由措施，对未成年社区矫正对象的行为进行限制。大致可以分为以下两种：一种是行为本身违法，如打架斗殴、偷窃、赌博等违法行为，未成年缓刑犯实施这类行为违反了法律、行政法规而必然会受到法律的制裁；另一种不良行为是本身并不违法但容易诱发违法犯罪的行为，如旷课，夜不归宿，进入未成年人不适宜进入的酒吧、营业性歌舞厅等场所，结交有不良行为的朋友等。二是规定义务性措施。在缓刑的义务配置中引入对受害人的赔礼道歉、赔偿，缴纳罚金，支付法院费用，接受文化教育和职业训练，接受戒酒、戒毒治疗和精神治疗等。这些规定能够培养未成年犯的社会责任感和社会适应能力，促进其同社会的融合。三是建立专门的对未成年缓刑犯的监管考察制度。在该制度中，社区矫正执行机构负责下列事务：对未成年缓刑犯进行考察，处理在执行过程中遇到的问题，监督其遵守法定的义务，预防未成年缓刑犯在缓刑期间再次犯罪；结合道德法制教育，文化知识学习，生活技能、职业技能培训等，帮助未成年缓刑犯适应社会生活；为未成年缓刑犯介绍工作，给予必要的经济资助等，帮助未成年缓刑犯解决实际生活中的问题，避免他们因为生活困难而重新犯罪；对出现法定撤销缓刑事由及违反监督考察规定的未成年缓刑犯，及时向法院汇报，并建议撤销缓刑；对确有突出悔改表现的未成年缓刑犯，建议减轻其刑罚，缩短缓刑考验期限。①

其次，完善假释制度。在对未成年犯适用假释上，司法部发布的《未成年犯管教所管理规定》第 57 条第 1 款规定："对未成年犯的减刑、假释，可以比照成年犯依法适度放宽。"2017 年施行的最高人民法院《关于办理减刑、假释案件具体应用法律的规定》第 26 条规定，对犯罪时未满 18 周岁的罪犯适用假释时可以依法从宽掌握，"罪犯既符合法定减刑条件，又符合法定假释条件的，可以优先适用假释"。但在对未成年犯的假释上没有明确、具体的规定，使得对未成年犯适用假释可以比照成年犯依法适度放宽的规定难以操作执行，未成年犯的假释率难以提高。对于未成年犯的假释制度可以作如下改革。

第一，建立假释委员会。根据现行法律，假释决定权由人民法院行使，监狱只享有报批的权力。假释权从本质上看并不属于审判权，因为假释并不改变原判决，而只是刑罚执行方式的变更。我国可借鉴国外的经验，建立一个相对独立的假释委员会行使假释决定权。这种模式应是我国假释决定体制改革的方向。在假释委员会成员的组成上，除给社区矫正工作者分配一定的名额之外，应吸收一定数量的心理学家、医学工作者等专家及社区代表参加，以体现假释决定系统的开放性和专业性，强化假释决定权的社会化色彩。②

第二，放宽未成年犯假释的条件。监狱对那些已监禁一定时间的主观恶性较小、人身危险性较低的未成年犯可根据其矫正效果，通过假释委员会的批转，转由

---

① 参见张素英、裴维奇：《我国未成年人犯缓刑制度的改革与完善》，载《贵州民族学院学报（哲学社会科学版）》2005 年第 1 期。

② 参见冯卫国：《行刑社会化研究——开放社会中的刑罚趋向》，北京大学出版社 2003 年版，第 194 页。

社区对其进行矫正。这样既有利于合理配置未成年犯行刑资源，又能够将监禁刑对未成年犯带来的负面影响减到最小。具体而言，被判处有期徒刑的未成年犯在实际执行原判刑期1/3时，如果符合假释的其他条件，可以适用假释，假释后的考验期限为原判刑期的1/3左右，根据矫正中的不同分别进行处理。如果矫正效果良好，假释考验期满则刑满释放；如果在矫正中出现收监情形，则以法律规定予以收监。

（三）监督管理机制的完善

我国社区矫正工作开展时间短，在监管矫正项目的设置上还处在探索阶段，还缺乏完善的项目矫正管理体系。在未成年社区矫正对象方面，几乎没有成型的监管矫正项目，对未成年社区矫正对象的监管教育还只是停留在思想、道德、法制教育和行为矫正教育层面上，采取的形式是和成年社区矫正对象相一致的"填鸭灌输式"的理论教育，教育效果不明显。比如，未成年社区矫正对象的心理健康矫正教育的目标在于，通过关注未成年社区矫正对象的心理发展，帮助其建立健全的人格。但是目前大多数心理矫正教育内容较为单一且偏向于理论，心理教育发展缓慢，心理治疗技术一般，专业的心理咨询机构、咨询师较少，使得心理矫正项目发挥的作用十分有限。因此，完善未成年社区矫正对象的社区矫正管理机制十分必要。

第一，制订有针对性的矫正教育管理方案。发达国家和地区社区矫正制度实施的时间比较长，已有了比较成熟的经验，在决定对未成年犯进行社区矫正前都要进行调查评估，详细了解未成年犯的情况，为监管矫正奠定基础。当社区矫正机构接收了未成年社区矫正对象后，还要对其进行危险性评估、需要结构评估、精神症状评估等，从而确定未成年社区矫正对象的监管、矫正计划及实施方案。危险性评估根据未成年社区矫正对象的各种变量因素进行综合打分，如未成年社区矫正对象的犯罪性质、犯罪的历史、个人特点、家庭状况及环境等；需要结构评估包括个人生理需求、心理需求、教育需求、职业技能需求、亲情需求等方面的需要；精神症状评估主要是对未成年社区矫正对象的精神状态进行评估。因此，对未成年社区矫正对象的社区矫正可以借鉴这些成熟的经验，在对未成年社区矫正对象进行调查评估的基础上，制订有针对性的矫正教育管理方案。针对未成年社区矫正对象的矫正教育管理方案，依据《预防未成年人犯罪法》的规定，应包括以下内容：在教育内容上，主要是社会主义核心价值观教育、预防犯罪教育、法治观念教育、心理健康教育、日常安全教育、道德教育、生命教育等,使未成年社区矫正对象树立遵纪守法和防范违法犯罪的意识,提高自我管控能力。在教育的方式上,主要是讲座、座谈、培训等,各级人民政府及其有关部门、人民检察院、人民法院、共产主义青年团、少年先锋队、妇女联合会、残疾人联合会、关心下一代工作委员会等结合实际,也应组织、举办多种形式的预防未成年人犯罪宣传教育活动。有条件的地方可以建立青少年法治教育基地,对未成年人开展法制教育。

第二,编制适合未成年社区矫正对象特点的矫正管理项目。通过编制科学的矫正项目,达到预期的矫正目的。正如美国学者 David Altschuler 和 Troy Armstrong 所言,遵循以下五个原则的社区矫正管理项目,能够对未成年社区矫正对象发挥最大的功效:(1)能够逐步帮助未成年犯提高责任感,并相应地提高他们在社会上的生存能力;(2)能够帮助未成年犯融入社会,同时也使社会与他们形成互动;(3)能够充分发挥未成年犯家庭、社区、同龄人、学校和雇主的作用,共同为未成年犯成功完成项目提供必要的帮助;(4)能够开发新的资源,寻求必要的帮助;(5)能够监测和促进未成年犯与社区的互动能力。①

在实施社区矫正的国家中,未成年社区矫正对象始终是社区矫正工作的重点之一。而根据《社区矫正法》的规定,未成年社区矫正对象也是社区矫正的主要对象,并单独设立了第七章进行专门规定。然而,我国对于未成年社区矫正对象的社区矫正工作还处在摸索阶段,社区矫正体系还没有完全建立起来,在矫正管理主体、矫正管理项目、矫正管理方法上还存在很多缺陷。而理论界对此也是众说纷纭,现有资料中,介绍国外的理论和方法的比较多,而论证其在中国社会的本土化适用的则比较少。因此,完善我国未成年社区矫正对象社区矫正管理体系是十分必要的。

目前,我国各地的未成年社区矫正对象社区矫正监督管理实践中也有一些专门的项目,主要包括公益活动、思想教育、法治教育、社会公德教育、技能培训、心理矫正以及就业指导、生活指导等。但是,这些矫正管理项目都比较散乱,随意性比较大,针对性差,不能够对未成年社区矫正对象形成全方位的影响。所以,有必要对未成年社区矫正对象的社区矫正项目进行深入而系统的研究,制定符合未成年社区矫正对象特点的矫正项目指标体系。王顺安教授等通过对国外未成年社

---

① 参见肖建国:《中国大陆少年刑事司法制度发展战略探索》,载《青少年犯罪研究》2001 年第 3 期。

区矫正对象社区矫正管理项目的分析指出，未成年社区矫正对象的矫正管理项目应当包含以下内容：(1)服从父母或者监护人以及矫正机构的监管；(2)遵守各种社会制度，如工作单位和学校的规章制度；(3)参加经矫正工作人员认可的工作项目，接受职业和就业的培训；(4)遵守矫正工作人员的指令；(5)在指定的时间向矫正机构或其工作人员作出报告；(6)参加心理矫正项目；(7)参加毒品和酒精的防治；(8)参与各种个人、集体以及家庭项目；(9)参与由矫正机构提供的教育项目。①

第三，建立学校参与机制。学校在对学生的制约与保护、对学生劣迹的矫治管理、对学生的管理与教育以及培养学生良好的品德和新型的人际关系等方面都起着矫正管理的“杠杆”作用。让未成年社区矫正对象能够继续在学校学习、接受健全的学校教育，有助于其健全人格的塑造，有助于其认真悔过思改，从而有利于其更好地回归社会。

学校参与对未成年社区矫正对象的矫正管理可以从以下三个方面做起：一是为未成年社区矫正对象创造融洽的学习环境，良好的集体、良好的风气对他们改正不良行为习惯至关重要。因此，对于能够继续读书的未成年社区矫正对象，学校应该以宽容的心态来对待他们，给他们更多的温暖和关怀。二是进行及时有效的沟通，发掘未成年社区矫正对象自身的优点。沟通的目的不是让他们简单地知道有错必罚，而是让他们明白为什么错了，错在哪里，以后不能再犯同样的错误。三是进行必要的法治教育，应重点讲授《宪法》《刑法》《预防未成年人犯罪法》《未成年人保护法》等，还可以开展形式多样、富有感染力的法治教育活动，如模拟法庭、以案说法等。②

第四，完善多元化的监管教育措施。按照《北京规则》的规定，对未成年犯实施社区矫正的措施包括：(1)照管、监护和监督；(2)缓刑；(3)社区服务；(4)罚款、补偿和赔偿；(5)中间待遇和其他待遇；(6)参加集体辅导和类似活动；(7)有关寄养、生活区或其他教育设施的内容；(8)其他有关内容。③ 社区矫正监督管理工作综合性强，涉及层面广泛，因此对未成年社区矫正对象实施监督管理，需要有关部

---

① 参见王顺安、甄宏：《试论我国未成年犯社区矫正项目体系之构建》，载《青少年犯罪问题》2005年第1期。

② 参见何友汉、任庆堂：《论未成年犯社区矫正模式的构建》，广州市社区矫正网，2010年6月10日发布。

③ 以上规定分别引自《北京规则》第18条第2款。

门相互配合、相互支持，切实发挥职能部门整体协调一致的优势，也需要家庭、学校和全社会共同建立起挽救未成年社区矫正对象的配套体系，并推动社区矫正工作向纵深发展。

我国《预防未成年人犯罪法》规定了针对未成年人的不良行为和严重不良行为的管理教育和矫治教育措施。

首先，对不良行为的干预。《预防未成年人犯罪法》规定了9种未成年人的不良行为：(1)吸烟、饮酒；(2)多次旷课、逃学；(3)无故夜不归宿、离家出走；(4)沉迷网络；(5)与社会上具有不良习性的人交往，组织或者参加实施不良行为的团伙；(6)进入法律法规规定未成年人不宜进入的场所；(7)参与赌博、变相赌博，或者参加封建迷信、邪教等活动；(8)阅览、观看或者收听宣扬淫秽、色情、暴力、恐怖、极端等内容的读物、音像制品或者网络信息等；(9)其他不利于未成年人身心健康成长的不良行为。对未成年社区矫正对象而言，出现这些情形也是严重的违规行为，社区矫正机构可依据《预防未成年人犯罪法》的规定，采取以下管理教育措施：(1)予以训诫；(2)警告；(3)要求遵守特定的行为规范；(4)要求参加特定的专题教育；(5)要求参加社区公益活动；(6)要求接受社会工作者或者其他专业人员的心理辅导和行为干预；(7)其他适当的管理教育措施。

其次，对严重不良行为的监管措施。《预防未成年人犯罪法》规定的严重不良行为包括：(1)结伙斗殴，追逐、拦截他人，强拿硬要或者任意损毁、占用公私财物等寻衅滋事行为；(2)非法携带枪支、弹药或者弩、匕首等国家规定的管制器具；(3)殴打、辱骂、恐吓，或者故意伤害他人身体；(4)盗窃、哄抢、抢夺或者故意损毁公私财物；(5)传播淫秽的读物、音像制品或者信息等；(6)卖淫、嫖娼，或者进行淫秽表演；(7)吸食、注射毒品，或者向他人提供毒品；(8)参与赌博赌资较大；(9)其他严重危害社会的行为。对具有严重不良行为的未成年社区矫正对象，符合提请治安管理处罚和收监执行条件的，要依法提请治安管理处罚和收监执行，不符合提请治安管理处罚和收监执行条件的，可采取严格的矫治管理措施，包括：(1)训诫；(2)警告；(3)责令赔礼道歉、赔偿损失；(4)责令具结悔过；(5)责令定期报告活动情况；(6)责令遵守特定的行为规范，不得实施特定行为、接触特定人员或者进入特定场所；(7)责令接受心理辅导、行为矫治；(8)责令参加社会服务活动；(9)社区矫正机构在适当场所对未成年人进行教育、监督和管束；(10)其他适当的矫治教育措施。

第五，建立未成年社区矫正对象的监督考评机制。为了确保未成年社区矫正对象社区矫正的成效,必须建立相应的监督考评机制,以此检验矫正工作的情况和质量。监督考评工作组应由未成年社区矫正对象社区矫正委员会领导小组成员、社区矫正机构的代表及有关专家组成。应制定监督考评的制度、监督考评的标准,明确监督考评的方法。通过对未成年社区矫正对象进行全面的、持续的、质与量相结合的、客观的考核,总结未成年社区矫正对象社区矫正的成败得失,不断加强矫正工作,提高矫正质量,巩固矫正成果。根据考评的情况,找出已经出现或可能出现的问题,随时调整矫正的方案和内容。

(四)找寻有针对性的矫正项目

我国的社区矫正实践虽然对未成年人社区矫正模式进行了积极的探索,但社区矫正项目不够丰富。美国、英国等西方国家经过多年的发展,已经形成了比较完善的未成年人社区矫正体系。在美国,针对未成年人的社区矫正项目众多,包括缓刑、释放安置及其他项目,如离家出走项目、对未成年人团伙的调解处理项目、养育之家项目、转换项目、日处遇项目、小组之家项目以及在荒野的学习经历项目等。[①] 在英国,对未成年罪犯的非监禁刑包括罚金、缓刑、社区服务、复合命令(将缓刑和社区服务相结合)、电子监控、赔偿、有条件的解除指控、完全解除指控、责令犯罪人行为平和守规矩、判决暂不生效、警察警告等。[②] 在国外,未成年人矫正项目还特别强调公益活动与职业教育相结合,且当公益活动与职业教育存在冲突时,优先保障未成年人受教育的时间[③]。与国外丰富多彩的矫正项目相比,我国的矫正项目相对贫乏,在少数的几种选择中,适合未成年人的项目更加有限。矫正项目难以适应未成年人社区矫正的需要,成为影响其运行效果的重要原因。

正如不能奢望用一种药治愈所有疾病一样,对社区矫正对象也不能仅用一种方法进行矫治,对于未成年社区矫正对象,应当遵循区别对待原则,设置具有针对性强、可操作性强的矫正项目。诸如惩罚性服务、家庭监禁、禁毒矫治、宵禁、电子监控、中途训练所、连续报告制度、半开放式工作等矫正方式,已在全国不少地方进行探索。[④] 实践中,还有一些实务部门针对未成年社区矫正对象的特殊情况,制

---

① 参见刘强编著:《美国犯罪未成年人的矫正制度概要》,中国人民公安大学出版社 2005 年版,第 89 页。

② 参见王运生、严军兴:《英国刑事司法与替刑制度》,中国法制出版社 1999 年版,第 73 页。

③ 参见吴宗宪:《社区矫正比较研究》(上、下),中国人民大学出版社 2011 年版,第 26 页。

④ 参见缪文海:《社会管理创新视阈下的社区矫正创新》,载《行政与法》2014 年第 4 期。

订了个别化矫正方案,或曰“私人订制”“矫正套餐”,个别化矫正方案包括禁止从事的事项与必须履行的义务。[①] 前述探索对于设置未成年人社区矫正项目无疑具有推动作用,但笔者认为,在借鉴国外经验的同时必须要考虑本土环境,这样才能实现被移植制度与现有环境的耦合,进而构建符合我国国情的未成年人社区矫正制度。

(五)排除适用从业禁止制度

为了适应当前社会形势的变化,以及刑罚观念从惩罚犯罪向预防犯罪转变的趋势,《刑法修正案(九)》新增了“从业禁止”条款,作为《刑法》第 37 条之一,规定:“因利用职业便利实施犯罪,或者实施违背职业要求的特定义务的犯罪被判处刑罚的,人民法院可以根据犯罪情况和预防再犯罪的需要,禁止其自刑罚执行完毕之日或者假释之日起从事相关职业,期限为三年至五年。”自此,从业禁止进入了我国刑罚体系。“从业禁止的理论基础源于对犯罪人人身危险性的考察,由法官根据犯罪的具体情况和预防再次犯罪的需要,在综合评估的基础上对于当事人决定是否适用从业禁止。”[②]未成年罪犯与成年罪犯存在区别,少年司法应贯彻“教育为主、惩罚为辅”的理念,遵循未成年人犯罪特别程序,实行特殊制度。从该条款所规定的内容看,从业禁止制度的适用对象为利用职业便利实施犯罪或实施违背职业要求的特定义务的犯罪,被法院判处刑罚的犯罪人,适用从业禁止制度的目的是预防其再犯罪。虽然从业禁止不是刑罚,而是一种保安处分,[③]但一旦适用从业禁止制度将会对行为人的公民权利与社会生活产生重大影响,它具有强制性与约束性。基于未成年社区矫正对象成长与回归社会的需要,笔者认为,对未成年罪犯适用从业禁止,不利于少年司法理念和少年司法制度的践行,对未成年罪犯应当排除适用从业禁止制度。

(六)社会支持系统建设

首先,建设具有专业技能的管理队伍。《社区矫正法》第 52 条第 2 款规定,社

---

① 参见尹华、钟丽君:《重庆五中院未成年犯社区矫正私人订制》,载《人民法院报》2014 年 2 月 16 日。

② 参见《从业禁止制度的定位与资格限制、剥夺制度的体系化——以〈刑法修正案(九)〉从业禁止制度的规范解读为切入点》,载《法学评论》2016 年第 1 期。

③ 从业禁止制度的性质在学界仍有争议,主要存在刑罚说(资格刑说)、保安处分说、刑罚执行方式说、预防性措施说等几种观点,其中通说认为从业禁止制度是一种保安处分。

区矫正机构为未成年社区矫正对象确定矫正小组,应当吸收熟悉未成年人身心特点的人员参加。这就要求对未成年犯进行社区矫正必须有熟悉未成年人身心特点的专业人员参加。这些人员必须接受过专业的训练,掌握法学、犯罪学、心理学、教育学等相关专业的知识,同时能较好地与未成年社区矫正对象沟通交流,对未成年社区矫正对象善于进行心理以及行为的矫正管理。但是,当前对未成年社区矫正对象进行监督管理的工作人员中,几乎没有专业的工作人员,可以说,很多人根本不能胜任未成年社区矫正对象的监督管理工作,更谈不上对未成年社区矫正对象进行社区矫正方面的专业性指导。

社区矫正工作专业化、规范化、法治化建设,必须依托健全的组织和专业的监督管理人员。因而要完善我国未成年社区矫正对象的社区矫正工作,同样离不开建设具有专业技能的管理队伍。因此,建议对政府资源和社会资源进行重新整合,在社区矫正机构中增设负责未成年社区矫正对象监督管理工作的独立职能部门,配备具有专业技能的管理队伍,配备素质高、专业性强的社区矫正工作者,使针对未成年社区矫正对象的社区矫正工作更加具有专业性和针对性,这是搞好未成年社区矫正对象监督管理工作的必由途径。

其次,培育社会支持系统。由于熟悉未成年人身心特点的专业人员比较缺乏,社会力量的参与成为未成年社区矫正对象监督管理工作的主要途径。但是,就目前的情况看,由于社会发育不成熟,社会资源难以整合,社会公众参与的主动性和积极性不高,未成年社区矫正对象监督管理工作中社会力量显得严重不足,突出表现在:一是我国社会组织的发展程度较低、参与社区矫正的制度不健全、缺乏专业的矫正管理服务项目,导致其参与度很低。没有形成一个专门的社会服务领域,其发挥的作用十分有限。二是社会志愿者参与社区矫正工作的比例偏低、参与的领域有限,在工作中组织化、规范化和专业化水平不高,不能有效地运用自身的资源、发挥每个人的优势,为未成年人学习、生活、就业、心理等方面提供帮助。

在社区矫正监督管理工作中,优化未成年社区矫正对象的社会支持系统,应从以下几个方面着手:一是更新刑事执行理念,提升社会公众对未成年社区矫正对象监督管理的认同度,消除社会公众对于社区矫正的认知偏见,提高公众的认知度和参与度。二是培育公民社会,为社区矫正奠定社会基础。社区作为构成公民社会的基本元素,其基础建设、文化程度、成员构成、经济发展、成员素质、风俗习惯、法律意识等都制约着公民社会的发展。只有培育成熟的公民社会,才能使社会公众认同社区矫正的社会公共责任，才能激发社会公众参与社区矫正的积极性。三是转变政府角色，强化政府责任，培育社会力量参与。在社区矫正监督管理中，政府可以转变其角色，走市场化的道路，挖掘和培育更多的社会力量参与其中。政府负责决策、资金保障、计划制订、组织调控、监督检查，使社会力量参与到社区矫正的部分环节中。在未成年社区矫正对象监督管理工作中，通过政府与社会力量的合作，为未成年社区矫正对象提供全方位的服务。比如由专业心理机构提供心理矫正的服务，由就业服务机构提供就业培训、就业指导等服务。

六、落实犯罪记录封存制度

未成年社区矫正对象的犯罪记录封存制度是指未成年人受到法院判决或者有罪宣告后，相关司法机关应当对符合规定的案件进行封存，没有法律规定，不允许其他单位及人员查询。

2012 年修订的《刑事诉讼法》确立了未成年人犯罪记录封存制度。然而，由于法律规定较为原则，实践中相关机构对封存的主体、封存的具体内容和程序以及查询的主体、内容、程序等把握不一，该制度的实施效果并不理想。绝大多数省份存在未成年人犯罪记录应封未封或者违规查询导致信息泄露的事件，造成涉案未成年人在考试、升学、就业、生活等方面遭遇歧视，很多涉案未成年人因无法正常工作生活而无奈走上信访维权的道路。

为此，最高人民法院、最高人民检察院、公安部、司法部 2022 年联合颁行了《关于未成年人犯罪记录封存的实施办法》（以下简称《封存办法》），对未成年人犯罪记录封存制度进行了规定。

在我国的未成年人犯罪记录封存制度中，《刑事诉讼法》规定了封存必须满足的两个条件：一是年龄要求，未成年人犯罪时的年龄应当在 14～18 周岁，该年龄不是侦查阶段或者审判阶段的年龄；二是法院最终判决的刑期限制，根据规定，经过法院审理，未成年人的刑期必须是 5 年以下有期徒刑，判 5 年以上的，则一律不适用该制度。可见，对于刑期在 5 年以上的未成年犯，我国法律未将其犯罪记录纳入封存的范畴。

封存的内容为犯罪记录，这里应当对犯罪记录进行扩大解释。根据《刑事诉讼法》第 286 条的规定，对“相关犯罪记录”应当进行封存，但何为“相关犯罪记录”没有明确规定。这导致实践中涉罪未成年人的犯罪记录封存不统一、不完整，很大程度上削减了未成年人犯罪记录封存制度的价值。为此，《封存办法》第 2

条、第 3 条、第 7 条对犯罪记录封存范围作了具体规定，包括：(1)侦查、起诉、审判及刑事执行过程中形成的有关未成年人犯罪或者涉嫌犯罪的全部案卷材料与电子档案信息。也就是说不仅包括纸质卷宗资料，司法机关常见的电子卷宗也需要同步封存。(2)不予刑事处罚、不追究刑事责任、不起诉、采取刑事强制措施的记录。(3)对涉罪未成年人进行社会调查、帮教考察、心理疏导、司法救助等工作的记录。(4)未成年人因事实不清、证据不足被宣告无罪的案件的涉罪记录。换言之，对未成年人犯罪记录的封存，不仅应封存侦查、起诉、审判及刑事执行过程中形成的全部案卷材料与电子档案信息，而且要封存不予刑事处罚、不追究刑事责任、不起诉、采取刑事强制措施的记录及进行社会调查、帮教考察、心理疏导、司法救助等工作的记录，证据不足、指控犯罪不成立的无罪判决案件的涉罪记录原则上也应封存。

从文义上看，“犯罪记录”应当解释为有罪判决记录。除法院生效裁判文书确认有罪外，其他情况均应当视为无罪和没有犯罪记录。因此，《封存办法》将不予刑事处罚、不追究刑事责任、不起诉以及证据不足、指控犯罪不成立的无罪判决案件的涉罪记录等均纳入“犯罪记录”的范围，超出了“犯罪记录”可能的文义，实质上已是“刑事记录”。这不是法律解释下的扩张解释，而是法律续造中的目的性扩张。目的性扩张是指为了贯彻立法规定的目的，将法条的适用范围扩张至该文义原本不包括的类型。通过目的性扩张将“犯罪记录”解释为“刑事记录”，正是为了贯彻犯罪记录封存制度的目的，即对于涉及未成年人的案件材料“应封尽封”，让涉嫌犯罪的未成年人更好地回归社会。《封存办法》第 15 条规定，被封存犯罪记录的未成年人本人或者其法定代理人申请为其出具无犯罪记录证明的，受理单位应当出具无犯罪记录的证明。同时，《封存办法》规定了两种特殊查询主体：一是司法机关(在办案需要的条件下)，二是有关单位(在符合国家规定的情况下)，它们可以依法查询未成年人犯罪的相关信息。

虽然《封存办法》对未成年人犯罪记录的概念、封存内容、犯罪记录封存的适用对象等内容进行了详细规定，但仍对部分实务问题未予明确，值得进一步研究探讨，诸如：第一，犯罪记录的电子数据如何封存不明确。根据《封存办法》的规定，对于未成年人犯罪的，司法机关以及司法行政机关在侦查、审查起诉、审判、执行环节形成的案件材料应当加盖封存专用章进行封存。若其使用电子办案系统，则所有涉案信息均可通过办案系统进行查询，但这种情况下对于电子数据如何封存没有明确规定。第二，法律后果不明确。实践中经常发生未成年人犯罪记录应封未封或者违规查询导致信息泄露的事件，尽管《封存办法》增加了有关法律责任的规定，但其内容属于宣示性规定，如何落实还有待进一步细化。第三，犯罪记录是否应认定为前科不明确。前科不仅影响量刑，甚至影响定罪。《封存办法》对司法机关因办案需要查询到的未成年人犯罪记录是否应认定为前科未予规定，给司法实践带来了一定的困惑。如未成年人毒品犯罪记录能否作为认定毒品再犯的依据，各地做法不同。

此外，还应重视相关部门规章的规定。如 2021 年 12 月 31 日起施行的《公安机关办理犯罪记录查询工作规定》第 2 条规定，犯罪记录“是指我国国家专门机关对犯罪人员的客观记载。除人民法院生效裁判文书确认有罪外，其他情况均应当视为无罪”。同时规定“有关人员涉嫌犯罪，但人民法院尚未作出生效判决、裁定，或者人民检察院作出不起诉决定，或者办案单位撤销案件、撤回起诉、对其终止侦查的，属于无犯罪记录人员”。这就是说，犯罪记录的认定以人民法院生效裁判文书确认有罪为前提的，除此之外的人员都属于无犯罪记录人员。

《公安机关办理犯罪记录查询工作规定》第 10 条还规定：“对于个人查询，申请人有犯罪记录，但犯罪的时候不满十八周岁，被判处五年有期徒刑以下刑罚的，受理单位应当出具《无犯罪记录证明》。对于单位查询，被查询对象有犯罪记录，但犯罪的时候不满十八周岁，被判处五年有期徒刑以下刑罚的，受理单位应当出具《查询告知函》，并载明查询对象无犯罪记录。”这是因为未成年人受到的刑事处罚被记录，会给其以后的学习、工作和生活等方面带来相应影响，不利于其融入社会。在这样的背景下，犯罪记录封存制度有效地消除了犯罪前科给涉案未成年人带来的负面影响，有利于未成年人复归社会，是我国保障未成年犯权利的具体体现。

第十一章　社区矫正监督管理相关争议问题的探讨与完善

《社区矫正法》一经颁布，就彰显了习近平新时代中国特色社会主义的新特质。在立法的价值取向上，它是以人为中心充满人文关怀特性的“人文法”；在预设的监督管理的行为规范上，它是一部人性化管理的“柔性法”和谦抑法；在社会优良品质的塑造上，它是追求社会公众对社区矫正对象关爱和包容的“宽容法”；在社区矫正治理体系和治理能力现代化的建构上，它是良法善治的“善良法”；在矫正教育和社会帮扶上，它是社会力量道德教化、以文化育人的“育人法”；在刑事立法的社会品性上，它是社会公众共同承担社会犯罪治理责任的“社会法”。在社区矫正工作中，只有深刻领悟和把握《社区矫正法》的这些特质，才能将其贯彻落实到具体工作的每一个环节。但是，根据笔者的调查，由于传统的对社区矫正监督管理工作的思维定式，对《社区矫正法》中的有关规定还存在着诸多认知误区，存在着诸多的争议。针对误区必须正本清源，才能推进社区矫正工作健康发展；针对争议需要以《社区矫正法》的规定和立法精神加以厘清。

《社区矫正法》实施已进入第三个年头，各地始终在努力依法加强社区矫正机构和队伍建设，例如设立社区矫正管理局、实施“队建制”、试点“矫正官”等，以及加强和完善借调监狱（戒毒）人民警察参与社区矫正管理的制度。在监督管理方面也推出了不少创新举措，如江苏提出社区矫正损害修复理念，实施“一三三模式”[①]，并在

① 即围绕“促进融入社会、预防减少犯罪”一个目标，落实“精细管理、精准矫治、精心帮扶”三项机制，统筹“力量保障、科技支撑、阵地建设”三大要素，高质量推进社区矫正工作依法、规范、创新发展。参见沈叶波、黄韬、施为飞：《创新构建具有江苏特色的社区矫正新体系》，载《江苏法治报》2022年7月18日，第1版。

刑事附带民事环境公益诉讼中,将生态修复纳入社区矫正考核范畴,①切实推进生态修复性司法联动机制落实,达到社区矫正刑事惩罚、环境修复、思想教育的"三赢"。但由于顶层设计存在诸多问题,总体而言,社区矫正工作进展缓慢,整体运作水平不高,单靠基层的力量来落实困难很大。特别是执法队伍教育整顿工作开展以来,社区矫正的适用在一些地方出现缩水现象。社区矫正对象在矫期间的重新犯罪率不高,但脱管、漏管现象呈反弹之势,虚管现象也不断凸显。② 农村地区的矫正对象再犯罪率比较高。如果脱管、漏管和虚管问题不能得到有效解决,我国刑罚执行的权威性、严肃性及司法的公信力就会受到严重影响,这不仅会给社区矫正对象提供再犯罪的机会,也会给社会治安带来重大隐患。为此,笔者从以下几个方面进行探讨,以期找寻完善相关问题的对策,促进我国社区矫正事业的高质量发展。

一、"白马非马"论:监狱监管和社区矫正监管的异质分析

在社区矫正工作中,很多人用"监管"一词来替代社区矫正的"监督管理",并由此将社区矫正的监督管理和监狱对罪犯的监管相提并论,甚至把社区矫正的监督管理工作作为社区矫正机构行使执法权的依据。如果认真地加以区分,监狱监管和社区矫正监督管理的实质是完全不同的,二者也是极其容易混淆的概念,为明晰二者在性质和内涵上的区别,有必要加以辨析。

(一)监狱监管的由来和性质

监管是指"监视管理;监督管理:监管犯人"。而监视,则是"从旁严密注视、观察:跟踪监视"③。1989 年出版的专业词典《劳改法学词典》对监管的解释是:"对

---

① 将生态修复案件中所涉及的生态修复协议、生态修复令、检查验收报告等相关材料,及时抄送刑事执行检察局,执检局收到后逐人建立台账,督促司法局对于生态修复案件制订有针对性的矫正方案,并将社区矫正对象履行生态修复义务情况纳入矫正期间的考核内容。同时,法院生态环境检察科、刑事执行检察局定期与法院生态法庭、司法局、林业局召开联席会议,及时掌握了解情况。由林业局通报生态修复义务履行情况,各单位对于当前生态修复措施存在的问题及时提出意见建议,以此拓展工作形式,增强生态修复工作实效,提升矫正效果。

② 参见刘强:《我国社区矫正顶层设计中存在的主要问题及解决对策》,载《辽宁师范大学学报(社会科学版)》2022 年第 2 期。

③ 中国社会科学院语言研究所词典编辑室编:《现代汉语词典》(第七版),商务印书馆 2016 年版,第 633 页。

罪犯监禁管理的简称,是狱政管理工作的重要组成部分,负有监督、管理、约束和惩处等职能。"[1]从监狱权力分配角度看,由监管权延伸出法定的监管权,监管权是"劳改机关依法对被判处徒刑和死缓的罪犯实施武装看守、技术监控、严格监管以及使用戒具、警具和禁闭室等各种强制措施的权力的总称。其目的在于对罪犯实施惩罚和改造。劳改机关的监管权派生于刑罚执行权,劳改机关要执行好人民法院的判决,就得对罪犯依法实施监管,否则,刑罚执行和改造罪犯就是一句空话"[2]。1954 年原政务院颁布的《劳动改造条例》(已失效)多次使用了"监管"一词,使之成为监禁管理罪犯的简称。比如第 5 条规定:"劳动改造机关对于一切反革命犯和其他刑事犯,在监管期间应当施行严格管制……"第 8 条规定:"看守所主要羁押未决犯。判处徒刑在二年以下、不便送往劳动改造管教队执行的罪犯,可以交由看守所监管。"第 9 条规定:"……看守所代为监管的已决犯,应当同未决犯分别管押,并且强迫他们劳动生产和对他们进行政治教育。"第 13 条规定:"监狱主要监管不适宜在监外劳动的已判决死刑缓期执行、无期徒刑的反革命犯和其他重要刑事犯。"这里的"监管"和执行刑罚基本是同一个概念。在 1994 年《监狱法》颁布以前,"监管"和"监管改造"在改造罪犯工作中成为专业用语,主要体现在:一是在关于劳改工作的法规、行政规章、部门规章中,"监管"一词出现在标题中。比如,1985 年司法部《关于加强对罪犯监管工作的紧急通知》、1989 年司法部《关于加强监管改造工作的若干规定》、1990 年司法部劳改局《关于劳改单位监管技术装备的项目、标准和规划(试行)》、1990 年司法部《监管改造环境规范》、1991 年司法部《监管教育专用技术装备管理实施细则(试行)》等。二是在劳动改造理论研究领域,使用"监管"和"监管改造"代指刑罚执行成为专家学者的共识。比如,1985 年 12 月湖北省汉川县人民检察院在《政治与法律》发表了《运用法律监督职能,促进监管、改造工作》,1990 年 3 月潘国和在《法治论丛》发表了《试论从分押、分管、分教试点到监管改造工作新机制的形成》等,都使用了"监管改造"一词。三是"监管"的使用逐步在劳改工作领域和相关工作相结合,形成了具有专指意义的词语。比如,1989 年 8 月邓先智在《犯罪与改造研究》发表了《试论干部在监管安全防范工作中的重要作用》,使用了"监管安全"一词。1991 年 7 月王建明在《检察理论研究》发表《监管改造场所贪污贿赂案件的特点及对策》,使用了"监

---

① 参见杨显光主编:《劳改法学词典》,四川辞书出版社 1989 年版,第 212 页。

② 参见杨显光主编:《劳改法学词典》,四川辞书出版社 1989 年版,第 160 页。

管改造场所”一词。之后，又派生出与“监管”相关的概念，如监管信息、监管效果、监管考核、监管绩效、监管水平、监管理念、监管思想、监管制度等。同时，一些会议也以监管改造命名，如1992年6月刘福臣在《犯罪与改造研究》发布会议信息《辽宁监管改造工作会议在瓦房店召开》。“监管”已成为和刑罚执行、狱政管理相并列的、具有同等意义的用语。

1994年颁布的《监狱法》第4条规定：“监狱对罪犯应当依法监管，根据改造罪犯的需要，组织罪犯从事生产劳动，对罪犯进行思想教育、文化教育、技术教育。”第14条规定：“监狱的人民警察不得有下列行为：……（八）非法将监管罪犯的职权交予他人行使……”由此，“监管”成为《监狱法》的法定用语，随后，“监管改造”替代“狱政管理”，成为和教育改造、劳动改造并列的监狱改造罪犯的三大手段之一，并被写入《监狱学基础理论》教材之中。涂发中、郭明于2003年主编的《监狱学基础理论》把“监管”表述为“监管、教育、劳动成为改造罪犯的基本手段”，把“监管改造”定义为“行刑机关对罪犯执行刑罚、严格管束、规范行为、维护狱内秩序、协调关系等所采取的方法和措施”。同时指出“监管改造手段的适用范围包括执行刑罚和监督管理”。执行刑罚主要包括收监、减刑、假释、监外执行、又犯罪处理、对申诉、控告、检举的处理以及释放等。监督管理“主要包括分押分管分教、警戒、内看守、罪犯组织、通讯、会见、考核、奖惩、生活卫生等”①。王利杰、曹化霞于2015年主编的《监狱学基础理论》指出，监管“又称狱政管理，是我国监狱依法对判处徒刑和死缓的服刑人实施惩罚和矫正的刑事司法活动”。“监管的基本内容，主要指的是执行刑罚、服刑人处遇和监管改造三个方面”，监管的实质“是由监狱实施的一种特殊的刑事司法管理活动”②。在这里，监管改造几乎涵盖了执行刑罚和狱政管理的全部内容。

由此，对监狱监管可作以下理解：第一，监狱监管的实质是执行刑罚的管理过程，包括了对罪犯的监禁管理和监督管理。第二，监狱的监管是《监狱法》确立的法律术语，“监管权派生于刑罚执行权”，是刑罚执行权在监管过程中的具体体现，也就是说没有行刑权就没有对罪犯的监管权。第三，监狱的监管包括监督职能、管理职能、约束职能和惩处职能等，是监狱环境下刑罚执行权和狱政管理权的综合表现形式。第四，监狱的监管是我国改造罪犯的重要手段，不管是原来的三大

---

① 参见涂发中、郭明主编：《监狱学基础理论》，金城出版社2003年版，第202～203页。

② 参见王利杰、曹化霞主编：《监狱学基础理论》，法律出版社2015年版，第224页。

改造手段，还是近几年提出的五大改造手段，“监管改造”都是其中的改造手段之一。

（二）社区矫正监管的内容和性质

在社区矫正工作中，“监管”是“监督管理”的简称，其实质内容是“监督”，是指“察看并督促”。《社区矫正法》专设了监督管理一章，归纳起来看，社区矫正的监督管理主要包括：(1)对社区矫正对象履行法定义务的监督管理；(2)对社区矫正对象遵守国务院司法行政部门关于报告、会客、外出、迁居、保外就医等的监督管理；(3)分类管理和矫正管理；(4)对社区矫正对象活动情况和行为表现的日常管理；(5)考核奖惩；(6)漏管、脱管的处理；(7)对违反监督管理规定的行为或者违反人民法院禁止令等违法行为的管理；(8)减刑。除此之外，《社区矫正法》在其他章节也规定了监督管理的内容：(1)对缓刑犯是否撤销缓刑的监督管理；(2)对假释犯是否撤销假释的监督管理；(3)对违法犯罪的社区矫正对象是否提请逮捕的监督管理；(4)对暂予监外执行犯是否收监执行的监督管理；(5)对违反治安管理规定的社区矫正对象是否提请治安管理处罚的监督管理等。

对公权力而言，任何机构都不能突破“法无授权不可为”的红线和底线，社区矫正监督管理的性质，取决于社区矫正机构的法律属性和法律规定、许可或者法律授权的情况。《社区矫正法》没有赋予社区矫正机构行刑权，也就是说，在法律层面上，对社区矫正监督管理权的权能可作以下理解。

第一，社区矫正机构只享有对社区矫正对象和社区矫正事务在社区一定范围内的行政管理权，没有独立执行刑罚的权力。虽然从社区矫正监督管理的内容看，减刑、撤销缓刑、撤销假释、提请逮捕、暂予监外执行的收监执行、解除矫正等都涉及刑罚执行，但是社区矫正机构在其中扮演的角色是协助者，只有建议权或提请权，而没有实质性的决定权和执行权。所以说，社区矫正监督管理属于行政管理活动，其属性是行政管理权。

第二，在对社区矫正对象的监督管理中，不能超越行政权的范畴，不能超越法律规定的限度。这个“限度”就是《社区矫正法》第 34 条的规定：“开展社区矫正工作，应当保障社区矫正对象的合法权益。社区矫正的措施和方法应当避免对社区矫正对象的正常工作和生活造成不必要的影响；非依法律规定，不得限制或者变相限制社区矫正对象的人身自由……”社区矫正机构需要注意的是，对社区矫正对象采取的监督管理措施应当适度。社区矫正毕竟是在开放环境中进行的，不是在社会上办监狱,不可能也没必要对社区矫正对象保持实时监控,只要能做到及时了解掌握社区矫正对象的活动情况和行为表现即可。采取的矫正措施和方法应当避免对社区矫正对象的正常工作和生活造成不必要的影响。从《社区矫正法》的立法精神和价值取向看,社区矫正监督管理要充分体现以人为中心的思想,彰显管理就是服务的理念,"促进社区矫正对象顺利融入社会"。

第三,社区矫正机构只是"监督"社区矫正对象履行法定义务和遵守社区矫正的行为规范,如果社区矫正对象违反《刑法》《刑事诉讼法》和人民法院的裁判文书确定的内容,需要动用行刑权,应由具有行刑权的公安机关、法院和监狱管理机关行使。在这里,所谓的社区矫正的"监管"不具有刑罚执行的惩罚性。"对于社区矫正对象应当有哪些'惩罚',需要以刑法、刑事诉讼法的规定为依据,以人民法院的裁判文书为内容,离开人民法院裁判文书,由其他机构或者人员在执行中加以各种体现'惩罚性'的措施,不符合法治要求。""关于对社区矫正对象的'惩罚',也就是其应当负有的法定义务,刑法、刑事诉讼法已有明确规定,人民法院应当在裁判文书中具体确定,社区矫正机构应当依法执行。因此,社区矫正工作的开展没必要过多强调惩罚性,不宜将其作为一项原则加以规定。"①

(三)"白马非马"论:异质性分析

中国古代逻辑学家公孙龙曾提出"白马非马"的一个逻辑问题,这本是一个逻辑谬论,但是,他也论证了"包含于"和"等价于"的逻辑关系,亦即"白马"的概念是属于"马",但不等价于"马"。虽然社区矫正机构和监狱同样监管罪犯,但二者的"监管"是不能等同的。社区矫正的监督管理,可以简称为"监管",但绝不等同于监狱对罪犯的监管。关于这一点,笔者从"监管"的权能、逻辑预设、主体关系、规范结构等方面加以区分。

第一,从"监管"的权能分析。监狱对罪犯的监管权,来自《监狱法》的赋权,虽然监狱在行政管理上隶属司法行政机关,但《监狱法》明文规定监狱是国家的刑罚执行机关,监狱的监管权是行刑权的体现形式。从《监狱法》对刑罚执行权和其他权力的赋权形式看,监狱的刑罚执行权具有单一专属性,监狱的"监管"是在剥夺罪犯人身自由的前提下行使的,监管本身就具有执行刑罚的惩罚性。一般情况

① 参见王爱立、姜爱东主编:《中华人民共和国社区矫正法释义》,中国民主法制出版社 2020 年版,第 32 页。

下,在监狱范围内,监狱单独拥有刑罚执行权。在这里,监狱的“监管”包括监禁管理和监督管理。社区矫正机构对社区矫正对象的监督管理,来自《社区矫正法》的赋权,社区矫正机构隶属司法行政机关,具有司法行政的属性。从《社区矫正法》的赋权形式看,对社区矫正权的赋权形式是多元分权制。依照《社区矫正法》的规定,社区矫正权可以分为刑罚执行权、行政执法权、行政管理权等。其中,刑法执行权是由公安机关、法院和监狱管理机关行使的,社区矫正机构所具有的权能中,执法权包括两个方面:一是协助具有刑法执行权的机关完成刑罚执行活动;二是对社区矫正对象进行行政执法。这些权力的行使,都不具有“暴力”属性,主要体现为监督、指导、检查、纠正、落实、考核、评价、奖惩等。因此,社区矫正中的“监管”是行政管理权的体现。所以说,把社区矫正工作中的“监管”理解为具有刑罚执行性质的“执法”行为是值得商榷的,社区矫正的监督管理绝不是监狱监管方式的“继承”和外溢,而是司法行政机关行使司法行政管理权的一种形式,二者具有质的差异。社区矫正机构和社区矫正工作者除对社区矫正对象进行适度的监督管理以外,教育和帮扶才是他们工作的核心内容。

第二,从“监管”的逻辑预设分析。监狱监管的逻辑预设是,因为罪犯犯罪,严重危害社会,需要关进监狱,以剥夺自由的形式实施惩罚和预防再次犯罪,再次犯罪具有大概率特性,因此监禁监管要无缝对接,监管是刑罚执行活动和狱政管理的有机结合。《社区矫正法》规定的“监督管理”的逻辑预设是,因为社区矫正对象犯罪,情节轻微,或经过一定时间的改造,放在社会上不至于危害社会,或者由于生理原因无法继续监禁服刑,再次犯罪具有极小概率特性,“监管”是及时提醒社区矫正对象要严格履行法定义务,遵守社区矫正行为规范,不要再次违法犯罪,否则,要承担被关进监狱、剥夺人身自由的风险。从这个意义上说,社区矫正的“监管”是对社会危险成员的管控活动。

第三,从参与“监管”的主体的法律关系分析。监狱监管中监管者和被监管者的地位是不平等的,监狱对罪犯的监管是执行刑罚和教育改造活动,是以剥夺罪犯的自由为前提的,监狱警察和罪犯之间是强制与被强制、改造与被改造、惩罚与被惩罚的关系。社区矫正的“监管”是风险管理和控制活动,监管者和被监管者的地位是平等的,社区矫正以限制社区矫正对象的自由为前提,社区矫正工作者与社区矫正对象之间是管理与被管理、教育与被教育、帮扶救助与被帮扶救助的关系。

第四,从“监管”法律规范的结构和性质分析。监狱的监管是事前强制规范,是以国家强制力作为后盾的强制矫正、教育、改造和转化，要求罪犯“必须怎么做”，坚持以全面干预为原则，以不干预为例外。罪犯的生活环境、生活内容、行为方式等，都事先以规范的形式固定下来，监狱强制罪犯按照规定规范自己的行为，罪犯违反规定会受到相应的惩罚。社区矫正的“监管”是事后干预，主要是考察社区矫正对象对法律法规规定的义务“做得怎么样”，坚持以不干预为原则，以干预为例外。社区矫正的“监管”以沟通协商、善意提醒为工作形式，以社区矫正对象的自我矫正、自我成长、自主矫正为主导。

综上所述，我们只有深刻理解监狱监管和社区矫正监督管理的内涵和外延，才能在监狱工作和社区矫正工作中把握监狱监管权和社区矫正监督管理权的法律定位和权能属性，明晰二者的性质和职责范围，确保正确行使权力。

二、监督管理的价值取向冲突

社区矫正工作的价值取向决定着社区矫正监督管理工作的价值目标。在社区矫正监督管理的价值取向上存在的冲突，实质上内含的是社区矫正监督管理工作在制度建构和逻辑预设等方面存在的矛盾冲突。

（一）我国传统重刑主义和现代世界行刑轻刑主义的冲突

传统意义上，我国是个重刑主义国家，强调以严刑峻法治理国家，突出国家暴力工具在国家管理中的绝对主导作用，推崇刑罚重典主义哲学。因此，应首先从社区矫正对象的法律属性出发，推导出社区矫正的刑罚执行性质。刑罚执行要有强制的国家力量作为后盾，就需要动用警察来行使行刑权，否则不能体现刑罚的威严。在这里有一个基本的逻辑立论：执行刑罚只能由具有行刑权的警察才能实施。

传统重刑主义者倡导监禁刑对犯罪的控制和威慑作用，追求通过对“已然之罪”的惩罚达到一般预防的目的。这是刑事古典学派的思想在社区矫正监督管理中的折射，监狱对罪犯的监禁矫正是常态，而社区矫正是例外。重刑主义在刑法哲学上是基于危险管理，依据的是罪犯曾经的社会危害性和依然存在的人身危险性，理论假设是罪犯有现实犯因性因素，不给予报应既不能彰显社会的公平正义，也不足以保卫社会。我国经历了两千多年的封建社会，传统的重刑主义思想根深蒂固，长期支配着我国的刑罚格局，从改革开放初期的“严打”到今天的运动式“扫黑除恶”，无不是重刑主义思想在社会管理上的反映。

现代世界行刑发展的文明和理性已成为共识，整体趋势是轻刑化、非监禁化和社会化等，轻刑主义已成为支配我国刑罚领域的重要思想，最有力的证据是社区矫正深入开展直接冲击了重刑主义在我国刑罚领域的控制地位。社区矫正不仅体现了我国正在崛起的宽严相济的刑罚思潮，更是从法律上确立了一种新的罚制度，打破了长期以来监禁刑一统天下的格局，使我国刑罚制度由此出现了监禁刑和非监禁刑并立的局面，这是我国刑法史上的一次重大革命。社区矫正充分彰显人文主义思想，关注的重点不再是单一的社区矫正对象的犯罪行为，而是犯罪人——社区矫正对象的"未然之罪"上，倡导保卫社会的个别预防，既弘扬社会的公平正义，也强调犯罪治理的社会责任，倡导社区矫正对象监督管理的个别正义。因此，基于风险管控的犯罪治理的需求，社区矫正的基本逻辑推论是：以社区矫正对象人身危险性不大为基点，但其存在潜在的犯因性因素，具有一定的社会风险；虽将社区矫正对象置于社区之中，但没有风险管控不足以保卫社会。

传统重刑主义从功利的目的出发，可以满足社会公众对犯罪的仇恨心理，通过将犯罪仇恨转移为犯罪人的监禁和痛苦，使社会公众产生对惩罚的集体狂欢和快感。社区矫正监督管理工作对社区矫正对象的宽容和包容，触动了传统重刑主义的敏感神经，因而传统重刑主义者以强调社会安全的名义，竭力倡导社区矫正的"惩罚性"。传统重刑主义观念和现代轻刑主义思想在社区矫正中的冲突由此而生。

（二）政府控制主义和社区主导主义的冲突

政府控制主义把社区矫正是刑罚执行活动作为立论依据，认为刑罚执行权是政府所特有的权力，应由政府主导，突出政府在社区矫正监督管理中的控制和支配地位，当然政府控制的最主要的就是警察的直接管理和深度介入。

社区主导主义认为，社区矫正自从产生之日起就具有社区主导的特质，是对监禁刑对人性伤害的反制，本意不在于刑罚执行，而在于在社区自由宽松的环境中对社区矫正对象的监督管理以及与促进其社区的融合。社区矫正突出的是社区主导，而非政府控制。政府在社区矫正中的角色应是"掌舵者"，社会力量才是社区矫正工作的"划桨者"。社区矫正监督管理工作利用社区的资源优势实现刑罚的报应目的，同时通过矫正教育实现对社区矫正对象的个别正义，从宏观上对社会安全进行了控制。

传统上，我国是"大政府小社会"，人们养成了对政府"无边界"的依赖感，政府似乎成了无所不包的“包办者”。然而,现代国家倡导的是“小政府大社会”,政府尽可能地把社会公众能够自我管理的事务归还给社会组织、社会团体、第三部门等,政府只应全力做好法律授权的事务。目前,政府控制主义者以中国特色的名义,以社会组织、社会团体、第三部门等培育不健全的名义,弱化社区矫正的社区主导主义,强调政府的主导作用,认为只有政府进行强力干预才能做好社区矫正监督管理工作。事实上,这从反向证明了我国社会发育的现代性缺陷。现代社会的发育是需要精心培育的,也是一个长期的过程,只有社会组织、社会团体、第三部门等不断参与社会事务,才能促使现代社会发育健全。社区矫正之于我国现代社会建设是一个极好的平台,政府不应主导的事务应尽快放手,让社会力量有所作为,社会的发育才会逐步成熟。正如有的学者所言:“市民社会的发展改变了传统国家垄断的社会治理模式,为公共治理带来社会运行视角和社会连带逻辑。从社会动态运行的视角和连带的逻辑出发,公共治理必须注重社会发展需求,运用社会自身发展规律实现这一目标,超越国家本位和治理手段的单一性。受此决定,社区矫正作为公共治理的关键环节不仅需考虑国家本位下的报复正义目标,还必须考虑到社会的修复违法犯罪损害的要求,运用社会自身的互动机制更好地实现社会修复这一目的。”①同时我们也应该坚信,公民社会的发育,必然带来社会法治水平的提高,促进社会公众对社区矫正对象权利的保护意识。我们必须意识到,社会安全是全体社会成员的共同责任,只有社会成员积极主动参与社区矫正的监督管理,才能真正实现社区矫正的价值。

在社区矫正监督管理的制度设计框架中,政府的控制应是有限的,而社会力量才是主导。政府权力的自我扩张,必然漠视或弱化社会力量的主导,势必导致社区矫正制度异化。从这个意义上讲,我国社区矫正的政府控制主义才是社区矫正制度异化的根源。

(三)社区矫正理论建构和社区矫正实践的冲突

社区矫正制度建设有自己的发展路径。“如果说社区矫正的理论形态是社区矫正制度发展的一个逻辑起点,社区矫正的实践形态就是社区矫正制度发展的逻

① 参见李川:《基于风险管控的社区矫正制度研究》,东南大学出版社 2017 年版,第 64 页。

辑通道，而社区矫正制度的法律形态就是社区矫正制度发展的一个逻辑终点。”① 而我国社区矫正制度的发展轨迹恰恰背离了这一逻辑规律，在没有任何理论支撑的前提下，就已开始了社区矫正监督管理的实践，这就导致了社区矫正理论建构和社区矫正实践的冲突。该冲突具体表现在如下方面。

社区矫正的理论建构是理想化的，是完美主义思想的结晶。社区矫正理论建构以监督管理和矫正教育为依托，其目的是完成对社区矫正对象的再社会化，并在此过程中恢复被社区矫正对象的犯罪行为破坏的社会关系。因此，从社区矫正监督管理的功能主义出发，其首要目标是社会功能的完善，并通过行刑社会化机制的运作使社会健康运行。从刑罚的价值取向看，社区矫正监督管理是轻刑化思想的社会反映，是建立在对重刑主义批判和反制基础之上的行刑制度的创新和重构，体现了刑罚宽严相济的内在精神。因此，社区矫正制度的理论建构追求的是理想主义，试图使社区矫正制度一旦付诸实施，就具有完美性。

社区矫正实践是面向现实的，强调的是现实问题的有效化解。在我国，社区矫正制度实践之初就充满了未知因素，不仅缺乏法律制度的有效支撑和规范，更无理论研究和探讨，完全处于“摸着石头过河”的状态。但是有一点是肯定的，实践者基于社区矫正对象罪犯的法定身份，依据法院的生效判决，确认了社区矫正至少在法律属性上是非监禁的刑罚执行活动，按照传统的法治思维，执行刑罚就必须体现报应主义的惩罚性和严厉性，就必须贯彻重刑主义的特殊预防思想。更为重要的是，由于自上而下的体制机制的设计所存在的弊端，社区矫正实践中出现了重重困难，非经国家强力部门的法律授权难以解决。

社区矫正制度的理想化设计常常不能适应社区矫正实践的内在要求，在实践中难以贯彻和实施，使社区矫正制度出现水土不服的现象；而社区矫正实践因面对现实中的重重问题，操作上常和制度设计产生矛盾，甚至出现制度反叛现象，冲突就此而生。

（四）社区矫正制度普适性的法律化逻辑与社区矫正对象特殊性的个别化逻辑的冲突

这是社区矫正制度设计和社区矫正对象矫正个别化在哲学基础和理论前提

---

① 参见翟中东：《中国社区矫正制度的建构与立法问题》，中国人民公安大学出版社 2017 年版，第 5 页。

上的差别。社区矫正制度普适性的法律化逻辑以一般预防为基点,认为社区矫正对象的犯罪行为是自由意志选择的结果,在功利主义保卫社会的目的的驱使下,试图通过对“已然之罪”的惩罚,实现对社区矫正对象的报应性打击,同时威慑潜在的社会犯罪者,使之不敢犯罪。因此,社区矫正制度设计以犯罪行为为中心,体现的是犯罪行为的应受惩罚性,倡导法律面前的社会公平正义,普适于所有犯罪行为。但是,社区矫正对象的监督管理和矫正教育是特殊化的,每个社区矫正对象都有自己的犯因性问题,要实现改造教育的目的,需要具有针对性的个别化矫正方案。因此,社区矫正对象的监督管理和矫正教育的本质属性是以教化为中介在逻辑思路上试图通过对“未然之罪”的预测、预防和控制实现对社区矫正对象的特殊预防并使其回归社会,在制度设计上以实证主义和社会决定论为理论基础,以社区矫正对象为核心。这样,社区矫正制度设计和社区矫正对象个别化的监督管理、矫正教育之间,在哲学基础和理论前提上就产生了普适性和特殊性的逻辑冲突。

三、社区矫正监督管理工作价值目标的现代化表达

推进社区矫正工作现代化的核心是“以人为本”,具体表现为正确处理社区矫正工作中个人、社会、国家之间的关系,广泛培育社会力量,激发社会治理犯罪的活力,维护社会的安全和秩序。社区矫正监督管理工作现代化的价值目标是指在社区矫正监督管理工作中追求的基本方向,是社区矫正监督管理工作功能性和导向性的体现,是社区矫正监督管理工作理念体系、组织体系、制度体系、行为体系等方面的价值追求总方向和总标准。

(一)监督管理工作主体从“一元化”到“多元化”

社区矫正监督管理工作最突出的特征之一就是参与主体多元化。一是社区矫正监督管理的参与主体应由唯一的司法行政机关转变为多元的社会力量;二是由传统监禁刑形成的以行刑为核心的刑罚执行主体转变为以社会公共机构和私人机构为表征的监督管理和矫正教育主体;三是由单纯的政府管理转变为社会组织、社会团体、社会工作者、社会志愿者等社会主体共同参与的社会治理,通过激发以社会力量为代表的社会主体的活力,提升社会参与社区矫正监督管理工作的积极性。所以,社区矫正监督管理工作在政府的主导下培育多元化的参与主体,既是社区矫正工作现代化的内在要求,更是社区矫正监督管理工作现代化所追求

的方向。

(二)监督管理工作向度从“单向主导”到“多向共享”

目前,社区矫正监督管理工作的向度是单向的,监督管理工作机制是以司法行政机关的行政级别由上而下的设置和管理。这种单向的工作模式通过公权力,以颁布法令、制定政策、自上而下的行政动员等来实现社区矫正监督管理的工作目标,很明显,这种单向度的社区矫正监督管理模式带有浓厚的行政规制色彩。而社区矫正工作现代化在顶层制度设计上要求监督管理工作主体多元化,打破单向度工作格局,社会力量广泛参与社区矫正监督管理工作,形成上下互动、横向联结、有偿服务、共建共享的监督管理工作格局。在理念和价值追求上,把社区矫正监督管理工作作为控制社会犯罪现象的公共利益和社会治理的政治认同。作为政府有机组成部分的司法行政机关是社区矫正监督管理工作的主导者,社会力量是社区矫正监督管理工作的协同者,非营利性社会组织通过政府购买服务的方式介入社区矫正监督管理和矫正教育工作中,成为社区矫正工作整体格局中的特有一极,使社区矫正监督管理工作实现多向度共同参与、多维共同治理,使各主体共享社会环境的安全和秩序。这种“多向度参与、共建共享”的格局,强调社区矫正监督管理工作的公共性特征,使现代法治的内在精神贯穿于社区矫正监督管理工作的始终,也昭示现代社会对社会公众共担社会责任的尊重,体现“以人民为中心”的法治精神。通过“共建共享”进一步实现社会治安治理中权力和权利的分立,真正形成社区矫正监督管理工作多主体共同参与、多向度协作介入的工作模式。

(三)监督管理工作本质从“集中化”到“分权化”

社区矫正监督管理工作本质从“集中化”到“分权化”主要体现在:一是社区矫正监督管理工作的根本点是转变政府在社区矫正工作中的职能。通过司法行政机关及其他参与部门的限权、放权和分权,实现社区矫正监督管理工作“政府的归政府、社会的归社会、市场的归市场”,建构一个政府、社会、市场三足鼎立,权力有限度,权力边界明晰的工作体系,使社区矫正监督管理工作需要的资本、劳动、技术、知识等要素,迸发出应有的活力,特别是让社会力量参与到自己的专业领域,为社区矫正工作目标的实现奠定坚实的基础。二是改变社区矫正监督管理工作政府集中化的状态,实现参与主体各司其职的分权化状态。这样有利于有效利用社会资源，提高社区矫正工作的效率。在这里最重要的效率是社区矫正监督管理工作在预防犯罪、控制犯罪、改造罪犯中的社会效率。分权的形式可以赋予社会力量应有的责任，使社区矫正监督管理工作在社会秩序和发展中寻找到自身在社会框架中的平衡点，以进一步推进打击犯罪所体现的社会公平正义；同时分权也彰显现代社会对社区矫正对象的社会关照，通过监督管理和矫正教育的方式，使社区矫正对象回归社会，成为守法公民，彰显改造罪犯的个别正义，促进建立突显现代化特质的以公平正义为核心的现代刑事执行制度。

（四）监督管理工作格局从“政策化”到“法治化”

社区矫正监督管理工作的现代化不仅是社区矫正监督管理工作功能上的变化和外在形式上的改变，重点在于从社区矫正的政治生态上逐步弱化“人治”和“政策化”的倾向，从而走向“法治化”轨道。一是社区矫正监督管理工作从产生之日起便是“政策化”的产物，而非“法治化”建构的结果。社区矫正监督管理工作经过多年的发展，虽然取得了一定的成就，归纳总结出了诸多实务工作经验，但是也暴露出“政策化”主导下的“先天硬伤”，使其在我国法治国家、法治社会、法治政府一体化建设中受到诸多质疑和批判。所以，社区矫正监督管理工作的“法治化”是和习近平新时代中国特色社会主义制度建设和创新相衔接的，也是现代刑事执行制度的应有价值。二是法治是规则之治，是善法良治，是法治精神在社区矫正监督管理工作中的贯彻执行。“法治是一个内涵民主、自由、平等、人权、理性、秩序、正义、效益与合法性等诸多社会价值的综合观念。”①设定法律的框架和禁区，规范社区矫正监督管理工作的权力运行机制，“把权力关进制度的笼子里”，让社区矫正监督管理工作依照法律规则来运行，使司法行政机关将行使公权力和保障社区矫正对象的合法权益置于同等重要的地位，确定社区矫正监督管理工作中公权力和私权利的范畴和领域。三是法治意味着监督。社区矫正中公权力的行使在法治语境中必须受到必要的监督、约束和制衡。

综上所述，社区矫正监督管理工作现代化的价值目标是建构社区矫正的新型工作体系和运行机制，推进“分权化”和“法治化”，实现社会的公平正义。

---

① 参见张文显：《法哲学通论》，辽宁人民出版社2009年版，第370页。

四、《社区矫正法》施行后的机构建设问题

《社区矫正法》实施以来，全国范围内如火如荼地创建了《社区矫正法》确立的社区矫正工作由党委政府“统一领导”社区矫正委员会“统筹协调”、司法行政机关“主管”、社区矫正机构“具体实施”、司法所“受委托参与”的管理体制，社区矫正委员会、社区矫正机构陆续在全国建立。据统计，截至 2021 年年底，《社区矫正法》施行两年以来，全国 31 个省（自治区、直辖市）和新疆生产建设兵团全部成立了社区矫正委员会，全国 96% 的地市级行政单位、93% 的县级行政单位和 43% 的乡级行政单位设立了社区矫正委员会。[①] 海南、吉林、安徽、山西等省（自治区、直辖市）已经实现了省市县乡四级社区矫正委员会、省市县三级社区矫正机构的全覆盖。我国社区矫正工作体制已经基本建立。不少省（自治区、直辖市）颁布了社区矫正实施细则，如上海、河南、福建、湖北、安徽、四川、贵州等省（自治区、直辖市）制定了社区矫正实施细则，使社区矫正工作有了各自的地方标准，增强了日常监管、帮扶教育的可操作性，明晰了各部门的执法权限与法律责任。

但基于多方面的原因，《社区矫正法》对机构设置方面的不少重要事项缺乏规定，如对社区矫正中心的功能定位以及其与县级社区矫正机构的关系规定不明，不清楚社区矫正中心到底是一个辅助机构、服务机构还是社区矫正机构。[②]《社区矫正法》还存在一些模糊规定，如《社区矫正法》第 8 条“地方人民政府根据需要设立社区矫正委员会”的表述。没有仿效《法律援助法》第 12 条关于“县级以上地方人民政府司法行政部门应当设立法律援助机构”的表述。这里的“根据需要”如何理解，无明确规定，导致不少地方政府认为“根据需要设立”就是无须设立。前述内容让社区矫正机构建设实践较为被动。

目前我国社区矫正机构建设的现状是社区矫正委员会基本全面建立，但具有独立法律地位的社区矫正机构寥寥无几，司法所几乎全面接受委托承担社区矫正工作。

自社区矫正试点以来，基层社区矫正执法人员一直期盼借力《社区矫正法》，将社区矫正机构与队伍充实起来，解决“小马拉大车”问题。但由于法律规定的模

---

① 参见姜爱东：《关于我国社区矫正工作发展形势与今后的工作任务》，载《社区矫正理论与实践》2022 年第 1 期。

② 参见郑艳：《社区矫正中心的功能定位与运作模式研究》，载《中国司法》2020 年第 3 期。

糊,设置社区矫正机构的标准缺失,各地要么没有设立社区矫正机构,要么设立得"五花八门",社区矫正工作人员编制基本未变,大多仅仅是加挂牌子而已。特别是县级社区矫正机构,多数仍然是内设机构,没有解决独立法人问题、编制问题、行政级别问题。《社区矫正法》本意是让乡镇以上的社区矫正委员会在社区矫正工作中发挥统揽全局的作用。但社区矫正委员会如何设置与运行,《社区矫正法》未作明确规定,导致其仅仅是一个空设的委员会而已。与此同时,对于基层社区矫正机构的编制设定、队伍稳定、执法装备保障、档案管理等问题,单纯由县级司法行政机构向县委县政府、县编办等部门协调、解决存在不小的困难,需要上级司法行政部门做"一盘棋"统筹谋划。机构编制问题在很多地方都是红线,要求编制只减不增。增加机构、增加编制不是"基层司法行政机关积极向党委政府汇报争取支持"就能解决的,这需要中央层面的协调与定调,需要顶层设计的支撑。没有中央的政策支持,这些问题仅靠地方的报告和协调难以推动,司法部对此应有更大作为。

笔者认为,司法所"受委托"承担社区矫正相关工作只是权宜之计,是机构不健全情况下的过渡之策,不能成为常态。最终还是应推动社区矫正机构独立承担相应职责,当务之急是尽快建立区(县)社区矫正机构,否则,社区矫正工作难以开展。增设机构和加挂牌子并不一定需要很多人员编制,区、县、社区矫正机构原来是内设机构,现在应该至少解决为司法行政机关的二级局(或者直属局),对外有独立法人资格。独立法人资格可以使社区矫正机构承担起独立运作、独立决策的责任,有利于机构内部的组织架构和管理体系的建立和完善。同时,独立法人资格也为社区矫正机构提供更加完善的法律保障,确保机构的合法权益得到保护,减少受到外部干扰的可能性。根据工作需要还应尽快设立分支机构,建立社区矫正执法大队,在乡镇(街道)设立社区矫正执法中队。在区(县)社区矫正中心人员不足、编制缺乏的情况下,一方面可以发挥社会工作者的作用,用好政府购买服务。事实上,财政资金既可以用来购买专业社工的服务项目,也可以用来购买专业社工的服务岗位。另一方面可以借鉴学习台州"队建制"模式,[①]将执法重心上

① 具体是在市级社区矫正管理局增挂社区矫正执法支队牌子,县级全面设立社区矫正执法大队,乡镇(街道)根据需要跨行政区划设立社区矫正执法中队,村级设立村居社区矫正工作站。打破乡镇街道行政区划的界限,积极探索专门化、实体化的社区矫正机构建设。参见吴海平、李晏子、蒋晓军:《台州社区矫正机构建设的实践与探索》;金川:《社区矫正机构队伍建设与教育矫正研究——首届浙江台州社区矫正论坛文集(2016)》等相关内容。

移，把权力和工作集中到县级执法大队，通过内部资源的整合，强化执法管控能力，实现社区矫正工作专业化、精细化。

至于在社区矫正工作中出现的疑难问题、部门之间推诿扯皮的问题，应发挥社区矫正委员会"统筹协调的功能"予以解决。《社区矫正法》实施以来，各级社区矫正委员会在统筹协调和指导本行政区域内的社区矫正工作方面发挥了积极作用，有力地推动了社区矫正工作规范化、专业化、社会化、智能化发展。但在完善社区矫正委员会的工作机制方面，还需要做以下工作：一是进一步明确社区矫正委员会的职责和各成员单位的职责。社区矫正机构是县级以上人民政府根据需要设置的承担对社区矫正对象日常管理工作的专门工作实体，也需要协调和指导本行政区域内的社区矫正工作。这种协调既包括部门与部门之间的协调，又包括部门内部的协调，通过协调能够解决的问题，就没有必要再提交社区矫正委员会。社区矫正委员会需要协调的是社区矫正机构和司法行政机关难以协调的问题。社区矫正委员会层面的协调，更多的是宏观方面的协调和指导。二是社区矫正委员会主任的选择。由于社区矫正的性质是刑事执行，需要将法院的刑事裁决加以实现，因此笔者更倾向于社区矫正委员会的主任由政法委书记担任，政府副职担任副主任，这样更有利于协调和指导执法工作以及执法过程中的教育帮扶工作，更有利于提高效率。[①] 三是社区矫正委员会的上下级关系。目前全国省、市、县、乡镇四级设立社区矫正委员会的占将近一半，[②]但立法并没有明确社区矫正委员会上下级之间的关系。笔者认为，应建立社区矫正委员会的上下级联系制度，例如上对下的指导和下对上的汇报以及工作经验交流机制。在国家层面也应增设社区矫正委员会。我国社区矫正法律制度尚有很多内容需要完善，在法律实施中更加需要国家层面的统筹协调和指导，例如需要解决社区矫正机构设置和编制的问题。

五、关于"队建制"的探索与思考

针对一些基层司法所缺编严重、社区矫正工作难以正常开展的情况，实践中有两种改革路径：一种是由县级司法行政机关统一设置和调配司法所人员，保证

---

① 参见刘强：《推进社区矫正委员会制度建设和立法完善》，载《中国司法》2022 年第 6 期。

② 乡镇（街道）一级是否设立社区矫正委员会的问题，不必"一刀切"。有的乡镇（街道）监督管理的社区矫正对象人数过少，设置社区矫正委员会是对行政资源的浪费。

社区矫正工作的合理分配;另一种是在县级层面设置社区矫正执法大队,下设中队,司法所协助开展社区矫正工作。目前已有地方对社区矫正执法大队和中队体制进行了成功尝试,比如2014年浙江省台州市的"队建制"以及四川省宜宾市珙县的"队建制"。

针对社区矫正对象,特别是农村地区的社区矫正对象分散不易管理,加之社区矫正专业力量不足,司法所受委托承担了大量的工作。而司法所是司法行政机关最基层的组织机构,从全国来看,目前"一人所""无人所"仍然存在,且其受县级司法行政机关和乡镇(街道)双重管理,除承担司法行政方面的九项业务工作外,还要参与乡镇(街道)的工作,人员不足、精力分散,社区矫正工作很难落实到位。为此,不少地方进行了探索,将社区矫正工作从缺乏刑事执行经验、精力严重不足的司法所中剥离出来,实施"专人专职"的"队建制"管理:每个片区设立一个中队,形成"大队+中队"工作模式;整合内部资源,招聘司法行政辅助人员,充实到各中队;智慧矫正中心设置若干功能室,构筑"电子围墙"。大队全面负责区(县)社区矫正工作,承担落实社区矫正法律法规和有关政策、衔接管理、考核奖惩等工作;中队具体负责本辖区社区矫正对象的监督管理和教育帮扶,开展调查评估,制订并落实矫正方案;司法所协助中队开展调查评估、教育帮扶等相关工作。个别省市,如安徽,正在谋划在机构性质、人员编制、场所建设等关键环节按照"三个独立"的标准(社区矫正中队的机构性质要尽量独立、社区矫正中队工作人员要保持独立、社区矫正中队场所要相对独立)进行改革,以更大力度攻坚社区矫正"队建制"建设取得实效。

浙江省台州市司法局自2012年开始逐步推进"队建制"模式的社区矫正机构改革。2014年,经编委同意成立市级社区矫正管理局,增挂社区矫正执法支队牌子;经编委批准将社区矫正管理科全部更名为社区矫正执法大队,并设立承担执法监督职责的法制科。社区矫正执法大队统一行使社区矫正执法权,协调社区矫正各职能部门间的工作,承担调查评估、接收、事项审批、司法奖惩、收监、追查、禁止令执行和应急处置等职责。乡级层面,根据矫情和域情需要,对执法力量相对单薄的司法所进行资源整合,成立乡镇(街道)执法中队。村级层面,成立社区矫正工作站,协助社区矫正机构做好监管、教育和帮扶工作。应当说,这种"队建制"模式的社区矫正机构有助于形成市、县、乡镇、村四级社区矫正工作体系,使社区矫正工作更加实战化、实体化。这种形式突出了执法工作主体地位,并在乡镇层面成立执法中队,村(社区)层面建立矫正工作站。但这里有一个问题,即执法中队与司法所之间是什么关系？台州的执法大队没有编制，但为了使社区矫正工作能够专职化、实体化运作，当地选择抽调司法所的精兵强将，由几个司法所的工作人员组建一个执法中队，不过这样对司法所的建设是相对不力的，司法所不归社区矫正机构管，而是归司法局另外一个部门管，甚至有些地方，司法所归乡镇管，而不作为司法局的派出机构。

笔者经过调研发现，四川珙县探索的“队建制”模式，与台州模式类似。2020年4月珙县司法局启动社区矫正“队建制”试点改革，开展重新组建、职能分离、制度优化等一系列试点。其主要做法是：一是派驻机构“片区化”。按照“优化集中、方便管理、交通便捷、综合平衡”原则，将全县13个乡镇划分为巡场、珙泉、孝儿、上罗、洛表五大片区，新组建五个片区社区矫正执法中队，由执法中队承担社区矫正日常监管职责，实现了执法中队对乡镇（街道）社区矫正工作的全覆盖。二是队所职能“分离化”。探索将社区矫正职能从司法行政职能中分离出来，由社区矫正机构承担监管执法工作，司法所其他司法助理员专职从事除社区矫正外的司法行政工作。社区矫正执法中队和司法所同属县司法局派出机构，虽分工不同、工作内容不同、职责不同，但都属于司法行政工作整体。三是垂直监管“一体化”。按照“党组指挥、大队调度、中队负责、均衡发展”的建制要求，构建社区矫正执法大队、中队“一体化监管模式”，实现了“专职、专责、专业”管理。这一探索，值得区（县）社区矫正机构借鉴。

2020年11月召开的中央全面依法治国工作会议对法治专门队伍建设提出了“革命化、正规化、专业化、职业化”的要求。包括司法部在内的各级司法行政机关自然都应当按照这一要求，严格落实《社区矫正法》关于社区矫正机构、人员和职责的规定，自上而下抓好社区矫正机构的建设，真正建立一支“革命化、正规化、专业化、职业化”的社区矫正工作队伍。也只有这样，才能改变检察机关纠正社区矫正违法、不当案件数量居高不下的尴尬局面。但是，认真梳理社区矫正“队建制”模式，下列问题值得思考。

第一，社区矫正“队建制”缺乏法律和政策依据。目前，一些地方探索的“队建制”，通常都依据向上级或编办的请示而设立，没有法律或政策支撑。2012年《实施办法》（已失效）中并没有规定什么是社区矫正机构，司法部也没有就如何建立社区矫正机构下发过文件。这就导致建立社区矫正机构的任何模式都没有中央层面的法律或者政策作为依据，也使地方在探索社区矫正机构建设模式时面临重重阻力和困难。即使如“队建制”模式这般在司法局、司法所加挂了大队、中队的牌子，在人员编制的调配上也难有突破，只能从内部调剂，不能从根本上解决人员力量不足的问题，最终承担具体工作的也只能是司法所。而在《社区矫正法》实施后，社区矫正机构应由县级以上地方人民政府设立，司法所受委托从事相关工作，同时社区矫正机构还应当同司法局适度分离。这更是从法律层面否定了已在司法局、司法所加挂牌子，内部调配人员为主要内容的“队建制”模式。

第二，社区矫正“队建制”违背了机构编制管理的基本原则。根据《中国共产党机构编制工作条例》，机构编制必须坚持优化协同高效的基本原则，在设置工作机构时要做到科学合理、权责一致。而在社区矫正“队建制”中，虽然成立了社区矫正大队、中队，但这两个机构都不直接承担社区矫正日常工作，所有工作都继续由“片区（辖区）”也就是司法所承担。这在事实上导致了工作机构同工作内容的分离、权力和责任的分离。这样的运作模式，显然难称科学，也做不到权责一致，违背了优化协同高效的原则。而设立社区矫正中队无异于在司法局和司法所中间又增加了一个不承担具体工作的管理指挥层级，违背了精简、高效的原则。

第三，社区矫正“队建制”难以提升社区矫正工作质效。如前所述，机构建设和执行机制的相对薄弱是制约社区矫正工作开展的重要因素，要解决这一问题，就必须建立能够独立履行社区矫正职能、配备有专门工作人员的社区矫正机构。而社区矫正“队建制”虽然在表面上成立了工作机构，但却无法实际履行职责，社区矫正日常工作依然要由司法所来承担。既然如此，司法所兼职从事社区矫正工作的所有弊端自然也都会由“队建制”继承，无法真正提升社区矫正工作的水平。在编制未增加的情况下，抽调司法所人员组建队建制，不仅会削弱司法所从事其他司法行政的力量，还会将社区矫正的风险与责任转移到少数人身上。笔者通过调研发现，在试行片区管理的队建制中，片区内的多个司法所原所监管的社区矫正对象全部转移到专事社区矫正执法中队的工作人员身上（其实就 3 人左右）。一个社区矫正执法中队所监管的社区矫正对象通常在 100 人以上。一旦发生脱漏管或重新犯罪，社区矫正执法中队工作人员的职业风险与责任无疑会更凸显。

基层社区矫正工作需要一支专兼结合、包含多种角色的工作队伍，需要政府与社会力量互相配合，离不开社工、离不开村（居）委会甚至离不开网格员。“队建制”使社区矫正工作机构上移，容易与基层脱节，不免让人担忧。

六、社区矫正工作者职业倦怠及其应对策略

社区矫正工作是一项综合性、系统性工作，因此，参与社区矫正工作的人员也

具有多元性。参与社区矫正的人员包括公安机关和监狱管理机关的人民警察，人民法院的审判人员，人民检察院的检察人员，司法行政机关和社区矫正机构的人员，与社区矫正工作密切相关的人力资源与社会保障、教育等部门的人员，村委会、居委会等基层自治组织的人员，社会组织、社会团体等机构的人员。笔者所研究的社区矫正工作人员，只限于司法行政机关和社区矫正机构中专职从事社区矫正工作的人员，既包括司法行政机关和社区矫正机构中的公职人员，也包括社区矫正机构中从事社区矫正工作的社会工作者，二者统称为社区矫正工作者。

在现实社会中，不同的职业领域各有职业倦怠的内在成因、外显形态和结构特征。笔者以“社区矫正工作者职业倦怠”为主题，在中国知网进行检索，没有发现关于社区矫正工作者职业倦怠的研究。为此，有必要对社区矫正工作者的职业倦怠问题进行探讨。

(一)职业倦怠的理论基础与外显形态

1. 职业倦怠的理论基础

关于职业倦怠的理论主要有匹配理论、三维度理论、资源保存理论和社会支持理论。匹配理论认为，职业倦怠产生的概率与员工的付出与报酬、公平等的不匹配程度成正比。即当个体与工作环境中的核心要素长期存在失配时，其就会产生职业倦怠，失配性越大，产生倦怠的概率就越大，反之亦然。三维度理论“把助人行业人员(教师、护士等)当中出现的对工作上长期的情绪及人际应激源作出反应而产生的心理综合征称为职业倦怠。由于社会对此类人存在普遍的社会期望，造成此类人在进入职业之后不得不持续地投入大量的情绪、生理等方面的精力来满足所服务对象的要求，久而久之，就容易形成身心疲惫的症状”。三维度理论提出了职业倦怠的理论模型，即“情感耗竭、去人性化、个人成就感降低”。资源保存理论认为，“人们总是寻找、努力获得、保持以及积累他们认为有价值的资源，这些有价值的资源可能是与物质有关的事物、工作控制权与决定权、工作自主性、报酬、时间等，也可能是与人格有关的自我效能和自尊等”。“当有价值的资源丧失或受到限制或不足以满足个人需要，没有达到预期的期望时，职业倦怠就有可能发生。”社会支持理论认为，“对于个人而言，人作为一个个体若想获得幸福感就必须要得到其他子系统的认可和支持，对于组织成员而言，其工作需要得到家庭以及社会等多方面的支持”①。

2. 职业倦怠

职业倦怠，又称工作倦怠、工作疲倦、工作枯竭、职业枯竭、职业衰竭、职业枯竭症等。职业倦怠这一概念是1974年美国心理学家弗洛德伯格（Freuden Berger）首次提出的，之后社会心理学家马斯拉奇（Maslach）“从情感、态度和行为三个层面”②将助人工作者因为工作时间过长和工作强度过大所产生的疲惫状态称为职业倦怠，认为其突出表现为“情感耗竭、去个性化和低成就感”③。其中，情感耗竭是核心，是个体情绪方面的状态，在工作中表现为处于疲劳、烦躁、紧张、易怒和过敏等负面情绪中；去个性化是指人际关系消极，在工作和生活中处于消极应对的被动状态，将工作对象视为“物”而非“人”，表现出消极、冷漠和疏远的态度；低成就感是指个体对工作满意度的评价低，认为个体的工作没有任何价值和意义，感觉不到工作的成就感，主要是自我评价效能感降低和自我消极评价增长等。

社区矫正工作者所从事的社区矫正工作是一种“助人工作”，不仅要面对社会“消极群体”，而且要强制性地为他们提供必要的服务，具有典型的政治性、法定性、事务性、繁杂性、周期性特征。因此，笔者将社区矫正工作者的职业倦怠定义为，社区矫正工作者在社区矫正监督管理工作中因不能有效应对工作压力或工作挫折，而产生的个人能够体验到的以身心疲劳、焦虑、心力衰竭、情感冷漠与疏离、工作效率低下等为特征的情绪耗竭现象。

3. 职业倦怠的外显形态

职业倦怠是职业压力的一种，主要来源于社会期望压力、个人成就压力、工作性质压力、人际关系压力和组织机制压力等。其中内含着社区矫正工作者精神层面、生理层面、行为层面、认知层面的外显形态。从宏观上看，社区矫正工作者职业倦怠最常见的表现有三种：一是对职业发展前景感到失望，情绪烦躁、易怒，工作热情丧失。二是工作态度消极，对社区矫正工作流程和社区矫正对象没耐心，对工作感到厌倦。三是消极评价甚至负面评价社区矫正工作的意义和价值，跳槽

① 参见马振兴：《H省监狱警察职业倦怠问题研究》，河北科技大学2019年硕士学位论文，第10页。

② 参见沈泉宏、王玉香：《青少年社会工作者职业倦怠的原因和对策研究——以济南市为例》，载《山东青年政治学院学报》2020年第5期。

③ 参见易福侠、胡丽娜：《基于积极心理品质的高职教师职业倦怠研究》，载《豫章师范学院学报》2020年第4期。

意愿强烈。

社区矫正工作者的职业倦怠在具体行为上的表现主要有:一是对工作中的困境无所适从,自我迷失。把握不准社区矫正的工作目标,不能领悟社区矫正的工作原则,抓不住工作重点,理不顺工作思路,不能有效激发工作热情。二是社区矫正工作者在完成工作任务时,不认真研究工作中出现的问题,不仔细思考解决问题的办法,导致工作中错漏不断。三是社区矫正工作者在管理教育社区矫正对象时出现乱作为、少作为甚至不作为的不良情况,所监督管理的社区矫正对象思想不稳定,接受监督管理和矫正教育的积极性不强,不遵规守纪。四是社区矫正工作者易出现畏难情绪,遇到问题时往往退缩、闪避,停滞不前。五是社区矫正工作者在面对新形势、新要求时,不但迟疑抱怨,自我学习意识松散,还对新观点、新理念加以全盘否定,拒绝新的科学的工作方法,偏执地使用"老办法",凭经验主义开展工作,导致个体工作与社区矫正工作脱节,无法契合新时代社区矫正监督管理工作的整体环境。

(二)职业倦怠的成因

社区矫正工作是一项具有综合性、创造性、艺术性、技术性、复杂性的工作,社区矫正工作者职业倦怠的成因也具有复杂性。从情绪情感的疲惫感、人际关系的疏离感、工作价值的低成就感、专业知识的枯竭感等四个维度上分析,其职业倦怠的产生既有内源性因素,也有外源性因素。下面就其外显形态进行综合分析。

1. 内源性因素

社区矫正工作者职业倦怠的内源性因素主要是指社区矫正工作者的心理资本、人格结构、知识技能、实践经验、主观期望、自我认知、角色扮演等。

第一,成就感低。成就感低主要表现在工作认可度与获得感低。其产生原因有二:一是工作要求多。在日常工作中,各部门都要求报数据、报指标,不断地考核、验收、评比;在监督管理工作中,有制订矫正方案、风险评估、定期走访谈话、外出请假审批、生物验证、书面报告、集中学习、公益活动、社会活动、禁止令执行、通信联络、信息化核查、实地查访、出境报备、漏管脱管查找、收监执行报批等内容;在教育帮扶工作中,有建立矫正档案、个别谈话、谈话记录、工作台账、心理矫正、职业技能培训、法律援助、临时性救助、适应性帮扶等内容。要完成这些工作,就需要社区矫正工作者在人际关系、工作负荷、技能要求、角色扮演、家庭与工作冲突等方面不断地努力和付出,动用各种社会资源,消耗自身的心理资本。二是工作任务重。工作任务重主要体现在委托调查评估的案件多和管理的社区矫正对象多。可以说，社区矫正工作者整天忙于调查评估和日常杂务，疲于应对，不仅感到工作无意义，而且不胜其烦。

第二，待遇差。此次研究的两类社区矫正工作者中，第一类虽然是国家公务员，但是绝大多数工作在乡镇基层司法所，除社区矫正工作外还身兼其他工作，不仅工作条件差、工作环境艰苦，而且工资待遇也处在公务员序列的“下等”。在实际工作中，他们需要进行家庭走访、进村入户调查、实地调研等，不仅缺少交通工具，而且没有午餐补助和通信补贴等福利。第二类的专职社区矫正工作者大多属于招聘的合同制人员，或者属于政府购买服务项目的公司派遣人员，工资待遇更差。据笔者调查，在中部某省份，招聘或者外派的社区矫正工作者工资水平在2000元至3000元，仅能够维持基本的生活需要。大多数人并没有把社区矫正工作作为自己的职业选择，也没有把社区矫正作为事业来做，只是将其作为从事更高收入工作的过渡，因此，这类社区矫正工作者的离岗比例是非常高的。

第三，职业发展空间的“天花板效应”。社区矫正工作者中的第一类公务人员大多工作在县级社区矫正机构和乡镇司法所，编制序列处于最底层，在很多地方受制于职位设置的限制，即使被任命为社区矫正科科长或者司法所所长，也只是科员级别，极少有人能达到四级主任科员的职级。即使达到四级主任科员的职级，绝大多数人也到了职业发展的“天花板”，可以说，社区矫正工作者职业发展通道极其狭窄，发展空间极其有限。至于第二类招聘或者外派的社区矫正工作者，他们大多只是打工者的角色，几乎没有长远的职业发展规划，只要有更好的发展机遇，他们大多会转行。

第四，职业认同危机。社区矫正工作者的职业认同感，是社区矫正工作者对于社区矫正的工作目标、工作性质、工作内容、社会价值、社会期望、社会评价等方面的整体观点，与社会公众的一致性。两者高度契合，就说明社区矫正工作者的职业认同感高度一致，否则，差异越大，说明职业认同感的异质性越大。目前，社区矫正工作者产生职业倦怠的原因之一，就是对社区矫正工作的职业认同感极低，这会带来两种心理现象：一是角色冲突引发角色焦虑。《社区矫正法》第10条和第11条要求从事社区矫正工作的人员应当具备法律、教育、心理、社会工作等方面的专业知识。而实际上，在社区矫正工作者中，具备单一专业知识的人员所占比例很低，具备两种以上专业知识的人员更是凤毛麟角。这样就产生了四大冲突：社区矫正工作的专业性与社区矫正工作者的非专业性的冲突；社区矫正工作要求的专业知识的综合性与社区矫正工作者专业知识的单一性的冲突;社区矫正工作高能力需求与社区矫正工作者低学习机会的冲突;对社区矫正对象监督管理和矫正教育的工作目标与监督管理安全要求之间的冲突。二是自我效能感不足。社区矫正工作者的自我效能感,是指其在面对社区矫正监督管理工作中出现的困难、挫折和应急突发事件时,能够利用专业技能解决问题的自信程度,分为结果期待和效能期待。结果期待是指社区矫正工作者预测到社区矫正中的某一行为会产生特定的结果时,这个行为可能会被选择并执行,是对结果的判断。效能期待是指社区矫正工作者对自己完成某个行为的判断,强调的是对自己能力的判断。[①] 社区矫正工作者由于自我效能感不足,导致其产生职业倦怠。

第五,心理一致感失调。心理一致感是社区矫正工作者对社区矫正整体环境进行评估的一种稳定的内在心理倾向,即应对内外压力的自信心。心理一致水平高,就有更强的自信心应对挫折和突发应急事件,对事件作出无压力的评估。也就是说,当压力事件发生时,对于压力事件的心理评估结果对社区矫正工作者的影响远远大于事件本身对其的影响。心理一致感失调总体上表现为社区矫正工作者个体如何应对社区矫正内外环境中的危机,应对危机时所具有的资源以及对生活总体意义性的感受。

2. 外源性因素

职业倦怠的外源性因素主要是指社会公众对社区矫正监督管理工作所产生的社会价值的社会认可和与社会力量的社会资源支持紧密相关的一系列影响因素。很明显,社区矫正制度一经产生,在顶层制度设计上就受组织资源在体制机制建构形态和建构水平的影响,特别是社区矫正机构设置、队伍建设、社区矫正文化培育、组织管理绩效考核等,都是影响社区矫正工作者职业倦怠的因素。

第一,传统监管压力带来的挫折感。社区矫正工作从试点到全面推行一直定位于非监禁刑罚执行活动,刑罚执行和监督管理成为社区矫正的核心工作。但是,由于法律没有赋予社区矫正机构行刑权,导致社区矫正工作者在监管社区矫正对象过程中承受着巨大的压力,出现了很多难以克服的障碍。在《社区矫正法》起草过程中,是否赋予社区矫正工作者行刑权的问题,成为立法的热点问题。最终《社区矫正法》没有赋予社区矫正机构和社区矫正工作者行刑权,社区矫正的工

---

① 参见王辰:《人性化管理和自我效能感对教师职业倦怠问题研究》,载《黑龙江科学》2020 年第 17 期。

作核心转移到了对社区矫正对象的矫正教育上,使社区矫正工作者对《社区矫正法》赋予行刑权的强烈期望落空,随之产生了巨大的挫折感。

第二,新型管理教育压力带来的自我怀疑感。《社区矫正法》把社区矫正定性为刑事执行活动,回归了社区矫正的本质属性。从《社区矫正法》的立法精神看,对社区矫正对象的矫正教育成为社区矫正工作的核心任务,“提高教育矫正质量,促进社区矫正对象顺利融入社会”是法定目标。正如全国人大常委会法工委刑法室主任王爱立就《社区矫正法》的颁布回答记者提问时所说:“通过适度监管和有针对性的一些矫正措施,充分发挥社会各方面的力量来进行矫治教育有利于社区矫正对象顺利回归社会。”[①]这是对传统社区矫正工作“非监禁刑罚执行”定性和强调刑罚惩罚性的否定。摆在社区矫正工作者面前的现实是,必须把刑罚执行理念转变为教育帮扶理念。社区矫正工作者面对社区矫正法定目标和核心任务的转变,出现了失落和迷茫:一是对社区矫正的认知已经形成惯性思维,从思想认识上难以转变;二是传统的社区矫正工作的整体格局已经形成定式,不愿意打破现有工作模式,探寻新的路径;三是面对社区矫正工作新的目标、新的要求,感到无所适从,猛然间不知如何去做。由此,对自己以往的工作方式、自己的工作能力产生了怀疑,一方面社区矫正工作摆在面前,必须适应新的要求;另一方面不知道社区矫正工作究竟应该从何处着手。

第三,社会资本存量不足,资源要素缺失。社会资本是人与人之间的联系,存在于人际关系之中。在社区矫正监督管理工作中,社区矫正工作者所拥有的社会资本主要与司法行政机关、社区矫正机构和其本人在社会中所处的位置直接相关。社区矫正工作者拥有的社会资本主要存在于社会结构中,表现为社区矫正工作者能够拥有或者直接支配社会公共资源,社区矫正工作者和社区矫正机构的社会权威,社会公众对社区矫正工作者的信任,法律法规以及行政规章的强制力,社区矫正参与者对社区矫正工作的认同等。很明显,社区矫正工作者拥有的社会资本是无形的,社会矫正参与者通过彼此之间的合作进而提高社会的效率和社会整合度。但是,社区矫正机构和社区矫正工作者在整体社会中的位置是“微不足道的”,这就导致社区矫正监督管理工作所需要的社会资源要素缺失,社会资本存量严重不足,难以满足社区矫正监督管理工作的实际需求。

---

① 白阳:《体现中国特色　助力长治久安——解析新出台的社区矫正法》,载新华网,http://www.xinhuanet.com/politics/2019-12/28/c_1125399531.htm。

第四,职业培训少,知识技能储备不足。社区矫正工作的综合特性要求社区矫正工作者具有综合性的业务知识。一般说来,要求社区矫正工作者具备基本的法学、心理学、社会学、管理学等方面的知识和技能。就目前社区矫正队伍的整体构成来看,一方面能够具备两种以上知识技能的社区矫正工作者都是极少的,社区矫正工作者急需进行系统性的培训才能胜任工作;另一方面由于社区矫正工作者的管理结构、岗位需求、资金来源等因素的影响,多数地方极少对社区矫正工作者进行长时间规范的、系统的业务培训,条件好的地方也只是进行应急性的短期培训。这样就形成了社区矫正工作者业务知识技能培训需求的紧迫性与其长期得不到培训的矛盾冲突。长此以往,将导致社区矫正工作者知识技能储备不足,不仅难以推进社区矫正工作的提质和升级,而且会使社区矫正工作者因职业枯竭而产生焦虑。

(三)职业倦怠的排解策略

对于社区矫正工作者的职业倦怠,从情感衰竭、去个性化和低成就感三个维度来审视可以发现:情感衰竭是衡量社区矫正工作者压力的维度,去个性化是衡量社区矫正工作者倦怠人际关系的维度,低成就感是衡量社区矫正工作者倦怠自我评价的维度。因此,寻求克服社区矫正工作者职业倦怠的对策,也必须从社区矫正的制度设计、环境优化和社区矫正工作者的认知水平、价值定位、潜力开发等方面着手。

1. 制度设计的现实优化

随着《社区矫正法》的颁布实施,需要以《社区矫正法》为依托,不仅要建立健全社区矫正的体制机制,而且对现有制度设计也要进行优化提质。

第一,从顶层制度设计的层面,急需建立统一规范的社区矫正体制机制,包括社区矫正委员会和社区矫正机构。就目前的情况看,省级层面的社区矫正委员会相对比较一致,而直接关乎社区矫正具体工作的县级社区矫正委员会,有些地方还没有成立,已经成立的职能定位也比较模糊。至于社区矫正机构的设置则更为混乱,有些地方称为"社区矫正管理局",和司法局合署办公,"一套人马,两块牌子";有的地方称为"社区矫正中心",属于司法局的二级机构。体制机制的混乱直接影响着社区矫正工作的开展。

第二,优化监督管理机制。依据《社区矫正法》和2020年《实施办法》的规定,乡镇司法所根据社区矫正机构的委托承担社区矫正相关工作。乡镇司法所面临的现实是：一是管理体制的不统一。有些地方的司法所是司法局的派出机构，由司法局统一管理；有的地方司法所由乡镇管理，司法局只是业务指导。这样就给乡镇司法所的整体管理工作带来了障碍。二是司法所根据社区矫正机构的委托承担社区矫正相关工作，怎么委托、委托与被委托主体之间的权利义务怎么设置等，现行的法律法规、行政规章、部门规章和规范性文件等都没有作出规定，这就使得社区矫正工作者在实务操作中无所适从。

第三，调整现有管理制度。现在的社区矫正工作制度是在多年的探索中建立起来的，有其自身的规范性和合理性，但是这些管理制度建立的前提是，社区矫正是"非监禁刑罚执行活动"，是以"惩罚性"为核心的。这就需要依照《社区矫正法》的立法精神，将社区矫正管理制度调整为以教育帮扶为核心，建构以社区矫正对象的矫正教育为中心内容的管理制度和矫正教育模式，实现社区矫正工作重心的战略转移。

2. 培训制度常态化

古人云："工欲善其事，必先利其器。"社区矫正工作的质量取决于社区矫正队伍的素质。对社区矫正工作者的业务培训，既是社区矫正队伍建设的要求，也是社区矫正工作者心理资本的储备过程。建立常态化的培训制度，是克服社区矫正工作者职业倦态的途径之一。笔者认为，可以借鉴全员育人、全过程育人、全方位育人的"三全育人"理念，围绕社区矫正工作矫正教育的核心内容，以《高校思想政治工作质量提升工程实施纲要》的课程育人、科研育人、实践育人、文化育人、网络育人、心理育人、管理育人、服务育人、资助育人、组织育人等"十大育人"体系为借鉴，建构社区矫正工作者培训体系，挖掘育人要素，完善育人机制，优化评价激励。建立常态化的培训制度，应包含以下三个层面的框架设计。

第一，社区矫正整体目标的培训。《社区矫正法》和 2020 年《实施办法》颁布实施后，社区矫正的目标发生了转化，工作的重点发生了转移。在这样的情况下，大多数省、自治区、直辖市出台了具有地方特色的关于社区矫正工作的实施细则，这些都需要社区矫正工作者深入学习、理解、内化，并转化为社区矫正内部动力。因此，建构社区矫正整体目标的培训体系成为目前的工作重心，这也是一项需要一以贯之、坚持不懈的工作。

第二，社区矫正岗位目标的培训。社区矫正工作者存在着专业背景繁杂、专业知识缺乏和专业技能不足等问题，在这样的情况下，对社区矫正工作者进行系统的、规范的岗位培训，是做好社区矫正工作的前提条件和基本保障。特别是依据《社区矫正法》和2020年《实施办法》以及各地的实施细则进行培训，使社区矫正工作者掌握最基本的工作制度、工作需求、工作规则和工作标准，明确社区矫正的工作原则、工作具体目标和操作规范，使之胜任不同的工作岗位。

第三，个人职业发展目标的培训。基于社区矫正队伍的高度不稳定性，在进行个人职业发展目标的培训时，一是应强化职业认同感教育，只有认同了自己的职业，认同了职业的社会价值，才能培育社区矫正工作者的职业兴趣，才会使其产生内在的工作动机；二是要强化社区矫正工作者的工作责任心，使其以高度的社会责任感对待社区矫正工作，认识到社区矫正工作对社会安全和秩序的重要意义；三是要培育社区矫正工作者对社区矫正对象的宽容心、包容心，使其以高度的政治责任感、法律责任感善待社区矫正对象，维护社区矫正对象的合法权益，充分体现法律的个别正义；四是要提升社区矫正工作者的事业心，使其不断更新知识结构，增加知识储备，为做好社区矫正工作奠定基础；五是要完善社区矫正工作者的人格结构，提升其人格品质，使其准确定位自身角色，合理责任归因。

3. 提升自我认知

习近平总书记曾经对思政课的教师提出过六个方面的要求："政治要强、情怀要深、思维要新、视野要广、自律要严、人格要正。"①这为社区矫正工作者提升自我认知、强化自身素养指明了方向。

第一，优化人格特质，提升自我效能感。实践证明，"不现实的理想和期待，较低的自我价值判断，对自己缺乏客观的认识和准确的评价；怯懦、孤僻、冷漠自私、自卑软弱、偏激狭隘、求全责备、贪图个人名利、奉献精神差等"②人格特质是产生职业倦怠的内在驱动力。因此，只有优化社区矫正工作者的人格特质，才能提升他的自我效能感。笔者认为，社区矫正工作者至少有两种心理特质必须优化：一是心理资本。心理资本是一种人格特质。"心理资本是个体在成长和发展过程中表现出来的一种积极心理状态，具体表现为：(1)在面对充满挑战性的任务或工作时，有信心并能通过付出必要的努力来获取成功(自我效能感)；(2)对现在与未来的成功能够有积极的归因(乐观)；(3)对目标锲而不舍，为了能够获得成功在必要时可以调整实现目标的方式或途径(希望)；(4)当身处逆境或被难题困扰

① 《习近平在学校思想政治理论课教师座谈会上的讲话》，载《人民日报》2019年3月19日，第1版。

② 参见李翠华：《高职院校教师职业倦怠问题研究》，湖南师范大学2009年硕士学位论文，第20页。

时,能够持之以恒,迅速复原并完成超越,以取得成功(韧性)。"①心理资本内含自我效能感、乐观、希望、韧性等积极的心理品质,这些心理品质是克服职业倦怠的有力武器。二是心理韧性。人格特质论认为,心理韧性是"个人的人格特质或能力,是稳定的个人心理特征,是个体应对压力、挫折、创伤等消极生活事件的能力或特质"②。

第二,合理归因。归因理论认为,把失败或者挫折归因到外在因素或者不可控因素,则不会降低社区矫正工作者的效能感。一般说来,社区矫正工作者对社区矫正监督管理工作中出现的挫折或者突发应急事件,主要有问题的来源、影响因素的控制性和稳定性三个方面的分类归因。面对问题,不同的归因会导致不同的工作态度。如果出现的问题归因于社区矫正工作者自身,则其会产生挫折感、失败感;如果出现的问题归因于外在的、不可控的因素,则其会产生积极的态度,并影响到社区矫正监督管理工作的具体行为。

第三,合理定位自我价值。不能对自我合理定位是社区矫正工作者产生职业倦怠的原因之一。有些社区矫正工作者由于自我价值定位过高、职业期待过大,当期望不能实现或者自我期望与现实差距过大时,就会产生自我焦虑。比如,在《社区矫正法》起草过程中,实务部门的一部分社区矫正工作者期待将社区矫正定性为刑罚执行活动,希望把社区矫正机构中从事社区矫正工作的公务人员的身份变更为警察等。当《社区矫正法》颁布后,这些期望没能实现,进而引发了一些社区矫正工作者的失望感、焦虑感,使其对社区矫正工作产生了失望情绪,工作主动性和成就感明显降低。因此,依据《社区矫正法》的规定,合理定位自我价值和社会角色才能避免产生角色焦虑。

4. 挖掘情绪智力

情绪智力是一种内隐性的心理资源,是社区矫正工作者准确识别、利用在社区矫正监督管理工作中管控的自我情绪情感信息,并由此有效维护社区矫正监督管理工作的客观存在的能力的总和。根据萨拉维(Salovey)和梅耶(Mayer)的"能力取向"理论模型,情绪智力测量包括以下四个维度:情绪知觉、情绪理解、情绪利

---

① 参见路东伟:《高等职业院校教师心理资本、职业认同及职业倦怠的关系研究》,华南理工大学2016年硕士学位论文,第4~5页。

② 参见邓龙刚:《监狱警察工作压力、心理韧性与职业倦怠关系研究》,南京师范大学2012年硕士学位论文,第10页。

用、情绪调节。[1] 情绪知觉是指社区矫正工作者在社区矫正监督管理工作中能够感知、觉察社区矫正工作参与主体的情绪、情感状态，能够以合理的方式评估与表达情感需要；情绪理解是指社区矫正工作者在社区矫正监督管理工作中能够理解情绪的价值、意义、复杂性以及认识情绪的转换路径；情绪利用是指社区矫正工作者在社区矫正监督管理工作中能够借助或利用表情、言语和动作等，恰当地运用情绪促进自己和社区矫正对象的思维发展；情绪调节是指社区矫正工作者在社区矫正监督管理工作中能够判识和利用相关信息，调节和管理自己和社区矫正对象的情绪，调整消极情绪以唤醒并维持良好的情绪状态。情绪智力是积极的情感体验所产生的效应，积极地挖掘社区矫正工作者的情绪智力，助力社区矫正工作。

5. 优化考评机制

应建立健全社区矫正工作考评制度，优化绩效考评机制，以激活社区矫正工作者的积极性、主动性和创造性。一是结合社区矫正工作者的岗位要求，明确工作目标和考评内容，确定考核指标体系；二是规范考评程序，统一考评要求，做到公平公正；三是建立考评反馈评议机制，赋予社区矫正工作者对考评结果的质疑权和争议问题的解释权，对考评中出现的争议问题及时跟进处理；四是充分运用考评结果，真正做到奖优罚劣。

综上所述，社区矫正工作者的职业倦怠，既有内源性因素，也有外源性因素，更多情况下是两种因素交互融合的结果。因此，只有克服引起社区矫正工作者职业倦怠的因素，建构和优化社区矫正体制机制，培育社区矫正工作者自身的人格特质，才能激活社区矫正工作者的工作激情和热情，才能为社区矫正监督管理工作增添内在动力。

七、社区矫正管理主体机制的二元建构

社区矫正法治化是社区矫正治理体系和治理能力现代化的重要路径。《社区矫正法》和 2020 年《实施办法》明确规定了社区矫正中政府和社会力量是性质不同的实施社区矫正的二元管理主体，强调社区矫正工作机制是政府和社会力量共同参与、协商共治、共建共享的多元合作治理机制，并明晰了不同主体之间的权责边界。这样，在社区矫正法治化进程中，如何建构社区矫正的协商共治机制就成

---

① 参见唐菲：《中等职业学校教师情绪智力与职业倦怠的关系研究》，载《教育与职业》2020 年第 24 期。

为我们必须思考的问题。

(一)政府和社会力量二元管理主体机制建构的制度逻辑

任何社会管理制度的建立,都必须遵循制度的内在逻辑结构。社区矫正制度的建构,同样是在社会管理理论的指导下进行的。笔者认为,在社区矫正监督管理工作中,政府和社会力量二元管理主体机制的建立,也必须以现代治理理论、新公共服务理论、有限政府理论等作为理论基础。

现代治理理论主张,社会治理多元主体之间的关系不再是政府占绝对的主导地位,政府之外的主体参与共治、社会自治成为常态;国家的能力体现在整合、动员、管制和分配社会资源方面,公民及社会组织也是公共事务的决策参与者、管理者和执行者。有限政府理论认为,政府的权力是有限的而不是无限的,政府需要在依法治国的框架内依法履行职能。在社区矫正监督管理工作中,政府所拥有的资源是有限的,要从根本上推进社区矫正的公共服务职能,必须协调政府和社会力量的主体责任,实现社会治理一体化,关注社区矫正对象、社会公众等对社区矫正公共服务的需求,各自承担起自己范畴内的职能。新公共服务理论认为"公共服务要以公共权利与公民利益为基础"[①]。这一理论要求政府在对社会进行治理时,要重视服务社会,重视公共服务与公民权,对公民充分尊重,应当以公民权利和公共利益为核心,倡导建立一个具有完整性和回应性的行政主体。

从宏观上看,社区矫正的参与主体包括以司法行政机关和社区矫正机构为代表的政府机关和以社会组织、自治组织、企事业单位、社会团体等为代表的社会力量,二者共同构成了社区矫正工作的二元管理主体。目前,政府层面的体制机制建设较为完善,省、市、县、乡四级社区矫正委员会、省、市、县三级社区矫正机构已经基本建立。与此相对应的是社会力量参与社区矫正工作的程度也在逐步加深,截至2021年,"共有4.5万名社会工作者和48.8万名志愿者参与社区矫正工作;全国建立教育基地6171个,公益活动基地16,296个,就业基地5467个;全国建立县(区)社区矫正中心2937个"[②]。在社区矫正法治化语境下,政府和社会力量代表了不同的管理主体,在利益诉求上存在较大差异,如何平衡二者在社区矫正中

---

① 参见[美]珍妮特·V.登哈特、[美]罗伯特·B.登哈特:《新公共服务:服务,而不是掌舵》,丁煌译,中国人民大学出版社2010年版,第16页。

② 参见姜爱东:《关于我国社区矫正工作发展形势与今后的工作任务》,载《社区矫正理论与实践》2022年第1期。

的“位差”,使它们发挥各自的主体功能,是社区矫正工作面临的现实问题。笔者认为,最为关键的是找到政府和社会力量之间的“介体”,这个“介体”就是社区矫正法治化的规范和“界权”,介体厘清政府和社会力量的责权关系。从制度预设逻辑看,主题机制的二元建构主要包括:第一,政府要从制度层面“放权”于社会力量,以社区矫正法治化为框架容纳政府职能的转变。从《社区矫正法》的立法精神看,社会力量是社区矫正的主体力量,政府在社区矫正管理中的定位是“有限政府”,因此,应将社区矫正的大量工作委托于社会力量,让其自主运营和发展。这样,政府从社区矫正的“划桨者”转变为“掌舵者”与“服务者”。只有深刻领会了《社区矫正法》的内在精神,才会推动政府职能的归位。第二,政府要从制度上真正做到“限权”,需要法律为政府嵌入社区矫正提供边界管理工具。《社区矫正法》和2020年《实施办法》对社会力量参与社区矫正工作的参与职责、参与模式、参与内容、参与流程、服务跟踪、评估考核等进行了明确规定。在这样的情况下,政府在社区矫正监督管理工作中应“限权”而不是扩权。第三,政府要依法“赋权”,为社会力量拓展发展空间。政府购买社区矫正服务或者购买服务项目,应明确政府和社会力量的职责,需要为社会力量提供资金、项目、场地等。

政府和社会力量应建立和维护的相互依赖关系,是基于《社区矫正法》“提高教育矫正质量,促进社区矫正对象顺利融入社会,预防和减少犯罪”的目标建立起来的。政府使用财政资金购买社区矫正服务或者社区矫正教育项目,将社会力量引入社区矫正过程中,使社会力量有机会直接参与社区矫正决策与矫正教育过程。因此,只有强化社区矫正法治化建设,才能有效规制政府和社会力量的协作。社区矫正法治化意味着将购买社区矫正服务的要求规范化和具体化,以制度安排的形式为政府和社会力量的合作提供稳定预期。一方面,社区矫正法治化确立了社会力量在社区矫正中的主体地位,规范了社会力量参与社区矫正的制度流程,增强了社区矫正多元参与者的合作信心,明晰了社会力量在社区矫正服务中的权责内容。同时,社会力量高效、优质和具有专业能力的服务,提升了政府对社会力量的信任度,消除了政府对购买社区矫正服务的疑虑,保障了政府购买的社区矫正服务的质量。另一方面,社区矫正法治化可以促成政府和社会力量的目标一致与利益契合。当前社会力量参与社区矫正大多属于松散型合作机制,不具备强制执行力,社区矫正法治化的过程强调对社区矫正实务的“协商一致”和反映社区矫正参与各相关方的利益诉求。从本质上来说,社区矫正法治化是一种多元管理主体合作参与、协商共赢的规制过程,通过多元沟通的法治化推进机制,使得社区矫正管理工作形成政府和社会力量网络化的社区矫正治理结构。在这一过程中,政府对社区矫正"社会安全与秩序"的合理利益诉求得到保障,即社区矫正服务效益最大化,而社会力量的"社会责任"利益或"现实经济"利益诉求也得以保障。

综合起来看,社区矫正法治化主要通过法律的规制作用实现政府和社会力量处于协调有序的状态。一是以法律的形式重新界定政府和社会力量的权责边界,使权力实现分化与重组,不仅防止政府权力的扩张,而且把政府的社区矫正权力约束在法律授权的范围内。同时,在特定的情况下主动"赋权"社会力量,打破社区矫正权力行使的壁垒,使政府和社会力量协调共存。二是以契约规制政府购买社区矫正服务,促使社会力量进行内部治理,提升自身的专业技能,使社会力量以优质的服务确立其在社区矫正中的主体地位。三是由于社区矫正二元实施主体的制度关联,政府和社会力量的行为均与社区矫正法治化水平挂钩,使政府公共财政与社会资源最优配置,确保事权和财权效益最大化。所以,社区矫正法治化建设不仅可以建构政府和社会力量二元管理主体机制,而且可以调适二元管理主体机制的内外部关系。

(二)政府和社会力量二元管理主体机制建构的现实障碍

在任何国家,政府都是公共资源的控制者,在社会活动中占据着主导地位,在社区矫正监督管理工作中同样如此。就我国目前的社区矫正监督管理工作现状来看,政府是社区矫正监督管理的强力控制者,无论社会力量参与社区矫正的形式和内容,还是其参与社区矫正的广度和深度,都是由政府决定的,换言之,社会力量参与社区矫正监督管理工作是极其有限的。即使在社区矫正法治化建设的要求下,社会力量的多元参与也只是触及行政体制的工具革新层面,很难撼动政府"大权独揽"的实质。

第一,"工具主义"的赋权虚化。社区矫正法治化建设在本质上是为了预防犯罪和控制犯罪。社会力量嵌入社区矫正监督管理工作主要是基于技术理性,广泛地将现代信息技术应用到社区矫正之中,社会力量主要是作为社区矫正组织管理和服务的"技术工具",社会力量在社区矫正监督管理中的效用发挥主要在于科学管理技术的专业化应用,而不具有制度创新的内涵和动力。我国有"全能主义政府"的传统,社会事务是由政府操办的,社区矫正工作试点之初就建构起了这样的路径依赖。虽然《社区矫正法》对社会力量的嵌入作出了硬性规定,但是"全能主义政府"的思维方式和政府的行为惯性导致即使社会力量强行嵌入了社区矫正管理工作,也只是把社会力量视为延伸政府手臂的“工具性组织”。在实际管理工作中,政府对社会力量也只是“选择性赋权”和“选择性支持”,表现在社会力量参与社区矫正的行为规则中,则是基于社区矫正补充管理力量的“便于管理”,而不是有利于实现社区矫正目标的思维形式。在“工具主义”架构里,政府居于社区矫正的权威、中心和主导的地位,社会力量只是充当辅助和服务于政府的“承包组织”,是社区矫正的“工具性组织角色”,在社区矫正中只是为政府“分忧解愁”的“管理犯罪人的工具”,而不是制度化的社区矫正事业的有机主体。社会力量在提供社区矫正服务时,需要平衡多方的需求与愿望,既要配合政府完成社区矫正的“政绩目标”,还要满足社区矫正对象的实际需求,难以实现其专业性的价值目标。有时,社会力量在社区矫正中为了匹配政府的政绩偏好以获得认可和资源支持,不得不偏离指标体系调整社区矫正监督管理工作内容。

归纳起来看,社区矫正法治化建设本质上是要将政府的社区矫正监督管理权能由“强硬控制”转变为“柔性控制”,不断地放松其对社区矫正的控制权,同时使政府权力以隐蔽和精巧的方式渗透到社会力量之中。但是,政府的“工具主义”发展逻辑在一定程度上消解了社区矫正法治化所强化的对社会力量的“限权赋能”作用。所以,社区矫正治理体系和治理能力的现代化,不仅应着眼于促进社会力量规范、有序、高效地参与社区矫正治理,更要将现代化建设视为协调政府与社会力量参与社区矫正工作的制度安排。

第二,“技术控制”的行为偏差。社会力量参与社区矫正管理工作,大多被限定在现代信息技术的应用层次,旨在以技术手段提升对社区矫正对象的控制效果。近年来,按照司法部“智慧矫正”总体技术规范的要求,自上而下开展的智慧矫正中心、移动应用技术、远程视频督察系统等的建设,从一定意义上强化了社区矫正监督管理的现代化、信息化和智能化,强化了对社区矫正对象的行为控制。但是,实践证明,“技术控制”存在着重大悖论,技术的使命是通过化简的方式处理复杂问题,那么它必然为操作者预留了指引化简方向的权力。现代信息技术的广泛应用,客观上提升了“技术控制”精确性,但是技术只是为社区矫正服务的工具,而不能用技术弱化甚至替代对社区矫正对象的人文教育。

社会力量参与社区矫正工作的制度环境,可以概括为高风险、弱激励。受社区矫正管理体制的影响,社会力量为了规避风险往往倾向于投身风险系数较低的“技术控制”领域,迎合社区矫正管理机构在技术层面的政绩目标,故难以对社区矫正制度进行有价值的改革创新。就现代社会的发展水平而言,追求技术工具对社区矫正的规范引导和专业性成长是十分必要的，但是技术工具的适用有一个前置条件，即要以人的要素为中心。社区矫正的"技术控制"本身是为制度价值服务的，因此社区矫正对象的矫正教育才是社区矫正的核心内容，而不是简化为对社区矫正对象监督管理的技术性问题。

第三，"形神分离"的融合障碍。建构政府与社会力量的二元管理主体机制，需要两者目标一致、协作融合。在二元管理主体机制建构中，从政府层面而言，在传统的"官本位"思想支配下，政府购买社区矫正服务时，虽然在法律上双方是平等地位的契约关系，但是由于政府对社区矫正工作的强势控制，潜在地增强了其对社会力量的控制能力，政府既不愿意放权，更不会分权和赋权。同时，在社区矫正资金支付、效果评估、人员培训、对外交往等方面，政府具有绝对的信息优势地位，致使社会力量不得不屈从于政府的安排。从社会力量层面而言，虽然社区矫正法治化为社会力量参与社区矫正工作提供了制度化保障，但是这种制度化保障只是彰显于外在形态，社会力量并没有获得实质性的赋权。政府与社会力量的互动机制只是"形"的表演，而缺乏"神"的有效融合，社会力量基本不能基于自身理性表达利益诉求，更不可能对社区矫正工作发挥实质性作用。这样，政府与社会力量就形成了"有形无神""形神分离"的非融合状态，也必然导致社会力量在社区矫正制度建设、重大事项决策、矫正教育项目设计等方面处于缺位状态，丧失话语权。这不仅背离了社会力量参与社区矫正的"初心"，而且直接导致政府对社会力量的限制逻辑多于培育、激励逻辑，使社会力量在社区矫正监督管理中的形式意义大于实际效用。

（三）政府和社会力量结构关系的法治化建构

针对社区矫正法治化未能实质性地改变非均衡的、非对等的政府与社会力量关系的现实，问题的根源不在于法治化制度设计本身，而在于社区矫正法治化所依赖的政府应具有的理念、社会基础和环境、社区矫正管理体制等还不具备。实践证明，政府与社会力量关系的均衡发展不能依靠单一的配置政府权力的方式来实现，而是需要社会治理体系和治理能力的综合改进和创新，特别是要揭示社区矫正法治化背后社会治理的深层次原因。

1. 以价值为导向，建构均衡、对等和融合的共商协作机制

在《社区矫正法》实施以前，社区矫正工作是司法行政工作的一部分，基本上只以司法行政机关为"单一中心"，司法行政机关没有把社会力量当作自由和平等

的合作主体，只是把社会力量作为开展社区矫正工作的“附庸”，对社会力量参与社区矫正的内容也只是“选择性支持”。《社区矫正法》实施之后，应以《社区矫正法》的立法精神和价值追求为导向，政府对社会力量参与社区矫正工作应“放管结合”，使社会力量参与社区矫正的行为和动机回归价值导向属性。

第一，在社区矫正法治化的宏观规制下，在机制建设上，以社区矫正的多主体、“多中心”格局替代单主体、“单中心”格局，使政府与社会力量的关系从“权威—依附型”转向“平等—协作型”，建构均衡、对等和融合的共商协作机制。在“单中心”格局下，政府与社会力量之间是一种垂直性、等级化的关系结构，社会力量只是政府延长社区矫正管理控制手臂的“工具性组织”。在“多中心”格局下，强调政府与社会力量的协商、协作，强调社区矫正公共利益的价值优先性，政府把社会力量置于平等的地位，通过制度环境的改善和社会环境的优化，政府与社会力量之间是一种横向性、平等化的关系结构。在这一关系结构中，社会力量可以充分发挥专业性、公共性价值，对政府权力的抑制是以社区矫正服务协议等契约形式实现的。

第二，在社区矫正的价值追求上，以社区矫正的“公共性价值”替代政府的“安全与秩序价值”，从对社会力量的“选择性支持”转向“效益性支持”。目前，在社区矫正工作中，社会力量参与社区矫正工作是以满足政府对安全与秩序的关切为中心的，政府资源有选择地集中于满足监管安全需要的领域。最为典型的是政府花费大量资金进行“智慧矫正”体系建设，使具有专业资质和专业能力的社会力量得以进入社区矫正领域。然而，共商协作二元管理主体机制是以维护和增进社区矫正的“公共性价值”为标尺的，政府必须围绕社区矫正工作对社区矫正对象矫正教育所产生的社会效益建构社会力量参与体系，以求社区矫正公共利益最大化。“效益性支持”成为政府选择社会力量参与社区矫正的新模式。这样，“善治”就成为政府与社会力量共商协作机制的理念基础，使政府与社会力量共同追求公共性价值，使双方在社区矫正服务提供、社区矫正政策制定、社区矫正危险控制、社区矫正项目设计、社会资源的开发、社区矫正效果评估等方面建立全面和融合的共商协作关系。

2. 以目标为导向，社区矫正工作重心由监督管理的“技术控制”转向具有人文特质的矫正教育

政府与社会力量的二元管理主体机制建构，必须以《社区矫正法》所确立的社区矫正目标为导向。社区矫正的目标是“提高教育矫正质量，促进社区矫正对象

顺利融入社会,预防和减少犯罪",这是政府与社会力量在社区矫正工作中的契合点,也是它们共同追求的"公共性价值"。但是,我国传统上是个重刑主义国家,严刑峻法的思想已形成定式,社区矫正对象是法律意义上的罪犯,在社区矫正中就必须用严厉手段进行监管,以维护社会安全和秩序的名义,要求对社区矫正对象"监管无空白""监管无死角""监管全过程"。为了达到这一目的,社区矫正机构将社区矫正的人文教育简化为以监督管理为特征的"技术控制",即充分应用现代技术将社区矫正对象控制在"无形的高墙之内",试图以此吸纳、化解和替代矫正教育的核心工作,就目前来看,大多数地方还没有围绕矫正教育的核心工作形成体系化的矫正教育方案。在监督管理和矫正教育的关系上,《社区矫正法》的立法内容和立法精神已经有了明确的指向:"对于社区矫正对象应当有哪些'惩罚',需要以刑法、刑事诉讼法的规定为依据,以人民法院的裁判文书为内容,离开人民法院裁判文书,由其他机构或者人员在执行中加以各种体现'惩罚性'的措施,不符合法治要求。""关于对社区矫正对象的'惩罚',也就是其应当负有的法定义务,刑法、刑事诉讼法已有明确规定,人民法院应当在裁判文书中具体确定,社区矫正机构应当依法执行。因此,社区矫正工作的开展没必要过多强调惩罚性,不宜将其作为一项原则加以规定。"①因此,要以矫正教育为核心对政府与社会力量的关系进行系统性设计,将社区矫正中矫正教育的基本原则、方式方法、主要内容、效果评估等要素根植于社区矫正的制度环境之中。同时,明确政府所偏好的"技术控制"只是开展社区矫正工作的前提和保障,而不是社区矫正工作的核心内容。使政府与社会力量的工作重心由监督管理的"技术控制"转向具有人文特质的矫正教育。

3. 确立主体地位,社会力量的权能由表面文本转向实质性赋权

从《社区矫正法》给出的定位看,社会力量是参与社区矫正工作的主要力量,在社区矫正工作中居于主体地位。但是,就目前的工作实际看,社会力量并没有被置于应有的位置,只是处于政府主导下的附属地位。在社会力量的权能上,虽然政府与社会力量通过社区矫正服务协议或者政府出台的政策,以文本的形式约定了政府与社会力量之间的权利义务,但在实际履行中,政府常常处于强势的地位,应该赋予社会力量的权能只是流于文本,疏于对社会力量进行实质性的赋权,

---

① 参见王爱立、姜爱东主编:《中华人民共和国社区矫正法释义》,中国民主法制出版社 2020 年版,第 32 页。

社会力量只能依附于政府确定的体系进行运作。致使社会力量在社区矫正法治化建设中处于边缘地位，其专业化的主体性效应难以发挥，最终不利于“共治共建共享”的社区矫正治理体系的建设。

从政府层面看，应转变政府单一主导的观念，将社会力量置于和政府同等的法律地位，在社区矫正工作中，政府在充分履行法定义务的同时，对社会力量进行实质性赋权，为社会力量深度介入社区矫正工作提供有力支撑。从社会力量层面看，一是以“公共性价值”为导向，社会力量应着力培育专业性管理队伍，开发以社区矫正服务、矫正教育项目和个别化矫正方案为代表的具有特色的“公共性产品”，为自身的发展提供内生动力。从管理学意义上来看，社会力量依托“公共性产品”参与社区矫正包括了基于《社区矫正法》的理性精神参与塑造社区矫正公共空间、参与矫正教育和帮扶活动、维护公共利益等。只有这样，社会力量才能够对社区矫正工作有实质性的参与。二是强化社区矫正治理网络的开放性和融合性，为社会力量参与社区矫正提供条件，将社会力量嵌入制度化的社区矫正法治化网络中，使其成为社区矫正工作的一极。否则，社会力量将一直处于社区矫正治理网络之外，永远不可能发挥主体性作用。因此，社会力量只有嵌入社区矫正治理网络才有实质性意义，才能与社区矫正的制度安排相衔接，其在社区矫正工作中才能获得源源不断的内生动力。

综上所述，社区矫正法治化建设规范了社区矫正机制建设的路径，重构了政府与社会力量的关系，使政府与社会力量真正形成平衡的、平等的、系统完备的、科学规范的、运行有效的共商协作机制。这种机制在运作中通过不断优化政府与社会力量之间互信、协作、共治共享的主体关系，不断明确二元管理主体参与社区矫正的目标定位、角色定位、权责定位，提升政府与社会力量的自我效能、积极性和自觉性，促使政府与社会力量都能够主动作为、积极作为和有效作为，真正使社区矫正二元管理主体机制“着力固根基、扬优势、补短板、强弱项，构建系统完备、科学规范、运行有效的制度体系，加强系统治理、依法治理、综合治理、源头治理，把我国制度优势更好转化为国家治理效能”①。

---

① 《中共中央关于坚持和完善中国特色社会主义制度　推进国家治理体系和治理能力现代化若干重大问题的决定》，载中华人民共和国中央人民政府网，http://www.gov.cn/zhengce/2019 - 11/05/content_5449023.htm。

八、社区矫正工作人员尽职免责制度的构建

社区矫正检察实践中有一种动向：只要社区矫正对象重新犯罪，就启动责任倒查，追究社区矫正工作人员渎职罪刑事责任。不区分工作过失与刑事责任的过错，“一刀切”让社区矫正工作人员诚惶诚恐，笔者认为这是不妥当的。在这里有必要探讨社区矫正对象重新犯罪与社区矫正工作人员渎职之间的因果关系。

因果关系之所以重要，是因它在犯罪论体系中具有出罪功能。社区矫正对象在矫正期间重新犯罪，与社区矫正工作人员渎职行为之间是否具有刑法意义上的因果关系，牵涉到对社区矫正工作人员的刑事追责问题。在《社区矫正法》施行前，实践中普遍存在从结果倒推原因的现象。检察机关、上级社区矫正机构基于“寻根溯源”式的逆向倒推思维，只要社区矫正对象重新犯罪或者被拘留、强制戒毒，就启动责任倒查机制，并以档案或者管理不规范为由对相关人员给予相应处理，让社区矫正工作人员承担刑事责任。如 2017 年安徽黄某辉玩忽职守案，在一审、二审宣判无罪的情况下，经安徽省人民检察院抗诉后在 2019 年再审改判有罪，[①]让社区矫正工作人员因职业风险而倍感惶恐。笔者以 2012—2020 年为筛选条件在裁判文书网以“社区矫正职务犯罪”为关键词进行检索，共检索到 46 个案件。其中，玩忽职守案 33 件，占71.7%。大多数玩忽职守案件中，社区矫正工作人员被判决有罪，但最终免予刑事处罚或者判处缓刑。

综观社区矫正领域的玩忽职守案件，几乎都是社区矫正对象在矫正期间实施盗窃、故意伤害、抢劫、杀人等犯罪的同时，社区矫正工作人员未严格落实管控措施而启动责任倒查导致社区矫正工作人员被追究刑事责任的。实际上，上述“逆向倒推”思维与做法忽略了社区矫正的社会性、开放性特征，“重新犯罪”与“玩忽职守行为”之间，既不具备相当因果关系说的“行为足以发生结果”，也不符合客观归责理论的“结果发生是因行为人所制造的不被法律容许的风险”[②]，而是一种

---

① 社区矫正工作人员黄某辉，在矫正对象张某某没有按矫正方案电话汇报的情况下，进行虚假登记；在没有按规定实际走访的情况下，虚假填写走访登记表。矫正对象张某某长期未请假外出，在矫正期第五个月的一天，张某某来到北京市某酒店，要求与在此打工的前妻复婚，双方未能谈妥，张某某持刀将前妻砍成重伤，自己跳楼自杀身亡。参见安徽省马鞍山市中级人民法院（2019）皖 05 刑再 2 号。

② 实行客观归责必须具备三个条件：一是制造了不被法律所容许的危险，二是实现了法律所不容许的风险，三是结果没有超出构成要件的保护范围。客观归责理论自 20 世纪 70 年代起流行于德国。参见任晶晶：《玩忽职守罪因果关系认定之三步拆解法》，载《人民检察》2015 年第 3 期。

“介入因素”情形下的因果关系。玩忽职守行为正是借助“介入因素”才导致了危害结果的发生，其发生的逻辑结构是社区矫正执法人员的玩忽职守行为→产生危险状态→借助“介入因素”→造成危害结果（重大损失）。“重新犯罪”与“介入因素”形成因果关系，而不是“重新犯罪”与“渎职行为”形成因果关系，“重新犯罪”结果的发生超出了社区矫正工作人员的监管范畴与能力。

现实中，社区矫正对象在比较自由的情况下，社区矫正工作人员对其重新犯罪是难以预见和控制的。目前仅有的定期报告、外出请假、禁止令等管控手段无法阻却社区矫正对象重新犯罪。在电子定位装置被限制使用后，社区矫正对象外出机会更多、脱管漏管风险更高。特别是互联网时代犯罪不受时间和空间的限制，能预防社区矫正对象去外地犯罪，但无法预防他在本地犯罪；能预防社区矫正对象实施强奸、杀人犯罪，但无法预防他在互联网上实施电信诈骗、组织卖淫、开设赌场等犯罪。

为此，基于社区矫正工作人员的执法环境，需要构建一个由若干要素组成的出罪保障机制，因果关系即可作为一个出罪事由。笔者认为，在判断社区矫正领域玩忽职守罪的因果关系时，可借鉴胡萨克的控制理论。胡萨克认为，一个人对事态的控制包括行为、后果和意图等。[①] 如果行为人即便是认真履职也不能预见和控制结果的发生，那么便不能认定行为人的行为与结果之间存在着刑法上的因果关系；反过来说，行为人之所以要对结果承担刑事责任，就是因为其被法律赋予了特定的风险控制义务，故行为人对不履行特定的职责将会出现的结果就具有相应的预见性，才能通过认真履职来对结果的发生进行有效的控制，这种预见性和控制力便是行为对结果的发生所具有的原因力。

将这一理论运用于社区矫正领域，无论是《社区矫正法》，还是2020年《实施办法》和地方的社区矫正实施细则，乃至社区矫正实施前的《公安机关对被管制、剥夺政治权利、缓刑、假释、保外就医罪犯的监督管理规定》（已失效），上述法律、规章以及规范性文件关于对社区矫正（监督考察）工作人员职责的规定，都没有赋予其对社区矫正对象重新犯罪的预见性与控制力。正如胡萨克所说：“把刑事责任施加于人们无法控制的事态即为不公正。”“一个人，如果他不能防止事情的发生，就是对事态不能控制。如果事态是行为，他应该能不为该行为；如果是后果，

① 参见[美]道格拉斯·N.胡萨克：《刑法哲学》，谢望原等译，中国人民公安大学出版社2004年版，第159页。

他应该能防止其发生；如果是意图，他应该能不具有这个意图。”①对社区矫正工作人员来说，他既不能预见和控制社区矫正对象的重新犯罪行为，更无法控制社区矫正对象的犯罪意图。

笔者认为，为应对社区矫正工作人员因渎职被追责的职业风险，需要建构社区矫正工作人员尽职免责机制。首先是厘清职责。制定社区矫正工作人员权力清单、职责清单，让社区矫正工作人员明晰自身职责以及履职依据。其次是制定标准。应有一个可操作、可量化、可考核的执法标准，让社区矫正工作人员知晓履职尽责的边界以及考核问责的尺度，这是“免责”的避风港。四川省率先在《社区矫正法》施行后制定《社区矫正调查评估规范》、《社区矫正中心建设规范》、《社区矫正监督管理规范》等地方标准，有助于社区矫正的规范化与标准化，这一模式值得肯定与推广。再次是程序规范。在报告、外出、执行地变更、禁止令执行、警告、收监执行等每一个执法环节，应有规范的执法流程。最后是执法留痕。要做到登记有表格、谈话有笔录、宣告有文书的全程流痕。只要社区矫正工作人员按照监管标准和程序规范基本履行了监管职责，并有证据支撑，即使社区矫正对象发生偶发性犯罪，也应当免除社区矫正工作人员的法律责任。目前，虽然多数省份的社区矫正实施细则有尽职免责的规定，但从不少社区矫正对象重新犯罪的个案来看，多数案件中尽职的社区矫正工作人员被免予追究刑事责任，但依然被地方纪委、监察委等机构追究了相应责任。笔者强调的是，基于权责一致原则，只要社区矫正工作人员恪守职责，执法流程、执法文书规范，尽职免责不能仅仅免除刑事责任，也应免除行政责任。毕竟，社区矫正领域的渎职有其特殊性。在开放的社区，以社区矫正工作人员现有的管控手段，无法排除或者阻止社区矫正对象重新犯罪。

作为社区矫正工作人员，如何做到让组织放心、社会认同、群众满意，同时自己又尽职免责，规避执法风险？在否定性调查评估意见不被采纳，决定机关仍然适用社区矫正的情况下，只要社区矫正对象重新犯罪是否就应启动对社区矫正工作人员的渎职罪刑事追责？笔者认为，对社区矫正工作人员的追责不应绝对化，而应建立一定的容错机制。社区矫正审前调查评估报告能够反映犯罪人的人格情况，这本身也是案件事实的一部分，对刑事诉讼的结局会产生一定影响，所以应

---

①　参见［美］道格拉斯·N. 胡萨克：《刑法哲学》，谢望原等译，中国人民公安大学出版社2004年版，第159页。

当承认审前调查评估报告的“量刑证据”属性。审前调查评估报告既然是量刑证据，那么在侦查、审查起诉阶段当然可以收集，侦查机关、审查起诉机关当然可以委托社区矫正机构调查评估。审前调查评估报告既然是量刑证据，那在庭审中当然要进行举证、质证，由控辩双方发表意见。虽然多数省份的社区矫正实施细则已要求将否定性调查评估意见在反馈委托机关的同时抄送检察机关，并有尽职免责的规定。但从不少社区矫正对象重新犯罪个案处理来看，多数案件仅仅为“尽职”社区矫正工作人员免予刑事责任追究，而依然交由地方纪委、监察委等机构让社区矫正工作人员承担了行政责任。笔者认为，只要社区矫正工作人员恪守职责，执法流程、执法文书规范，“尽职免责”不能仅免除刑事责任，也应免除行政责任。毕竟，社区矫正领域的渎职有其特殊性。社区矫正工作人员对社区矫正对象虽然可以施加一定的人身管控手段，但社区矫正对象处于开放的社区，这些管控手段难以排除或者阻止其重新犯罪，或者说这些管控手段对重新犯罪缺少防范（或者控制）能力。[①] 为此，可以建立社区矫正工作人员权力清单、职责清单，做到职责明确、执法留痕、过程规范，以建构尽职免责机制。只要社区矫正工作人员基本履行了监管职责，对社区矫正对象发生偶发性犯罪，在教育学习、公益活动中突发疾病或意外事件等情形应当免除社区矫正工作人员的刑事责任以及行政责任，不能让基层社区矫正工作人员“流血流汗又流泪”。

此外，需要加强顶层设计。因为分工的不同，基层社区矫正执法队伍所面临的相关问题，例如基层社区矫正机构数量不足、编制不足、队伍不稳、执法装备缺失、档案标准不统一等，单纯由县级司法行政机构向县委县政府、县编办等部门协调、解决存在不小的困难。上级司法行政部门要真正深入基层、深入前沿进行调研，切实征求基层意见和建议，将整个社区矫正工作作为“一盘棋”统筹谋划，联合上一级编办、人社、财政等相关职能部门，进一步完善基层社区矫正队伍体系，解决基层社区矫正队伍所面临的实际困难。

降低社区矫正职业风险，关键还在于明晰社区矫正工作人员职责边界和核心职责。在守住底线安全、坚守政治规矩和保守工作秘密的前提下，一线社区矫正工作人员要发出真实的声音，为社区矫正争取最有利的外部环境。那种讳疾忌医、不深入挖掘暴露困难，反而靠“孔雀开屏”展示过度包装的“工作亮点”争取领导重视和支持的做法只会让工作陷入越来越激烈的“内卷”，导致工作人员工作压

---

① 参见但未丽：《社区矫正执法人员玩忽职守罪认定偏差与匡正》，载《法律适用》2020 年第 22 期。

力越来越大、风险越来越大。只有上下勠力同心,以每一次危机为转机,才能为社区矫正工作争取良好的发展环境,努力实现社区矫正工作行稳致远,达到"治本安全"。

社区矫正作为一项社区治理工作,涉及的部门众多,各部门均需要依法履行职责,不能仅因社区矫正对象身份特殊就将与社区矫正对象有关的所有风险、责任均转嫁至社区矫正机构。建议借助目前的社区矫正委员会机制、借助检察机关的监督职责,督促社区矫正决定机关,公安、教育、民政等部门齐抓共管,共同做好社区矫正工作。对各个部门在社区矫正工作中的失责失当行为,要依法监督、科学追责,合理分配社区矫正工作中的责任与风险,以此督促各参与部门依法履职,促进社区矫正工作协调有序发展。

结　　语

在恢复性司法、行刑社会化等理念，以及宽严相济刑事政策引领下的社区矫正制度的运行与推进，不仅关涉国家犯罪治理体系与治理能力，也关涉基层社会治理体系与水平，并与党的二十大报告要求“在社会基层坚持和发展新时代‘枫桥经验’”高度契合。

社区矫正的蓬勃发展在我国得到了政策与法律的回应。相比2012年《实施办法》（已失效），《社区矫正法》以及2020年《实施办法》更具有法治性、实操性。它在删除剥夺政治权利类人员的管理规定、删除“双八”规定、删除变相人身限制规定基础上，强调监督管理与教育帮扶是社区矫正的两大基本任务。

《社区矫正法》施行三年以来，党委政府“统一领导”、社区矫正委员会“统筹协调”、司法行政机关“主管”、社区矫正机构“具体实施”、相关部门“协作”、社会力量参与、检察机关法律监督的运行机制已经初步形成，并取得社区矫正对象在矫期间重新犯罪率常年低于0.2%的法律效果与社会效果。社区矫正检察监督也成效丰硕，最高人民检察院先后发布了三批社区矫正法律监督典型案例。不仅在维护社区矫正对象合法权益方面作了不少努力，实现矫正对象“出得去、稳得住、有收入”；而且在针对社区矫正机构、交付执行部门诸如人民法院的监督方面，也取得了突破与成效，[①]并稳妥有序的开展社区矫正巡回检察试点。

正如有学者指出的那样，《社区矫正法》还只是一部框架法，还需要在实践中总结、提炼与完善。为此，对《社区矫正法》的实施效果还不能过于美化。因为在社区矫正运行中还存在诸多难以回避的问题。诸如，有关社区矫正机构、人员（编

① 诸如，2023年6月最高检发布的第三批社区矫正法律监督典型案例，其中“案例四”为一起原法院审判人员未按照法律规定履行社区矫正交付执行职责，构成玩忽职守罪被依法追究刑事责任，最后被判处有期徒刑六个月，缓刑一年，成为了一名社区矫正对象。这已经并非第一例审判人员因未依法履行社区矫正交付职责而被追究刑事责任的案例，此类案例还有如一法院副庭长因未依法办理暂予监外执行和送达文书 被判玩忽职守罪。

制）、经费保障方面，《社区矫正法》关于“根据需要”而设立社区矫正机构的规定，导致三年来真正独立的机构设置很少。即使个别地方解决了机构问题，但未能解决编制，依然还是那一茬人在干着相同的事。由于缺乏专门从事社区矫正的实体机构、现有社区矫正机构的执法权限与手段不足、执法标准不统一，矫正队伍存在的不专职、不专业、不稳定，经费保障乏力，以及立法衔接的缺失①等因素的存在，给基层实践的执法、处罚造成了一定困惑，让美好的社区矫正制度在匍匐中前行。

在社区矫正的实际运行中，一些地方仅仅把社区矫正作为治理特定几类轻罪（如醉驾型危险驾驶罪、开设赌场罪、帮信罪、寻衅滋事罪、掩饰隐瞒犯罪所得罪、故意伤害（轻伤）罪等）的应对手段；一些发达地区的社区矫正决定机关（如法院）基于地区保护主义立场，在社区矫正执行地的审核方面存在着简单化、利益化的倾向，只看外出务工的农民工被告人是否有社保、租房证明或者是居住证。当回到户籍所在地接受矫正，因工作与生活的不便而申请变更执行地时，往往经常居住地的社区矫正机构基于职业风险等因素，而又不愿意接收，给社区矫正对象的工作与生活造成诸多不便；在部门协作中，还一定程度上存在着推诿现象。譬如对于审前未羁押人员决定暂予监外执行案件，法官基于适用暂予监外执行面临严格的办案程序、漫长的办案周期、事后的反复评查等，因此适用暂予监外执行的主动性较低，最便利的执行方式是收监执行。但看守所、监狱因面临监管安全压力，对于患病罪犯的接收十分谨慎，这就导致法院和看守所在交付患病罪犯上存在一定的推诿现象；在社区矫正检察监督方面，检察机关死盯社区矫正执法人员的失职渎职，将对社区矫正机构制发的纠违通知、检察建议数量作为硬性考核指标，只要有社区矫正对象重新犯罪就启动责任倒查机制，让社区矫正执法人员背负较大职业风险。前述种种现象的存在，难以让社区矫正的理念、价值和功能完整发挥。无疑，背离了《社区矫正法》的立法初衷。

前述问题，尽管通过修法一时还难以解决，但通过理论研究，通过相关司法解释或规范性文件解释的办法，是可以应急的。诸如对 2020 年《实施办法》第 46 条第（五）项“其他违反有关法律、行政法规和监督管理规定，情节严重的情形”做出解释，可以解决实践中的一些收监执行难题。当然，实务部门在《社区矫正法》实施的三年内也进行了不少探索，如一些地方在推进“队建制”、“片区制”、“矫正

① 诸如，在现行的《治安管理处罚法》第三章“违反治安管理的行为和处罚”中，没有规定违反《社区矫正法》等监督管理规定的行为和处罚标准，导致社区矫正机构对屡屡违反监督管理规定的社区矫正对象难以提交公安机关给予治安管理处罚。

官”、执法责任制尝试外，全国上下均在高质量推进“智慧矫正”体系建设。

监督管理、教育帮扶是社区矫正的两大基本任务。两者相辅相成、相互渗透。但基于“管得住”才能谈得上“矫得好”，显然，监督管理是教育矫正的前提、基础，或者说是首要任务。尽管在现实面临的诸多问题，影响了社区矫正功效的发挥。“依照‘结构—功能’理论，功能的有效实现要求组织结构的恰当安排。”①在多方主体参与社区矫正的情况下，明确社区矫正机构的定位，合理配置社区矫正职权，厘清不同参与主体之间的逻辑关系，是社区矫正有效运行的基础。仅以经费问题为列，《社区矫正法》已经明确规定，对村(居)委会和其他社会组织依法协助社区矫正机构开展工作所需要的经费应当列入社区矫正机构本级政府预算。早在2012年11月财政部、司法部联合出台《关于进一步加强社区矫正经费保障工作的意见》也明确要求各地将社区矫正经费列入同级财政预算予以保障，有条件的地区可探索建立按照社区矫正对象数量核定社区矫正经费的制度。但由于《社区矫正法》规定过于原则，缺乏具体的操作。《社区矫正法》和财政部、司法部联合出台的文件都没有明确社区矫正经费保障标准，致使各级社区矫正委员会在推动加强社区矫正经费保障方面难以操作。实践中，社区矫正经费主要由地方区(县)财政负担。由于接收一个社区矫正对象就意味着需要一定数量的财政投入，各地普遍不愿意接收外来人口或者异地矫正对象，使外来人口很难适用社区矫正，也使执行地变更难以实现。针对前述问题，在当前需要加强国家层面顶层设计，可以由司法部、财政部联合制定实施方案，聘请第三方专业机构对社区矫正各工作、执法环节所需经费进行清单式测算，出台社区矫正经费保障国家标准，或者由各省(自治区、直辖市)司法行政部门联合财政部门出台社区矫正经费保障省级标准，并探索建立经费保障动态增长机制，确保社区矫正经费列入各级政府预算有法可依、有具体标准可执行。

一部法律的生命力、权威性，需要通过法律实施来体现。社区矫正监督管理亟待解决的独立机构、扩充权限、人员编制、协作机制、经费保障等问题，相信国家立法以及相关部门会尽快解决，以切实增强社区矫正实施效果。幸好社区矫正的方向明确，前景不言自明，否则，“如果根本不知道道路会导向何方，我们就不可能智慧地选择路径”。②

---

① 参见李大勇:《我国临时机构的组织法调控及其改革》，载《当代法学》2021年第6期。

② 参见[美]卡多佐:《司法过程的性质》，苏力译，商务印书馆1998年版，第63页。